Rafael Nadal

Christopher Clarey

Rafael Nadal

Traduit de l'anglais (États-Unis)
par Yannick Cochennec

Flammarion

Titre original : *The Warrior :*
Rafael Nadal and His Kingdom of Clay
Éditeur original : Grand Central Publishing,
New York, États-Unis

ISBN : 978-2-0804-3623-8

À Virginie.
Pour Paris. Pour Séville. Pour tout.

Sommaire

Chapitre 1

LE MONUMENT

Pour la première fois depuis vingt ans, Rafael Nadal était absent du tournoi de Roland-Garros, mais il continuait d'y attirer la grande foule.

Alors que des milliers de spectateurs franchissaient l'entrée principale pour le lancement de l'édition 2023, en descendant un large escalier aux marches en pierre, une statue étincelante, haute de trois mètres, tout en acier, représentant un Nadal suspendu dans les airs, constituait, pour beaucoup, l'endroit idéal pour un selfie. Contre toute attente et tout protocole, elle se dressait là, en majesté, dans sa toute-puissance, pétrie de volonté et de records. Pourquoi immortaliser un Espagnol dans la cathédrale du tennis français ? Pourquoi ériger la statue d'un champion en activité (elle a été inaugurée en 2021) ? Mais surtout : comment concevoir qu'un joueur, aussi endurant soit-il, a pu remporter quatorze fois le tournoi le plus épuisant, le plus exigeant de ce sport ?

« Selon moi, c'est le record le plus incroyable de toute l'histoire des sports individuels, estime Feliciano López, autre joueur espagnol connu et ami de Nadal. Gagner un tournoi du Grand Chelem, vous en rêvez en tant que joueur de tennis. Remporter quatorze fois le même tournoi du Grand Chelem, ce n'est pas quelque chose à quoi vous pouvez rêver. C'est inimaginable. »

Contrairement à une opinion répandue, Rafael « Rafa » Nadal n'est pas complètement hostile au culte lié à sa personne. Visitez le musée Rafael-Nadal, ouvert au cœur de sa carrière, à la Rafa Nadal Academy, dans sa ville natale de Manacor, et notez un certain goût pour l'autocélébration à rebours de son image, tout en humilité. Mais il n'a jamais rien demandé au sujet de la statue. Ses statistiques étaient devenues si affolantes que la réponse se devait d'être à l'image de leur démesure. Les Français, souvent chauvins, ont eu envie de symboliser l'inévitabilité de Nadal.

« Même si je n'aime pas le dire, c'est vrai que ce que j'ai accompli à Paris est très, très spécial, avoue l'intéressé. Je suis reconnaissant. Je comprends l'intention. J'ai réussi quelque chose de très difficile à imaginer. »

Il fait désormais partie intégrante du décor de Roland-Garros, en plus d'avoir nourri le livre des records du tournoi. L'impressionnante statue, réalisée par l'artiste espagnol Jordi Díez Fernández, est devenue un lieu de pèlerinage. Ce n'est pas comme au Louvre. Il n'y a pas de barrières, de cordons en velours ou de système d'alarme. Le tournoi vous offre la possibilité de toucher l'œuvre d'art. Pour les besoins d'une photo, j'ai vu une spectatrice embrasser le pied en acier inoxydable de Nadal. J'ai entendu d'autres admirateurs pousser un rugissement en imitant le coup droit tranchant du champion dont l'enveloppante fin de geste est figée par la statue. Kevin Wu, un jeune fan américain de tennis, muni d'un billet offert par ses parents après avoir décroché son diplôme universitaire, était l'un de ceux agglutinés autour du monument.

« Cette statue a du sens parce qu'il a gagné ici tant de fois, a-t-il acquiescé. C'est le tournoi de Rafa. »

C'était son tournoi, en effet. C'était également sa surface. La terre battue rouge de Roland-Garros, comme celle d'autres fiefs de Nadal – Monte-Carlo, Barcelone et Rome –, est graveleuse, collante et aride. Cette large toile de terre, lissée à la fin de chaque set, expose la fragilité des dilettantes ou des débutants, mais elle récompense les joueurs expérimentés, particulièrement ceux qui savent naturellement glisser sur cette surface qui les a vus grandir. La terre est à Nadal ce que l'eau est à Michael Phelps ou l'air à Simone Biles : son élément naturel, propice à des victoires en série. Paradoxalement, la terre battue n'était pas sa surface préférée dans sa jeunesse, mais c'était, et cela restera, sa meilleure surface.

En juin 2023, je suis retourné à la source de cette histoire. Je suis parti visiter les courts de son enfance en quittant Paris en plein Roland-Garros. Je me suis envolé vers le sud, direction Majorque, pour quelques jours, afin de soulever la poussière rouge du temps dans le lieu, très modeste, où il a commencé à jouer, aux abords de sa ville natale de Manacor. En découvrant les couloirs et le vestiaire défraîchis du Club Tenis Manacor, qui avait connu des jours meilleurs, une question m'a traversé l'esprit. *Quelle était la probabilité de voir un grand champion émerger d'un tel endroit ?*

Elle était faible, évidemment, mais pas dérisoire. Majorque, une île de moins d'un million d'habitants, avait déjà produit un n° 1 mondial de tennis, Carlos Moyà, peu de temps avant Nadal. Une bannière, fanée, représentant les deux jeunes héros, surplombait les courts du club de Manacor.

« C'est comme si le Rhode Island avait eu deux n° 1 mondiaux successifs », sourit James Blake, un ancien joueur américain de premier plan, désormais consultant pour la chaîne ESPN.

Pour réussir à devenir l'un des plus grands champions de l'histoire, Nadal a eu la chance d'être bien entouré. Il a pu s'appuyer sur : un oncle, Toni, qui connaissait le tennis et habitait dans le même immeuble ; un autre oncle, Miguel Ángel, qui était un sportif de niveau mondial ; des parents, Sebastián et Ana Maria, qui ont su rester à la juste distance ; un modèle, Carlos Moyà, qui a rendu bien des choses possibles ; un agent, parfois partenaire d'entraînement, Carlos Costa ; et, par-dessus tout, il a été ce petit garçon doté du caractère idéal en plus de son talent fou et de son énergie débordante.

« C'était la combinaison parfaite », estime Emilio Sánchez, l'ancien champion espagnol devenu entraîneur.

Beaucoup de choses auraient pu le faire dévier de sa route : des blessures, des obligations familiales, le football, l'argent, l'ennui, la pression, l'attrait bleuté de la Méditerranée, toute proche, comme un monde parallèle, tellement éloigné du sien rempli de chaussettes maculées de terre, de bandanas trempés de sueur et de sacrifices quotidiens.

Quelle était la probabilité ?

Je me souviens avoir pensé la même chose lorsque j'ai visité Kopaonik, la petite station de ski serbe où Novak Djokovic, l'un de ses futurs grands rivaux, a pris sa première leçon de tennis. Le court de ses débuts se situait en face de la pizzeria familiale, de l'autre côté de la rue. Drôle de coïncidence : Nadal a fait ses premières gammes avec Oncle Toni sur des terrains installés à un jet de pierre de l'appartement familial de Manacor. En posant les pieds sur ce court en dur de

Serbie, craquelé et délaissé lors de ma venue en 2010, il était facile d'imaginer un autre destin. Il n'y avait aucun bon joueur dans la famille de Djokovic, seulement des skieurs aguerris. Si le petit club n'avait pas été construit à cet emplacement, et si Jelena Genčić, une professeure de tennis charismatique, formidable dénicheuse de talents, n'avait pas eu envie, cet été-là, de donner des leçons dans ce lieu perdu au cœur des montagnes serbes, Djokovic n'aurait jamais eu les bases précoces, solides et essentielles pour se dessiner un futur de joueur professionnel. Avec ses yeux bleu pâle et son nez expert pour sentir les « grands crus », Genčić s'est retrouvée là au bon moment, prête à guider Djokovic vers un monde inconnu sans que tout cela n'ait jamais été planifié. L'enfant aux cheveux hérissés était exactement à l'endroit idéal pour entamer son voyage vers les sommets en dépit de la guerre, des difficultés économiques et de l'isolement.

Pour vraiment comprendre Nadal, vous devez suivre ses pas en transpirant et en bataillant : être toujours prêt à vous infliger des kilomètres supplémentaires, même pendant vos congés. Lors de l'écriture de ce livre, je me suis astreint, à la manière de Rafa, à des rituels – des marches tôt le matin, un bon café, de longues respirations – afin de pouvoir franchir la ligne d'arrivée. Il y a le « Method Acting » pour apprendre à jouer la comédie. Il s'agit ici d'une méthode pour écrire. Et plus vous en apprenez sur Nadal, plus vous avez envie que rien ne soit facile, que surgissent des problèmes à résoudre comme d'insolubles casse-tête. Lorsque j'ai tenté de me mettre dans la peau de Roger Federer pour écrire sa biographie, tout paraissait fluide. En racontant Nadal, vous ressentez le besoin de vous confronter au stress, à la douleur, comme si vous construisiez le récit, brique rouge après brique rouge, tout en tirant parfois, comme lui, sur le fond de votre pantalon afin que tout s'ordonne de manière précise sur les touches de l'ordinateur.

Longtemps avant l'émergence de Nadal, j'ai voyagé dans une autre région d'Espagne – dans la cité endormie de Monzón au cœur de la province d'Aragón. J'ai laissé glisser mes doigts le long du mur de l'usine contre lequel Conchita Martínez a nourri sa passion pour le tennis et ses cadences. Les murs ont propulsé de nombreuses carrières en tennis. La petite et timide « Conchi » a frappé des balles contre le sien pendant des heures. Elle s'est très vite montrée prometteuse mais ses parents n'avaient ni les ressources financières ni l'expertise en tennis pour accompagner sa progression. Elle dut prendre, à seulement douze ans, la décision, déchirante, de mettre le cap sur Barcelone afin de s'y entraîner. Elle est ensuite devenue la première championne espagnole de Wimbledon en dominant, lors de la finale 1994, Martina Navrátilová, la reine, alors déclinante, du tennis sur gazon. Martínez a plus tard été capitaine de Coupe Davis auprès de Nadal et de ses coéquipiers.

« Bien sûr qu'il existe un facteur chance, explique-t-elle, mais le plus important est d'être passionné par ce que l'on fait et d'aimer tout le processus de la progression. Dans mon cas, je me souviens de m'être saisie d'une raquette et de ne plus avoir eu envie de la lâcher. Je suis certaine que Rafa avait cette même passion pour le tennis, cette même passion pour l'apprentissage, et le désir de continuer à s'améliorer. C'est la clé essentielle. Naturellement, Rafa est un champion hors norme. Tout ce qu'il a accompli est un rêve devenu réalité pour lui. Mais lorsque vous regardez en arrière, vous vous dites : waouh ! Quand vous commencez, vous ne savez jamais où tout cela vous mènera. »

Je me souviens d'un autre voyage, plus lointain, effectué dans la banlieue d'Harare, au Zimbabwe, où une ferme familiale faisait office d'académie de tennis : la plantation d'avocats était devenue une pépinière de champions. Le propriétaire était un homme grisonnant, souvent pieds nus. Il s'appelait Don Black. Il avait joué à Wimbledon dans sa jeunesse. Il avait tellement apprécié l'expérience qu'il avait décidé de bâtir son propre « petit Wimbledon », au milieu de cette Afrique rurale, pour faire éclore ses propres champions. L'un après l'autre, il a construit et entretenu quatre courts en gazon. Sur une pancarte accrochée au grillage, on pouvait lire les mêmes vers de Rudyard Kipling, tirés du poème *If*, que ceux inscrits au-dessus de l'entrée du Centre Court : « Si tu peux rencontrer le Triomphe et le Désastre / Et traiter ces deux imposteurs de la même façon ». Don et son épouse, Velia, ont eu trois enfants – Byron, Wayne et Cara. En dépit des problèmes politiques de leur pays, tous ont joué sur le circuit professionnel et, surtout, à Wimbledon. Byron et Cara ont été tous les deux n° 1 mondiaux en double. Et même si aucun des enfants n'est parvenu à réaliser le rêve de Don – remporter le simple messieurs ou le simple dames au All England Club –, ils ont rempli une grande partie du contrat. Cara a gagné le tournoi juniors en 1997 et le double mixte avec Wayne en 2004. Byron a atteint les quarts de finale en simple et la finale en double messieurs. L'agronomie leur a forgé un destin.

Quelle était la probabilité ?

Mes nombreuses conversations avec lui à travers les années m'ont amené à conclure que Nadal n'a pas perdu beaucoup de son temps ou de son énergie à réfléchir à tout cela. C'est l'une de ses forces premières : sa capacité à rester dans le moment présent. Cet objectif, souvent insaisissable, a été celui de chaque joueur de tennis bien avant les distractions nées de l'avènement des réseaux sociaux et des services de streaming. Nadal a appris à se concentrer sur l'essentiel à travers des rituels et des routines intégrés, à simplifier la complexité à travers la force des habitudes. Ce qu'il a ajouté est venu compléter sa véritable nature. Il peut s'épanouir face aux défis qui lui sont proposés, réels ou imaginaires. Il ne voit jamais les choses en noir. Sa prodigieuse énergie mentale et son esprit compétitif l'ont fait avancer. Regarder en arrière n'avait qu'un intérêt limité à ses yeux, sauf s'il était poussé à le faire dans un froncement de sourcil si caractéristique chez lui – et sauf si vous vendiez des tickets à l'entrée de son musée éponyme. Le seul point qui peut faire une différence au moment où vous nettoyez la ligne de fond de court de la terre battue qui l'encombre, où vous essuyez la sueur de votre visage, où vous faites rebondir puis rebondir encore la balle, est celui que vous vous apprêtez à jouer.

Autre élément fondamental de son histoire : ses racines. Elles ne le connectent pas seulement à son passé. Elles irriguent son présent. Nadal n'a pas besoin de faire un pèlerinage nostalgique dans le club modeste où tout a commencé, de voler depuis le continent espagnol, ou de bien plus loin encore, avec des équipes de tournages ou des journalistes jusqu'à Manacor (une ville de 43 000 habitants) et ses courts en terre battue tout proches. Il passe devant tout le temps, même s'il s'y arrête rarement. L'académie ultramoderne qui porte son nom est à côté. Les appartements de son adolescence, à Manacor, sont encore plus voisins. Sa nouvelle maison de rêve perchée au sommet d'une falaise, au pied de laquelle mouille son bateau « à la James Bond », est située à Porto Cristo, à une douzaine de kilomètres de Manacor. Ce village balnéaire a été de tout temps un lieu de villégiature pour le clan Nadal. À raison, on dit de lui qu'il a gardé les pieds sur terre. C'est justement parce qu'il n'a jamais quitté la sienne. Il est né et a grandi à Manacor. À l'exception d'une année d'études faite de hauts et de bas à Palma, la capitale des Baléares, il est resté basé là. Il s'est marié avec une fille du pays – Maria Francisca Perelló –, est demeuré lui-même un simple gars du coin. Après ses voyages internationaux, il y est toujours revenu aussi vite qu'il pouvait, lui qui a fini par être plus connu que son île natale. À l'adolescence, ses parents, lui et Maribel, sa plus jeune sœur, ont déménagé dans un immeuble du centre de Manacor avec ses grands-parents et la famille de Toni Nadal. Chaque famille, chaque génération, occupait son propre étage. Le bâtiment s'élevait sur l'une des grandes places de Manacor. Leur balcon était en face de l'église principale. En dehors de chez lui, il se retrouvait au cœur d'une communauté accueillante, composée de visages familiers, de voisins, de commerçants, qu'il saluait toujours poliment ; une communauté où l'ostentatoire et la prétention n'ont jamais été de mise. Il ne s'est pas départi de cette inébranlable simplicité sur le circuit professionnel, recréant une sorte de village personnel à l'occasion de tournois comme Monte-Carlo, Rome et Roland-Garros. Majorque est restée sa maison. Son histoire a commencé là, s'est poursuivie là et se terminera probablement là.

Pour Nadal, qui accorde de l'importance à la stabilité et à la loyauté, il est logique que la surface couverte de poussière sur laquelle il a appris à jouer avec *Tío* Toni soit celle à laquelle il sera toujours identifié. Le court en terre battue est en ligne directe avec ses valeurs et certaines de ses valeurs sont évidemment issues du tennis sur terre battue : conscience professionnelle, aversion pour les raccourcis, nécessité de penser aux autres en passant le filet après une séance d'entraînement, afin de lisser la surface pour les joueurs suivants. Mais il n'était pas seulement un spécialiste de la terre battue. Lui et son équipe ont toujours rejeté cette étiquette y compris lors de ses premières années sur le circuit professionnel, quand sa technique et son service, alors suspect, ne permettaient pas d'imaginer qu'il pourrait casser le moule avec certitude. Il a fini par gagner de grands tournois sur les surfaces les plus rapides pour devenir l'un des meilleurs athlètes de tous les temps.

« J'ai vraiment compris qu'il aurait une grande carrière en 2005, après sa première victoire au *French*, note Brad Gilbert, qui a entraîné les anciens n° 1 mondiaux Andre Agassi et Andy Murray ainsi que Coco Gauff, championne de l'US Open à ses côtés. Rafa avait perdu tôt à Wimbledon. Cette année-là, la surface de l'Open du Canada, disputé juste après, était incroyablement rapide. Je n'ai jamais revu depuis un court en dur aussi rapide. Il avait battu Andre en finale. Je m'étais dit que ce gars n'était pas seulement un joueur de terre battue. C'était un joueur de tennis, un grand joueur de tennis qui pouvait s'adapter à tout. »

Nadal a été suffisamment talentueux, déterminé et polyvalent pour réussir à s'imposer deux fois à Wimbledon, sur gazon, et à ajouter six autres titres du Grand Chelem sur les courts en dur acrylique de l'Open d'Australie et de l'US Open. Mais la terre battue glissante était son plancher des vaches, son refuge où son arsenal de coups et son esprit se mariaient le mieux. Dans un sport qui valorise la vitesse et a perdu de sa subtilité au fil des décennies, la terre battue continue de récompenser la patience et la construction du point. La surface nécessite un jeu de jambes adapté parce que les joueurs doivent glisser lors des points, mais seulement lors de certains points.

« Je connais des coaches qui enseignent à leurs joueurs qu'ils doivent glisser sur chaque balle sur terre battue et ce n'est tout simplement pas vrai », tranche Michael Chang, le vainqueur surprise de Roland-Garros en 1989.

Les joueurs professionnels sont devenus des glisseurs sur toutes les surfaces pour augmenter leur allonge et renforcer leurs capacités défensives. Regardez Djokovic, appuis ouverts, dérapant pour frapper un revers à deux mains presque dans un grand écart. Grâce au solide équilibre que permet un court en dur, un joueur peut se dégager très vite et changer de direction à tout moment. Sur terre battue, vous glissez par *anticipation* du changement de direction à venir, en prenant contact avec la balle à la fin du dérapage. Si vous commencez à glisser top tôt ou trop tard, la synchronisation peut être déréglée. Avoir assez de vitesse, ce que Nadal avait autrefois à profusion, n'est pas suffisant. Vous avez besoin de perfectionner une chorégraphie. Dans sa toute-puissance, l'Espagnol savait démarrer et s'arrêter avec la même précision. Il n'était pas une ballerine avec des chaussures de tennis comme l'académique Roger Federer, son ancien rival, mais il existait une majesté, d'une autre nature, dans le style prédateur de Nadal.

« Son déplacement sur terre battue, c'est juste meilleur que tout le reste, m'a dit Federer. Parce qu'il a des appuis ouverts des deux côtés, c'est comme s'il jouait deux coups droits depuis la ligne de fond de court. Je ne peux pas faire ça, donc je perds un ou deux mètres ici ou là. En conséquence, il bénéficie d'un immense avantage sur ce point. Je ne sais pas comment il a réussi à faire ça jeune, mais c'est à coup sûr très difficile. »

Son déplacement explosif, mais superbement contrôlé, est l'une des explications de ce qui est peut-être le plus phénoménal, le plus ahurissant exploit sportif du XXIe siècle, accompli à la force de son poignet. La version moderne du tennis a déjà une longue histoire. Wimbledon a été joué pour la première fois en 1877. Quand il a débarqué sur la scène parisienne en 2005, le record du plus grand nombre de titres en simple à Roland-Garros, le tournoi sur terre battue le plus prestigieux au monde, était de six et était fermement détenu par Björn Borg. Après sa retraite précoce au début des années 1980, seuls Mats Wilander, le compatriote de Borg, le Tchécoslovaque Ivan Lendl et le Brésilien Gustavo « Guga » Kuerten ont réussi à triompher trois fois.

« Personne ne gagnera plus jamais six fois comme Borg, m'avait lancé Ilie Năstase, ancien n° 1 mondial, aux prémices des années 1990. C'était une autre époque. »

De manière incroyable – le mot est adapté dans son cas –, Nadal a plus que doublé le total de Borg.

« De la même façon qu'il est difficile pour un pro de comprendre comment il est possible de gagner trois fois, comme je l'ai fait avec Guga Kuerten et Ivan Lendl, il est compliqué pour nous d'imaginer comment Rafa a pu triompher quatorze fois », me fait remarquer Wilander. « Cela n'a pas de sens à mes yeux. C'est dû à son inlassable passion pour le combat et la compétition, en sachant que lorsque vous perdez, ça vous fait un mal de dingue. Il a eu envie de tenter sa chance encore et encore. Nous n'avions pas cette force en nous. »

Le vétéran français Nicolas Mahut en connaît un rayon en matière de record imbattable. Il a joué le match qui était, et restera à jamais, le plus long de l'histoire, contre John Isner au premier tour de l'édition 2010 de Wimbledon. Il s'est incliné 70-68 au cinquième set après onze heures et cinq minutes d'une partie de montagnes russes, dominée par les serveurs et étalée sur trois jours. Le règlement a depuis changé dans les tournois majeurs afin d'éliminer toute possibilité d'un pareil marathon dans les sets ultimes. Mais c'est le record de Nadal qui bluffe vraiment Mahut :

« Lorsque vous réussissez à jouer Roland-Garros à quatorze reprises, vous pouvez dire que vous avez eu une belle carrière, a-t-il raconté à *L'Équipe*, le quotidien sportif français. Lorsque vous gagnez quatorze matches là-bas, ce n'est pas mal du tout. Lorsque vous parvenez quatorze fois en deuxième semaine, vous faites partie des tout meilleurs. Et quand vous gagnez le titre quatorze fois, il n'y a plus rien à comprendre. Il n'y a plus de mots. »

Après avoir vu Nadal défier la raison pendant si longtemps à Paris, on se dit qu'il pourrait trouver un moyen d'atteindre le total de quinze, même au cœur de sa retraite. Quatorze restera le nombre le plus stupéfiant dans une ère déjà pleine à craquer de records en tennis.

« Vous ne verrez jamais plus, ni de votre vie ni de celles de vos enfants, quelqu'un gagner un tournoi du Grand Chelem à quatorze reprises », affirme Ion Țiriac, éminent joueur roumain des années 1970, devenu un homme d'affaires milliardaire et l'une des figures les plus influentes et les plus avisées de ce sport.

Dans votre existence, vous pourriez également ne plus jamais voir quiconque remettre en cause le record de Djokovic, vainqueur du plus grand nombre de titres du Grand Chelem en simple. Quel que soit le total final de Djokovic, vingt-quatre ou au-delà, il sera tout aussi étourdissant. Mais le record de Nadal à Roland-Garros est le testament d'un joueur qui a noué une relation unique et profonde avec une surface et qui a eu la faculté de faire table rase du passé à chaque printemps.

« Il avait l'humilité de repartir de zéro, année après année », résume Gilles Simon, joueur français, maître tacticien et l'un des joueurs contemporains de l'Espagnol.

Nadal n'est pas loin du record de Djokovic en ce qui concerne le nombre de tournois majeurs. Personne n'approche son record de Roland-Garros, pas même ses deux plus grands rivaux. Aucun des deux n'est parvenu à égaler ce type de domination lors d'un tournoi du Grand Chelem disputé sur leur meilleure surface. Brillant sur gazon, Federer a gagné un total record de huit titres à Wimbledon avant de se retirer en 2022. Excellent partout mais à son meilleur sur les courts en dur, Djokovic s'est imposé sept fois à Wimbledon et dix fois à l'Open d'Australie. Ce total aurait suscité plus d'admiration si Nadal n'avait pas accumulé autant de victoires à Paris.

« De toutes les statistiques liées à cette magnifique période pour le tennis masculin, celle qui met tout le monde d'accord dans les vestiaires est celle des quatorze Roland-Garros de Rafa », a constaté, lors d'une interview à la BBC, John Lloyd, un ancien n° 1 britannique devenu entraîneur.

Lorsqu'il a commencé à jouer à plein temps sur le circuit, le record, chez les hommes, du plus grand nombre de titres du Grand Chelem en simple était la propriété de Pete Sampras avec quatorze victoires. Nadal est parvenu à gagner quatorze fois dans un seul et même tournoi du Grand Chelem.

« Si vous m'aviez dit à moi ou à n'importe qui, il y a dix ans, qu'il allait réussir à atteindre le total de quatorze, nous aurions été morts de rire, s'amuse Darren Cahill, un ancien très bon joueur devenu l'un des entraîneurs les plus réputés du tennis. Maintenant, nous rigolons parce que, mon Dieu, c'était donc possible et c'est effectivement arrivé. »

Établi sur près de vingt ans, son record de Roland-Garros est un cas unique dans un sport individuel. Dans ce siècle, il peut être éventuellement comparé aux exploits de Michael Phelps qui a survolé les bassins de natation lors d'une même compétition, les Jeux olympiques. Phelps est détenteur de vingt-trois médailles d'or, même si nombre d'entre elles ont été acquises lors de relais et n'ont donc pas été dues à son seul talent.

« Je ne pense pas qu'il y ait plus grand défi en sport que d'affronter Rafa en cinq sets à Roland-Garros, sur terre battue, a insisté Cahill avant sa dernière saison. La façon dont il joue. L'énergie qu'il diffuse. La dimension physique et le jeu qui sont les siens sur le court. L'attitude mentale et l'approche consistant à ne jamais se laisser abattre. À chaque fois qu'il se présente sur le court, il prend chaque joueur au sérieux. Peu importe que vous soyez classé 100e mondial ou n° 1, il vous traite de la même façon, avec le même respect. Donc, si vous lui prenez quelques jeux, ou un set ou deux, ou si vous arrivez à être l'un de ceux capables de le battre à Roland-Garros, vous l'avez drôlement mérité. »

Quatorze Roland-Garros est certainement un record qui ne sera jamais battu. Champion resté les pieds sur terre en dépit de son volumineux CV et de son méga yacht de vingt-cinq mètres, Nadal rejette ce type d'affirmation définitive. Il s'est davantage concentré sur l'idée de tirer le maximum de lui-même – point par point, match par match, entraînement après entraînement – que sur le projet d'atteindre un sommet que personne ne pourrait approcher.

« Je suis heureux de qui je suis, m'a-t-il confié en 2020, en se frappant sur le torse avec conviction tandis que je lui avais posé la question de trop, à son goût, au sujet des records du tennis. Mon niveau de bonheur ne dépend pas de ces chiffres. Je suis vraiment reconnaissant pour toutes les choses qui me sont arrivées. Je me sens comme un homme très chanceux, mais je l'ai dit plein de fois. L'obsession est mauvaise pour tout. Si je me concentre uniquement sur l'objectif de remporter davantage de titres pour surpasser un concurrent, cela risque d'engendrer une grande frustration. La vérité est que je n'essaie pas de me créer des obligations qui me conduiraient à être moins heureux. »

Il a laissé échapper un petit rire nerveux en insistant sur ce point, l'un de ses autres tics. Ce rictus m'est toujours apparu comme un trait de famille, répété durant de longues discussions, lors des dîners à la Casa Nadal, entre deux bouchées de poisson grillé ou de pâtes aux fruits de mer. J'ai entendu Toni, son oncle, ponctuer ses phrases de la même façon. Il semble qu'il s'agisse d'un moyen de détendre l'atmosphère comme s'il prenait conscience que vous ne vous étiez pas attendu à un tel point de vue, ou que vous n'aviez pas vu les choses de la même manière. Ce qui est clair, tandis qu'il désamorce poliment toute tension potentielle, est qu'il n'entend pas changer d'avis, ou remettre en cause sa façon de penser.

« Je n'ai pas besoin d'atteindre douze, treize ou quatorze Roland-Garros. Je n'ai pas besoin d'avoir vingt, vingt-et-un ou vingt-trois titres du Grand Chelem pour dépasser ou égaler un autre. Ce qui arrivera, arrivera. Je donne le meilleur de moi-même. Contempler la maison plus grande du voisin n'a pas d'intérêt. »

« Joder! », lance Nadal en jurant en espagnol, « il y aura toujours quelqu'un avec plus d'argent, un plus gros bateau et une épouse encore plus belle. Envier les autres mène à être constamment malheureux. Cela doit venir de l'intérieur. »

Vu de l'extérieur, ce qui ne souffre aucune contestation est que son record à Roland-Garros restera son exploit signature : la « super stat » qui le verra défier le temps au cours des vingt, cinquante et même cent prochaines années. Raison pour laquelle je voulais qu'il soit l'objet principal de ce livre, la loupe à travers laquelle examiner sa vie et sa carrière. Je voulais aussi plonger au cœur de Roland-Garros, le stade où il s'est défini lui-même et où il a redessiné les frontières d'une domination sans partage. Il a placé la barre à une altitude vertigineuse pour tous les talents des prochaines générations qui pourraient être plus motivés par les champions de leur époque que par Nadal.

Alors que sa carrière de joueur vient de prendre fin, ce livre est le portrait d'un champion et de son terrain de jeu préféré. Je crois être à la bonne place pour l'écrire. J'ai vécu une bonne partie de mon existence en France et en Espagne et j'ai couvert Roland-Garros pendant plus de trente ans. C'est le tournoi du Grand Chelem que je connais le mieux ; celui avec lequel j'ai tissé le lien le plus fort après avoir épousé une Parisienne, passé mes années de jeune marié à quelques encablures seulement du tournoi et y avoir élevé nos trois enfants franco-américains. Sous mes yeux, Roland-Garros s'est transformé sans cesse, complètement même. Le terrain de football sur lequel je jouais, en voisin, n'existe plus, une des conséquences de l'expansion du stade. Ce qui reste du complexe original, construit en 1928, est la fondation sur laquelle reposent, en profondeur, le rectangle de terre battue rouge du court central et un petit bâtiment à colombages où a dormi, jadis, Yannick Noah, devenu plus tard, loin de toute poésie, et de manière symbolique, un restaurant hors de prix. J'ai vu Roland-Garros changer de visage pour finir par s'identifier aux traits d'un seul homme et à ses victoires en pagaille : des titres étalés sur trois décennies, des trophées au-delà du raisonnable. En 2005, lors de ses débuts, j'étais là, assis sur mon siège dévolu à la presse, puis à la soirée célébrant sa victoire près de la tour Eiffel. Il avait dix-neuf ans, portait une longue chevelure, une chemise sans manches vert fluo et un pantacourt blanc. En 2022, j'étais encore là lorsqu'il a triomphé pour la dernière fois. Il avait trente-six ans, se dégarnissait à vue d'œil et était vêtu d'une tenue nettement plus classique. Il avait eu recours à des injections quotidiennes d'antidouleurs dans son pied gauche pour pouvoir jouer ses matches.

Les Championnats de France de tennis avaient cent-quatorze ans lorsque Nadal est arrivé sur le devant de la scène. Mais Paris, même Paris, n'avait jamais vu quelqu'un comme lui. Les habitants de cette capitale cosmopolite peuvent désormais l'apercevoir quand ils veulent. Il leur suffit de jeter un coup d'œil à travers l'entrée principale de Roland-Garros.

Chapitre 2

LE CODE

Le tennis de Rafael Nadal a réussi à faire pleurer même les plus endurcis. Il y a eu Roger Federer à Melbourne et Wimbledon. Il y a eu Sebastián, son père, à New York et ailleurs. Il y a aussi eu, de façon répétée, Toni, son oncle et entraîneur, à Paris.

Pour autant Jim Courier m'a surpris, à Indian Wells. En mars 2023, nous discutions de Nadal sur une terrasse écrasée de chaleur dans le désert de Californie. Courier, un rouquin américain avec un grand coup droit et une force de travail encore plus impressionnante, est devenu, puis resté assez longtemps, n° 1 mondial. Il a remporté quatre titres du Grand Chelem, dont deux Roland-Garros. Personnage intelligent, il n'était pas le plus commode à interviewer lorsqu'il était joueur en raison d'une certaine susceptibilité. Dans sa deuxième vie professionnelle, il est devenu l'un des commentateurs les plus intéressants et les plus appréciés. Nous avions échangé souvent dans le passé. Lors de cet après-midi lumineux, sans le moindre nuage, nous évoquions les qualités distinctives de l'Espagnol. Je l'ai invité à préciser lesquelles étaient reproductibles et lesquelles demeuraient inimitables.

« Son esprit compétitif sur chaque point et son endurance dans le combat mental sont innés. C'est donc très dur de copier ça. Même Novak, au sommet de son art, peut avoir des moments creux ou intermittents. Ce n'est pas le cas de Rafa, sauf s'il est embêté par une blessure. De ce point de vue, il est le meilleur que j'aie jamais vu dans le tennis masculin, et peut-être même dans le sport en général. Il a abordé chaque match comme si sa vie en dépendait. »

Je le relance : « Donc, qu'est-il possible de copier ? »

« Son attitude. Sa façon d'accepter une défaite ou d'accueillir un succès. Il est la version incarnée des vers de Kipling. C'est bluffant de voir quelqu'un d'aussi célèbre se comporter comme s'il ne l'avait jamais été. Il nettoie le court une fois qu'il a terminé son entraînement. Il n'est pas obligé, non ? C'est copiable par tout le monde. Vous pouvez nettoyer le court. Vous pouvez serrer la main des gens. Vous pouvez les regarder dans les yeux. Vous aurez le plus grand mal à vous hisser à son niveau physique et mental, mais tous ces détails… »

Je pensais Courier lancé, mais soudain, il a été saisi par l'émotion.

« Cela me mettrait presque les larmes aux yeux. »

Après un moment de silence, je lui demande : « Pourquoi une telle réaction ? Pourquoi cela vous touche-t-il autant ? »

Sa voix s'est déchirée. « C'est dur, mec. C'est dur de ne pas finir par casser une raquette. Le gars n'a jamais cassé une raquette. Parce que ce jeu est difficile. Bourré d'émotions. »

Pendant une demi-heure, nous avons continué à parler de la mécanique de ses coups, de ses rituels répétés, de ses façons de jouer. Mais rien ne fut plus éclairant que ce moment où Courier avait baissé sa garde, quand le flot continu de sa parole s'était brisé. En tant qu'ancien champion, il avait été confronté aux mêmes pressions, aux mêmes écueils et aux mêmes tentations que Nadal, sans être parvenu à les gérer avec la même efficacité et la même clairvoyance. Je crois que ce que Courier trouvait si émouvant concernait les dualités de l'Espagnol : ce mélange de self-control associé à sa passion pour la compétition ; ce mélange de modestie et d'ambition pour donner l'absolu maximum de lui-même ; ce mélange de force destructrice, implacable, conjuguée à de bonnes manières inscrites en lui.

Ce n'est pas que Nadal ne pouvait pas se montrer caractériel. Andy Murray, l'un de ses rivaux, l'a confirmé dans un message vidéo qu'il lui a adressé lors de l'officialisation de la fin de sa carrière en 2024. « Tu es probablement le seul joueur de tennis à n'avoir jamais jeté une raquette de colère, ce qui est incroyable. Cependant, ce n'était pas le cas quand tu perdais à la PlayStation. J'ai vu Rafa jeter des consoles à travers ses chambres d'hôtel partout dans le monde, lorsque lui, sous les couleurs de son Real Madrid adoré, et son grand copain, Juan Mónaco, perdaient contre moi, à *Pro Evolution Soccer*, sur un but à la dernière minute. » Racontée par Murray avec sa voix grave et drôle de baryton, l'histoire n'était pas seulement divertissante. Elle était rassurante. Nadal était comme nous tous, après tout. Je savais déjà qu'il avait passé avec succès ce que j'ai appelé le « test du chauffeur de taxi » : cet examen, informel, pour évaluer, une fois les caméras éteintes, le comportement de chacun en fonction de la place de son interlocuteur sur l'échelle sociale. Je l'ai vu remercier personnellement les sténotypistes dans les salles d'interview à la fin de chacun de ses tournois. Je l'ai regardé traverser des espaces encombrés de public pour venir serrer la main d'une connaissance. Il a également réussi le test auprès de ses pairs, à de très rares exceptions. Ses adversaires avaient une claire conscience de la puissance de ses coups et de la vitesse de ses jambes, mais ce sont les éléments intangibles qu'ils admiraient vraiment.

« Les grands ne vous donnent rien et vous savez, quel que soit le score, que Rafa ne va pas vous céder un pouce de terrain, remarque John Isner, l'un des trois hommes à l'avoir poussé aux cinq sets à Roland-Garros. Il va être à 100 % de la première à la dernière balle. Vous devez essayer de vous mettre au niveau de son intensité, ce qui est très dur à réaliser. C'est comme si son moteur ne s'arrêtait jamais. Il va sur le court, jauge son adversaire, le message suivant lisible sur son visage : "Je ne joue peut-être pas mon meilleur tennis actuellement, mais je vais te battre, grâce à ma volonté et à ma détermination." Et c'est vraiment ce qu'il fait. Selon moi, et je suis un peu partial parce que je suis issu du monde du tennis, il est le plus grand compétiteur de toute l'histoire du sport en général. »

C'est une affirmation audacieuse, même pour Nadal. Qu'un joueur chevronné et aussi réfléchi qu'Isner, diplômé de l'Université de Géorgie, fan acharné de sports, ait eu envie d'être aussi élogieux ne fait que souligner l'ascendant mental que le Majorquin a su développer et perpétuer aux dépens de ses adversaires. L'affronter était intimidant. Comme la simple pensée de devoir le défier, surtout sur terre battue.

Mackenzie McDonald a dominé un Nadal boitant au deuxième tour de l'Open d'Australie 2023, match qui a mis un terme à sa saison en raison d'une blessure à la hanche. C'était sur un court en dur. McDonald l'a également affronté sur terre battue lors du deuxième tour de Roland-Garros 2020. Il s'est incliné 6-1, 6-0, 6-3 sur le court Philippe-Chatrier.

« Je ne pensais vraiment pas pouvoir le battre. J'avais fait mes calculs. Je m'étais entraîné sur ce court pendant un quart d'heure environ. En considérant que le tournoi dure quinze jours, j'avais évalué qu'il avait dû passer comme la moitié d'une année à gagner des matches sur ce court. J'étais déjà en train de tenter de me barricader tout seul avant même d'entrer sur le terrain. Pour moi, ce fut un honneur d'être sur ce court face à lui et il m'a botté les fesses. »

McDonald, qui a grandi en étant fan de Nadal, n'a pas seulement vécu l'expérience habituelle d'être balayé par le roi de la terre battue. Comme tous les autres adversaires de l'Espagnol, il a eu « la totale ». Il a été le témoin privilégié de ses rituels d'avant-match : la douche froide, les sprints courts, les sauts de kangourou dans le vestiaire et dans le tunnel avant l'entrée sur le court. « Je n'ai pas regardé la douche, m'avoue McDonald en rigolant. Mais oui, j'ai assisté au reste. Il occupe pas mal d'espace. C'est son territoire et c'est comme s'il voulait le marquer. Il a fait les mêmes choses qu'il a toujours faites, la même petite gestuelle que d'habitude. Il a cette aura qui lui est propre et je me disais : "OK, comment suis-je censé rivaliser avec lui ?" Je me sentais petit, comme admiratif. Puis il s'est mis à courir et à sauter. Lorsqu'il a gagné le match, il a accueilli cette victoire comme s'il n'avait jamais gagné sur ce court avant. Il a cette fraîcheur à propos de tout ce qu'il fait. »

Cette longue histoire a commencé très tôt et elle a débuté avec Oncle Toni, un homme rigoureux, anticonformiste, à la voix grave de ténor, presque rocailleuse. Toni apprécie une bonne discussion peut-être plus qu'il n'aime un bon coup droit. Il était surnommé « Docteur No » par Jordi Arrese, l'ancien joueur et capitaine espagnol de Coupe Davis. Il peut être, c'est vrai, hérissé d'épines, comme être aussi très réfléchi. La plupart des rivaux de Nadal, à commencer par Federer, ont accepté de travailler auprès de psychologues du sport. Ce ne fut pas vraiment son cas. On lui a proposé d'en consulter un à l'adolescence, lorsqu'il a commencé à s'entraîner dans un centre régional à Palma, la capitale des Baléares. Avec Toni, il a repoussé la proposition. Tard dans sa carrière, il a confié qu'il avait vu un thérapeute à deux moments distincts de sa vie : « Une fois quand j'étais très petit et une autre fois quand j'étais plus âgé. C'est peut-être un sujet tabou, mais je le vois comme quelque chose de naturel. »

La vérité est que Nadal a eu, avec son oncle, un psychologue non officiel, dédié à la performance, tout au long de son parcours. Toni n'est certainement pas la seule raison pour laquelle son neveu est devenu l'un des plus grands athlètes de l'histoire. Mais il est la première, plus encore que le champion lui-même. Il a façonné son jeu et son esprit compétitif. De façon inattendue, il l'a placé sur une trajectoire qui l'a catapulté du rang de débutant à celui de champion en série.

« Évidemment, c'était parfois compliqué d'avoir son oncle comme coach et ça l'est encore de temps en temps, a-t-il reconnu quand je lui ai parlé de Toni pour la première fois. C'est aussi un gros avantage et je lui en suis reconnaissant. »

Et comme Rafael l'a justement indiqué, Toni devrait également lui en être reconnaissant.

Toni était le deuxième d'une fratrie de cinq enfants, après Sebastián Nadal. Leur père, également prénommé Rafael, était un éminent musicien de Majorque, un chef d'orchestre éclairé, doté d'une belle ouverture d'esprit. Il n'imaginait pas que ses descendants deviendraient des athlètes de niveau mondial. Toni a été le premier de la famille à s'intéresser au tennis et à le pratiquer sérieusement. Après des débuts tardifs, il a été l'un des trente meilleurs joueurs espagnols. Il avait un bon revers à une main et un style défensif très efficace. Au début des années 1980, dans une sorte de préfiguration de ce qui a suivi, il a joué sous les couleurs du Real Club de Tenis Barcelona, l'un des grands clubs du pays – comme Rafael au tout début de sa propre carrière. Il lui manquait la puissance et l'arsenal de coups nécessaires à des joueurs de niveau professionnel.

Il a fait découvrir le tennis à Rafael quand il avait trois ans. À l'unisson, Toni et Sebastián ont été frappés par son contact, si juste, avec la balle. Un peu plus tard, à l'approche de la trentaine, il lui a donné ses premières leçons régulières. Très vite, l'enfant a démontré un talent particulier. Premier Majorquin ayant évolué sur le circuit ATP, Alberto Tous, désormais entraîneur sur l'île, a échangé quelques balles avec lui lorsqu'il avait six ans, à la demande de son oncle.

« Il était si petit que j'ai commencé à mi-court, en lui distribuant des balles tout en discutant avec Toni. Je vous promets que c'est vrai. Pendant trois minutes, le gamin n'a pas manqué une seule balle. Centre quatre-vingts secondes et pas une faute ! J'ai fini par arrêter l'échange et je me suis tourné vers Toni pour lui dire : "C'est un mur !" »

Ce n'est pas la dernière fois que Nadal sera décrit de la sorte. Mais un mur ne retourne pas la balle avec plus de vitesse et d'effets.

Rafael se serait très probablement tourné vers le *fútbol* plutôt que le tennis s'il n'y avait pas eu l'influence de

Toni. L'attirance aurait été trop forte, compte tenu de la prévalence de ce sport en Espagne et à Majorque. Il avait un talent évident ballon au pied et marquait beaucoup de buts dans ses équipes de jeunes. Il éprouvait également le bonheur, chaviré d'émotions, de pouvoir admirer un autre de ses oncles, Miguel Ángel Nadal, star du FC Barcelone, du RCD Majorque et de l'équipe nationale espagnole.

« Rafa est talentueux dans deux disciplines », a déclaré Antonio Mesquida, son entraîneur de football, dans une interview au *Diaro de Mallorca* en 2000, l'année où Nadal a dû choisir entre le tennis et le football.

Surnommé la « Bête de Barcelone » par la presse britannique, Miguel Ángel était un imposant défenseur et milieu de terrain. Il a été le premier joueur de la famille placé au cœur des activités d'entraîneur de Toni. Sous la supervision de son frère, il a remporté les championnats juniors de tennis des Baléares, l'archipel méditerranéen qui inclut Majorque. « J'étais le cobaye », a-t-il confessé dans le film documentaire *Mestre Toni*. Malgré son gros potentiel raquette en main, Miguel Ángel a préféré persévérer dans le football. Compte tenu de sa longue et fructueuse carrière en club comme en équipe nationale, il n'a pas eu à regretter ce choix.

Le tennis occupait une place relativement secondaire dans la famille Nadal. L'extraordinaire talent de Rafael, la détermination et la vision de Toni ont tout changé. Mais le petit garçon a tout de même dû se poser quelques questions en chemin. Lorsqu'il avait dix-huit ans, et alors qu'il était déjà classé dans le top 50 mondial, il a donné une interview au quotidien espagnol *El País*. On lui a demandé s'il avait déjà réalisé son rêve en devenant professionnel de tennis.

« *Bueno*, a-t-il répondu. En réalité, mon rêve était de devenir un joueur professionnel de foot, comme mon oncle. »

À la place, il a fini par vivre le rêve d'un autre oncle : celui qui, après des études universitaires en droit et en histoire, a déménagé à Barcelone pour tenter de devenir un joueur professionnel et qui a alors pris conscience de ses limites. Il est devenu entraîneur de tennis et a remis le cap sur Manacor.

« Je ne dis pas cela pour en tirer gloire, mais Rafael joue au tennis à cause de moi », m'a-t-il dit, une fois.

Son neveu est d'accord. « J'ai eu beaucoup de chance. Il a toujours été là pour moi depuis que je suis tout petit. Il m'a aidé à chaque étape. Je lui dois d'être un joueur de tennis. Sans lui, tout cela ne serait pas arrivé. »

Ilie Năstase a également eu sa part de responsabilité. En décembre 1972, Toni avait presque douze ans et ne jouait pas encore au tennis. Il a assisté au Masters du Grand Prix, organisé cette année-là à Barcelone, dans une nouvelle salle, le Palau Blaugrana. Le Masters était l'ancienne appellation des ATP Finals : un tournoi de fin de saison réunissant huit des tout meilleurs mondiaux. Toni était dans les tribunes pour voir Năstase, la lunatique star roumaine, affronter l'Américain Stan Smith en finale. Năstase était le champion en titre de l'US Open ; Smith, le dernier vainqueur de Wimbledon. C'était l'époque des raquettes en bois et du service-volée. Au prix de smashes acrobatiques et de lumineux passing-shots gagnants, le charismatique et imprévisible Năstase s'est débrouillé pour dominer Smith en cinq sets. Toni Nadal est tombé sous le charme. Il avait une nouvelle idole. Champion des Baléares de ping-pong chez les jeunes, il venait de se découvrir une nouvelle passion : le tennis, qui deviendra son métier. Preuve, amusante, de la complexité du personnage. Toni avait un modèle qui était l'antithèse absolue de toutes les vertus développées par Rafael et de tout ce qu'il s'est évertué à lui enseigner. Bien que Năstase ait atteint la place de n° 1 mondial et remporté deux titres du Grand Chelem, beaucoup considèrent qu'il est un joueur qui aurait pu mieux faire. Il était impétueux et impulsif, capable de mauvaises manières et en butte à des absences de concentration. Il avait un certain goût pour la vulgarité, faisait des numéros en plein match et maltraitait régulièrement les arbitres. Mais la jeunesse a souvent les yeux de Chimène pour les rebelles. Et assurément, Năstase en était un, jusqu'à souvent devenir son propre pire ennemi. Il pouvait jouer des points comme s'ils étaient sans importance, presque par-dessus la jambe. Nadal considérait chacun d'entre eux comme une affaire d'État. C'est ainsi que, de manière improbable, un champion en a entraîné un autre.

Ce n'était pas le seul paradoxe de l'entraîneur Toni Nadal. Il a souvent souligné l'importance pour son neveu d'accepter la « réalité », de savoir encaisser des évaluations sans fard des limites supposées de son jeu et de toujours avoir envie de relever les défis à venir, particulièrement ceux concernant Federer. La réalité, peut-être. Mais lors des premières années d'apprentissage, il y eut aussi la place pour pas mal de fantaisie et d'histoires à dormir debout. Rafael était le premier petit-fils et la mascotte de la famille Nadal. Il était plein d'énergie et de joie de vivre. Son oncle s'amusait beaucoup avec lui. Il l'a même convaincu qu'il avait des pouvoirs magiques.

Lors de son premier tournoi, le petit garçon, âgé de sept ans, a affronté un adversaire de onze ans dans une compétition réservée aux moins de douze ans à Majorque. Dans la voiture, sur la route vers le tournoi, Toni a parlé du match à venir et lui a expliqué que s'il se sentait trop loin du niveau du joueur plus âgé, il pourrait simplement dire à son adversaire que sa famille a subitement besoin de quitter le site du tournoi et qu'il pourrait finir le match un autre jour. Rafael a répondu qu'il était mal à l'aise avec ce plan. Toni lui a alors rétorqué que s'il y avait une trop grande différence, ce ne serait pas un problème car il ferait tomber la pluie. Le match a commencé. Et comme attendu, Rafael s'est retrouvé décroché.

« Il y avait 1-0, 2-0, 3-0, 4-0, et puis il a commencé à remonter 4-1, 4-2, 4-3, a raconté un jour Toni dans une interview à la télévision espagnole. Rafa courait comme un fou sur toutes les balles. À 4-3, il s'est vraiment mis à pleuvoir. Aussitôt, j'ai décidé de faire arrêter le match et je suis parti me réfugier sous un porche du club. Il s'est alors approché de moi, sans que l'autre joueur puisse le voir, pour me dire : "Écoute, Natali, je crois que tu peux arrêter la pluie parce que je pense pouvoir battre ce gars." »

Quinze ans plus tard, la pluie a interrompu la finale 2008 de Wimbledon contre Federer, que Nadal menait deux sets à rien. Quand Rafael a retrouvé Toni dans le vestiaire durant ce temps mort, ses premiers mots ont été : « Ce n'était pas le moment de faire tomber la pluie ! »

Il appelait son oncle *« Tío mago »* (Oncle magicien). Il le surnommait aussi « Natali » parce que Toni l'avait convaincu qu'il était, en réalité, une star du foot italien au Milan AC. « Mon frère jouait pour Barcelone, je devais donc trouver une meilleure équipe. À l'époque, le Milan AC était un peu supérieur. J'étais donc la star de Milan et je me souviens encore de la composition d'équipe que je lui avais donnée. Dans les buts, Pappardelle. En défense, nous avions Spaghetti, Macaroni et Fettucine. »

Toni était l'irrésistible Natali. En déplacement à Majorque pour rencontrer Miguel Ángel, Txiki Begiristain, l'ancienne star de Barcelone devenue directeur sportif du club, s'est amusé à faire perdurer la ruse. Sous le regard approbatif de Rafael, Begiristain a demandé à Toni s'il comptait bientôt venir à Barcelone pour expliquer aux joueurs catalans comment mieux jouer au football. La mascarade a dû cesser lorsque le jeune Rafael a vu Natali taper dans un ballon pour de vrai. « J'étais dévasté, a éclaté de rire Nadal, bien des années plus tard, lors d'une interview à TVE, la chaîne nationale. Je suis rentré à la maison et j'ai dit à ma mère : "Toni n'est pas si bon." »

« Je n'étais pas dans un bon jour », lui a souri Toni.

Il y a d'autres anecdotes semblables, un bon paquet même. À l'évidence, que Rafael réalise qu'il avait le droit de ne pas avaler tout ce que lui racontait son oncle n'a pas été un problème. Il a cru ce qu'il lui disait du tennis et de ce qu'il était nécessaire de faire pour arriver à sortir le meilleur de lui-même. Le vrai talent de Toni n'a pas été d'enseigner à son neveu l'art de frapper un coup droit et un revers. Dans ce registre, il n'était probablement pas meilleur que d'autres entraîneurs à l'expérience technique supérieure. Son talent – peut-être même son génie – a été de proposer un cadre pour des objectifs de long terme, en cultivant le goût pour les défis et l'effort et en y ajoutant, pour faire bonne mesure, un code de conduite.

« Mon but principal était de rendre Rafa autosuffisant. »

Le corps, souvent fragile, du futur n° 1 mondial et son style agressif (comme sa façon de s'entraîner toujours à fond) n'étaient peut-être pas faits pour le long cours, mais sa philosophie a été construite autour de l'idée de durer. Le principe central était que Rafael ne tire pas sa motivation du projet d'être meilleur que les autres, mais meilleur que Rafael. Et l'autosatisfaction n'était pas une option.

Toni : « À la fin des fins, surpasser les autres n'est pas toujours possible, mais se surpasser soi-même, voilà le vrai défi. C'était ce que Rafael a été essentiellement tenu d'accepter depuis le plus jeune âge. Il l'a compris et l'a intégré. »

Pour Benito Perez-Barbadillo, un Andalou de Jerez de la Frontera, la capitale espagnole du xérès, devenu l'attaché de presse du champion, cette philosophie signifiait donner le meilleur de soi-même, quel que soit le type d'effort.

« Rafa ne ferait pas quelque chose s'il ne pouvait pas donner le meilleur de lui-même en étant entouré de gens à la recherche de la même excellence. Il n'abandonnerait pas les choses en chemin comme c'est mon cas. J'ai beaucoup de bonnes idées. Combien d'entre elles sont finalisées ? Même pas 20 % parce que je n'ai pas ce qu'il a. Une fois qu'il s'engage dans un projet, il va au bout. Il s'implique, donne le meilleur de lui-même. Il fera tout pour que cela se concrétise. Cette implication s'est retrouvée dans sa façon de jouer. Alors que les balles n'étaient pas encore en jeu, il était déjà à leur poursuite. Il était toujours en train d'essayer d'être meilleur, de s'améliorer. C'est ce qu'il a réussi à faire. »

En 2020, j'ai discuté de cet état d'esprit avec Nadal au cours de l'un de nos plus longs entretiens.

« Je pense que tout le monde change son regard sur la vie au fil des années. En vieillissant, vous avez une vision différente des choses, mais je ne crois pas que ma motivation profonde, au sujet du fait de continuer à jouer au tennis, ait, elle, changé. »

« Comment expliquez-vous cela ? »

« D'abord parce que j'adore jouer, et deuxièmement parce que, même si j'avais mes objectifs personnels, mon but n'a jamais été de devenir connu du monde entier ou de démontrer à des gens, ou tenter de les convaincre, que j'étais ceci ou cela. C'était toujours une motivation personnelle, pour moi, les miens, ma famille, mon équipe, ceux qui me sont proches. Je n'ai jamais trouvé de motivation à essayer de donner tort aux autres ou à combattre des choses extérieures. »

Animé par un feu intérieur, Rafael était, et est demeuré, déterminé à affronter ce qui est extrême. Cela explique aussi comment il a été capable de continuer à jouer aussi longtemps sans perdre son appétit.

« J'ai appris à aimer souffrir », a-t-il déclaré à la presse après avoir remporté l'Open d'Australie 2009 en s'accrochant comme un diable lors de deux combats en cinq sets contre Fernando Verdasco et Federer. En tant que marathonien, je connais une bonne formule qui pourrait résumer cet état d'esprit : la douleur est inévitable, la souffrance est optionnelle. C'était le sens de l'éducation, au tennis, de Nadal, qui en fait a été une éducation générale. Toni pense que ses élèves ne doivent pas avoir la vie trop facile. Ce qu'il exige d'eux et pour eux est de parvenir à se forger leur propre philosophie et à valoriser l'effort.

« Vous devez vous confronter aux difficultés et les assumer, en refusant de les éviter. Trop de parents et d'entraîneurs empruntent la voie de la facilité avec les enfants. Nous n'avons jamais procédé de la sorte avec Rafael. »

Toni n'est pas un coach parfait. La décision de passer souvent des courts en terre battue aux courts en dur, durant les premières années d'entraînement à Majorque, s'est avérée une mauvaise idée pour les genoux de son neveu.

« On s'entraînait sur terre, sur dur, sur terre, sur dur, en changeant de surface tout le temps, regrette Rafael. Évidemment, nous ne savions pas que c'était un problème lorsque nous étions enfants. Plus tard, j'ai eu beaucoup de problèmes aux genoux. Si c'était à refaire, je ne ferais pas ça. Les changements drastiques de surfaces ne sont pas bons pour le corps. C'est ce que je faisais à peu près tous les jours. »

Mais Toni lui a permis de se forger un caractère sans égal. Des psychologues professionnels de la performance, comme Christian Marcolli, ont été impressionnés. Ancien joueur de football du FC Bâle, il a travaillé avec succès, à l'adolescence, auprès du colérique et hypersensible Federer afin de l'aider à gérer ses émotions pendant les compétitions ou en dehors. Marcolli a rencontré Nadal à plusieurs occasions, mais, précisons-le, n'a jamais collaboré avec lui. Il estime que le coup de génie de Toni a été d'insister dès le début de la carrière de son neveu sur le fait qu'il serait confronté en permanence à des problèmes qu'il devrait non seulement affronter mais surmonter.

« C'est très rare d'entendre des coaches évoquer cela à ce niveau. C'est une façon originale de dire qu'il y a des problèmes et qu'il peut être intéressant de les résoudre. La plupart d'entre nous, sitôt que nous entendons le mot “problèmes”, avons tendance à vouloir les fuir. J'ai le sentiment que les Nadal ont donné une tout autre connotation à ce mot. Un problème n'était pas à éviter. Lorsque vous voyez Rafa dans des moments difficiles sur le court, il est là et bien là. Il ne m'a jamais donné l'impression de préférer la facilité. »

Marcolli éclate de rire.

« En fait, je suis certain que si vous l'interrogiez, il préférerait des matches gagnés 1, 1 et 2. Mais quand ce n'était pas le cas, c'était OK pour lui de tout donner. »

Il y a eu de très rares exceptions, dans des matches impliquant surtout Djokovic. En général, le parcours de Nadal a ressemblé à une course qui ne pouvait jamais être gagnée parce qu'elle n'avait pas de fin. Tout tournait autour de la notion d'effort, de l'obsession de s'améliorer étape par étape et de l'envie de faire face à l'inévitable adversité, qu'elle soit attendue ou inattendue.

Marcolli : « En tant que psychologue de la performance, je dois dire que cette attitude est merveilleuse dans tous les sens du terme. Il est également important d'avoir cette attitude dans un sport qui est si difficile. Vous pouvez nourrir un désir de perfection, mais le tennis vous place sans cesse face à vos erreurs. Il crée des problèmes tout le temps. Vous êtes exposé. Vous êtes seul. »

L'approche spartiate de Toni a normalisé cet état d'esprit. Mais lorsqu'il observe Nadal, Federer et Djokovic, Marcolli distingue des traits psychologiques communs, peu importe leurs différences de personnalités.

« L'une des choses essentielles que vous devez faire, et c'est très dur, est de définir qui vous êtes, de l'exprimer dans votre manière de jouer puis, dans les moments difficiles, de trouver une paix intérieure à travers ce que vous êtes et d'en retirer un avantage quand d'autres sont stressés. Je ne dis pas que Rafa n'est pas stressé. Mais tout est relié au fait d'être en même temps au clair et en harmonie avec soi-même, ce que ces champions ont démontré maintes fois au fil de leurs titres. Plus des joueurs gagnent, plus ils sont confortés dans leur approche. Roger, Novak, Rafa sont tous dans cette dimension. C'est un point de différenciation avec les autres. Vous savez presque à quoi vous attendre d'eux dans les moments difficiles. Vous ne pouvez pas les contrecarrer parce qu'ils sont trop forts. »

La façon dont Nadal agissait sur terre battue n'a rien de très mystérieux. Il vous bousculait ou vous forçait à sortir de votre zone de confort avec son lift, sa précision, sa patience pour attendre la balle courte ou la balle flottante. Il exprimait alors sa paix intérieure en l'écrasant avec son coup droit pour remporter le point.

« Vous savez ce qui va arriver, mais ce n'est d'aucune aide », sourit Gilles Simon alors que nous conversons sur une terrasse de Roland-Garros un jour de printemps.

« Jouer Rafa sur terre est la pire expérience possible pour un joueur de tennis, affirme Feliciano López. D'abord, parce que vous allez perdre dans 99,9 % des cas. Ensuite parce qu'il vous rend si vulnérable. Vous pouvez perdre 6-1, 6-1 sans avoir rien fait de mauvais. »

Aucun(e) autre champion(ne) de tennis qu'Iga Świątek n'a observé aussi attentivement les méthodes et l'état d'esprit de Nadal. La meilleure surface de la jeune Polonaise est également la terre battue. Comme l'Espagnol, elle est arrivée jusqu'à la place de n° 1 mondiale en s'appuyant sur la puissance de son coup droit lifté, son déplacement explosif et sa manière concentrée d'aborder la compétition en mode défensif-agressif. Contrairement à Nadal, elle ne possède pas cette régularité continue depuis le plus jeune âge. Sensible et intelligente, elle a rencontré des problèmes pour dominer ses émotions, pleurant même lors de certains matches. Elle me confie qu'elle se déconcentrait facilement. En se remémorant ses jeunes années, elle ouvre ses yeux en grand et tourne rapidement la tête à droite et à gauche.

« Soudain, j'étais comme un pigeon. Je regardais de tous les côtés, mais pas là où mon regard aurait dû se fixer. »

Nadal était son inspiration, le seul joueur dont elle regardait régulièrement les matches. Des années après avoir atteint le sommet du classement et gagné plusieurs Roland-Garros, Świątek avait encore deux souvenirs de son adolescence accrochés au mur de sa chambre, chez sa famille à Varsovie : un poster de Nadal et un tee-shirt signé de la main du champion.

« Petite fille, je ne regardais pas beaucoup de tennis comme les gens pourraient le croire. Le tennis remplissait déjà suffisamment ma vie, chaque jour, avant ou après l'école. Je n'avais pas envie d'y consacrer plus de temps lors de mes loisirs. J'étais fan de Rafa depuis mon plus jeune âge. Le moment décisif pour moi a été quand je suis venue à Paris pour la première fois afin de disputer le tournoi juniors de Roland-Garros, quand j'ai été en mesure d'observer Rafa et d'autres champions. C'est la première fois où j'ai senti que je pouvais être la meilleure, comme eux, et que je voulais cette même vie pour moi. Je l'ai toujours admiré pour son engagement, pour son humilité et pour son admirable style de jeu, spécialement son coup droit et son côté athlétique. »

Plus tard, Świątek s'est entraînée à l'académie de Nadal à Manacor. Elle a noué une relation personnelle avec le champion. À la demande de l'Espagnol, elle a pris la parole lors de la remise des diplômes de l'académie en 2023. Elle a cultivé aussi son « Nadal intérieur » avec l'aide de Daria Abramowicz, la psychologue de la performance polonaise qui fait partie de l'équipe voyageant avec elle.

Abramowicz : « Rafa est un exemple tant il a été résilient pendant toutes ces années en étant capable de maintenir un niveau incroyable de combativité. "Combativité" est un mot intéressant. Il combine la détermination, et parfois l'entêtement, dans le bon sens du terme, à la force et la motivation. Souvent, la partie la plus intéressante du processus se niche dans les moments où les choses ne vont pas dans le sens que vous voulez. Et je crois que c'est le superpouvoir ultime de Rafa. »

Toni dirait qu'avoir limité les contacts de son neveu avec des psychologues du sport a pu l'aider à développer ce sens du combat, cette confiance en soi lors des points les plus importants. Mais l'oncle a certainement nourri ce courage, aussi. Il créait des obstacles s'il n'y en avait pas ; parfois en utilisant des balles usées lors des sessions d'entraînement pour qu'il apprenne à s'adapter sans se plaindre.

Toni possède un talent inné pour raconter des histoires. Aujourd'hui, il gagne généreusement sa vie en partageant son expérience et ses enseignements personnels avec différentes entreprises. L'une de ses anecdotes préférées émane d'un tournoi de jeunes, lorsque Rafael avait quinze ans. Il s'occupait alors aussi d'un autre joueur. Il observait de loin un match de son neveu et voyait qu'il était mené 5-0 face à un joueur inférieur. L'un de ses amis est venu à sa rencontre pour lui dire qu'il pensait que Rafael jouait peut-être avec une raquette cassée. Toni est allé en parler à l'intéressé qui a alors réalisé la nature de son problème. Il s'est emparé d'un autre cadre, mais a fini par s'incliner 6-0, 7-5. À la fin de la rencontre, il lui a demandé comment un joueur de son expérience avait pu ne pas s'apercevoir que sa raquette était cassée. Sa réponse : « Écoute, je n'ai pas l'habitude d'être blâmé pour ne pas avoir pensé que la raquette pouvait être la raison de mon échec. »

« Je crois qu'un certain sens de l'autocritique est nécessaire, a dit Toni lors d'une conférence TEDx à Málaga. C'est très difficile de progresser, de s'améliorer. J'ai toujours essayé de lui faire adopter cette ligne de conduite. Je voulais qu'il ne se donne aucune excuse, que ce soit à propos de ses défaites ou de quoi qu'il soit arrivé. »

Sa rigoureuse manière d'enseigner, qui l'amenait parfois à frapper des balles en direction de son élève quand celui-ci se montrait inattentif, pourrait faire tiquer certains milieux éducatifs actuels. Elle a certainement laissé quelques cicatrices chez Nadal.

Alberto Tous : « Je me souviens d'un jour où nous jouions un tournoi de golf à Majorque. Rafa avait déjà gagné quatre ou cinq Roland-Garros. Et je lui ai dit : « Après le tournoi, prenons le temps de déjeuner ensemble. » Il m'a répondu : "Non, je ne peux pas parce que Toni m'attend. J'ai une heure et je vais m'arrêter en chemin pour manger. Je n'aurai le temps que pour une part de pizza. Parce que si je n'arrive pas à 16 h 30, il va me tuer." »

Tous a placé ses mains autour de sa gorge en simulant une strangulation alors qu'il concluait son histoire.

« Après quatre ou cinq Roland-Garros, Toni était toujours boum, boum, boum pour le pousser, pousser encore. »

Toni a entraîné de nombreux jeunes joueurs. Seul Nadal est devenu un grand champion. Rafael mérite donc d'être salué avant tout.

« D'une certaine façon, la mentalité de Rafa a été créée par Toni », estime Feliciano López. « Mais mentalement, je pense que Rafa est naturellement très fort et prêt à accepter de relever le moindre défi. »

Il était celui capable de toucher les lignes sous une pression extrême face à certains des plus grands joueurs de l'histoire. Il était celui qui transformait des coups droits décroisés en coups gagnants, qui courait après des amorties, qui réussissait des volées délicates avec une grande précision en affichant constamment la même volonté. Selon les mots de Toni, une *« buena cara »* (une bonne figure) pour signifier à son adversaire qu'il n'avait aucune raison de continuer à y croire.

Tous : « N'oublions pas que Rafa est une bête. »

N'oublions pas non plus que d'autres ont joué un rôle clé dans ses succès. Son père, Sebastián, un homme d'affaires à succès qui dirigeait une fabrique de fenêtres à Majorque, parallèlement à d'autres activités, aurait pu figurer au premier plan (il a géré certaines des florissantes affaires de son fils). Mais rendu inquiet par l'exposition de certains parents dans le tennis, il a préféré rester dans l'ombre. Son choix de financer la carrière de son fils dès son plus jeune âge au lieu d'accepter l'aide pécuniaire de la fédération royale espagnole, ce qui aurait obligé Rafael à déménager à Barcelone, a été une décision importante. Sagement, Sebastián a laissé ensuite Toni être la face visible du projet, lequel a tout aussi sagement refusé d'être directement payé par Rafael afin de maintenir son indépendance. Il a préféré partager les profits de l'entreprise familiale. Il aime dire que Sebastián lui a ordonné d'entraîner son fils parce que les employés de l'entreprise de fenêtres n'avaient pas assez de travail quand il était là.

« Mon frère fait de l'argent de manière que je puisse voyager avec son fils, ironisait Toni Nadal dans les colonnes de *L'Équipe* en 2003. Il n'y a pas eu de discussion avec mon frère au sujet de l'idée d'inverser nos rôles. Je ne sais pas quel serait l'impact sur la carrière de Rafa si nous les interchangions, mais ce qui est certain, c'est que l'usine coulerait. »

Toni m'a révélé qu'à un moment, Sebastián a suggéré que Rafael le rémunère directement. « J'ai estimé que s'il me payait, cela porterait atteinte à notre relation et remettrait en cause ma liberté de parole. »

Des observateurs extérieurs se sont souvent demandé comment Toni, qui n'avait jamais évolué au niveau professionnel, avait pu acquérir les compétences nécessaires pour hisser Rafael au sommet. Une partie de la réponse réside dans sa curiosité : un esprit éternellement à l'affût, toujours prompt à poser des questions et à parfaire sa connaissance. Le reste s'explique par le fait que Toni Nadal et son neveu ont fait appel à toutes sortes d'experts du tennis de haut niveau. Ces intervenants savaient régler certains problèmes particuliers aux joueurs d'élite.

Carlos Costa, devenu l'agent de Nadal en septembre 2001 quand ce dernier avait quinze ans, a été l'un des meilleurs joueurs du monde. Il s'est propulsé jusqu'à la 10e place au classement ATP en 1992, année où il a gagné des titres à Estoril et Barcelone et perdu la finale de l'Open d'Italie face à Jim Courier. Costa était à son meilleur sur terre battue. Il a souvent fait office de *sparring-partner* de Nadal lors de ses premières années professionnelles. Il est peu probable qu'ils seraient entrés en affaires si David Serrahima, l'agent d'IMG qui avait fait signer son premier contrat à Nadal, n'avait pas quitté l'agence. Costa s'est retiré du circuit en 1999. Il était à la recherche de nouvelles opportunités professionnelles. « Carlos se demandait : “Qu’est-ce que je vais faire de ma vie ?”, se souvient Jorge Salkeld, son agent. Nous avons évoqué ses possibilités et celle-ci lui a été présentée parce qu’IMG avait besoin de trouver une solution pour le management de Nadal, qui était si jeune. Carlos s’est aussitôt emballé parce que Rafa avait déjà quelques faits d’armes. Il a été un excellent mentor, parce qu’il n’avait pas été seulement un joueur du top 10, mais également un joueur très responsable dans sa vie et sa conduite. Ce fut donc une belle recrue pour Rafa. Il a eu dans son équipe quelqu’un qui connaissait très bien le tennis et qui est resté à ses côtés jusqu’à la fin de sa carrière. »

Dans la période de formation de Nadal, il y a eu aussi Jofre Porta, un coach national espagnol iconoclaste, basé à Palma, la capitale de Majorque, et qui avait participé à l’ascension de Carlos Moyà. Porta est maintenant rarement mentionné par les Nadal, mais il a été l’un des premiers hommes de confiance. Il a partagé son expertise technique et a parfois voyagé avec Rafael pour laisser Toni respirer, y compris lors du déplacement du Miami Open en 2004 quand Nadal a affronté (et vaincu) Federer pour la première fois.

Toni Colom, autre entraîneur basé à Majorque, a lui aussi ponctuellement voyagé avec l’apprenti-champion dans ses premières années. Il était à ses côtés lorsqu’il a disputé ce qui a été son dernier tournoi challenger, à Ségovie, en août 2003. Colom, que Nadal surnommait « Colombo », a décrit cette expérience de Ségovie dans un article de *La Razón*. Le jeune Espagnol venait d’atteindre les demi-finales d’un tournoi du circuit principal à Umag, en Croatie, et avait accepté de descendre de « division ». Colom s’est aperçu de quelque chose de très étonnant : le joueur, alors âgé de dix-sept ans, ne donnait pas le meilleur de lui-même, à rebours de son habitude. Il le lui a poliment fait remarquer et a exprimé sa surprise. Rafael a reconnu qu'il était fatigué et qu'il avait du mal à s'adapter aux nouvelles conditions de jeu à Ségovie.

« Il a ajouté qu'il préférerait être à la maison, sur la plage avec ses amis de Porto Cristo, mais que comme il s'était engagé auprès du tournoi, il était plus raisonnable et plus honnête de respecter ce contrat moral », écrit Colom.

L'entraîneur lui a répondu qu'il comprenait ses sentiments, mais que sa capacité à savoir se battre sur chaque point et à être sur toutes les balles était l'un des éléments qui rendait son tennis si spécial. Nadal a pris le temps de la réflexion. Alors que Colom s'éloignait pour reprendre sa place sur le court, il a entendu sa réponse : « Colombo, tu as absolument raison. Merci pour le conseil et ne t'inquiète pas. Tu ne reverras plus ça. Je continuerai à me battre, à donner mon maximum et à essayer, comme toujours, d'atteindre toutes les balles. »

Plus tard, Francisco Roig, un joueur espagnol classé dans le top 60 mondial en simple, a joué un rôle clé en tant qu'assistant de Toni Nadal. Il a appris à bien connaître les Nadal quand il entraînait Feliciano López, lequel fréquentait les mêmes tournois satellites et challengers en Europe. « Toni adore parler et nous parlions beaucoup de tennis et de football, sans compter que Feliciano avait un bon contact avec Rafa. Nous avons donc passé beaucoup de temps ensemble. En 2005, en Australie, Toni est venu me voir pour me dire qu'il avait une famille, jeune, qui s'agrandissait, et qu'il allait devenir difficile pour lui de voyager en permanence. Il voulait quelqu'un pouvant travailler avec Rafa pendant quelques semaines. Ça crevait déjà les yeux, il était probablement le meilleur espoir du moment dans le tennis. »

Roig a vu Nadal pour la première fois lorsqu'il avait douze ans. Il participait à un tournoi de jeunes sur la terre battue rouge du Real Club de Tenis Barcelona qui, quelques années plus tard, rebaptisera son court central en hommage au champion.

« Il est toujours difficile de savoir si un jeune joueur va devenir vraiment bon ou pas, mais pour Rafa il n'y avait aucun doute. Ce qui m'a vraiment surpris était l'intensité avec laquelle il pouvait jouer et son niveau de concentration. Vous pouviez voir que le gars jouait chaque point comme s'il s'agissait d'une balle de match : très courageux, totalement différent des autres de sa génération. Il avait également un rythme infernal pour cet âge : vitesse des coups, vitesse des jambes. Vous remarquiez déjà combien ses adversaires étaient intimidés par sa personnalité sur le court, son apparence générale, incroyable. Tout ce que vous avez vu pendant toutes ces années, vous pouviez déjà le voir lorsqu'il avait onze ou douze ans. »

Roig l'observait avec Jordi Arrese, ancien très bon joueur espagnol qui deviendra plus tard le capitaine de Nadal en Coupe Davis. « Jordi s'est retourné vers moi et s'est exclamé : "Ce gamin va devenir n° 1 mondial, sûr à 100 %." Mais Jordi parle beaucoup et s'emballe souvent, alors je lui ai répondu : "Jordi, il va être très fort, d'accord, top 10, mais n° 1, tu ne peux pas savoir". Et Jordi me répétait : "Non, non, non, n° 1, à 100 %." Finalement, il a eu raison. »

Roig, qui a obtenu ses meilleurs résultats sur le circuit en double (neuf titres) et a même joué quelques matches aux côtés de Nadal, est un excellent « mécanicien du mouvement », spécialiste pour réparer les petits dérèglements des coups. « Techniquement, je pense qu'il est le meilleur coach du monde, tranche Feliciano López. Il n'utilise pas beaucoup l'analyse vidéo, mais il voit des choses que d'autres entraîneurs ne perçoivent pas. Il est capable de saisir des détails dans le coup droit de Rafa, ou dans son déplacement, qu'aucun autre gars ne noterait. Ça leur a permis d'être spécifiques et précis. »

Pendant près de vingt ans, Roig a offert à Rafael un autre son de cloche en matière de technique et de tactique. Il l'a particulièrement fait progresser au niveau de ses volées et de son revers slicé.

Il y a eu aussi, bien sûr, Moyà, premier n° 1 mondial de Majorque. Il a été un autre remarquable mentor pour Nadal, désintéressé alors même que se poursuivait sa propre carrière. Il est devenu, plus tard, son entraîneur principal et l'a épaulé lors de son grand retour de 2017. Il est resté à ses côtés jusqu'à ce que son corps finisse par dire *no más*.

D'autres noms figurent sur cette liste d'experts : Rafael Maymo, surnommé « Tintin », a été le kiné de Nadal, un ami proche, une oreille critique ; Joan Foncades, qui a d'abord travaillé avec Moyà, a été un entraîneur physique à l'approche cérébrale qui a compté. Angel Ruiz-Cotorro, un bon joueur amateur, devenu le médecin personnel de Nadal et, pendant longtemps, le chef du service médical de la fédération de tennis espagnol, l'a aidé à gérer le flot de ses blessures à répétition et tous ses autres pépins de santé. Benito Perez-Barbadillo s'est occupé de sa médiatisation internationale. Il a été son attaché de presse après avoir commencé à travailler à ses côtés à l'ATP – en faisant parfois office, pour lui, de traducteur.

C'était une équipe assez importante, venue principalement de Majorque et de Catalogne. L'une de ses forces a été sa stabilité. Nombre des membres de cette équipe connaissaient Nadal avant le début de sa carrière professionnelle. De ce point de vue, Perez-Barbadillo l'a rencontré sur le tard – le jour où Nadal a gagné son premier match sur le circuit ATP, en 2002, à Majorque, à l'âge de quinze ans.

« Cela correspond à son identité, dit Perez-Barbadillo au sujet de sa fidélité. Évidemment, nous avons eu des divergences et des disputes. Il lui est arrivé plein de fois de ne pas être content de moi, comme du reste de son équipe. Mais à la fin, vous mettez ça de côté. Reste la relation de confiance, qui est essentielle, je crois, dans le cas de gens comme lui, des célébrités, des personnalités importantes ou des stars du sport. »

Ce n'était pas seulement un carré de fidèles. Ils avaient tous une expérience de premier plan dans le tennis professionnel de haut niveau. Ils ont secondé Toni et rempli les manques.

« Toni, dit Alberto Tous, a fait du très bon boulot. Il a été très bon au début, très bon au niveau de la discipline, très bon au niveau de l'éducation, très bon dans tous ces compartiments. Mais pour la partie technique, je pense que Carlos Moyà, par exemple, a apporté un excellent changement. À ce moment-là, j'estimais que Rafa avait besoin d'une personne qui devait lui offrir d'autres options de jeu. Carlos est arrivé au bon moment. Toni a été super, mais il n'était pas préparé à avoir un tel talent qui aurait un tel niveau. Il a réussi parce qu'il avait une équipe très, très forte autour de lui. Ça a marché pour cette raison. »

Pour Tous, le succès phénoménal de Nadal a généré une idée fausse : « Des gens ont déclaré que Toni Nadal était le meilleur coach du monde. Je crois que c'est exagéré, parce qu'il y a beaucoup de gens qui en savent énormément sur le tennis. »

Mais personne autant que Toni n'a façonné la philosophie compétitrice de Nadal, son code du guerrier. En 2009, il a cosigné en Espagne un livre titré *Sirve Nadal, responde Socrates* (« Nadal sert, Socrate répond ») qui explorait les liens entre la philosophie grecque et le sport moderne. Outre les Grecs, Toni aime aussi citer le philosophe allemand Goethe (« Le talent se développe dans la retraite, le caractère se forme dans le tumulte du monde ») ou l'écrivain argentin José Narosky (« Mon plus grand désir est de continuer à avoir de l'espoir »).

C'est dans un autre livre, *Todo se puede entrenar* (« Tout peut être enseigné »), sorti en 2015, qu'il a véritablement détaillé son système de pensée. Sous bien des aspects, sa vision de l'enseignement est à l'ancienne. Il prêche le mérite, la discipline, le respect des points de vue et de l'autorité des aînés. Marié et père de trois enfants, il est également persuadé que la société moderne occidentale est trop conciliante avec la jeunesse. À ses yeux, elle serait trop facilement portée aux nues. Elle ne serait pas assez poussée à développer sa propre résilience. Il dit rejeter la philosophie selon laquelle « la chose la plus importante est que les enfants passent du bon temps ».

« J'ai entendu ça si souvent quand j'ai emmené mes enfants au foot, au basket, à l'entraînement de tennis, et vous pouvez l'extrapoler pour toutes les activités concernant un enfant. Je suis complètement opposé à ça. »

D'après lui, les enfants ont besoin de se frotter à des défis, à de hauts niveaux d'exigence, afin de pouvoir grandir grâce à leurs expériences. Rafa avait, bien sûr, ses propres parents. Leur influence sur ses valeurs est trop souvent négligée. Mais c'est son contact au quotidien avec Toni et son style de coaching méthodique qui a modelé son caractère de champion. Toni est un homme exceptionnel et singulier. Son intelligence est insatiable mais, autre contradiction, il a des principes arrêtés. Je me souviens l'avoir retrouvé à la sortie des vestiaires de l'US Open 2017. C'était son tout dernier tournoi du Grand Chelem en tant que coach de Nadal, qui venait d'atteindre la finale sur la lancée d'une saison de résurrection.

« La progression est ce qui distingue les humains du reste des animaux sur la planète, m'a-t-il dit. Le comportement d'un lion est le même depuis cinq mille ans, en tout cas bien des d'années. Les humains se sont améliorés, au moins une majorité d'entre eux. C'est ce qui fait ce que nous sommes devenus. Nous évoluons. C'est comme ça que ça marche et c'est ce que j'ai réussi à inculquer à Rafael. Il m'a plus écouté certaines fois que d'autres, mais il n'y a rien de mieux que ça dans la vie. »

Chapitre 3

L'ARME

Rafael Nadal essayait de signer un autographe avec sa main gauche. Ce n'était pas joli à voir. Il tentait aussi de se brosser les dents avec la même main gauche. Rien n'était évident. Toujours avec sa main gauche, il envoyait une fléchette. Cible manquée d'assez loin.

Pour la postérité, ces efforts de Nadal ont été rassemblés dans une courte vidéo imaginée par Nike en 2008, l'année de certains de ses plus grands triomphes. C'était une façon, amusante, d'illustrer un paradoxe : Nadal était en route pour devenir le meilleur joueur de la planète en faisant toute confiance à sa main non dominante.

« Je suis droitier pour à peu près tout le reste », m'a-t-il avoué, lors de l'une de nos premières interviews. Il a saisi et lancé une balle de tennis de la main droite pour le prouver.

Au golf, sa passion quand il est loin des courts de tennis, il joue en droitier. Mais ce n'est pas le cas quand il se retrouve sur un terrain de football, comme celui du tournoi d'Indian Wells, ou le terrain en salle qui l'a vu participer, en 2008, à un match caritatif et marquer plusieurs buts face à Iker Casillas, l'ancien gardien de l'équipe nationale espagnole. Nadal a un pied gauche adroit et puissant. Il peut faire également beaucoup de dégâts avec le droit, bien qu'il soit moins fort. C'est ce talent au football qui a attiré l'attention de son oncle Toni quand ils se sont penchés sur son jeu de tennis. Ils avaient un problème.

Après avoir tapé ses premières balles à l'âge de trois ans, Rafael a normalement développé un revers à deux mains pour réussir à tenir sa raquette. Comme c'est parfois le cas pour des enfants aussi jeunes, il a également choisi de frapper son coup droit à deux mains. « Au début, il n'avait pas la force suffisante avec une seule main », m'a expliqué l'oncle.

Très peu de grands joueurs professionnels ont joué à deux mains des deux côtés, mais ce petit groupe compte tout de même quelques membres renommés : Pancho Segura, Frew McMillan, Gene Mayer, Monica Seles, Byron Black, Marion Bartoli, Peng Shuai, Hsieh Su-wei et le Français à la voix de velours Fabrice Santoro, surnommé, à juste titre, « le magicien », pour ses tours de passe-passe raquette en main.

Bartoli a été une championne de Wimbledon surprise en 2013. Née dans l'ex-Yougoslavie avant de s'installer en Floride et de prendre la nationalité américaine, Seles est devenue l'une des plus grandes joueuses de l'histoire. Elle a utilisé ses coups à deux mains pour attaquer la balle au sommet du rebond et installer ainsi une pression permanente, inédite alors dans le tennis féminin. Sa carrière aurait été plus somptueuse encore si elle n'avait pas été lâchement poignardée, en plein match, sur un court de Hambourg en avril 1993. Cette attaque l'a plongée dans la dépression et l'a éloignée des courts pendant plus de deux ans.

Rapide et doté d'une remarquable condition physique, Nadal aurait sans doute été capable de compenser le manque d'allonge induit par le fait de jouer à deux mains des deux côtés. Mais ce n'aurait pas été idéal. En vérité, il n'y avait pas beaucoup de précédents franchement couronnés de succès sur le circuit masculin.

Gene Mayer a été n° 4 mondial en 1980. Fabrice Santoro s'est hissé à la 17e place en 2001. Aucun joueur n'a atteint la place de n° 1 ou n'a gagné, en simple, de titre du Grand Chelem avec des coups à deux mains, en coup droit comme en revers. « Et il est difficile d'imaginer que tu pourrais être le premier », a signifié Toni à son neveu.

Lorsque Rafael a eu dix ans et après en avoir échangé avec Jofre Porta, Toni l'a poussé à faire comme tout le monde : adopter un coup droit à une main. La main qu'il élirait devait être son seul choix personnel. Toni était convaincu que la gauche était l'option la plus favorable. Son neveu avait des penchants pour les coups liftés et il générait plus de puissance quand il frappait depuis la partie gauche du terrain avec son coup à deux mains.

Toni : « Il semblait que c'était le choix le plus naturel. Pour mieux frapper en coup droit. »

La transition vers la main gauche pour taper un coup droit s'est faite progressivement. Elle a commencé par de courtes sessions de travail sur les modestes courts en terre battue de Manacor. Cette décision n'a pas seulement changé le jeu de Nadal. Elle a également modifié le cours de l'histoire du tennis. Le coup droit a fini par définir Nadal. Il a été la clé de sa domination sur terre battue, bientôt étendue à d'autres surfaces. Pour Patrice Hagelauer, le grand entraîneur français qui a aidé Yannick Noah à s'imposer à Roland-Garros en 1983, le coup droit de Nadal était davantage une gifle qu'un coup. À mes yeux, c'était comme un coup de fouet délivré avec sa main gauche. Le manche de la raquette agissait comme la poignée d'une cravache. Demandez-lui le coup qu'il préfère frapper en priorité, il n'hésite jamais avant de répondre : « Le coup droit sans aucun doute. Lorsque je joue bien, c'est un bonheur total. Je sens que je peux le contrôler. Je peux faire ce que je veux avec. »

Darren Cahill dit de son coup droit qu'il est « l'un des coups les plus remarquables qu'[il ait] jamais vus ».

« C'est toute la physique liée à ce coup. La vitesse qu'il génère ; la rapidité au niveau de la main, le fait qu'il soit droitier à l'origine et que, malgré tout, il puisse imprimer autant de vitesse avec sa main gauche. C'est juste phénoménal. C'est d'une beauté. »

D'une beauté « cruelle », pour dire la vérité. Avec le cri qui l'accompagne, le coup droit de Nadal a été une arme de guerre dont le but était de faire aussi mal que possible. Cette arme semblait plus artisanale que ciselée, plus bricolée que parfaite. Elle comprenait des parties mobiles qui paraissaient avoir été ajoutées. Mais en dépit de ses originalités, elle est devenue l'une des plus destructrices de la longue histoire du tennis moderne. Nadal pouvait frapper ce coup droit avec un lift si puissant que la balle rebondissait comme un deuxième service. Il pouvait également le taper à plat, le déclencher le long de la ligne au dernier instant ou le lâcher décroisé après s'être décalé de quelques pas vers la droite, dans une sorte de danse implacable qui se terminait généralement par un coup gagnant. Et lorsque vous aviez réussi à affronter cette terrible réalité, vous deviez également subir quelques amorties, souvent accompagnées d'un effet rétro.

Il a fallu du temps pour en arriver là.

« Quand il a commencé à jouer des tournois en gaucher, c'était plutôt difficile, reconnaît Toni. Mais c'était une étape par laquelle il devait passer. »

L'histoire originale a changé au fil du temps. Toni a d'abord dit qu'il avait décidé que Rafael deviendrait un gaucher parce que cette particularité serait un plus pour lui. Les gauchers sont très minoritaires dans le tennis professionnel : 15 % dans le top 100 mondial. Ils sont encore moins nombreux dans la société en général, autour de 11 %. Le gaucher bénéficie d'un atout sur le court. Quand il sert aux avantages, aux moments les plus critiques d'un match, son service slicé vers l'extérieur peut s'avérer une option tactique décisive, parce qu'il lui ouvre ensuite le terrain.

« Vous connaissez Toni, il raconte beaucoup d'histoires, m'a dit Jofre Porta à Majorque. Je n'ai pas arrêté de répéter à tout le monde que c'était lui qui avait décidé que Nadal jouerait en gaucher. Et beaucoup de joueurs ont choisi de changer de main à cause de ce qu'il avait pu me dire à ce sujet. Un jour, j'étais en Irlande. Il y avait un gamin qui n'arrivait pas à jouer. Je lui ai demandé : "Pourquoi n'essaies-tu pas de jouer avec l'autre main ?" Il m'a répondu : "Non, je suis droitier, mais mon père veut que je joue de la main gauche." Mon Dieu ! L'histoire de Rafa a semé la confusion dans bien des esprits. Et voilà Toni qui me balance un jour : "Non, ce n'est pas vrai. Rafael a choisi la main tout seul. Ce n'est pas venu de moi." J'étais interloqué : "Tu me dis ça maintenant ? Mais les gens vont penser que je suis un dingue !" »

Pour Porta, cette décision avait du sens parce que Rafa servait déjà de la main gauche lorsqu'il était enfant. Mais à cet âge-là, il ne pouvait bien servir avec aucune de ses mains, selon son oncle. La gauche est apparue comme la solution la plus intéressante. Bien plus tard, Toni a estimé que ce choix avait probablement limité les capacités du champion au service, tout au long de sa carrière. Certains entraîneurs ont noté que sa pronation – la rotation du poignet et de l'avant-bras quand il frappait la balle – n'était pas optimisée en comparaison des plus grands serveurs. Mais d'autres spécialistes, comme Mark Kovacs, un physiologiste de la performance, n'ont pas constaté semblable handicap.

« C'est vrai qu'il lui arrive de perdre son rythme au service, constate Thierry Tulasne, un ancien joueur français devenu entraîneur, parce que son mouvement n'est pas automatique ou spontané. C'est aussi la raison pour laquelle il a besoin de tant de temps avant de servir : pour que son cerveau puisse préparer le mouvement idéal. »

Sous bien des aspects, Nadal est, c'est vrai, un être à part. Pourtant, il est loin d'être un cas isolé parmi les champions qui se sont appuyés sur leur main non dominante pour s'affirmer au plus haut niveau. Les grands joueurs de tennis ont souvent commencé à un très jeune âge, avant même parfois que leur latéralité ne soit clairement définie. Le docteur Mininder S. Kocher, directeur associé en médecine du sport à la Harvard Medical School, a expliqué au *New York Times* que la latéralité est essentiellement « révélée entre deux et trois ans puis développée à cinq ou six ans ». Il a ajouté qu'il arrivait qu'elle ne soit pas « complètement assimilée avant huit ou neuf ans ».

Les joueurs qui commencent à trois ans peuvent donc se retrouver en pleine confusion : il y a eu Nadal comme il y a eu Angelique Kerber, l'ancienne n° 1 mondiale allemande ; droitière naturelle, elle a joué de la main gauche dès ses débuts et jusqu'à la fin de sa carrière. Le plus souvent, les gauchers naturels finissent en droitiers. C'était le cas de Carlos Moyà, modèle de Nadal et premier Majorquin devenu n° 1 mondial.

« Personne ne m'a forcé ; c'était juste la main que j'utilisais quand j'ai débuté à trois ou quatre ans. Peut-être que quelqu'un m'a mis une raquette dans la main droite. »

À la fin de sa carrière, Moyà aurait aimé avoir eu l'opportunité de faire un autre choix. « Si je devais tout recommencer, je serais un gaucher sur le court. » Voir son cadet rayonner de la sorte avec sa main gauche lui a sans doute donné l'envie de tirer cette conclusion. Lors de ses premières années professionnelles, Nadal a été aidé, c'est vrai, par le fait qu'il était plutôt une exception parmi les meilleurs joueurs. En 2005, sa première grande saison, il est devenu le premier gaucher, depuis Marcelo Ríos cinq ans plus tôt, à rejoindre le top 10 mondial. Federer a accueilli favorablement l'arrivée de Nadal sur le circuit parce que, disait-il, le fait d'avoir un gaucher parmi l'élite rendait le jeu plus intéressant. C'était avant de payer l'addition tant le coup droit de gaucher de l'Espagnol lui a causé de soucis.

« Tant de joueurs sont programmés pour jouer d'une certaine manière face à des droitiers que cette caractéristique a naturellement joué en faveur de Nadal », estime Tony Roche, alors entraîneur de Federer et lui-même gaucher à succès dans les années 1960, le deuxième de son époque après son compatriote australien Rod Laver.

Seulement trois femmes ont réussi le Grand Chelem calendaire en simple : gagner les quatre tournois majeurs la même année. Surprise, deux de ces championnes étaient des gauchères naturelles qui jouaient en droitières : l'Américaine Maureen « Little Mo » Connolly et l'Australienne Margaret Court. Kimiko Date, qui fut n° 4 mondiale, était aussi une gauchère naturelle, mais elle tenait sa raquette de la main droite en raison du poids d'une tradition japonaise. Le docteur Kocher précise que « près de 40 % de la population n'est pas vraiment droitière ou gauchère ». Championne à la « main indécise », Maria Sharapova a rencontré la gloire et fait fortune en gagnant les quatre tournois majeurs en tant que droitière. Pourtant, à l'âge de onze ans, elle a opté, pendant une brève période, pour la main gauche, à la demande de son père, Youri. Elle est ensuite redevenue droitière. Au cours de sa carrière, il lui est arrivé, lorsqu'elle était débordée côté revers, de redevenir une gauchère à une main l'espace d'un instant pour essayer de toucher la balle.

Plus rares ont été les cas de joueurs ambidextres usant de deux coups droits à leur meilleur niveau. L'Américaine Beverly Baker Fleitz a atteint la finale à Wimbledon en 1955 en dépit de son absence de revers. Si Baker Fleitz était d'une autre époque que la mienne, j'étais à Paris quand une Moscovite appelée Eugenia Koulikovskaïa a atteint le deuxième tour de Roland-Garros 2003. Également ambidextre, Koulikovskaïa nommait ses deux coups droits « gauche » et « droite » pour éviter toute confusion. Elle n'a jamais gagné de tournoi sur le circuit WTA ou été loin en Grand Chelem, mais elle avait l'habitude d'être au centre de bien des attentions.

« Je me sens comme un animal de cirque, m'a-t-elle avoué. Parfois, ça me rend folle parce que les gens viennent me voir en pointant leur doigt dans ma direction : "Regarde ! Regarde ! Regarde comme elle joue !" Je comprends que c'est différent et que les gens peuvent avoir une réaction, normale, d'étonnement, mais parfois ça m'énerve. »

Un autre joueur bizarre était John Bromwich, un amateur australien bien connu, vainqueur de dix-sept titres majeurs en double de 1939 à 1949. Il tapait son coup droit avec sa main gauche et servait avec sa main droite. Nadal n'est jamais allé aussi loin dans l'étrangeté, mais il a dû s'adapter. Il a passé énormément de temps à l'entraînement pour renforcer son bras droit afin que son corps soit le plus équilibré. « Je fais beaucoup d'exercices de compensation avec le bras droit en soulevant des poids. » Ce travail a également profité à son revers à deux mains, considéré comme une faiblesse relative lors de ses premières années sur le circuit. Ça n'a plus été le cas ensuite. Federer le comparaît souvent à un « deuxième coup droit » du fait de sa puissance. La main droite dominante de Nadal lui a sans doute permis d'ajouter force et précision dans ce coup.

Ancien membre du top 10 mondial venu de Pologne, Wojtek Fibak, qui a entraîné Ivan Lendl, a été un conseiller informel de Nadal. En 2004, il était à Sopot, en Pologne, quand l'Espagnol a gagné son premier titre ATP. « J'ai dit à tout le monde que c'était un talent extraordinaire et qu'il gagnerait Roland-Garros, me raconte-t-il. Mais ce n'était pas très audacieux de dire ça. Il avait déjà ce formidable pouvoir de concentration. Il n'a pas gagné quatorze Roland-Garros avec ses muscles. Il les a gagnés avec sa tête. »

Alors que le champion en était à sa dixième saison environ chez les professionnels, Fibak a fait remarquer à Toni Nadal, à Monte-Carlo, que son neveu n'utilisait pas le plein potentiel de son revers. « Tout le monde admirait son coup droit, mais je trouvais que son revers était l'un des tout meilleurs. Il ne montrait son meilleur aspect qu'en position défensive. Il se contentait soit de slicer vers le revers adverse, soit de délivrer une trajectoire bombée avec du lift pour changer le rythme de l'échange afin de recevoir une balle sur son coup droit et faire ensuite la décision. Mais quand quelqu'un l'attaquait sur ce côté, il était capable de répliquer par un passing de revers le long de la ligne, croisé, ou par un lob. On voyait ses possibilités. Donc, à Monte-Carlo, en 2011 ou 2012, je suis allé voir Toni pour lui demander : "Pourquoi Rafael ne lâche-t-il pas plus son revers pendant l'échange ? Parce qu'il est précis à 90 % sur ses passing-shots. Il pourrait donc se créer plus d'opportunités, boum revers croisé, boum le long de la ligne, au lieu d'attendre passivement l'ouverture en coup droit." Toni m'a regardé et m'a lancé : "Tu sais quoi ? C'est la chose la plus simple, la plus évidente, et je n'y avais jamais pensé." »

Fibak raconte que lors des années suivantes Nadal l'a parfois salué en tapant dans le vide un revers à pleine puissance. La qualité améliorée de son revers lui a offert le luxe de pouvoir jouer un jeu de fond de court plus balancé. Il s'est moins reposé sur son coup droit. Ce rééquilibrage a soulagé ses genoux fragiles et l'a sûrement aidé à prolonger sa carrière.

Son revers est inhabituel parce qu'il le frappe avec ses bras tendus.

« Quand vous frappez un revers à deux mains, vous avez deux options, explique John Yandell, un entraîneur américain et analyste. Vous pouvez le frapper avec les deux bras fléchis, ce que font la plupart des joueuses ; vous pouvez le frapper avec le bras du dessus tendu et celui du dessous fléchi, comme Djokovic. Ou vous pouvez le frapper avec les deux bras tendus, ce qui est plus rare. »

Andre Agassi jouait son revers à deux mains de cette façon. Brad Gilbert pense que le revers de Nadal est « l'un des coups les plus sous-estimés de l'histoire du tennis ». La technique bras tendus de Nadal permet à sa main droite, qui est la main directrice, de mieux participer à l'efficacité du coup. Yandell : « Peut-être que cette technique a été rendue possible par le fait d'être naturellement droitier. »

Mais quoi qu'il en soit, le coup droit est resté la clé de la forteresse.

Cahill, qui a entraîné le n° 1 mondial australien Lleyton Hewitt à ses débuts professionnels, se souvient d'avoir discuté avec lui, à l'Open d'Australie 2004, alors qu'il venait d'affronter Nadal pour la première fois. Hewitt a remporté cette rencontre en trois sets très serrés. Nadal était encore un quasi-inconnu, mais il y avait des similitudes entre Hewitt et lui, à commencer par leur intensité dans le combat.

« Lleyton était dans les vestiaires et je lui ai demandé : "Est-ce que ce gamin sera bon ?" Et Lleyton m'a répondu : "Oh, mon Dieu, ce gamin est sensationnel." Il pouvait le sentir instinctivement. Il a ajouté : "Sa balle gicle sur le court comme une balle rebondissante en caoutchouc." »

C'était la magie du coup droit de Nadal. Plusieurs facteurs entraient en action : Nadal générait une vitesse de tête de raquette inouïe. Il mêlait technicité et flexibilité après avoir repoussé certaines limites à l'entraînement où il enchaînait les exercices de répétition et de précision tel un métronome. Le Suédois Magnus Norman, un ancien n° 2 mondial devenu l'un des entraîneurs de référence du circuit, se souvient avoir rencontré Nadal, en avril 2002, lors du Majorca Open.

« J'étais arrivé avec un jour d'avance et je n'avais personne avec qui m'entraîner. Ils m'ont donc trouvé ce petit gars du coin. »

C'était Nadal, alors âgé de quinze ans.

« Il est arrivé avec son équipe. Il tapait très fort, mais ratait beaucoup. J'étais un peu mécontent parce qu'en tant que joueur le mieux classé, j'aurais espéré qu'il garde la balle un peu plus longtemps dans le court. Il envoyait des bombes. Il avait été très poli quand il s'était présenté. Une fois sur le terrain, terminé le respect ! Il frappait comme un sourd. »

Quelques jours plus tard, Nadal a gardé la balle suffisamment entre les lignes du court pour remporter son premier match sur le circuit ATP, éliminant le Paraguayen Ramón Delgado 6-4, 6-4. Ce moment partagé avec Nadal a nourri la réflexion de Norman, copropriétaire de la Good to Great Tennis Academy, à Stockholm, sur son métier de coach.

« Dans ma profession, on tourne beaucoup autour de la question de savoir s'il est préférable de consolider d'abord la technique du coup pour ajouter ensuite de la vitesse, ou de commencer par la vitesse et ne se pencher qu'ensuite sur la mécanique précise du coup. À l'évidence, Rafa a débuté par la vitesse. »

C'était l'idée de Toni et elle avait du sens. Dans les années 1990, j'ai visité l'Australian Institute of Sport où Guennadi Touretski, un coach de natation russe, entraînait Alexander Popov, le nageur le plus rapide du moment. Très innovant, Touretski utilisait un harnais pour tirer Popov dans l'eau à une vitesse plus grande que celle qu'il pouvait atteindre. Son idée était de chercher à optimiser sa technique de battement et d'améliorer le profil dynamique de la position de son corps. À haute vitesse, les défauts devenaient plus apparents.

Ensuite, de retour dans le bassin de compétition, il avait la capacité de mieux contrôler la puissance de sa nage.

Un an et demi après leur entraînement commun, Norman a affronté Nadal sur terre battue, en Croatie, au tournoi ATP d'Umag en 2003. Il a tout de suite pris la mesure du chemin parcouru en si peu de temps. L'Espagnol s'est imposé lors de leur seul duel : 6-3, 6-4.

« Il avait désormais tout son jeu sous contrôle. Il commençait à jouer avec un lift incroyable. C'était quelque chose de nouveau dans le tennis, particulièrement côté coup droit. Son revers était alors plus vulnérable, mais il n'arrêtait pas de tourner autour pour trouver son coup droit. Il était donc difficile de dicter l'échange contre lui. Vous saviez déjà que vous auriez des ennuis quand, après avoir servi, il se mettait en position de coup droit. Sa vitesse et son lift étaient inconnus pour moi. Il a ajouté une dimension à ce sport, c'est incontestable. »

Dans ce registre, Nadal n'était pas le seul joueur révolutionnaire. Le coup droit de droitier de Federer a été bâti selon les mêmes principes.

John Yandell a été l'un des premiers à examiner les coups des joueurs en visionnant des films à haute vitesse, qui font défiler deux cent vingt images par seconde au lieu des trente habituelles. Il a commencé à mesurer les révolutions par minute au début des années 2000. Il a découvert que Federer avoisinait les deux mille cinq cents tours par minute en coup droit quand les meilleurs joueurs de la génération précédente – Pete Sampras et Andre Agassi – évoluaient en moyenne autour de mille huit cents tours par minute. Yandell a noté qu'en dépit d'un lift supérieur, Federer générait les mêmes *vitesses* que Sampras et Agassi. Une donnée décisive. Cette différence a permis à Federer de prendre ses distances avec le reste de ses adversaires tout en lui offrant plus de marge d'erreur avec son lift lourd.

Les statistiques de Nadal étaient encore plus prononcées. Yandell a mesuré la vitesse moyenne de son lift en coup droit à trois mille deux cents tours par minute, avec la capacité de monter jusqu'à cinq mille. Ce n'était pas complètement un nouveau paradigme. Sergi Bruguera, l'Espagnol qui a gagné Roland-Garros en 1993 et 1994, avait des niveaux de lift similaires en coup droit. Mais il ne générait pas la même vitesse.

« Bruguera, explique Yandell, n'était pas non plus un gaucher, il n'avait pas toute la palette de Rafa. Nadal frappait environ 20 % de lift en plus que les autres en coup droit et 20 %, c'est une sacrée différence. Imaginez un pitcher au baseball avec un avantage de trente kilomètres par heure. En conséquence, sa balle rebondissait nettement plus haut. »

Yandell n'a pas échangé de balles avec Nadal. Pour ses recherches, il a utilisé une machine sophistiquée qui pouvait produire trois mille cinq cents tours par minute de lift.

« Pour moi comme pour un joueur universitaire de bon niveau, la balle était pratiquement intouchable. Rafa étant gaucher, il pouvait en outre diriger ce lift vers le revers adverse. Dans ces conditions, que pouvez-vous faire ? Essayer de contrer cette balle si liftée dans sa phase ascendante ? Essayer de la jouer au sommet du rebond ? Reculer pour la laisser redescendre ? Il n'y avait aucune bonne solution. »

Nadal a gagné plus de cent titres en simple et en double sur le circuit. Il mène aussi 24-16 dans son tête-à-tête avec Federer. En dépit de sa réputation de génie du tennis, le Suisse n'a pas pu trouver d'antidote au coup droit de Nadal, à l'exception d'une période à la fin de sa carrière. Le revers à une main de Federer finissait par se briser sous les coups de boutoir, particulièrement sur terre battue. Dans leur opposition sur cette surface, Nadal a fini avec un solde positif de victoires de 14-2 en usant de son coup droit croisé pour aller taquiner sans cesse le revers de son rival. Le très tranchant revers slicé de Federer, qui causait tant de soucis à tant d'adversaires, ne gênait pas Nadal. Et quand le Bâlois tournait autour de son revers pour frapper son coup favori – un coup droit décroisé – la balle atterrissait sur le coup droit de son rival.

Le problème, bien sûr, n'était pas seulement dû au fait que Nadal était gaucher. Federer a fini sa carrière avec un solde positif de victoires de 118-13 contre tous les autres gauchers. Nadal et ses talents multiples étaient son seul véritable problème. Son lift extraordinaire aurait été un même casse-tête s'il avait été droitier. La singularité de son coup droit est qu'il prolongeait souvent son geste. Il finissait par une sorte d'arc de cercle au-dessus de sa tête au lieu de l'enrouler autour de son corps. On peut appeler ça un « coup de fouet », ou un *« reverse forehand »* comme disent les Américains[1]. On peut aussi employer le surnom que Nadal lui a donné : *« sobaquera »*, qui vient de *« sobuso »*, le mot espagnol pour « aisselle », la partie de son corps à chaque fois dévoilée quand, habillé d'une chemise sans manches, il frappait le *sobaquera*. Quel que soit le vocable, le coup

1. Un coup droit frappé de bas en haut, dont le geste se déploie d'un seul et même côté du corps au lieu de « s'enrouler » autour. C'est souvent le cas, par nécessité, quand un joueur est pris de court et frappe ce coup droit en défense, parfois même en reculant. Certains l'ont aussi utilisé délibérément. Nadal, lui, en a fait un coup offensif, en imprimant par ce choix encore plus de lift, tout en gardant une énorme puissance.

n'est pas une invention de Nadal. Les joueurs ont tapé le *reverse forehand*, en bout de course, depuis la nuit des temps. Yandell a trouvé des images de Fred Perry, le champion britannique, exécutant ce coup dans les années 1930 avec une raquette en bois. Pete Sampras, le grand champion américain, l'a popularisé dans les années 1990.

Le *reverse forehand* est un coup traditionnellement frappé dans l'urgence, tapé dans le mouvement quand tout se précipite. Nadal a élargi sa palette. Personne ne l'a utilisé plus que lui dans toutes les positions. C'est devenu sa marque de fabrique, une signature à Roland-Garros, source de fascination et de perplexité. J'ai demandé à Paul Annacone, l'ancien coach de Sampras et Federer, s'il comprenait complètement la physique du coup droit de Nadal.

« J'ai la tête qui tourne, rien que d'y penser, éclate-t-il de rire. Avec son grip fermé (*western*) et son grand geste, il s'appuie avant tout sur un bras extrêmement relâché quand il accélère vers la balle. C'est la raison pour laquelle il finit son mouvement au-dessus de la tête en enroulant complètement son épaule gauche. Il laisse vraiment son bras et sa raquette devenir un fouet. C'est la seule manière pour lui de fonctionner depuis aussi longtemps sans se blesser. C'est tellement relâché et élastique. Il fait entièrement confiance à la vitesse de sa tête de raquette pour s'offrir une marge de sécurité sur ce coup. Il a toujours conservé cette flexibilité dans son bras gauche, ce qui remarquable. »

Demandez à des biomécaniciens ce que le finish en lasso ajoute à son coup droit. Vous obtiendrez une réponse surprenante. Ils pensent que c'est comme la garniture sur une assiette, ou l'inscription gravée sur le plat d'une épée : une touche personnelle qui n'a aucun impact réel sur l'efficacité du coup.

« Rien, *nada*, me dit Brian Gordon, le directeur du département scientifique du Rick Macci Tennis Centre, titulaire d'un doctorat (PhD) en biomécanique obtenu à l'Indiana University. C'est la question qu'on me pose toujours au sujet de Rafa, poursuit-il en me montrant, sur un écran, un film au ralenti du coup droit de Nadal. Ce finish en "lasso" est juste une manière de conclure en beauté la séquence. Cela n'a absolument rien à voir avec l'exécution du coup. »

Gordon a stoppé la vidéo juste après que la balle a quitté le cordage de la raquette alors que Nadal frappait un coup droit standard depuis sa ligne de fond de court. La trajectoire de la balle était droite. À peine était-elle entrée en contact avec le cordage qu'elle était déjà repartie. Les recherches du regretté Vic Braden, le coach américain, et de son disciple Andy Fitzell ont démontré qu'une balle restait en contact avec le cordage l'espace de seulement trois à cinq millisecondes.

« Avant même que l'information arrive jusqu'à votre cerveau, ce qui prend de cinquante à soixante-dix millisecondes, la balle est déjà loin », analyse Fitzell.

Comme tous les autres joueurs, Nadal a recours à ce *reverse forehand* sous la contrainte, lorsque la préparation est écourtée à cause d'une balle qui arrive trop vite et trop près. Mais le plus souvent c'est son choix, sa signature : il allonge son bras vers l'avant après le contact de la balle et accompagne la trajectoire de celle-ci. Et alors seulement commence le mouvement du *reverse forehand* proprement dit, jusqu'au finish en lasso.

Gordon : « D'autres joueurs ont des trajectoires de main similaires, mais ils ne terminent pas comme ça. Ils enroulent ensuite le mouvement autour de leur corps. Rafa a développé instinctivement cette signature. Il aurait pu terminer son mouvement en évitant ça. Ça fait partie de son plaisir. Hélas, maintenant, vous avez tous ces gamins qui font la même chose. Ils n'ont pas la moindre idée de comment tout cela fonctionne et ils envoient plein de balles dans le lac d'à côté. S'il y a une influence négative de ce coup droit, c'est bien celle-là. »

Mais qu'est-ce qui rend le coup droit de Nadal si exceptionnel ? Gordon rappelle que, comme Federer, il frappe un coup droit bras tendu.

« Dans ce type de mouvement, il n'y a jamais de compromis entre la vitesse et le lift. Les points de rotation qui sont utilisés pour générer la vitesse horizontale sont différents de ceux utilisés pour créer la vitesse verticale de la raquette. Ce type de coup droit est celui qui peut optimiser à la fois le lift et la vitesse. »

Alors, pourquoi tout le monde ne le frappe-t-il pas ainsi ?

« La plupart des gens ont beaucoup de mal à garder le bras tendu dans le mouvement du coup droit. D'un point de vue pratique, c'est beaucoup plus restrictif, en fonction de votre positionnement par rapport à la balle. Si j'ai le bras plié, je peux le fléchir selon des degrés divers en fonction de ma position par rapport à la balle. Mais si vous avez le bras tendu, vous êtes soit dans une très bonne position, soit dans une très mauvaise. Il n'y a pas d'entre eux. Ça ne pardonne pas. »

Sa conclusion est que les styles de Federer et Nadal ont été souvent opposés, mais que leurs deux coups droits ont beaucoup de choses en commun. Il voit leur influence au sein de la nouvelle génération avec des joueurs comme Carlos Alcaraz, Andrey Rublev et Stéfanos Tsitsipás, qui utilisent tous la technique du bras tendu.

Seulement un cinquième du top 100 mondial a été capable de suivre cette tendance.

« C'est tellement dur à réaliser, fait remarquer Gordon. Mais si vous y parvenez, c'est une sorte de Graal du coup droit d'un point de vue mécanique. »

Nadal a atteint ce nirvana après beaucoup d'expérimentations, notamment au niveau de sa préparation. Il a également ajouté de la vitesse de manière progressive. Shane Liyanage, un expert australien de l'analyse scientifique en tennis, m'a indiqué que la vitesse moyenne de son coup droit en 2022 était supérieure à celle de 2013 de sept kilomètres par heure.

Rafa possède encore d'autres caractéristiques. Il garde sa main libre, la droite, plus basse que la plupart des joueurs quand il prépare son coup droit. Mais le plus important, peut-être, a été le degré de confiance qu'il avait dans ce coup droit qui lui permettait d'avoir les idées claires dans les grands moments de tension.

« Tactiquement, plus le point est important, plus j'essaie de jouer en fonction de mes forces, ou de me reposer sur mes façons de jouer les plus habituelles : un premier-deuxième service suivi d'un coup droit, par exemple, a-t-il détaillé à *Tennis Magazine*, en France. Je ne vais pas m'aventurer à tenter une amortie ou un revers le long de la ligne dès le début de l'échange, dans un moment tendu. Vous devez faire simple. »

Il a ensuite renchéri : « Sur les points les plus importants, j'essaie de jouer les coups avec lesquels je suis le plus à l'aise le jour du match. De cette manière, je peux être plus serein et mettre ainsi les pensées négatives à distance. Généralement, le coup sûr est le coup droit. »

Ce coup historique est certainement l'explication de ses quatorze Roland-Garros et de ses quatre-vingt-neuf autres titres en simple et double. Mais ses frappes ne sont qu'une partie de l'histoire.

« Si vous considérez seulement le jeu et le style de Nadal, si vous mettez de côté son intuition, sa connaissance de la surface, sa capacité d'anticipation, si vous ne gardez que le coup droit et sa façon de frapper la balle, Rafa ne gagne jamais quatorze Roland-Garros, estime Michael Chang, le vainqueur 1989 du tournoi qui a coaché des adversaires de l'Espagnol. C'est son cœur et son sens du combat qui ont souvent fait la différence, qui lui ont permis de remporter tellement plus de titres majeurs qu'il n'aurait dû. Il n'a aucune raison de revenir de deux sets à rien contre [Daniil] Medvedev en finale de l'Open d'Australie. C'est sa combativité qui le fait gagner. »

Chapitre 4

LA TOILE

Un matin de mai, juste avant Roland-Garros 2019, Philippe Vaillant a reçu un appel urgent de Guy Forget, l'ancien n° 1 du tennis français, alors directeur du tournoi.

« Rafa aimerait te parler », a prévenu Forget.

Ce rendez-vous précipité a eu pour cadre le court Suzanne-Lenglen où Nadal, en nage comme toujours, s'entraînait avant le tournoi. Le court Suzanne-Lenglen est le deuxième court du stade en termes de capacité. Il a été nommé ainsi en hommage à la championne de tennis, ballerine des courts, l'une des toutes premières superstars de ce sport, en dépit du fait qu'elle n'a jamais joué un seul match sur ce site de Roland-Garros.

Vaillant, qui supervise la maintenance des courts, est arrivé à toute vitesse. Nadal l'a rencontré sur le court pour lui expliquer ce qui le tourmentait.

« Rafa a fait état de quelque chose de bizarre. Il trouvait que la partie sud du court était parfaite, mais il y avait un endroit qui clochait, à ses yeux, sur la partie nord. D'après lui, ce n'était pas pareil que d'habitude. Et il a signalé un mauvais rebond dans un des deux carrés de service. »

Devenu un familier du champion au fil des années, il a demandé à ses équipes de s'occuper du problème de plus près une fois terminées les sessions d'entraînement de la journée.

Il y avait effectivement un peu trop de terre battue sur la partie nord du court.

« Nous avons retiré de la terre et, deux jours plus tard, alors que je savais que Rafa s'entraînait à nouveau sur ce court Suzanne-Lenglen, je suis revenu jeter un coup d'œil. Il m'a aperçu au loin. Aussitôt, avec le pouce levé, il m'a indiqué que tout était désormais en ordre. Il avait perçu cette subtile différence. Je suis toujours impressionné par la sensibilité de ces joueurs, de ces gars comme Nadal qui sont de vrais "terriens". »

Ce goût de Nadal pour le détail le plus infime n'est pas limité, il faut le dire, à la seule terre battue. Un peu plus tard, cette année-là, il est arrivé à New York pour préparer l'US Open 2019. Une semaine avant le début du tournoi, il s'est dirigé vers le Stadium Arthur-Ashe pour une banale séance d'entraînement. David Brewer, le directeur du tournoi, a ensuite eu la surprise de le voir débarquer dans son bureau.

« Vous pouvez venir avec moi, David ? », lui a demandé Nadal.

Brewer l'a immédiatement suivi en direction du court bleu en dur. « David, je veux que vous sachiez qu'il y a une légère bosse ici sur la surface, j'ai été victime d'un faux rebond, lui a-t-il dit au milieu du court. Je sais que vous ne pourrez rien faire jusqu'à l'année prochaine, mais je tenais à vous informer. »

D'autres grands joueurs comme Roger Federer, Stan Wawrinka et Andy Murray s'étaient déjà entraînés sur ce même court pendant plusieurs jours et n'avaient fait aucune mention de cette imperfection. Brewer et Gordon Smith, le directeur général de l'United States Tennis Association, sont vite revenus avec une planche adaptée et l'ont placée à l'endroit indiqué. En effet, la surface de jeu n'était pas parfaitement plane. Il y avait bien une irrégularité, longue d'un peu plus d'un mètre et parallèle à la ligne de fond de court.

« Je suis devenu dingue, raconte Smith. C'est le court en dur le plus important du monde et on ne peut pas s'assurer qu'il soit parfaitement lisse ? Si Rafa Nadal est victime d'un faux rebond à cet endroit sur une balle de match, alors qu'il nous en a parlé et que l'on n'a rien fait, on aura l'air malin ! Il ne nous avait même pas demandé de régler le problème, mais on a fini par décider de mettre le court en pause pour le polir et le resurfacer une semaine avant le tournoi. »

Nadal, qui a remporté cet US Open 2019, a l'œil lorsqu'il s'agit d'inspecter son lieu de travail, quoique la terre battue reste son domaine d'expertise. Avec elle, sa connexion devient tactile. Elle colle à sa peau transpirante et à sa chemise trempée de sueur. Quand l'Espagnol marche sur la terre pour la première fois en arrivant dans un tournoi, il aime se pencher vers elle pour la caresser avec sa main, pour avoir une première impression de sa texture, pour évaluer son taux d'humidité, pour savoir si elle est granuleuse ou fine.

En France, le terme pour désigner un spécialiste de la terre battue est « terrien ». Un mot inapproprié pour Nadal, sur une surface où il a surtout été un extraterrestre.

Le gazon a été la surface originelle et traditionnelle du tennis dans une bonne partie du monde, notamment en Grande-Bretagne, aux États-Unis et en Australie. Développée à la fin du XIXe siècle, la version moderne du jeu ne s'appelait pas *lawn tennis* pour rien. Mais la terre battue est rapidement devenue la surface de prédilection en France, comme dans beaucoup d'autres pays latins, même si cela ne semblait pas entièrement nécessaire. D'autres sports codifiés par les Anglais et devenus internationaux, comme le football et le rugby, n'ont pas basculé sur une terre rouge quand ils ont franchi la Manche. Ils ont continué d'être pratiqués sur herbe. En France, le tennis a pris une autre direction. Cette originalité a contribué à rendre ce sport encore plus passionnant.

Car l'une des grandes forces du tennis est la variété de ses surfaces. Les matches de la Champions League ou de la NFL sont disputés sur gazon, pas sur terre battue ou sur dur. Il existe même une vraie diversité parmi les terres battues. Malgré cette palette de nuances, Nadal n'a joué qu'un seul match dans sa carrière professionnelle sur une terre qui n'était pas rouge (cela ne s'est pas bien passé, mais nous y reviendrons plus tard).

Rod Laver, qui a grandi dans une ferme d'élevage au cœur de l'Australie rurale, a commencé son apprentissage du tennis sur un « lit de fourmis » : une surface composée de terre issue de termitières. Une fois collectée et broyée, la terre était répandue puis roulée pour créer une surface assez dure, grâce à la salive des termites qui faisait office de liant et la rendait compacte. Elle pouvait absorber l'eau de pluies diluviennes et redevenir très vite jouable.

Comme à Roland-Garros, cette surface était rouge.

« Ma famille a construit ce court, j'ai commencé dessus et c'était semblable à la terre battue », m'a un jour expliqué Laver.

À l'évidence, c'était un terrain d'entraînement approprié. Surnommé « Rocket », Laver est devenu le seul joueur de l'histoire à réaliser deux fois le Grand Chelem calendaire en simple, en remportant les quatre tournois majeurs la même année (dont Roland-Garros), en 1962 et 1969.

Roy Emerson, un autre grand champion issu du Queensland, a également grandi sur un court « construit » par les termites.

« Nous avions des nids de termites à l'arrière de la propriété. On les démolissait et on récupérait la terre pour la répandre sur le court. »

Longtemps une grande nation de tennis, l'Afrique du Sud disposait également de courts appelés « tas de termites ». De 1890 à 1950, le championnat national a eu lieu sur cette surface, au stade d'Ellis Park à Johannesburg. Cela avant l'adoption de courts en dur. Dans d'autres régions d'Afrique, comme au Ghana, le tennis était parfois pratiqué sur des courts en poussière, qui étaient arrosés afin de maintenir celle-ci au sol. En Inde, autre contrée brûlée par le soleil, on a longtemps joué sur des courts fabriqués avec de la bouse de vache séchée puis roulée. Une surface de jeu vraiment adaptée à la cause du développement durable, même si elle avait quelques défauts. Stupéfaits, les joueurs étrangers la découvraient lors de l'Indian Open ou de rencontres internationales comme la Coupe Davis.

« Sans doute pensaient-ils tous que c'était dingue, me confie, en riant, Vijay Amritraj, l'ancienne gloire du tennis indien. Et ils demandaient tous : “Qu'est-ce qu'on risque en jouant ?” Je répondais : “Évitez de tomber dessus. Au cas où, il y a un gars qui attend dehors avec une piqûre contre le tétanos.” »

Amritraj et ses frères, Anand et Ashok, ont grandi au sud de l'Inde, à Madras, depuis rebaptisée Chennai. Là-bas, ils évoluaient sur une terre recouverte du sable venu de la plage, si bien que le court était blanc cassé. Ils ont fini par en construire un chez eux.

« Nous avions des arbres au-dessus du terrain. Parfois, des serpents tombaient des branches. »

L'Inde du Nord avait d'excellents courts en gazon. La majorité des courts à base de bouse étaient situés à l'ouest, dans l'État du Maharashtra, où se trouvent les villes de Mumbai et Pune.

Amritraj : « Les conditions de jeu ressemblaient à celles de courts en dur. Sous le soleil brûlant, la surface durcissait. Vous ne pouviez pas vraiment glisser dessus. Mais vous aviez des appuis solides. Je préférais ça à la terre sur laquelle nous avons grandi dans le Sud. La première question que les gens posaient était : "Est-ce que ça pue ?" Et ce n'était pas le cas. Ça ne sentait rien du tout. »

Nombre d'excellents joueurs étrangers ont joué sur ces courts, comme Laver, qui a gagné, il est vrai, sur toutes les surfaces. Ils sont passés de mode à partir des années 1990. Sania Mirza, devenue n° 1 mondiale en double et l'une des plus grandes stars du sport indien, a tout juste eu le temps de débuter sur ces courts en bouse séchée. Mahesh Bhupathi, également consacré n° 1 mondial en double, a fait ses gammes sur ces mêmes terrains.

« Je n'en ai pas vu un seul en Inde au cours des dix dernières années, à cause du développement des courts en dur, m'a confié Bhupathi. Mais quand j'étais junior, ces courts étaient majoritaires. Évidemment, ils n'étaient pas chers à fabriquer. »

Les courts en bouse et les courts-termites étaient des cousins de la terre battue – ils étaient techniquement répertoriés comme des courts en terre. Mais la matière qui les recouvrait n'était pas assez friable. La balle ne laissait quasiment pas de trace et les joueurs ne pouvaient pas y dessiner, à la manière de Nadal, leurs arabesques avec élégance et précision. En 2002, ce dernier, alors âgé de quinze ans, a gagné ses premiers points ATP à Séville sur une terre battue jaunâtre, en raison du caractère sablonneux de la surface. C'était à l'occasion d'un tournoi challenger au Real Club de Tenis Betis qui, comme Roland-Garros et le Monte-Carlo Country Club, a été inauguré en 1928.

Notons que la terre battue rouge a une cousine verte, très populaire sur la côte est des États-Unis où elle a été développée dans les années 1930. Elle est habituellement connue sous le nom de « Har-Tru ». C'est une surface particulièrement abrasive, très rapide quand elle est sèche. Chris Evert, la plus grande joueuse de l'histoire sur terre battue, en tout cas jusqu'à ce qu'Iga Świątek vienne contester ce statut, a grandi sur Har-Tru à Holiday Park, près de Fort Lauderdale, en Floride, aux côtés de Jimmy, son père et entraîneur, qui lui a tout appris. Elle a gagné l'US Open quand il s'est disputé sur Har-Tru en 1975, 1976 et 1977, au West Side Tennis Club de Forest Hills, à New York, où le tournoi s'était d'abord joué sur gazon pendant de très longues années. Trois saisons durant, deux des quatre tournois du Grand Chelem se sont ainsi déroulés sur terre battue. Imaginez combien de tournois du Grand Chelem Nadal aurait gagnés si les choses étaient restées en l'état. Mais en 1978 l'US Open a déménagé dans un endroit plus spacieux, à Flushing Meadows, et a adopté des courts en dur, alors en vogue et nettement plus faciles à entretenir que ceux en terre. Nadal, le roi sur terre, n'a jamais joué la moindre compétition sur Har-Tru, pas même lors d'une épreuve de jeunes. Mais il a quand même posé ses pieds dessus. Sur un court privé lors d'un séjour dans le désert de Californie, il a échangé quelques balles avec Larry Ellison, le milliardaire magnat de la tech, cofondateur d'Oracle et devenu le propriétaire du tournoi d'Indian Wells en 2010, année où il a racheté les droits de l'épreuve mais également les courts et les bâtiments du site.

Alors que la couche supérieure de la terre rouge est faite de poudre de brique ou de tuile pilée, celle de la « terre verte » n'a en fait rien à voir avec de la terre : il s'agit de pierre pulvérisée. Spécifiquement du métabasalte précambrien issu des Blue Ridge Mountains, en Virginie. Cette roche de couleur verte est exploitée près de Monticello, non loin de la plantation de Thomas Jefferson, à Charlottesville. Elle a été utilisée pour de l'aménagement paysager et, plus tard, pour fabriquer des granulats servant à densifier des bardeaux d'asphalte. Elle est particulièrement dure, une qualité essentielle gage de durabilité.

« Plus dure que du granite, m'a dit, un jour, John Welborn, ancien directeur du développement industriel de Har-Tru. Elle a la solidité du diamant industriel. »

Le métabasalte précambrien est également anguleux, propriété qui permet aux fines particules d'adhérer entre elles pour garantir la stabilité de la surface de jeu.

Welborn : « Les parties dures et anguleuses ne se désagrègent pas quand vous glissez dessus, ou quand vous les secouez. La matière reste stable et poreuse. Les minuscules pierres s'emboîtent les unes dans les autres, mais elles ne forment jamais complètement une « terre » compacte parce qu'elles demeurent dissociées. Elles maintiennent toujours un peu d'espace entre elles. C'est le secret d'un court réussi. La substance absorbe l'eau et l'emmagasine jusqu'à son évaporation au sommet de la surface. Elle est humide suffisamment longtemps pour être jouable. »

Des problèmes de drainage et de durabilité ont été deux des raisons pour lesquelles les courts en terre battue de style européen, populaires aux États-Unis dans les années 1930 et 1940, n'ont pas réussi à passer l'épreuve du temps.

« La terre battue verte était plus prévisible, a ajouté Welborn, parce qu'elle était manufacturée. En cas de besoin, vous pouviez la produire facilement. L'approvisionnement ne posait aucun problème. »

Le nom « Har-Tru » est un nom composé, imaginé par l'inventeur de la surface, Henry Alexander Robinson : « har » vient des initiales de Robinson, « tru » se réfère au rebond supposé ferme (*true*) et à la couleur (*true green*) de la surface. Dans ma jeunesse, j'ai passé un été intéressant à enseigner le tennis (et apprendre comment glisser) sur Har-Tru, à l'East Hampton Tennis Club de Long Island. J'ai trouvé la surface agréable au niveau du déplacement, mais plus abrasive sous le pied que la terre battue rouge européenne.

« Les courts de Roland-Garros, sur lesquels j'ai joué plusieurs fois, ont un glissé plus doux, a admis Welborn. Vous sentez que vous dérapez davantage que sur nos courts. C'est sans doute parce que les particules de terre utilisées à Roland-Garros sont plus fines. »

Emma Navarro, la joueuse américaine, a déclaré que jouer à Roland-Garros c'était comme « glisser sur de la soie ».

J'ai également joué sur un court très rustique, en poussière de pierre, au nord de Boston, à West Newbury, dans le Massachusetts. Il avait été construit et entretenu avec soin (malgré quelques faux rebonds) par la famille Flaherty, un peu comme les familles Laver et Emerson ont su imaginer et préserver leurs courts-termitières de l'autre côté de la planète.

L'éventail des surfaces de jeu, de la plus artisanale à la plus industrielle, est l'une des plus grandes richesses de ce sport. Les courts en terre battue, dans toute leur diversité, sont la meilleure école pour apprendre le tennis. Et en bonus, ils peuvent même vous offrir quelques leçons de la vie.

Certes, les courts en dur modernes garantissent le rebond le plus franc et le plus sûr, sauf si les peintures blanches des lignes se révèlent trop glissantes. Ils vous permettent d'ancrer vos pieds dans la surface et de changer de direction en une fraction de seconde. Ils favorisent aussi le gros serveur, le grand frappeur et les échanges plus courts.

La prédominance de la vitesse et de la puissance dans le jeu moderne a également entraîné le raccourcissement des échanges sur terre battue. Des vidéos en ligne des matches des années 1970 entre des spécialistes de la terre battue comme Björn Borg et Guillermo Vilas montrent combien les « rallyes » pouvaient être longs et lents à l'époque. La moyenne entre deux coups de raquette était de plus de trois secondes, au lieu des 2,2 secondes environ d'aujourd'hui. Dans le tennis moderne, les joueurs glissent également sur les courts en dur, particulièrement dans leurs parties latérales, afin de tenter de maximiser leur jeu de défense. Mais glisser, dans un crissement prolongé, sur une surface en dur fabriquée en usine ne propose pas le même défi, en termes de physique, que de glisser, dans un dérapage, sur une surface vivante et changeante. Stan Smith, connu comme vainqueur de Wimbledon et de l'US Open avant de passer à la postérité pour avoir vu son nom inscrit sur une chaussure, comparait le fait de jouer sur terre battue à « courir sur des billes ».

Certains pensent qu'il est plus facile d'être un défenseur sur terre battue parce que la surface neutralise en partie la puissance adverse. C'est faux.

« Il est plus facile d'être un grand défenseur sur un court en dur parce que vous avez une surface plus consistante sur laquelle vous appuyer », souligne Jim Courier, champion de Roland-Garros en 1991 et 1992.

Sur terre battue, changer de direction à toute vitesse peut s'avérer compliqué. Diriger la balle dans le contre-pied de votre adversaire est très souvent payant. Courier le confirme : « Vous pouvez prendre des joueurs à contrepied sur terre battue plus que sur d'autres surfaces. »

Sans vouloir exagérer, la glissade sur terre battue est un genre de communion : le signe que vous ne faites plus qu'un avec un environnement potentiellement hostile, comme un surfeur qui, dans l'océan, plonge sous une déferlante et réémerge à la surface des flots.

« Le déplacement sur terre battue peut sembler facile, observe Nadal. Mais cela pose des problèmes aux joueurs dès qu'ils quittent les surfaces en dur. En fait, cela nous perturbe tous. Glisser est une question de confiance. Lorsque vous glissez, c'est parce que vous êtes à l'aise et que vous ne pensez à rien d'autre qu'à atteindre la balle du mieux possible. C'est vraiment bon signe quand vous glissez bien. »

Le tennis sur terre battue exige plus de métier que de talent. Peut-être est-ce lié au fait que la matière brute s'accroche sur les chaussettes, sur tout ce qu'elle touche, comme la sciure pour un charpentier.

« Ça s'infiltre partout, dit Vaillant, l'homme en charge des courts de Roland-Garros. Nous vivons avec et ça fait partie de nous, d'une certaine façon. »

Vous ne travaillez pas *avec* un court en dur acrylique. Vous travaillez *dessus*. La terre battue exige, elle, une symbiose. Compte tenu de ses liens avec la surface depuis l'enfance et de la chorégraphie profondément intégrée à toute sa mécanique de jeu, Nadal est, à l'évidence, dans son élément. C'est moins le cas ailleurs, même sur gazon, une surface qu'il a appris à apprécier, et dont il a dit, à différents moments de sa carrière, qu'elle était sa préférée.

Le tennis sur gazon délivre aussi ses leçons de vie : les rebonds, comme les aléas de l'existence, n'y sont pas toujours prévisibles ou francs. Comme la terre battue, le gazon est une surface naturelle réclamant un soin et un arrosage réguliers pour permettre le jeu. Mais elle est moins invasive ou mordante que la terre battue. Les bruits des pas et les glissades sont feutrés. La balle rebondit plus bas et les échanges sont plus courts, même s'ils ne sont plus aussi brefs que lorsque le service-volée était la norme plutôt qu'une exception tactique.

Les différences entre les surfaces sont moins évidentes sur un circuit rendu plus uniforme. Cette évolution explique, en partie, pourquoi Nadal, Federer et Djokovic ont été capables de gagner partout mais la terre battue reste faite pour le combattant, le géomètre et peut-être même pour le grand penseur.

Nadal l'assure : « Le sens tactique est très important au tennis sur terre battue. Parfois, sur les courts en dur, tout revient seulement à frapper comme un sourd dans la balle. Bim ! Bam ! Boum ! Bien servir et taper fort dans la balle. »

Dans le passé, Federer m'a confié avoir parfois ce sentiment de manquer de temps pour penser. En raison du rythme du jeu, vous devez réagir instinctivement, ou selon des schémas inscrits dans votre cerveau. Dans son esprit, cela impliquait nécessairement un facteur chance.

La terre battue offre un peu, juste un peu plus de temps de réflexion.

Nadal : « Sur les courts en dur, c'est de plus en plus compliqué d'appliquer des stratégies parce que la balle va de plus en plus vite. Si un adversaire est dans un bon jour, vous pouvez essayer de lui compliquer la vie, mais les points pour tenter d'y parvenir ne vont pas durer longtemps. Sur terre battue, le tennis est plus complexe. »

Pour autant les exigences tactiques de la terre battue ne sont pas la raison de son enracinement en France. Ce développement fut largement dû au climat sec et ensoleillé du sud du pays, région où le tennis a d'abord pris son essor. Comme si souvent en sport, les Britanniques n'y étaient pas étrangers. En 1872, Le Havre Athletic Club a été fondé par un groupe de passionnés qui étaient, pour la plupart, des expatriés britanniques ou des étudiants habitant cette cité portuaire de Normandie. Là fut créé l'un des tout premiers clubs de tennis en France, devancé de peu par celui de Dinard, en Bretagne. Ils ont commencé à s'intéresser à ce sport à partir de 1874, quand le Major Walter Clopton Wingfield, un officier de la cavalerie britannique à la retraite, s'est lancé dans la promotion de cette nouvelle version d'un jeu très ancien, imaginée et expérimentée dans de grandes propriétés de la campagne anglaise. Il l'a appelé *lawn tennis*, mais également *sphairistike* (sfi-ris-tiki), une version raccourcie d'une phrase grecque traduite par « l'art de jouer avec une balle ».

Sans surprise, le nom de *sphairistike* n'a pas fait long feu. Tout comme le terrain en forme de sablier imaginé par Wingfield : plus étroit près du filet qu'au niveau de la ligne de fond de court.

Le nouveau jeu est appelé *lawn tennis* pour le différencier du *real tennis*, appelé aussi *court tennis* ou *royal tennis* – « jeu de paume » en français. Ce sport, joué en salle dès le XIIe siècle, était plus tard devenu le passe-temps favori de la noblesse européenne, notamment à la cour d'Henry VIII, en Angleterre, ou de François Ier, en France. Sa version originelle est toujours pratiquée dans quelques lieux exclusifs comme rue Lauriston à Paris ou au Queen's Club à Londres. En 2024, je m'y suis essayé avec mon ami George Skinner, en Angleterre. J'ai eu beaucoup de difficultés à m'adapter à ses bizarreries, à son surprenant espace, très vaste, à ses bas rebonds ainsi qu'à sa raquette en bois à petit tamis qui m'a semblé mal adaptée à sa fonction.

Comme l'a noté l'historien Richard A. Hillway, ce qui a différencié le *lawn tennis* d'autres sports de raquette existants fut l'emploi d'une balle en caoutchouc vulcanisé, au lieu d'une balle solide ou d'un volant. La balle creuse en caoutchouc vulcanisé était dans les années 1870 une invention récente. Une autre clé du rapide succès de ce sport a été la disponibilité immédiate d'une myriade de terrains très chers, bien tenus et parfaitement tondus, déjà utilisés pour le croquet. Devenue populaire en partie parce qu'elle permettait aux hommes et aux femmes de jouer ensemble, cette activité sportive n'était plus à la mode. Le tennis, une occupation plus athlétique mais également garante de mixité, a permis de remplir le vide. Wingfield a popularisé ce nouveau sport en vendant des boîtes qui contenaient l'équipement et les règles du jeu. Le tennis n'a pas tardé à débarquer en France, presque logiquement : les représentants de commerce de Wingfield étaient issus d'une entreprise londonienne de fournisseurs nommée « French & Co ».

Dès ses débuts en France, le *lawn tennis* n'a pas été pratiqué que sur des terrains en gazon, mais également, à marée basse, sur des plages de Bretagne et de Normandie, quand le sable était suffisamment lisse et ferme pour permettre le rebond de la balle. Une jolie peinture de cette période, par le Parisien Albert Lynch, représente ainsi deux femmes et un homme – tous avec un chapeau de paille et une tenue de ville – en plein échange sur une vaste étendue de sable blanc en Normandie.

« Les hôtels en France construisaient des courts sur leurs plages, on peut donc dire que ce furent les tout premiers courts en terre », explique Hillway.

Guy de Maupassant a décrit avec sévérité ce phénomène des plages dans *Gil Blas*, en 1887 : « Cette raquette, l'odieuse raquette, cauchemar affreux, on ne peut faire un pas dehors sans la voir. Tous l'ont au bout du bras du matin jusqu'au soir. »

Mais le temps était souvent plus chaud et plus sûr sur la Côte d'Azur. Le premier court de *lawn tennis* y a vu le jour en septembre 1874, quelques mois seulement avant que Wingfield ne publie ses règles du jeu. C'était à Cannes, longtemps avant le festival du film. Il a été bâti sur un terrain de croquet de la Villa Victoria, propriété de Thomas Woolfield, un important promoteur immobilier. Le court en gazon était occupé de huit heures le matin jusqu'à la nuit tombante. Selon Alan Little, le regretté historien du tennis et conservateur de longue date à Wimbledon, dans son livre *The Golden Days of Tennis on the French Riviera*, le public était parfois invité à assister à quelques matches.

D'autres courts privés ont rapidement vu le jour dans la région. En 1880, grâce à la popularité grandissante du sport, trois courts ont été construits à l'Hôtel Beau Site, à Cannes. Selon Little, ils étaient uniques, « faits d'un sable fin, presque soyeux, étranger à ce coin de la Méditerranée puisque originaire du massif de l'Esterel ». Le sable « avait de la densité quand il était arrosé et, une fois roulé et aplani, proposait une magnifique surface de jeu, particulièrement quand il était légèrement humide ».

Plus que ceux des plages de Normandie, ces courts ont été un point de départ menant à la terre battue rouge de Roland-Garros. Pendant de nombreuses années, deux plaques en pierre étaient accrochées au mur du jardin de l'hôtel. L'une était en français, l'autre en anglais, chacune célébrant qu'en 1880 « les premiers courts en terre battue au monde ont été imaginés et construits ici par les célèbres frères Renshaw. »

Des sites comme Wikipédia continuent de citer les Renshaw comme les innovateurs à l'origine des courts en terre battue. L'histoire raconte que, les courts en gazon brunissant sous la chaleur de Cannes, les frères ont décidé d'improviser. Ils auraient recouvert la surface avec de la terre rouge issue de céramiques brisées, la commune voisine de Vallauris étant connue pour sa tradition potière. Ce récit semble trop précis pour être remis en cause, mais selon les recherches approfondies d'Alan Little tout cela n'est probablement jamais arrivé.

William et Ernest Renshaw étaient des jumeaux britanniques. Ils ont dominé les premières années du tournoi de Wimbledon. William a remporté le titre sept fois en simple dans les années 1880 ; Ernest s'est imposé une fois, en 1888, et a atteint la finale à quatre autres reprises. Ensemble, ils ont gagné cinq fois le double.

Issus d'une famille aisée (comme Nadal), ils avaient l'habitude de fréquenter la Côte d'Azur. Comme au Royaume-Uni, ils ont joué un grand rôle pour y populariser le sport. Les deux frères avaient leurs quartiers à l'Hôtel Beau Site. En 1880, année supposée de leur « trouvaille » à l'origine du tennis sur terre battue, ils n'avaient pas encore entamé leur règne à Wimbledon. Ils étaient toujours membres de la Royal Lancashire Militia. Selon les recherches de Little, il n'y a aucune trace dans les journaux français ou anglais, ou dans d'autres documents, de la moindre visite des Renshaw sur la Côte d'Azur avant octobre 1883, année où la présence de William a été signalée à Cannes.

« La référence à la présence des frères Renshaw et leur rôle dans la création des courts à la date indiquée semble être un non-sens basé sur une légende et des on-dit. Cette histoire a été perpétuée à travers les ans jusqu'à aujourd'hui. À cette époque, les deux frères avaient moins de vingt ans. Ils ne pouvaient pas avoir l'expérience requise pour construire des courts, et particulièrement à l'étranger avec des matériaux seulement produits localement. »

Quelqu'un, peut-être même un Français, a pourtant eu l'idée d'utiliser de la terre cuite pilée ou de la brique concassée comme surface d'un court de tennis. Rowan Ricardo Phillips, un écrivain américain, a poursuivi les investigations pour son livre *The Circuit: A Tennis Odyssey*. Il s'est intéressé à Georges Henri Gougoltz, le propriétaire français de l'Hôtel Beau Site. Celui-ci aurait autorisé le replacement du gazon par la terre battue à un moment où il rencontrait des problèmes financiers. Phillips suggère qu'il aurait inventé ou exagéré l'intervention originelle des Renshaw à des fins publicitaires dans le but d'atténuer ses difficultés économiques.

Théorie intéressante, mais qui demeure une spéculation.

« Je suis certain que le premier court en terre battue était dans le sud de la France au sein des hôtels fréquentés par des touristes britanniques, avance Michaël Guittard, le précédent responsable des collections à la Fédération française de tennis. Et si l'histoire des Renshaw n'a pas été prouvée, l'idée de transformer des courts en gazon, brûlés par le soleil, en des courts en terre battue permettant de continuer à jouer l'été semble une explication très plausible. »

Quoi qu'il en soit, le développement des courts en terre battue a nettement élargi l'éventail des lieux potentiels dédiés au tennis. Des pays baignés de soleil comme l'Espagne, le Portugal et l'Italie, situés à des latitudes où les courts en gazon ne s'épanouissaient pas, ont ainsi pu poser des fondations pour l'émergence future d'un talent comme Nadal, lequel a grandi dans un pays où à peu près 90 % des courts sont en terre battue.

Bien plus au nord, à Paris, dix Britanniques fondent en 1877 le Decimal Club, devenu l'un des premiers lieux accueillant du *lawn tennis*, même s'il a été rapidement dissous. Puis, dans les années 1880, trois autres clubs prennent de l'importance en région parisienne : la Société des sports de l'île de Puteaux, le Racing Club de France et le Stade français. Dans les premières années des Championnats de France de tennis, le tournoi fut partagé entre les trois clubs et leurs installations. L'édition inaugurale a été organisée en 1881 au Racing Club de France, au cœur du bois de Boulogne en lisière de Paris. Même si ce n'est pas chose certaine, il semble que les matches ont eu lieu sur gazon.

Ainsi, le tournoi sur terre battue le plus important au monde n'était peut-être pas une épreuve sur terre battue à l'origine. Mais les choses ont vite changé. « La question de savoir quand ces Championnats de France sont passés du gazon à la terre battue n'est pas tranchée, reconnaît Guittard. Mon sentiment personnel est que c'est arrivé avant 1900. » Dans ces premières années, le tournoi était parfois disputé à la Société des sports de l'île de Puteaux, sur la Seine, qui disposait de courts faits en sable. Des documents retrouvés par le journaliste français Rémi Bourrières attestent qu'en 1898 le Racing Club de France avait déjà construit cinq courts en terre battue rouge, selon des méthodes importées d'Angleterre.

Certes il est plus facile d'entretenir un court en terre battue qu'un court en gazon. Pas de tonte. Pas de fertilisants. Pas de mauvaise herbe ni de vers de terre. Mais la terre battue rouge de Roland-Garros nécessite aussi de l'entretien. Philippe Vaillant peut en témoigner. Et le travail requis ne se déroule pas qu'en surface. La brique rouge pilée n'est que l'équivalent du sucre glace sur un gâteau : importante pour l'impression générale, c'est certain, mais pas le cœur du sujet. La jouabilité d'un court en terre battue est assurée par sa base. À Roland-Garros, la base qui importe le plus concerne la couche de cran (un genre de poudre de calcaire) dont l'épaisseur est d'environ huit centimètres. Ce matériau est extrait dans les carrières de Saint-Maximin, dans l'Oise. Pendant des siècles, elles ont fourni la pierre blanche nécessaire à la construction des élégantes façades en pierre de taille des immeubles et monuments de Paris.

« En vérité, on ne devrait pas parler de terre battue rouge à Roland-Garros, précise Vaillant. Seule la couche supérieure de cinq millimètres est rouge. En dessous, tout est blanc. Les gens sont souvent surpris. Ils croient que la terre est complètement rouge dans l'épaisseur du sol. »

Vaillant et son équipe passent leurs journées à parler de « rouge » ou de « blanc ». S'ils travaillent au niveau de la couche de calcaire, ils parlent de « blanc ». S'ils s'occupent de la partie supérieure, ils disent « rouge ».

La qualité de la couche de calcaire détermine la régularité du rebond comme le ressenti sous le pied. C'est l'une des raisons pour lesquelles des experts comme Nadal estiment que les courts en terre battue de Roland-Garros sont les meilleurs au monde.

Le calcaire joue un autre rôle capital. Les très bons courts en terre battue ont besoin d'être drainés, comme les fabricants de Har-Tru l'ont aussi appris, et l'humidité doit se propager dans deux directions. La couche de calcaire permet sa diffusion de haut en bas. En dessous, une couche d'environ dix centimètres de mâchefer retient l'eau qui remonte ensuite, via le calcaire, lors de la phase d'évaporation.

Vaillant : « C'est pourquoi nous arrosons surtout les courts le soir, après la fin des matches. Nous remplissons la couche de mâchefer avec de l'eau. Par effet de capillarité, l'humidité remonte. La souplesse de cette couche de calcaire est préservée parce qu'elle n'est jamais totalement sèche. »

Sous la couche de mâchefer se déploie une fine couche de gravier qui est elle-même soutenue par une dernière couche, nettement plus épaisse, de plus grosses pierres. Le tennis sur terre battue a donc beaucoup à voir avec la géologie. C'est même une source de fierté pour les officiels de Roland-Garros, qui ont pris l'habitude de décerner aux joueurs arrêtant leur carrière, ou à certaines personnalités, des trophées en Plexiglas consistant en une coupe transversale des cinq strates de leur terre battue. À l'intérieur des bureaux de la Fédération française de tennis, sous le court Philippe-Chatrier, le court principal, une sculpture transparente expose également ce « mille-feuille » de la terre battue.

« Nous avons désormais un manuel qui détaille précisément notre procédé pour construire et entretenir les courts, ajoute Vaillant. Tant de gravier, tant de calcaire, tant de terre rouge, tout est défini. »

Vaillant supervise une équipe d'environ deux cents personnes durant le tournoi. Certaines d'entre elles sont des travailleurs saisonniers occupés l'hiver dans les stations de ski des Alpes. Elles ont la charge de l'entretien des courts d'entraînement et de ceux dédiés aux matches. Son équipe à l'année avoisine seulement dix salariés. Ils passent à une vingtaine lorsque Roland-Garros commence sa toilette de printemps. Nombre des membres de cette équipe, comme Najim Smoussi et Abdelhamid Tebbi, sont originaires d'Algérie, l'ancienne colonie française du nord de l'Afrique.

À Paris, la saison extérieure sur terre battue s'arrête aux portes de l'hiver. Les très basses températures détruisent les courts lors des phases de gel.

« Lorsqu'elle gèle, explique Vaillant, la couche de calcaire perd de sa compacité. C'est comme lorsque vous mettez de la levure dans de la pâte et que le pain lève. C'est la même chose pour la terre battue. Le calcaire gonfle comme chez un boulanger. »

Les courts extérieurs de Roland-Garros restent jouables jusqu'à début novembre. Ensuite, Vaillant et son équipe enlèvent la couche de terre rouge et laissent les courts au repos tout l'hiver, jusqu'à la dernière semaine de mars où ils sont refaits. Ils commencent alors par casser la couche de calcaire avec un gros râteau attaché à un tracteur, puis lissent la surface à l'aide de rouleaux et d'autres outils. Il faut ensuite tirer des fils à travers les courts afin d'identifier les zones de creux ou d'inclinaison du terrain, lesquelles sont comblées ou grattées, puis l'équipe de Vaillant repasse les rouleaux pour créer une surface plus compacte.

« Lorsque nous sentons que le court est vraiment terminé et à niveau, alors on ajoute la terre rouge. »

Huit brouettes de terre rouge sont nécessaires pour chaque court. Chacune d'entre elles peut contenir deux sacs de vingt-cinq kilogrammes. Chaque court requiert trois couches de « rouge », chaque nouvelle couche plus fine que la précédente. Une fois que le « rouge » est répandu, ils arrosent la surface et la compriment avec un rouleau de six cent cinquante kilogrammes.

« Nous roulons le court dans toutes les directions, de manière que la poussière de brique se fixe, car le rouleau tend à projeter la terre de part et d'autre comme un rouleau à pâtisserie qui disperse la farine, détaille Vaillant, friand, comme beaucoup de Français, de métaphores culinaires. À la fin, la compacité est uniforme. »

La terre est ensuite régulièrement arrosée pour empêcher que la matière en surface s'envole et, surtout, éviter que la couche de calcaire durcisse et se craquèle.

« Ce que nous craignons le plus, ce n'est pas la pluie. C'est la chaleur et le vent. »

Ils utilisent des mètres rubans pour mesurer les dimensions du court, plantent ensuite des clous dans la terre et tirent à nouveau des fils, d'un clou à l'autre, pour établir ses limites. À l'aide d'une spatule spéciale, ils grattent alors la matière en surface jusqu'à la couche de calcaire puis appliquent directement sur les parties exposées une huile de lin préchauffée. Lorsqu'elle sèche, la matière durcit et crée une croûte qui peut être peinte. Et voilà : des lignes blanches sur la terre rouge.

« Nous avions l'habitude de le faire avec des pinceaux, indique Vaillant, y compris l'étalement de l'huile de lin. Nous avons maintenant une machine similaire à celles que vous pouvez trouver pour le marquage au sol sur les routes. Mais à la toute fin, les dernières retouches sont encore faites à la main. »

À Roland-Garros, les lignes peintes font partie de la terre. Elles renforcent l'uniformité de la surface, moins sujette aux faux rebonds ou encline à faire trébucher les joueurs que celles en synthétique, cloutées, qui sont fréquentes ailleurs.

« Il y a eu des problèmes parfois, à Rome, relève Vaillant au sujet de l'Open d'Italie. Une année, Rafa a glissé sur l'une d'entre elles et elle s'est décrochée. »

C'était en 2021 : Nadal est tombé deux fois dans deux matches différents – le premier contre Alexander Zverev, le second contre Djokovic. Par deux fois, alors qu'il dérapait sur une ligne de façon parfaitement normale, il est tombé durement et s'est relevé en colère.

« Les lignes !, s'était-il exclamé, après son deuxième roulé-boulé, en direction de Carlos Bernardes, le juge de chaise. Elles vont finir par nous tuer à la fin ! »

Tomber sur terre battue est l'expérience la plus sale en tennis. Le gazon est idéal pour les chutes. Demandez à l'ancienne star allemande Boris Becker ou à tous ceux qui, à sa suite, se sont propulsés dans les airs, façon gardien de but, à la poursuite d'un passing-shot. Trébucher sur un court en dur peut s'avérer aussi dangereux qu'une chute sur un trottoir. À éviter même si vous savez contrôler votre « cascade » grâce à un roulé acrobatique. La terre battue garantit un atterrissage moins rude, certes, mais le moindre roulé-boulé repeint souvent en rouge un joueur trempé de sueur. Il le contraint à un nettoyage en règle sur le bord du court lors d'un changement de chemise, voire plus. Ce n'est donc pas la meilleure façon d'entrer en symbiose avec la terre battue, sauf si, comme Nadal, vous vous laissez choir pour célébrer une victoire. Raison de plus pour améliorer son art de la glisse. Commencer jeune aide à coup sûr.

« Ce n'est pas qu'il soit impossible d'apprendre à glisser sur le tard, explique Carlos Rodriguez, l'ancien entraîneur de Justine Henin, ex-n° 1 mondiale et quatre fois gagnante de Roland-Garros. C'est possible, mais des éléments physiques entrent en jeu. Des muscles dans le pied et la partie inférieure de la jambe sont cruciaux dans le processus. C'est pourquoi vous voyez beaucoup de spécialistes des courts en dur se tordre la cheville sur terre battue. Le jeu de jambes fonctionne différemment sur les courts en dur, vous êtes dans un mouvement constant. Sur terre battue, vous devez vous arrêter complètement puis redémarrer. Cela exige beaucoup de puissance dans les mollets, la partie inférieure de la jambe et les pieds. C'est très spécifique. Il est très important d'apprendre aux enfants à glisser à un très jeune âge. Pas seulement pour la sensation, mais aussi pour le contrôle musculaire. »

Comme l'indique Rodriguez, il y a trois façons de glisser sur terre battue, conditionnées par le moment où vous touchez la balle.

La première est idéale parce que vous avez du temps : « Vous glissez, vous vous placez et vous tapez. Lorsque vous touchez la balle, la glissade s'est arrêtée. Parfois même vous êtes déjà en train de changer de direction. »

Le deuxième type de glissade survient quand le joueur arrive sur la balle un peu plus tard : « Vous glissez en même temps que vous frappez. »

Reste le troisième cas, à éviter : « C'est le moins efficace, mais il est parfois nécessaire. C'est lorsque vous êtes pris de court et que vous êtes en retard. Vous tapez puis vous glissez. C'est un signe de faiblesse, mais aussi un point de non-retour. Vous devez gagner le point sur cette frappe parce qu'il est très dur ensuite de revenir dans la course et de le remporter. »

Rodriguez dit qu'il existe aussi une quatrième option : ne pas glisser du tout. Andre Agassi, le flamboyant et intelligent tacticien américain, a gagné Roland-Garros 1999 avec un nombre minimal de glissades. En dépit d'un jeu de jambes plus adapté aux courts en dur, il s'est appuyé sur son prodigieux sens du timing et sur sa cadence de balle, prise directement au sommet du rebond, pour dicter l'échange.

« Andre y est parvenu, constate Rodriguez, mais vous devez jouer parfaitement, taper fort et être rapide. Pardessus tout, vous devez rester sur la ligne de fond de court parce que, sinon, c'est fichu. Vous devriez courir et vous retrouver en dehors de votre zone de confort. Soyons réalistes. Jouer sans glisser est devenu une option nettement plus difficile depuis Agassi. Il y a eu une recrudescence du lift et, pour y faire face, il est impératif d'ajuster son placement en permanence. »

Pendant longtemps, Agassi s'est senti sur terre battue comme sur une patinoire. Plus tôt dans sa carrière, il a porté des chaussures à clous utilisées sur les courts en gazon pour bénéficier de plus d'adhérence et, surtout, d'un appui ferme lors de sa première foulée en direction de la balle. Ces chaussures ont fini par être interdites à Roland-Garros, comme dans d'autres tournois sur terre battue, parce qu'elles abîmaient les terrains.

Trois fois champion de Roland-Garros, Mats Wilander n'aimait pas affronter le grand Jimmy Connors sur terre battue.

« Il ne glissait jamais. Après son passage d'un côté du court il y avait des petits pâtés de terre partout, parce qu'il ne faisait que des pas. C'était un festival de faux rebonds. »

De tels exemples sont rares sur terre battue : un adversaire causant des problèmes en raison de son jeu de jambes, qui marque la surface, plutôt que par les coups qu'il assène. C'est parce que la terre battue enregistre les mouvements, comme le papier carbone autrefois reproduisait les coups de crayon. Les chaussures laissent aussi des traces sur les courts en dur, mais elles ne racontent pas vraiment l'histoire d'une rencontre. La terre battue est une vaste toile, où la technique de l'*impasto* prévaut. C'est un véritable privilège de se retrouver au bord du court devant cette œuvre éphémère avant qu'elle ne soit effacée. Il y a des empreintes de chaussures. Il y a des estampilles nées d'un rapide changement de direction, du coup de colère d'une raquette ou d'un bond explosif pour servir ou smasher. Par-dessus tout, il y a des traces de dérapage : parfois longues de trois mètres, voire plus dans le cas d'un maître du mouvement, aux jambes puissantes, comme Nadal.

Cela peut faire des envieux.

« Je regarde leurs glissades de trois mètres et je vois les miennes, d'un mètre à peine », m'a dit un jour l'Américain Robby Ginepri, en parlant de Nadal et de ses congénères terriens.

En matière de sport, la seule chose comparable qui me vient à l'esprit est d'observer la glace après un match de hockey ou une compétition de patinage artistique, avant qu'une surfaceuse Zamboni ne fasse fondre les preuves. Il semble particulièrement approprié qu'en espagnol on utilise le verbe *« patinar »* (patiner) pour traduire une glissade sur terre battue. C'est une chose élégante, belle même, sur le moment, qui persiste dans la durée. La terre battue n'est pas seulement une patinoire ou une toile, elle est aussi une sorte de document légal enregistrant les rebonds des balles qui déterminent le vainqueur et le vaincu.

Mon confrère Alexander Wolff, alors journaliste à *Sports Illustrated*, est venu une année à Roland-Garros. Il a observé un juge de chaise et un joueur se pencher sur une marque imprimée dans la terre. Ils l'ont examinée sous tous les angles tout en la pointant du doigt et en échangeant. « Ce n'est pas du tennis, c'est de l'archéologie », en a conclu Wolff.

Ce rituel de printemps disparaîtra probablement quand l'arbitrage électronique des lignes deviendra ici aussi la norme, comme à peu près partout sur le circuit professionnel. Tout au long de la carrière de Nadal, arbitres et joueurs ont vérifié les marques sur la terre battue de Roland-Garros comme on l'a toujours fait depuis plus d'un siècle : avec l'œil humain, aussi faillible qu'il puisse être. Nadal, un traditionaliste selon son propre aveu, préfère les choses ainsi. Il s'est montré particulièrement rétif aux systèmes d'arbitrage électronique qui ont éliminé entièrement les juges de ligne.

« La technologie existe, on pourrait presque s'autoarbitrer. Mais je pense que, quelque part, l'aspect humain ajoute une valeur au sport. » Il a quitté le tennis juste à temps.

Ses goûts sont également conservateurs en matière de couleurs : il l'a prouvé lorsque Ion Țiriac, l'ancien joueur roumain devenu milliardaire, a décidé d'innover lors d'un tournoi qui a longtemps été sa propriété, le Mutua Madrid Open, organisé dans un complexe appelé La Caja Majica (« la boîte magique »). Ţiriac a été longtemps convaincu que la terre battue rouge n'était pas optimale. À ses yeux, la couleur rendait la balle difficile à voir, dans le stade comme à la télévision. Dans les années 1980, il avait installé, avec succès, un court en dur bleu sur le site de son tournoi en salle de Stuttgart, en Allemagne, parce que le bleu mettait la balle en valeur.

« Tout le monde disait "aïe, aïe, aïe !" mais pas les producteurs de télévision, qui ont été aussitôt emballés. »

Plus tard, l'Open d'Australie et l'US Open ont tous deux fait passer la couleur de leurs courts du vert au bleu pour renforcer la visibilité. D'autres sports utilisant du gazon synthétique, le hockey par exemple, ont repeint leurs terrains en bleu pour la même raison. Ţiriac était convaincu que le temps était venu d'également faire évoluer la terre battue. Après plusieurs années d'expérimentation, son équipe a dévoilé une surface bleue à l'occasion de l'édition 2012 du Madrid Open. Avec l'aide de Gaston Cloup, en charge pendant vingt ans de l'entretien des courts de Roland-Garros, ils sont parvenus à faire passer la terre du rouge au blanc, en en extrayant l'oxyde de fer. Ils en ont fait des briques, qu'ils ont pilées, puis le matériau obtenu a été filtré et teint en bleu.

« En dépit de la couleur, c'est de la terre battue traditionnelle », défend Cloup.

Homme de rituels, Nadal n'a pas toujours été hostile à l'innovation. Souvenons-nous qu'il a accepté de jouer son premier Roland-Garros, en 2005, avec un pantacourt de pirate et une chemise sans manches signés Nike ; et qu'il a collaboré avec la célèbre marque américaine pour développer des textiles susceptibles d'absorber son abondante transpiration. « Il avait l'habitude de perdre plus de quatre litres d'eau par match, il a donc été l'athlète qui nous a aidés à repousser certaines limites en termes d'innovation et de gestion des problèmes de transpiration », note Adriana Caliri, une ancienne de chez Nike.

La terre battue n'était pas seulement son lieu de travail. C'était son sanctuaire. Aussi Nadal a-t-il vu rouge lors du radical changement de Madrid.

Il vivait déjà ce tournoi comme un genre d'anomalie lors de la saison sur terre battue car il est disputé à une altitude significative et exige une période d'adaptation qui peut être déstabilisante entre les tournois de Barcelone et de Rome, joués au niveau de la mer.

« Vous êtes au milieu de la saison sur terre battue, qui est rouge partout en Europe. Madrid est le seul tournoi disputé en altitude. Et maintenant, vous le faites jouer sur une couleur différente ? »

Il avait aussi le sentiment que la terre battue bleue était une fantaisie tape-à-l'œil en contradiction avec la longue histoire du tennis à Madrid. En vérité, Nadal était surtout remonté contre la direction de l'ATP, notamment Adam Helfant, le patron du circuit. Il lui en voulait d'avoir autorisé la terre battue bleue contre l'avis des joueurs. Il était moins fâché contre Ion Țiriac, qui voulait sortir des sentiers battus.

« Je ne peux pas comprendre comment l'ATP peut accepter ça, a-t-il grondé. Nous, les joueurs, étions contre, mais le président lui-même a voté pour. »

J'ai demandé à Țiriac pourquoi il avait pris le risque de s'aliéner Nadal, la principale attraction locale du tournoi, en s'entêtant avec la terre battue bleue.

« Écoutez, je respecte Nadal de A à Z, je respecte son attitude, son tennis et tout le reste. Mais je pense alors que quand il va le voir, il va le croire, et qu'il sera assez adulte pour l'admettre. »

C'était un projet audacieux, qui a lamentablement échoué.

En dépit de tous les tests, la terre battue s'est révélée trop glissante. Le tournoi a consacré des champions très prestigieux, Serena Williams et Roger Federer. Mais comme je l'ai écrit dans le *New York Times*, une blague qui circulait à l'époque racontait que Williams et Federer étaient devenus les premiers joueurs à s'imposer sur cinq surfaces différentes : le gazon, le dur, le synthétique indoor, la terre battue… et la glace. Tête de série n° 1, Djokovic a fait une lourde chute lors de sa défaite en quarts de finale. Il a promis de ne plus revenir à Madrid s'ils conservaient la terre battue bleue. Également éliminé à ce stade de la compétition, Nadal a répété la même chose.

Le coupable n'était pas, à vrai dire, la terre battue bleue, mais la base en dessous. Inquiète des faux rebonds, l'équipe de l'entretien a trop roulé les courts après leur installation à La Caja Majica. Ils sont devenus difficiles à arroser. L'assèchement qui en a résulté a contribué à rendre la terre battue plus glissante que d'ordinaire.

Le fait de le voir n'a donc pas conduit à y croire. Selon moi, c'est dommage, parce que la terre battue bleue de Țiriac améliorait vraiment la visibilité de la balle. C'était aussi un moyen intéressant de distinguer le tournoi de Madrid de tous les autres. Mais si vous voulez bousculer le monde bien ordonné de Nadal et changer le tennis, vous ne devez pas vous rater au premier essai.

Mission non accomplie. Madrid est revenu à la terre battue rouge l'année suivante. Djokovic et Nadal figuraient bien dans le tableau et l'Espagnol s'est imposé :

« Je ne vois pas de gazon rouge. Donc je n'aime pas la terre battue bleue. »

Quelques semaines après l'expérimentation ratée de Madrid, Roland-Garros a utilisé le même procédé pour teindre sa terre battue en rose, mais il n'y a eu aucune protestation de Nadal. C'était limité à un seul court (le n° 1) et à une seule journée (la journée internationale de la femme). Cela valait le coup d'œil pour un photographe, mais aucun match officiel n'a été joué sur du rose.

La terre battue de Roland-Garros est et restera, en principe, rouge, ou ocre si l'on veut être plus précis. La couleur varie légèrement en fonction du mélange de la brique pilée proposé ou de la quantité d'eau déversée sur la surface. Elle peut être rouge foncé. Ou peut se rapprocher de l'orange et même du jaune foncé. La perception de la couleur dépend aussi de la luminosité, du moment de la journée, de la météo…

Toute la brique pilée utilisée à Roland-Garros durant les années Nadal a été produite dans une fabrique détenue et opérée par la société française Supersol, située dans le gros bourg de Pontpoint, au nord de Paris. La brique elle-même vient des briqueteries du nord de la France, près de Lille et de la frontière avec la Belgique. Les rebuts sont dirigés vers Pontpoint : les briques défectueuses, cassées, fêlées, non utilisables pour la construction. Empilés, ils forment des murs imposants derrière l'usine, comme je l'ai découvert en arrivant, sans prévenir, juste avant la fermeture, le 12 juin 2023, au lendemain de Roland-Garros.

Lorsque avec mon chauffeur Uber nous nous sommes engagés sur un petit chemin en gravier bordé d'arbres, il était clair que nous étions à la bonne adresse. Par endroits, le gravier était rouge terre battue. Christophe Pivato, un jeune homme arborant une barbe de trois jours et une coupe dégradée, était en train de fermer la porte de l'entrée principale à la fin de sa journée de travail. Surpris mais pas déstabilisé, il a écouté les raisons de ma visite, réfléchi quelques secondes, passé un coup de fil rapide à ses supérieurs, déverrouillé la porte et entamé avec moi un tour de l'usine. Ce n'était pas un lieu industriel manucuré, à la pointe de la technique, plein de robots et de câbles, mais un hangar large et simple avec de la tôle ondulée en guise de murs. Le lieu était défraîchi et le sol en terre, devenue rouge évidemment à cause de la poussière qui semblait s'être infiltrée partout, recouvrant tout, des pneus de tracteur jusqu'au plafond en passant par les bottes de travail de Pivato.

« Vous avez intérêt à aimer la couleur rouge si vous voulez travailler ici. Et si ce n'est pas le cas, vous devez apprendre à l'aimer. Ça s'infiltre partout, partout, *partout* ! À la maison, j'ai dû changer la machine à laver trois fois en sept ans. Ma femme me crie dessus ! »

Employé depuis huit ans, Pivato était le seul présent lors de ma visite. L'usine de terre battue rouge ne compte, il est vrai, que deux salariés sur le site. Je lui demande : « Deux personnes produisent toute la terre battue de Roland-Garros ? »

« Pas seulement pour Roland-Garros. Nous en envoyons partout dans le monde : en Chine, en Grèce, vers d'autres clubs en France. Au moins, notre boulot ne peut pas être remplacé par l'IA. Nous devons le faire avec nos mains et notre ressenti. »

Pivato s'est alors emparé d'une poignée de brique pilée, au pied de la dune rouge qui dominait tout un côté de l'usine. Il l'a frottée entre les paumes de ses mains avant de la laisser retomber, de la même manière que Nadal aime toucher la terre pour évaluer ses propriétés.

« Si ça laisse une marque rouge sur votre main, vous savez que c'est bon, qu'elle est assez humide. Si ça ne laisse pas de trace, ça signifie qu'elle est trop sèche et qu'il faut l'hydrater pour que la texture tienne. Mais pas trop d'eau. Sinon ça devient une sorte de boue collante. Lorsque je dis aux gens ce que je fais, ils disent : "Mon Dieu, ce n'est quand même pas votre travail tous les jours, si ?" Les gens pensent que c'est simple et je le croyais aussi. Quand j'ai commencé ici, je me suis dit que c'était facile. Casser les briques. Mettre la poudre dans les sacs. Voilà. Mais c'est plus compliqué que ça. J'ai eu besoin de deux ans pour vraiment comprendre comment avoir un *rouge* parfait. »

Comme beaucoup de ceux impliqués dans la fabrication et l'entretien de la terre battue en France, Pivato n'avait aucune affinité avec le tennis. À l'instar de Philippe Vaillant à Roland-Garros, il a entendu qu'un poste était libre. C'est comme ça qu'il a appris le métier. Il a été plusieurs fois à Roland-Garros, mais toujours pour des livraisons après la fin des matches.

« Nous sommes les gars de l'ombre. Nous faisons le travail pour ceux qui sont dans la lumière. »

Son travail exige de conduire un genre de tracteur, muni d'un accessoire télescopique, qui lui permet de ramasser et soulever bien au-dessus du sol les briques défectueuses, ensuite versées dans l'entonnoir de la broyeuse. Au gré de plusieurs étapes de transformation, la terre produite finit par se déliter en particules d'un dixième de millimètre de diamètre : suffisamment fine pour la rendre plus légère et plus poudreuse sous les pieds que celle utilisée dans d'autres tournois.

« Cette machine doit avoir soixante ans, constate Pivato. Mais elle fait encore le job. »

C'était l'heure de la fermeture (à nouveau). Avant que je ne puisse appeler un autre Uber, il a insisté pour me ramener à la gare. En laissant l'usine derrière nous, il m'a avoué qu'il regardait Roland-Garros de temps en temps à la télévision. Ce qui voulait dire regarder Nadal.

« Ça fait plaisir de le voir jouer sur une terre battue qui est fabriquée ici. J'aime sa façon de glisser. »

Quelques jours plus tôt, Vaillant a dit quelque chose de semblable quand nous avons évoqué les records de Nadal.

« Nous sommes fiers que ça se soit passé sur les courts que nous préparons. »

À force de volonté et de sérieux, Nadal est devenu un point de repère, une façon de mesurer le temps pour tous ceux associés à Roland-Garros. Demandez à Vaillant quand il a commencé à travailler à Roland-Garros et il répondra : « En 1995, j'étais donc là avant Rafa, bien avant Rafa. » Cette année-là, le titre masculin a été gagné par Thomas Muster, un autre terrien tenace, également gaucher et réputé pour s'entraîner encore plus durement en dehors des matches.

Mais Nadal est celui qui a laissé une marque indélébile.

« Il y a eu beaucoup de grands joueurs de terre battue. Mais il a quelque chose en plus : une faim de victoire jamais rassasiée. Rafa est humble en un sens, mais également courageux. Il n'a pas peur de repartir au combat chaque année, de s'arracher et de recommencer encore et encore avec le même état d'esprit. »

C'est un peu comme la terre battue elle-même, à Roland-Garros, à Monte-Carlo, à Barcelone, ou dans tout autre endroit où Nadal a été un champion en série. Ils refont les courts au printemps, effaçant les témoins de l'année passée pour installer la nouvelle terre et les nouvelles lignes. Et quand, entre les sets, le tennis s'interrompt, ils passent le filet, éliminant toute trace de l'effort qui vient d'y être produit. C'est la juste métaphore de la mentalité « instant présent » de Nadal.

« Personne ne peint dessus comme Rafa », résume Vaillant.

Chapitre 5

LA VISITE

Lors de sa première apparition à Roland-Garros, Rafael Nadal n'a pas frappé la moindre balle. Et pour cause : il est arrivé à Paris sur des béquilles, en compagnie de Carlos Costa, son agent, qui voulait qu'il découvre le tournoi.

Nous étions en mai 2004 et Rafa représentait déjà une menace pour n'importe quel adversaire. Mais en avril, son élan et sa prometteuse saison sur terre battue ont été brutalement interrompus à cause d'une fracture de fatigue au pied gauche. Cette blessure l'a obligé à jeter l'éponge lors du tournoi d'Estoril, au Portugal, où il a réussi à battre, en boitant, Richard Gasquet. Le match a préfiguré tous ses problèmes futurs au pied gauche et toutes ses victoires à venir sur le jeune Français.

Quelques semaines plus tôt, Nadal s'est montré étincelant lors de son tout premier match en simple contre Federer, nouveau n° 1 mondial : il l'a dominé au troisième tour du Miami Open, sur un court en dur. Mais la terre battue était sa meilleure surface depuis toujours et c'est à Paris qu'il était attendu. Malheureusement, tout ce qu'il pouvait faire pendant son séjour de trois jours dans la capitale française était de regarder les autres joueurs effectuer des glissades. Ce n'était pas le genre de souffrance qu'il avait envie de s'infliger. Soucieux de préparer l'avenir, Costa lui a fait comprendre qu'il serait intéressant pour lui de se familiariser avec les lieux. Le jeune joueur de dix-sept ans a rencontré ses sponsors, Nike et Babolat, mais, surtout, a fait le tour du propriétaire : du salon des joueurs au centre de presse, en passant par les courts d'entraînement.

Cette année-là, je me souviens l'avoir aperçu, de loin, alors qu'il se frayait un chemin dans la foule sans attirer la moindre attention particulière. Je me suis demandé quand il ferait finalement ses débuts sur l'un des courts de ce tournoi où il semblait destiné à exceller. Tous ceux qui, comme nous, couvrent le tennis de près devinaient son grand potentiel. Nadal lui-même, pas vraiment connu pour sa prétention, avait de grandes ambitions, comme Costa l'a raconté dans une interview aux journalistes espagnols Jaume Pujol et Manel Serras : en tribune, Nadal regardait un match avec Costa. Il a préféré partir au bout de trois jeux. « Je ne devrais pas être ici, en haut, mais là, en bas », a-t-il lancé à son agent.

Ils ont quitté les gradins et emprunté la large allée menant au court Suzanne-Lenglen. Costa se souvient de Nadal se tournant vers lui et disant : « Tu sais pourquoi je me suis blessé cette année et pourquoi je n'ai pas joué ici ? Parce que ce n'était pas encore mon tour. Quand je jouerai ce tournoi pour la première fois, ce sera pour le gagner. »

Les champions du Grand Chelem ont souvent eu l'occasion de passer par une ou plusieurs « répétitions », en disputant et même en s'imposant lors des tournois juniors. Björn Borg et Roger Federer ont été champions juniors de Wimbledon avant de devenir des vainqueurs en série dans le simple messieurs. Djokovic a atteint les demi-finales du tournoi juniors de l'Open d'Australie, qu'il a ensuite dominé chez les professionnels. Mats Wilander a été logiquement encensé pour avoir remporté Roland-Garros dès sa première participation dans le tableau principal en 1982. L'année précédente, son succès dans le tournoi juniors était passé nettement plus inaperçu à cause de son compatriote suédois Borg, vainqueur pour la sixième et dernière fois porte d'Auteuil. Même les sœurs Williams, qui n'ont jamais disputé un tournoi juniors du Grand Chelem, ont dû jouer quelques matches dans les grands tableaux avant de toucher au but.

Nadal n'a jamais connu ce type de coup d'essai à Roland-Garros.

En 2002, à quinze ans, il aurait été éligible pour le tournoi juniors de Roland-Garros, mais ses parents ont voulu qu'il se concentre sur ses examens au lycée. « Quand j'étais à l'école, je n'avais vraiment pas le temps pour l'école, résume-t-il. J'avais cours de 9 heures à 12 heures, tennis de 12 heures à 3 heures, cours de 3 heures à 5 heures, foot de 5 h 30 à 7 heures, puis encore tennis de 7 h 30 à 8 h 30-9 heures. Quand je revenais à la maison pour les devoirs, j'étais complètement moulu. J'ai eu la satisfaction personnelle d'aller au bout de ma scolarité obligatoire, mais la dernière année, j'ai beaucoup souffert : j'étais supposé venir à Paris et jouer le tournoi juniors, mais je devais en finir avec le lycée. J'ai passé les trois derniers mois de mon année scolaire sans jouer un seul tournoi, de façon à pouvoir y mettre un point final. » Les études enfin terminées, il a tout de suite accepté une invitation pour le tournoi juniors de Wimbledon. Au premier tour il y a battu la tête de série n° 2, Brian Dabul, puis il a atteint les demi-finales, malgré son manque d'expérience sur gazon.

En 2003, il a reçu une invitation dans le grand tableau de Roland-Garros. Un rare privilège pour les joueurs qui ne sont pas français. Roger Federer avait bénéficié en 1999 d'une même *wild card*, en dépit de sa nationalité suisse, grâce à Régis Brunet, son agent français, qui avait poussé en ce sens.

Le vif intérêt pour Nadal en France était compréhensible. En avril, à Monte-Carlo, il s'est qualifié pour le tableau principal et a eu les honneurs du court central, célèbre pour sa vue sur la Méditerranée. Il a alors écrasé, en deux sets, Albert Costa, le tenant du titre de Roland-Garros. Nadal a fait étalage de ses puissants coups de fond de court, de ses amorties astucieuses et a utilisé son coup droit lifté pour délivrer des trajectoires hautes en direction du revers à une main de Costa – une tactique qu'il emploiera, par la suite, dans de nombreux matches face à Federer.

« C'était un tournoi très important pour moi. Cela m'a prouvé que je pouvais vraiment jouer avec les professionnels, avec les meilleurs joueurs. »

Lors de son tournoi suivant, à Barcelone, il a poussé l'Espagnol chevronné Àlex Corretja, double finaliste de Roland-Garros, aux trois sets. Ensuite, à Hambourg, après être sorti des qualifications, il a froidement éliminé son généreux mentor, Carlos Moyà, non sans s'être excusé au filet. Deux succès contre deux anciens vainqueurs espagnols de Roland-Garros en moins d'un mois. Malgré ses seize ans, il semblait plus que prêt pour frapper un grand coup à Paris. Mais juste avant de quitter Majorque pour Paris, il a voulu taper la balle avec des copains de Manacor, à l'issue de son entraînement habituel. Pour plaisanter, il a sauté par-dessus le filet, mais quelqu'un avait trouvé amusant d'en rehausser la hauteur. Il est tombé et s'est fait une légère fracture au coude droit. Puis il a fondu en larmes, non pas parce qu'il avait mal, mais parce qu'il allait manquer Roland-Garros.

« Pas de chance, dit Toni. Rafa s'était bien entraîné. Tout était prêt. »

Nadal a dû passer quelques semaines le bras dans une attelle. Il a guéri assez vite pour effectuer ses débuts dans le Grand Chelem à Wimbledon en juin 2003. Je l'ai vu jouer pour la première fois sur un court annexe du All England Club. Il bondissait et tourbillonnait sur le gazon comme si chaque point était une balle de match (une remarque que j'ai alors notée sur mon carnet). Plus tard, il a balayé cette observation.

« Oh, non, je ne joue pas chaque point comme une balle de match, parce que si c'était le cas, je perdrais plus que je ne gagnerais. Sur une balle de match, vous êtes bien plus nerveux que pour n'importe quel autre point, non ? »

Il était déjà solidement bâti, physiquement imposant. Depuis le bord du court, il avait l'allure d'un joueur aguerri, pas d'un jeune de dix-sept ans. De plus près il ressemblait davantage à un adolescent, avec quelques boutons d'acné sur ses joues rebondies. À cette époque il ne parlait presque pas anglais, même si la femme de Toni Nadal, Joana Maria, l'enseignait. Après sa victoire au deuxième tour sur le Britannique Lee Childs, nous avons donc fait l'interview en espagnol.

Les grands joueurs espagnols, qui ont de la terre battue sur les chaussettes et dans la tête, ont souvent été réfractaires à Wimbledon. « L'herbe, c'est pour les vaches », aimait dire Sergi Bruguera, le double vainqueur de Roland-Garros originaire de Barcelone.

Nadal avait une perception différente. Il était très au fait des exploits de Manuel Santana, premier Espagnol vainqueur de Wimbledon, et il a grandi en écoutant Oncle Toni célébrer les vertus du jeu d'attaque. Par ailleurs, n'a-t-il pas voulu devenir une star du foot ? L'herbe n'était pas seulement pour les vaches. Elle convenait aussi au Real Madrid.

« En fait, j'aime plus le gazon que la terre battue même si je joue mieux sur terre », a-t-il dit à l'époque. Il a également fait remarquer que Feliciano López, un autre compatriote en pleine ascension, était déjà performant sur gazon, atteignant les huitièmes de finale à Wimbledon 2002 et 2003.

Rafa avait l'ambition de faire mieux encore, ce qu'il a clairement exprimé, plus tard en 2003, lors d'un déplacement à Sun City, en Afrique du Sud, lors du Nike Juniors International Masters Tournament. Luca Appino, un représentant de Babolat, le fabricant français de raquettes et de cordages, sponsor de Nadal, a fait le voyage avec lui. Dans son livre de 2009 *Le Monde de Rafael Nadal*, il raconte que les organisateurs de l'épreuve ont eu l'idée d'une promenade à dos d'éléphant qui était aussi un safari. Pas franchement rassuré, Nadal était sur ses gardes. Il a lancé à Appino : « Si tu ne viens pas avec moi, je n'y vais pas. »

Appino est monté sur son éléphant et l'expédition s'est déroulée paisiblement jusqu'au moment où ils se sont approchés d'un groupe de rhinocéros près d'un trou d'eau. Le guide a imposé le silence pour éviter d'effrayer les animaux qui auraient pu avoir envie de charger. En passant devant les bêtes, un Nadal tremblotant s'est tourné vers Appino et lui a dit : « Espérons que tout sera OK. Je ne veux pas qu'il m'arrive quelque chose parce que je dois encore gagner Wimbledon. »

Il a fini par perdre au troisième tour contre la tête de série n° 12, Paradorn Srichaphan. Et en 2004, il l'a manqué, à cause du problème au pied qui l'a aussi privé de Roland-Garros.

« Ce sont des moments difficiles. Mais il faut continuer à travailler et rester positif, de façon que lorsque vient votre tour, vous soyez prêt. »

C'était une observation pleine de bon sens. Et peu importe ce qu'a dit Nadal, sur ses béquilles, à Costa. J'en suis venu à croire qu'il aurait gagné Roland-Garros 2004 s'il avait pu jouer. Il était déjà ce compétiteur fulgurant, tellement à part sur terre battue, un nouveau modèle de joueur face à une concurrence alors vulnérable.

Gustavo Kuerten, l'élastique Brésilien vainqueur de trois Roland-Garros, était encore dangereux, mais ses meilleures années étaient derrière lui à cause de problèmes chroniques à la hanche. Juan Carlos Ferrero, l'Espagnol au déplacement de velours, vainqueur de l'édition 2003 et qui paraissait promis à un long règne, était en train de plonger, après avoir été malade et blessé. L'Argentin Guillermo Coria était désormais le favori sur terre battue, ayant remporté trente et un de ses trente-deux matches sur terre battue à la veille du tournoi. Des interrogations sur son endurance pendant cinq sets et des doutes sur sa solidité mentale persistaient néanmoins. Il venait d'être battu par Federer en finale à Hambourg et Carlos Moyà s'était imposé à Rome.

N'importe lequel d'entre eux aurait pu gagner Roland-Garros, aucun n'y est parvenu.

L'outsider s'est appelé Gastón Gaudio, un Argentin inconstant, doté d'un splendide revers à une main. Il a raflé la mise au bout de deux semaines, remportant face à Coria et contre tous les pronostics la première finale entièrement argentine de l'histoire du Grand Chelem. Aucun Argentin n'avait gagné Roland-Garros depuis Guillermo Vilas, en 1977, auquel les deux finalistes étaient reliés : Coria, dont le père, Oscar, était entraîneur de tennis, avait été prénommé Guillermo en son hommage. Et, depuis son enfance, Gaudio s'était régulièrement entraîné dans son académie éponyme à Buenos Aires. Pour attester cette filiation, Vilas était assis au deuxième rang de la tribune présidentielle, en ce magnifique dimanche ensoleillé.

C'était la première finale du Grand Chelem à la fois pour Coria et Gaudio. Cela s'est vu. Coria a mené deux sets à rien. Gaudio avait du mal à contrôler ses coups et ses nerfs. À un moment donné, il s'est tourné vers Franco Davín, son entraîneur en tribune, pour lui dire qu'il voulait s'en aller. Il a choisi de rester sur la terre battue. Ce qui aurait pu être une histoire courte est devenu une pièce en cinq actes. Coria a commencé à ressentir des crampes dans ses deux mollets au troisième set : un problème que le service médical du tournoi a ensuite attribué à un surcroît de stress, plutôt qu'à la fatigue née d'échanges épuisants.

Gaudio a enlevé le troisième set puis le quatrième. La cinquième manche a tourné à la loterie. Coria a servi deux fois pour le titre, mais a été breaké. Il a eu deux balles de match (de tournoi !) à 6-5 sur son service. Il n'en a converti aucune, commettant des fautes au terme de longs échanges. Gaudio a finalement passé la ligne d'arrivée en vainqueur, au terme de l'une des finales les plus rocambolesques du Grand Chelem, gagnée 0-6, 3-6, 6-4, 6-1, 8-6, en trois heures et trente et une minutes.

« C'était une partie de montagnes russes, a résumé Vilas, que nous avions retrouvé dans le salon des joueurs. Je n'ai pas quitté mon siège. J'y suis resté tellement de temps que je ressemble à Lawrence d'Arabie. »

C'était une journée épuisante, en pleine chaleur et puissamment émouvante, de celle qui tire les larmes du vainqueur et du vaincu. Coria avait à peine vingt-deux ans. Il avait gagné quarante-huit de ses cinquante et un derniers matches sur terre battue. Il était passé deux fois à un point de remporter le plus important d'entre tous. Son heure viendrait, à coup sûr.

Comme la suite des événements l'a montré, Coria avait toutes les raisons d'être ravagé par cette occasion gâchée. Nadal n'était pas dans le stade ce jour-là. Il était retourné à Majorque. Devant son téléviseur, il a regardé tourner le carrousel de cette finale après sa mission de reconnaissance à Paris.

Il allait revenir.

Chapitre 6

LA PRIMERA

C'était un vendredi soir, début décembre 2004. Il faisait froid à Séville, l'une des villes les plus enchanteresses de la planète, particulièrement après le coucher du soleil (je suis bien placé pour le savoir, j'y ai vécu). Séville, paradis des tapas, de la corrida et du flamenco.

Nadal était en passe de devenir une vraie star du tennis.

Il est arrivé par un vol depuis Palma de Majorque après le reste de l'équipe espagnole de Coupe Davis, venu de Barcelone. Pedro Hernandez, le chef de presse, a voyagé en sa compagnie. Lorsqu'ils ont atterri, le joueur de dix-huit ans lui a demandé s'il pouvait se rendre au stade de La Cartuja avant de rejoindre ses partenaires à l'hôtel.

« Sur place, il a touché la terre battue, l'a laissé glisser entre ses mains, puis il a marché sur le court, se souvient Hernandez. Ensuite, il a couru jusqu'au sommet des tribunes du stade. Il m'a dit : “C'est très loin du court. D'ici, on ne verra pas la balle.” Je lui ai répondu que toutes les places avaient été vendues, même celles situées dans les angles morts. »

Nadal l'a regardé avec un air perplexe puis lui a lancé joyeusement : *« Esto va ser una bomba »* (ça va être dingue).

C'était l'année de ses grands débuts en Coupe Davis. À l'origine, il était prévu qu'il ne joue que le double lors de cette finale très attendue contre les États-Unis. En simple, les Espagnols comptaient s'appuyer sur deux maîtres du tennis sur terre battue, Juan Carlos Ferrero et Carlos Moyà. L'un et l'autre ont déjà gagné Roland-Garros et ont été n° 1 mondiaux, brièvement dans le cas de Moyà. Mais lors de la phase préparatoire, les trois capitaines dont Jordi Arrese, l'homme sur la chaise, ont constaté que Ferrero n'était pas dans sa meilleure forme alors que Nadal rayonnait. Au risque de briser l'unité de l'équipe, ils ont décidé de l'aligner en simple comme l'autre Majorquin, Carlos Moyà. Nadal a été surpris par cette décision, mais guère intimidé par l'événement. Devant vingt-sept mille deux cents spectateurs, la plus grande affluence jamais recensée alors pour un match officiel, il a joué à fond, à coup de *« vamos! »* répétés, contre Andy Roddick. J'étais là pour le *New York Times* et l'*International Herald Tribune*, frottant mes mains l'une contre l'autre afin de tenter de les réchauffer. La façon dont il a répondu présent lors d'un match aussi important m'a aussitôt persuadé que d'autres grandes victoires allaient suivre. Ceux qui le connaissaient mieux n'avaient pas besoin d'être convaincus.

« Je crois qu'il peut être un grand champion, a avancé Moyà. Il fait partie des joueurs qui aiment jouer ce type de grand match. Donc, je lui fais confiance. Je crois en lui. »

Aussi vif d'esprit qu'il est incisif au service, Roddick a toujours pris la Coupe Davis très au sérieux, parfois même au détriment de ses propres résultats sur le circuit. Il a tout donné lors ce match, mais son jeu, précis et tout en puissance, était davantage adapté à des surfaces plus rapides et moins glissantes. N° 2 mondial, il avait balayé Nadal un peu plus tôt dans la saison, en trois sets, au deuxième tour de l'US Open. Mais cette fois, il était sur terre battue, en Espagne. Et pas n'importe quelle terre battue d'Espagne : un toit temporaire avait été installé au-dessus du court placé à une extrémité du stade olympique de Séville qui tenait plus de la canopée. Ce n'était pas vraiment un court indoor. Le terrain restait exposé aux éléments extérieurs. Les températures étaient à peine supérieures à dix degrés. Depuis les tribunes, on pouvait apercevoir la traînée de condensation des souffles de Nadal et de Roddick qui se rendaient coup pour coup.

Lourdes et lentes, les conditions de jeu favorisaient le vrai spécialiste de la terre battue. Nadal, qui poussait un grognement sur pratiquement chaque coup et célébrait les points importants gagnés par un joyeux bond en ciseau, était un régal à contempler.

« L'énergie engendrée était folle, se souvient Conchita Martínez, la championne espagnole qui deviendrait, plus tard, capitaine de Coupe Davis. Ses cris, ses poings serrés, je me disais : “Oh mon Dieu, je suis fatiguée rien que de le voir.” Parfois, j'avais envie de lui dire : “Relax, juste un peu. C'est seulement le premier set. Tu en as encore d'autres à jouer.” »

Nadal n'avait aucune envie de se calmer, même un peu. Roddick a réussi à arracher le premier set en démontrant ses propres qualités de combattant et son esprit patriotique. Mais il n'y avait rien à faire. Nadal a fini par s'imposer 6-7, 6-2, 7-6, 6-2, permettant à l'Espagne de se détacher 2-0. Une belle entrée en matière avant le 3-1 final.

« J'ai tout tenté, mais il a très bien joué, il n'y a aucun doute sur le fait qu'il a un très, très bel avenir », a reconnu Roddick.

Après la tardive conférence de presse qui a suivi le triomphe espagnol, Nadal s'est assis sur une estrade pour répondre à quelques questions de journalistes de son pays. Je me suis glissé dans le groupe et lui ai posé les miennes, en *español*.

La dernière était simple : « Pensez-vous pouvoir gagner Roland-Garros ? »

De très bonne humeur, Nadal s'est fendu d'un large sourire puis a observé une légère pause : « Écoutez, ce serait déjà pas mal de pouvoir jouer Roland-Garros. »

C'est ce qui s'appelle botter en touche. Pourtant, il avait déjà dit à Carlos Costa ce qu'il pensait vraiment de ses chances sur les courts de la porte d'Auteuil.

C'était peut-être la première fois dans sa carrière qu'il paraissait avoir pris du retard dans la poursuite d'un objectif. Il avait seulement huit ans quand il a gagné le championnat des moins de douze ans des îles Baléares (un trophée qu'il continue de chérir), seulement quinze quand il a remporté ses premiers points ATP et son premier match sur le circuit principal. À dix-sept ans, il était devenu le plus jeune joueur depuis Boris Becker à avoir franchi deux tours à Wimbledon. À dix-huit ans, il était désormais le plus jeune gagnant de la Coupe Davis, qui traînait cent quatre ans d'histoire.

L'année 2005 lui a permis de rattraper le temps perdu à Paris. Il y a débarqué comme aucun autre *rookie* depuis que j'exerce mon métier : en absolu favori, malgré son rang de quatrième joueur mondial et l'incontestable domination de Federer au sommet du classement.

Au seuil de son premier Roland-Garros, son palmarès comptait déjà cinq titres gagnés sur terre battue. Il arrivait auréolé d'une série de dix-sept matches remportés consécutivement, après avoir enlevé les tournois de

Monte-Carlo, Barcelone et Rome. Ses victimes en finale : Ferrero à Barcelone, Coria à Monte-Carlo et Rome.

J'étais à Monte-Carlo, naviguant entre le tournoi et mon hôtel, La Voile d'Or, dans le port de Saint-Jean-Cap-Ferrat. Saint-Jean est un endroit somptueux quel que soit le moment de l'année, avec sa promenade le long de la côte rocheuse et sa vue bleutée. Mais en avril, au moment de basculer vers les beaux jours, c'est un havre de paix encore plus délicieux. Le contraste était saisissant avec la cohue et la frénésie du Monte-Carlo Country Club. Des rumeurs ont circulé sur le possible report du tournoi en raison du décès, le 6 avril, du prince Rainier III, après un long règne de presque cinquante-six ans. Les autorités de cette minuscule principauté ont finalement donné leur accord pour que l'épreuve commence en temps voulu et, bien que l'ambiance ait été sombre le vendredi, jour des funérailles, la semaine s'est conclue par une joyeuse double révélation. Celle de Nadal et d'un autre adolescent, Richard Gasquet, dont l'accent chantant trahissait ses origines du sud de la France.

Nés à quinze jours d'intervalle, Nadal (le plus âgé) et Gasquet se connaissaient depuis l'âge de douze ans. En 1999, à Tarbes, Gasquet a battu Nadal en trois sets serrés en quarts de finale du tournoi des Petits As, un tournoi de jeunes rassemblant les meilleurs mondiaux âgés de moins de quatorze ans. Gasquet a gagné le titre. Nadal l'a imité l'année suivante.

La France, l'une des nations phares du tennis, rêvait toujours de trouver un successeur à Yannick Noah, vainqueur à Roland-Garros en 1983. Surnommé « le petit Mozart », Gasquet a figuré dès l'âge de neuf ans en une de *Tennis Magazine,* accompagné de l'accroche spéculative suivante : « Richard G. Le champion que la France attend ? » Ce magazine spécialisé, l'un des meilleurs au monde à l'époque, s'est attiré des critiques. Certains lui ont reproché d'avoir suscité une attente déraisonnable. Pourtant, un sport comme le tennis a souvent eu tendance à mettre en avant ses surdoués. Enfant prodige du sud de la Californie et future n° 1 mondiale, Tracy Austin s'est retrouvée en une de *World Tennis,* un magazine américain, à quatre ans, et de *Sports Illustrated* à treize.

Contrairement à Austin, Gasquet était un adolescent terriblement timide, mal préparé pour porter le poids des attentes de tout un pays. À ce moment-là, Nadal était également réservé, mais seulement en certaines occasions.

« Je me rappelle la première année où il a joué à Monte-Carlo, il n'était pas du tout intimidé dans les vestiaires, raconte Benito Perez-Barbadillo. Gasquet baissait souvent la tête. Rafa faisait l'imbécile avec Moyà en sautant sur des canapés alors que d'autres grands champions comme Agassi étaient en train de se préparer. Rafa était à l'aise dans les zones réservées aux joueurs. »

Je demande à Perez-Barbadillo s'il a déjà vu un jeune ayant l'énergie de Nadal.

« Non, répond-il avant de vite se corriger. Si, en fait. Son fils. »

Gasquet était un vrai prodige – il a gagné son premier match ATP à quinze ans – et il a obtenu certains résultats prometteurs. Mais il a rencontré quelques difficultés en 2004. Dans le Bronx, il a refusé de continuer un match sur le circuit challenger après s'être retrouvé distancé au troisième set ; il a été ensuite disqualifié lors du tournoi des qualifications de l'US Open à cause d'une raquette jetée par terre qui a rebondi et accidentellement heurté la tête d'un juge de ligne.

Tandis que Nadal emmagasinait rapidement confiance et points au classement mondial, Gasquet semblait à la traîne. À Monte-Carlo, il s'est montré sous un bien meilleur jour. Il est sorti des qualifications avec le soutien d'un nouvel entraîneur, Éric Deblicker, et d'un ami de la famille, un médecin ayant travaillé auprès d'adolescents en difficulté.

Nadal et Gasquet avaient des atouts différents : le meilleur coup du gaucher Nadal était son coup droit fouetté ; le meilleur coup du droitier Gasquet était son revers à une main, varié et spectaculaire quand il était lâché. Tous les deux aimaient vraiment la terre battue. En quarts de finale de cette édition 2005, l'un et l'autre ont savouré deux très beaux succès. Gasquet a créé la sensation face à Federer qu'il affrontait pour la première fois. Il a sauvé trois balles de match et a triomphé au jeu décisif du dernier set. Fin de série pour le n° 1 mondial, vainqueur de ses vingt-cinq derniers matches. Nadal a ensuite écrasé 6-3, 6-0 Gastón Gaudio, le tenant du titre de Roland-Garros.

C'était la preuve manifeste de ses progrès. Jusque alors, Gaudio l'avait dominé trois fois sur trois, toujours sur terre battue – un sacré tour de force compte tenu de la carrière de Nadal sur cette surface. À Monte-Carlo, il a franchi un palier et laissé l'Argentin sur place. Nadal et Gasquet se sont affrontés en demi-finales. L'Espagnol a cédé le premier set, mais s'est ensuite imposé 6-7, 6-4, 6-3. Une belle bagarre – il a dû surmonter un break aux deuxième et troisième sets – qui semblait annoncer une riche et passionnante rivalité professionnelle.

Cette victoire lui a permis de se qualifier pour sa première grande finale sur terre battue. En dépit de ses immenses qualités et de sa plus grande expérience, Guillermo Coria, son adversaire, a fait une déclaration étonnante au seuil de ce rendez-vous.

« Je crois que Nadal est le meilleur joueur du monde sur cette surface. »

Un bel hommage de la part du tenant du titre à Monte-Carlo qui, à cet instant, aurait pu prétendre au même compliment. Ce propos nous a donné la chance de voir pour la première fois Nadal dans un rôle qu'il endossera souvent ensuite : celui de premier contradicteur de son propre génie.

« Je suis le meilleur ? s'est-il étonné en riant lorsqu'il a pris connaissance des mots de Coria. Donc, j'ai gagné la finale ? Non, je ne suis pas, mais pas du tout le meilleur sur terre battue. Il a gagné ici l'an dernier. Il a joué la finale à Hambourg. Il a joué la finale de Roland-Garros. »

Peut-être Coria pensait-il que ces éloges seraient un moyen de déstabiliser le phénomène. Ou peut-être l'Argentin, vainqueur de leur unique duel jusque-là, sentait-il que le vent était en train de tourner, sur la Côte d'Azur et au-delà. Le lendemain, sous une pluie intermittente, Nadal a dominé Coria pour s'adjuger son premier titre important : 6-3, 6-1, 0-6, 7-5. Au quatrième set, il a laissé filer un avantage de 4-1, mais s'est ensuite repris pour conclure la rencontre, en allant contrer la toute dernière des multiples amorties de son adversaire.

« Il joue très, très bien les amorties. Je crois qu'il est le meilleur au monde dans ce secteur. Il a gagné pas mal de points avec ça. Mais j'ai remporté beaucoup de points importants également, non ? Le dernier, par exemple. »

Nadal a esquissé un sourire. Il a même semblé content de lui après ce trait d'esprit. Et pourquoi pas ? À ce stade, les conférences de presse en anglais semblaient plus compliquées à négocier pour lui que ses matches de tennis.

Ce titre à l'Open de Monte-Carlo a également inauguré un autre de ses rituels quand il s'est retrouvé avec son trophée dans les mains. Il l'a embrassé et a ensuite légèrement mordu le bord en cristal. Sa signature pour célébrer ses victoires. « Je le fais juste pour faire plaisir aux photographes. »

Dans le sillage immédiat de ce premier titre en Masters Series et succès significatif sur terre battue, j'ai eu l'opportunité de l'interviewer en espagnol pour le *New York Times*. Nous nous sommes assis dans une petite pièce du club-house, dont le décor était spartiate mais la vue sur mer impayable. Ses réponses dans l'une de ses deux langues maternelles (l'autre étant le majorquin) s'écoulaient en longs paragraphes, bien loin des petits bouts de phrases balbutiés lors de ses interviews en anglais. C'était un jeune homme agréable, visiblement habitué à communiquer, malgré ses dix-huit ans, avec ses aînés, souvenir des dîners animés de la famille Nadal.

« J'ai toujours voulu avoir du succès, mais je n'ai jamais pensé que cela viendrait si rapidement. L'année passée a parfois été difficile, mais je l'ai terminée aussi bien que possible, grâce à la victoire en Coupe Davis. J'ai emmagasiné beaucoup de confiance grâce à ça. Mais j'ai travaillé dur toute ma vie. Maintenant, ça paye. »

À Miami, quelques semaines plus tôt, lors de la finale du Miami Open, il a bousculé Federer en menant deux sets à rien et 5-3 dans la troisième manche. Le Suisse est revenu au score et a enlevé le titre après être passé à deux points de la défaite.

« Le meilleur joueur du monde m'a montré qu'un match n'est jamais fini. Vous n'avez pas le droit de vous relâcher. Quand un joueur est si bon, vous devez rester extrêmement concentré et comprendre que tout peut changer à n'importe quel moment. C'est une leçon de plus. Le tennis n'est pas un sport où vous gagnez parce que le temps est écoulé. Vous gagnez quand vous gagnez le dernier point. Vous devez toujours vous préparer à ce que le match tourne. Vous devez rester présent et en alerte. »

Il faudra attendre dix ans pour voir Nadal dilapider un autre avantage de deux sets : lors de sa défaite contre Fabio Fognini à l'US Open 2015. Les matches en cinq manches sur terre battue ont été plutôt rares pour lui.

Coria l'a bien perçu, son emprise était déjà réelle. Pourtant, l'Argentin – dont la confiance n'était pas encore anéantie par des blessures et de sérieux problèmes au service – pouvait encore à ce stade le pousser dans ses derniers retranchements. Trois semaines plus tard, ils se sont retrouvés en finale de l'Open d'Italie. Non seulement un bien meilleur match que leur duel en Principauté, mais l'une des rencontres les plus captivantes de leur carrière. Plus agressif et plus incisif, Coria a mis Nadal dos au mur après l'avoir breaké deux fois au début du cinquième set. Mais en s'appuyant sur ses jambes plus jeunes et sur sa légitime confiance, l'Espagnol a renversé le cours de la rencontre, porté par la force supérieure de sa volonté.

La finale s'est dénouée au jeu décisif. Nadal n'a pas réussi à convertir deux premières balles de titre avant l'ultime échange du match, un dernier acte approprié pour ce classique de cinq heures et quatorze minutes. L'Espagnol a attaqué depuis la ligne de fond de court. L'Argentin a repris le contrôle du point et, donnant tout ce qu'il lui restait, frappé un coup droit foudroyant, que très peu de joueurs à sa place auraient su aller chercher. Nadal a glissé, s'est projeté vers l'avant et a réussi à délivrer un lob de revers à une main. La balle a commencé à descendre environ à mi-court. Coria a frappé un smash trop prudent. Il l'a payé cher. Nadal s'est jeté sur l'occasion comme un grizzly sur un saumon. Coria a enchaîné avec une première volée, mais n'a pas pu négocier la suivante. Passé de l'attaque à la défense puis à nouveau à l'attaque en seulement quelques secondes, Nadal s'est vite retrouvé sur le dos, étendu sur la terre battue. Une manière de célébrer la victoire que l'on reverra souvent.

Le score final – 6-4, 3-6, 6-3, 4-6, 7-6 (8-6) – balayait tout doute éventuel sur son endurance physique et mentale face au défi des matches en cinq sets.

C'était sa première apparition à Rome et il venait de gagner le titre, avec le genre de brio particulier que les Italiens savent apprécier. Maintenant, il était l'heure, enfin, de participer à son premier Roland-Garros.

« Roland-Garros a été frustrant pour nous tous, surtout pour Rafa, m'a avoué Toni Nadal. Mais parfois, c'est bien de devoir attendre. Cela vous permet d'apprécier davantage. »

Je l'ai toujours imaginé protégeant son exubérant neveu dans du papier bulle avant Roland-Garros – prêt à n'importe quoi pour s'assurer qu'aucun autre événement bizarre ne vienne retarder l'inévitable. Les Nadal se sont contentés de ne pas prendre part au tournoi de Hambourg, afin que Rafa se repose et récupère. Il avait des ampoules à la main gauche, qui devaient être soignées. Mais surtout, il avait besoin de souffler après tous les sommets de première catégorie qu'il venait d'escalader en attendant de s'attaquer au plus élevé d'entre tous.

L'arrivée de la tête de série n° 4 n'est pas passée inaperçue. Quelques équipes de télévision l'ont attendu à sa descente d'avion à l'aéroport d'Orly, empressement que Toni a trouvé exagéré. La presse française n'a pas été avare non plus en détails. Julien Reboullet, l'excellent journaliste spécialiste du tennis à *L'Équipe*, était présent pour son premier entraînement sur le court Suzanne-Lenglen.

« Jeudi soir, 18 h 55. Alors que Nadal est censé commencer son entraînement dans cinq minutes, la pluie se met à tomber sur Roland-Garros. La malédiction parisienne continuerait-elle de poursuivre le jeune Majorquin ? La pluie se transforme en bruine. Voilà Nadal qui arrive en trottinant. Quoi qu'il arrive il jouera, même s'il se met à grêler. À 19 h 05, Nadal pose enfin ses pieds sur cette terre qui lui a été promise par tant d'observateurs et de personnalités du circuit. En marchant sur le court, il fait deux grands pas intentionnellement lourds, comme un vacancier cherchant à décoller la neige accrochée à ses après-ski en frappant du pied contre le sol gelé. C'est bon. Nadal a pris possession du terrain. Son premier coup, à 19 h 07, est un revers. Environ trente observateurs curieux sont dans le stade pour scruter ses débuts. Une demi-heure après le premier échange, Nadal retourne sur son banc et se met à discuter avec Toni, son oncle et entraîneur. À ce moment-là, l'écran géant placé dans l'un des angles du court commence à montrer des images de la victoire de Gustavo Kuerten en 2001 : le moment où Guga dessine un cœur sur la terre et s'y laisse tomber. En regardant cette scène, les deux Nadal éclatent de rire. Cela leur donnerait-il des idées pour la suite ? »

Pour la précision, signalons que le premier partenaire d'entraînement de Nadal à Roland-Garros s'est appelé Ivo Karlović. C'était un choix particulier. Karlović, un géant croate mesurant deux mètres onze, possédait l'un des plus puissants services de l'histoire du tennis. Et les échanges de fond de court n'étaient pas du tout sa tasse de thé.

Nadal voulait manifestement se préparer à toutes les éventualités, à tous les styles d'adversaire : alors qu'avec Karlović il terminait cette séance de travail chargée d'humidité, un très jeune spectateur, ayant assisté à tout l'entraînement, est venu demander une faveur à Toni. C'est ainsi que Nadal a conclu sa première journée, en échangeant quelques balles avec cet inconnu à peine moins âgé que lui avant de retourner au vestiaire.

Homme d'habitudes, il n'en avait aucune encore à Paris. C'était le moment de commencer à s'en créer. Plutôt que de choisir un hôtel à l'écart de l'agitation de la ville, Nadal et son équipe ont privilégié un hébergement au cœur des quartiers touristiques, pas très loin de la Seine et des Champs-Élysées. C'était alors une plus petite équipe : juste Rafael, Toni, puis Carlos Costa quand le tournoi a commencé. Le communicant Benito Perez-Barbadillo n'était pas encore engagé à plein temps. Il continuait de travailler pour l'ATP. Les parents de Nadal et les amis, comme Rafael Maymo, qui deviendra son fidèle kiné, n'étaient pas à Paris lors des premières phases du tournoi. Pas plus que Miguel Ángel, son oncle, qui venait de prendre sa retraite à l'âge de trente-huit ans au terme d'une longue carrière de footballeur. Sacrée coïncidence : la famille disait adieu à sa première star dans le sport et, au même moment, démarrait une nouvelle aventure avec la deuxième, promise à d'encore plus grands exploits.

Le neveu a certainement bénéficié de l'expérience de Miguel Ángel sous les projecteurs. S'il semblait si sûr d'appartenir à l'élite, peut-être était-ce en partie dû au fait qu'il a toujours vu et connu son oncle dans la peau d'un sportif renommé sur le plan mondial.

« Il m'a donné beaucoup de bons conseils », m'avait-il dit à Monte-Carlo.

Pour l'heure, Nadal passait du temps avec d'autres aînés espagnols : son mentor Moyà, mais aussi Albert Costa, David Ferrer et Feliciano López, tous bien installés sur le circuit professionnel, ou d'autres joueurs hispanophones comme l'Argentin Juan Mónaco. Ils allaient dîner ensemble. Ils se défiaient virtuellement à la PlayStation, jouaient aussi aux cartes ou au *parchís*, un jeu de société très populaire en Espagne que Nadal trouverait toujours distrayant au fil de sa longue carrière entre deux matches ou deux entraînements.

« On formait un groupe de quatre ou cinq, se rappelle Feliciano López. Je regarde les joueurs aujourd'hui et je ne les vois pas tellement passer du temps ensemble, parce qu'ils ont beaucoup de choses que l'on n'avait pas à l'époque, comme les réseaux sociaux ou les portables, Netflix, toutes ces plateformes. On avait l'habitude d'aller au cinéma quand on voyageait, pour ne pas rester dans nos chambres d'hôtel. C'était une vie totalement différente. D'une certaine façon, je pense que c'était mieux parce que nous pouvions partager beaucoup de choses avec d'autres joueurs. J'appelle ça le bon vieux temps. »

Nadal, qui a cinq ans de moins que López, est sur la même longueur d'onde.

« Quand j'ai commencé, la communication entre les joueurs était plus naturelle qu'aujourd'hui parce qu'il n'y avait pas grand-chose à *binge-watch*, toutes ces séries à streamer, ces possibilités de se laisser distraire par les téléphones portables toute la journée et par tout ce qui passe sur votre écran. On pouvait plus échanger avec les autres. »

Les équipes encadrant les joueurs se sont par ailleurs considérablement étoffées. Elles ont isolé les joueurs des uns des autres.

Nadal acquiesce : « C'est vrai. Il est plus facile d'aller dîner avec les membres de son équipe qu'avec d'autres joueurs. Mais le grand changement est lié à la technologie. Comme toute évolution, il y a les bons et les mauvais côtés. Le plus sympa est que vous pouvez être à l'autre bout du monde et ne pas vous sentir loin de chez vous. Tous les jours, je peux voir ma famille à travers mon téléphone, ce qui n'était pas le cas avant. Je peux aussi regarder tous les matches de football qui m'intéressent : ceux de Majorque, de Madrid ou de Barcelone. Mais si la technologie vous aide à communiquer avec le monde entier, elle vous coupe des gens qui sont juste en face de vous. Nous avons passé un réveillon de Noël avec mes cousins à Majorque. En regardant autour de la table, on voyait les plus jeunes fixés à leur téléphone. Nous avons dû trouver un moyen pour que ça s'arrête. »

L'année des grands débuts de Nadal à Roland-Garros a marqué la fin d'une époque, encore bénie, où il pouvait aller dîner sans générer une attention constante. En bon ritualiste, il s'est rendu presque tous les soirs à Pizza Pino, sur les Champs-Élysées. Mais son univers a vite changé. Le samedi, avant le tournoi, il a bénéficié d'un traitement de star. Il a été programmé sur le court principal, le court Chatrier, lors d'un match exhibition organisé à l'occasion de la traditionnelle journée caritative.

« J'ai regardé beaucoup de finales sur ce court à la télé quand j'étais enfant. Il y avait Courier, Corretja avec Moyà, [Alberto] Berasategui. Il y avait Bruguera. Je me souviens d'un certain nombre de finales, mais d'aucune en particulier. Je suis venu ici pour essayer de jouer mon jeu et d'ajouter mon nom à la liste. »

Le lendemain, son premier match officiel était programmé sur le court n° 1, ce qui semblait d'autant plus approprié pour un Espagnol car les journalistes anglo-saxons surnommaient ce dernier *« the bullring »* (l'arène), à cause de son architecture circulaire et intimiste. Nadal y a affronté Lars Burgsmüller, un joueur allemand expérimenté mais non-tête de série. « J'ai essayé de me persuader que je pouvais gagner, se souvient Burgsmüller. Mais il est vite devenu évident qu'il était le meilleur. »

Score final 6-1, 7-6 (4), 6-1 pour son adversaire. Désormais radiologue à Duisbourg, l'Allemand peut se consoler en pensant qu'il s'est trouvé, de l'autre côté du filet, au tout début de quelque chose d'extraordinaire.

« Je n'étais certainement pas content de perdre. Mais, maintenant que je vois tout ce qu'il a accompli ensuite, c'est une histoire qui sera sympa à raconter, un jour, aux petits-enfants. »

Au tour suivant Nadal a dominé Xavier Malisse en trois sets, lors de sa première rencontre officielle sur le vaste court Chatrier. Désormais l'attendait un match revanche contre Gasquet, au cœur de toute l'attention depuis le début du tournoi. Une semaine avant Roland-Garros, l'Héraultais avait fait naître un certain espoir en France en atteignant la finale du tournoi de

Hambourg, où il s'est incliné contre Federer. Nadal était soucieux à l'idée de l'affronter. Il aurait préféré que Gasquet soit placé dans une autre partie de tableau. Mais cette fois, contrairement à Monte-Carlo, il s'est montré très dominateur : 6-4, 6-3, 6-2. Depuis les tribunes, il a semblé devenir de plus en plus immense, tellement à l'aise, alors que Gasquet paraissait se rapetisser, se ratatiner sous la pression.

« Nous avons le même âge, a déclaré ce dernier, et je me sens comme un junior face à un pro aguerri. Il est physiquement présent à 100 %, ce qui n'est pas mon cas. Je n'ai pas encore le niveau. »

C'était une journée ensoleillée et chaude. Des conditions idéales pour que le lift de Nadal gicle après le rebond. La rencontre était tellement à sens unique que Nadal, surpris, a demandé à son adversaire, après la poignée de main, s'il était malade ou blessé. La réponse était non. Gasquet venait de lire clairement l'avenir :

« Lorsque je suis sorti du court, j'ai dit à mon père : "C'est terminé. C'est le nouveau champion de Roland-Garros. Il n'y a pas de doute", a-t-il expliqué des années plus tard. J'ai vu très vite qu'il était un extraterrestre. Je n'étais pas loin à Monaco, mais, cette fois, ce n'était pas serré du tout et c'était seulement deux mois plus tard. Je voyais qu'il était un joueur différent, qu'il avait changé d'étage. Personne ne pouvait imaginer qu'il gagnerait Roland-Garros quatorze fois, mais il était clair qu'il allait être immense. »

Gasquet a réglé l'addition plus que quiconque en perdant les dix-huit matches qu'il a joués contre lui sur le circuit principal. Nadal a allégé la note, en quelque sorte, en signant l'avant-propos de son autobiographie (et en le défendant publiquement quand il a été testé positif à la cocaïne en 2009 en risquant une longue suspension). À son crédit, « Richard G. » a eu une longue carrière pleine de succès. Il a gagné plus de six cents matches en simple et a même joué beaucoup plus régulièrement que Nadal dans ses dernières années. Mais en dépit de toutes les comparaisons et projections des débuts, la rivalité n'a jamais existé.

« J'ai entendu ça si souvent – "Vous l'avez battu quand vous aviez douze ans" –, a rappelé Gasquet peu de temps avant de décider de raccrocher. C'est une réflexion tellement stupide que j'aimerais ne plus avoir à l'entendre encore. Mais cela fait partie de mon histoire. Avec le recul, avoir pu être comparé à celui qui est peut-être le plus grand joueur de l'histoire est, en réalité, plutôt flatteur. »

Au tour suivant, Nadal a rencontré un Français nettement plus expérimenté, Sébastien Grosjean, le dernier représentant local dans le tableau masculin. Ce huitième de finale lui a donné l'occasion d'être confronté, pour la première fois, au public partisan, capricieux, de Roland-Garros. À un moment donné, la foule a interrompu le jeu pendant près de dix minutes. Raison de cette bruyante colère : le juge de chaise a refusé d'accéder à la demande de Grosjean qui voulait qu'il descende de sa chaise et vienne vérifier une marque sur la terre. Bien conscient qu'il avait besoin de tout le soutien possible, Grosjean s'est mis les spectateurs dans la poche. Il a réussi à égaliser à une manche partout avant que l'obscurité ne vienne interrompre les débats au début du troisième set. Toni Nadal était furieux contre les officiels qui avaient laissé le public interrompre la partie si longtemps. Son neveu semblait également agacé. Une bonne nuit de sommeil a apaisé ce moment de tension. Quand le match a repris le lendemain, il était dans de meilleures dispositions et n'a pas perdu de temps pour s'offrir la victoire 6-4, 3-6, 6-3, 6-0.

« C'était deux journées complètement différentes, m'a raconté Grosjean. Le premier jour, les conditions étaient plus lourdes, il pleuvait un peu. Le lendemain, il faisait beau, le court était plus rapide avec un rebond plus haut. C'était beaucoup plus compliqué de contrôler la balle. Je la tapais au-dessus de mon épaule, et je ne suis pas si grand. L'autre problème était simplement qu'il était solide. Vous pouviez voir qu'il avait la confiance et l'assurance pour aller au bout. »

Quand Nadal a éliminé son compatriote et ami David Ferrer en quarts de finale, le tournoi fut certain d'avoir le match que beaucoup attendaient avec impatience depuis le début de la quinzaine : une demi-finale Nadal-Federer. Les deux hommes s'étaient déjà joués à deux reprises, toujours sur dur à Miami, où chacun avait remporté un succès. Il s'agissait donc de leur premier duel dans un tournoi du Grand Chelem et sur terre battue. En dépit de sa série de victoires, Nadal n'était pas vraiment le favori des parieurs : Federer, qui n'avait pas cédé un set lors de ses cinq premiers matches, tenait plutôt la corde. En huitièmes de finale, il avait corrigé Moyà.

Ce n'était pas illogique. Federer était un n° 1 mondial tout-puissant, tout juste élu sportif mondial de l'année par la Laureus Foundation. Il avait perdu seulement deux matches au cours de la saison. Comme l'Espagnol, le Suisse a grandi sur terre battue. À Hambourg, en l'absence du Majorquin, il venait de conserver son titre. Il est arrivé inhabituellement tôt à Paris avec son entraîneur Tony Roche, un ancien champion de Roland-Garros. Il voulait bénéficier de plus de temps d'entraînement sur le court Chatrier dont les très larges dimensions lui avaient posé des problèmes dans le passé. « Si je veux gagner Roland-Garros, c'est le court où je vais devoir y arriver : je ferais mieux de m'y habituer », m'a-t-il dit à l'époque.

À ce moment-là, Federer n'est jamais allé aussi loin à Paris, mais il a déjà gagné les trois autres titres du Grand Chelem. Et si l'on savait Nadal taillé pour les grands matches, il lui restait encore à le prouver dans les tournois majeurs qui définissent les carrières et la place dans l'histoire. Le plus jeune joueur était l'inconnue de cette rencontre, pas Federer.

Ce premier duel d'importance a eu lieu le jour du dix-neuvième anniversaire de Nadal, qui s'est montré confiant. « Je me sens bien plus calme qu'au début du tournoi et bien mieux que quand j'ai commencé mon match contre Grosjean. Je crois que je joue à un bon niveau. Ça m'aide vraiment à aborder cette rencontre dans un bon état d'esprit. »

Quelques jours avant le début du tournoi, j'ai interviewé Federer à l'Hôtel Crillon. Située à l'étage le plus élevé, sa suite offrait une large vue panoramique sur la place de la Concorde. Elle était la définition même du chic parisien. Il arborait une tenue décontractée et était d'humeur détendue, prêt à discuter de tout un tas de sujets, dont Nadal.

« Plutôt impressionnant, n'est-ce pas ?, a-t-il lancé, comme s'il parlait non de son adversaire sculptural mais d'une sculpture véritable. Il est déjà plus costaud que moi et il a cinq ans de moins. Imaginez comment il sera dans cinq ans. »

Compte tenu de la durée de leur rivalité, il eut tout le temps de le découvrir. Mais il devait d'abord l'affronter sur terre battue. Bien conscients de l'importance du match et de l'opportunité, les organisateurs de Roland-

Garros ont eu l'idée, inhabituelle, de mettre sur pied une séance photo avec les deux champions, la veille du match. Le niveau d'attente était considérable et l'impatience palpable sur le court Chatrier quand la première demi-finale de ce vendredi, opposant le Russe Nikolaï Davydenko à l'Argentin Mariano Puerta, a tourné à la bataille au long cours, retardant le début de l'affiche du jour.

En fin d'après-midi, Federer et Nadal ont enfin posé le pied sur la terre battue. Nadal a immédiatement donné le ton, dès le premier point. Un passing-shot de coup droit délivré à toute vitesse et à pleine puissance le long de la ligne. Malgré des coups joués avec justesse, Federer n'a pas eu le temps de réagir. Nadal n'a pas tardé à lui prendre son service. Il y a eu quinze breaks au cours de ce match tendu, décousu, qui n'a pas vraiment répondu aux espoirs suscités mais a produit un sensationnel troisième set. Nadal l'a remporté avec aplomb en breakant Federer à 4-5 grâce à trois superbes coups : un passing-shot de revers gagnant, une amortie de revers sublimement délivrée près du filet et, pour conclure, une insolente volée de coup droit en extension qui fit une impression lisible sur le visage Federer.

Devenu un maître zen au fil des années après des débuts tourmentés sur le circuit, ce dernier n'a pas été un champion impassible lors de cette demi-finale. On l'a vu se frapper au visage avec sa raquette, et même hurler de frustration après l'énième erreur de timing qui lui valut de perdre son service et le contrôle de sa destinée, à 3-4 dans le quatrième set. Nadal a tenu le choc jusqu'au bout, bétonné sa défense en s'appuyant sur son coup droit et remporté la victoire quand, après dix-huit coups de raquettes, Federer a finalement laissé échapper le dernier point.

Nadal était finaliste de Roland-Garros à tout juste dix-neuf ans. Un sacré cadeau d'anniversaire, en partie dû à ceux de Federer qui a fini le match avec soixante-deux fautes directes contre trente-deux seulement pour son adversaire. L'Espagnol l'a mérité. Il a gagné les points cruciaux avec un enthousiasme débordant et une agressivité tout en maîtrise. Il a mieux débuté, et surtout a bien mieux terminé que le n° 1 mondial, empochant les cinq derniers jeux pour s'imposer 6-3, 4-6, 6-4, 6-3. Federer s'est plaint, et ce ne serait pas la dernière fois contre Nadal, du manque de visibilité à cause de la lumière déclinante. Mais ce clair-obscur était le même pour les deux joueurs.

« Gagner une demi-finale est déjà incroyable, battre Federer est encore plus génial », a déclaré Nadal après avoir essuyé la terre battue sur laquelle il s'était laissé tomber au moment de sa victoire.

« Je suis déçu, a quant à lui résumé Federer. Je n'étais pas loin de la finale, et peut-être d'une chance de la gagner. Mais tout est sous contrôle. Je ne vais pas détruire le vestiaire et ne plus jamais rejouer au tennis. Je n'en suis pas à ce point. La motivation est là pour revenir les prochaines années et aller plus loin. »

Federer était déjà un habitué de Roland-Garros où il a effectué ses premiers pas dans le Grand Chelem en 1999. J'ai été le témoin de sa défaite au premier tour contre Patrick Rafter sur le court Lenglen. Nadal a fait bien mieux que lui, et que beaucoup d'autres, lors de sa toute première participation. Il aurait évidemment préféré être présent en 2003 ou 2004. Mais son arrivée retardée a eu quelque avantage. Quand il a débarqué à Paris, il était non seulement prêt pour gagner, mais surtout pour dominer. L'impatience n'était pas perceptible seulement chez les spectateurs, les autres joueurs attendaient également de le voir pour le croire. La réalité, encore plus intimidante que prévu, a donné le ton de la longue et phénoménale aventure de Nadal à Roland-Garros.

Un seul obstacle restait à franchir lors de cette édition 2005. Il était inattendu : l'Argentin Mariano Puerta, finaliste non-tête de série. Comme Nadal, Puerta était gaucher, très solidement bâti et capable de générer un lift lourd en coup droit. Mais la comparaison s'arrêtait là. En 2003, Puerta a été suspendu de toute compétition après un contrôle positif au clenbutérol, un anabolisant interdit. Après l'audition d'un médecin, un tribunal indépendant a réduit sa suspension initiale de deux ans à neuf mois. Le praticien a déclaré lui avoir prescrit un médicament contenant du clenbutérol pour traiter une crise d'asthme provoquée par un état anxieux en lien avec l'opération grave subie par sa jeune nièce. Puerta n'a pas mentionné le médicament quand il a été contrôlé. Il a admis avoir commis une erreur. Des représentants du circuit masculin ont précisé qu'il n'a jamais évoqué l'usage du médicament.

Comme Nadal, Puerta, vingt-six ans, n'était jamais allé aussi loin dans un tournoi du Grand Chelem. Les deux joueurs se sont déjà affrontés trois fois sur terre battue. En 2003, Puerta a gagné la finale du tournoi challenger d'Aix-en-Provence en trois sets serrés. Mais Nadal a remporté facilement leurs deux rencontres disputées sur le circuit principal. Vainqueur de vingt-trois matches consécutifs, il était un favori tout désigné après sa victoire marquante sur le n° 1 mondial.

« Ce qu'il a déjà réalisé à son âge est spécial, a souligné Federer. Nous ne verrons pas surgir un joueur comme lui pour au moins les cinq prochaines années.

Réussir à continuer sur sa lancée à Roland-Garros, c'est très fort. »

À l'évidence, Federer avait au sujet de Nadal un plan sur cinq ans. Il ne le savait pas encore, mais le Majorquin était en passe de trouver le moyen d'arrêter le temps à Roland-Garros, faisant de chaque point, de chaque match, de chaque année une histoire répétée à l'infini, gravée dans la mémoire collective. 2005 ayant marqué le début de ce règne, on oublie facilement que la victoire de Rafa n'était pas alors chose certaine. Le match le plus dur de son année *rookie* était à venir.

Clin d'œil de l'histoire : à la veille de sa première finale du Grand Chelem, il s'est entraîné avec Mats Wilander, seul joueur ayant gagné Roland-Garros à sa première tentative. Le Suédois avait pris sa retraite depuis longtemps et était devenu commentateur pour Eurosport, mais il restait en bonne forme. C'était un ami de Carlos Costa, l'agent de Nadal, depuis l'époque où ils jouaient ensemble sur le circuit. À court de partenaires d'échauffement, Costa a demandé à Wilander s'il pouvait remplir le rôle le samedi. Lequel a sauté sur l'occasion, bien conscient de ne pas être un choix idéal puisqu'il était droitier avec un revers à deux mains et que Puerta était gaucher avec un revers à une main.

La symbolique était puissante. Wilander avait dix-sept ans quand il a gagné Roland-Garros en 1982. Nadal était également très jeune, et il ne l'avait jamais rencontré. Il a vite compris pourquoi il était un joueur tellement à part.

« J'ai réalisé que c'était bien plus compliqué que ce que j'avais imaginé. En le regardant, vous avez le sentiment qu'il remet beaucoup de balles dans le court et qu'il court comme un fou. Mais une fois que vous vous retrouvez face à lui, vous vous apercevez que c'est un style de tennis que personne n'a affronté jusqu'ici. Et je pense que ça leur a pris, à tous, un certain temps pour s'y adapter. Il ne faisait aucune erreur. Sa balle rebondissait bien plus haut que celle de Bruguera, Ferrero, Moyà, ou de tous les autres Espagnols. C'était une bataille permanente pour essayer de garder la balle en jeu. Le problème n'était pas le fait qu'il jouait vite, mais que c'était une autre manière de jouer au tennis sur terre battue, des deux côtés, avec plus de lift, plus de hauteur. Je ne sais pas ce qu'il était possible de faire face à ça. Vous ne pouviez pas surpasser sa puissance. J'ai réalisé ce jour-là que ce n'était pas seulement un style de jeu différent, mais un niveau différent, un engagement différent. Vous pouvez tenter de taper cinquante coups gagnants les yeux fermés, mais pas de tenir ce rythme. Ce n'est pas si simple. »

Puerta a su saisir sa chance le lendemain. De façon intelligente, il a compris qu'il ne pouvait pas battre Nadal depuis sa ligne de fond de court. Il a donc pris de gros risques. Il a souvent tourné autour de son revers pour asséner, à la première balle courte, un immense coup droit. Il est aussi venu régulièrement au filet, parfois parce qu'il y était contraint pour tenter de contrer de diaboliques amorties.

Nadal a fait le break dès le premier jeu. Mené 1-3, Puerta a dû être soigné à la cuisse droite. Le match a alors décollé. De plus en plus audacieux, l'Argentin est revenu au score. Après soixante-douze minutes de jeu, il est devenu le premier joueur à mener un set à rien face à Nadal à Roland-Garros. Solide comme un roc, l'Espagnol n'a pas vacillé. Il a conservé un très haut niveau de jeu, et Puerta a eu beau se montrer toujours plus entreprenant, plongeant pour frapper une volée de coup droit gagnante afin de conserver le service au deuxième set, il n'a pas su maintenir le même niveau d'excellence. Le lift de Nadal l'obligeait à frapper son revers à une main depuis des positions de plus en plus inconfortables, en hauteur notamment.

« C'est comme monter une échelle encore et encore », a décrit Wilander.

Nadal a avalé les deux sets suivants. Fini ? Non ! Puerta s'est superbement repris. À 4-4, il a fait le break grâce à un puissant coup droit le long de la ligne, enchaînant avec une volée de revers. Nadal a atteint la balle, en vain. L'Argentin a servi pour égaliser à deux manches partout. Il s'est procuré deux premières balles de set à 40-15.

Moment de vérité.

Et la vérité est que Nadal est un champion.

Sur NBC, Mary Carillo, la célèbre commentatrice américaine, réagit : « Les gens disent qu'il rêve les pieds sur terre. Il sait qu'il est ici chez lui. »

Il a sauvé la première balle de set avec beaucoup de métier ; attirant Puerta vers le filet avec une amortie de coup droit avant d'intelligemment le prendre à contre-pied en adressant un passing-shot de revers le long de la ligne, dans la direction opposée. Les dieux du tennis l'ont aidé à sauver la deuxième : la volée-plongeon en coup droit de Puerta aurait pu être décisive, mais sa balle est restée dans la bande du filet. Nadal a pu négocier une troisième balle de set quand Puerta a tourné autour de son revers et expédié un coup droit à mi-court dans le filet. Mais le plus jeune devait encore assurer le break : il l'a fait avec une adresse rare en remportant l'un des échanges clés de la rencontre. Il est d'abord allé chercher une amortie que peu de joueurs auraient pu atteindre. Puerta l'attendait au filet et a répliqué avec une volée de coup droit dirigée vers lui.

Mauvais choix. Nadal a étendu ses bras, tête de raquette abaissée. En un clin d'œil, il a su réagir : volée de revers réflexe jouée directement sur l'Argentin, surpris. Sa volée a échoué dans le couloir.

Cinq partout, public déchaîné ! Et joie exubérante de Nadal qui est revenu vers sa ligne de fond de court en serrant le poing : une version de sa célébration « cobra ». Le match a juste atteint son acmé. Puerta a laissé passer sa chance.

Nadal a conservé sa mise en jeu pour mener 6-5. À 30A sur le service de Puerta, l'Espagnol a frappé son cinquante-deuxième coup gagnant du match : un coup droit fouetté le long de la ligne qui a débordé l'Argentin. Balle de match. L'échange s'est engagé, Nadal a tranquillement assuré son retour de service. Une fois de plus, Puerta a voulu forcer sa chance. Il a choisi de frapper la balle tôt, dans sa phase ascendante. Il n'a pas réussi à contrôler le lift. Son coup droit lui a complètement échappé. Nadal s'est alors laissé glisser au sol en lâchant sa raquette, bras et jambes étirés, couché dans son élément naturel : la terre battue.

Une superbe finale, même sans un cinquième set. Quelques mois plus tard, son souvenir a été assombri par la révélation du contrôle antidopage positif de Puerta le jour de cette rencontre. Le produit incriminé : l'étiléfrine, un stimulant cardiaque interdit. En raison de sa précédente infraction en la matière, il a été suspendu huit ans. En 2006, sa peine a été réduite à deux ans en appel. En 2007, il a renoué avec la compétition, mais n'a plus jamais joué un autre tournoi du Grand Chelem.

Selon le tribunal qui a allégé sa sanction, le niveau d'étiléfrine était trop résiduel pour avoir eu un quelconque impact sur sa performance. Puerta a initialement affirmé avoir bu par inadvertance dans le verre de son épouse, qui prenait de l'étiléfrine pour soulager des douleurs menstruelles. Quinze ans plus tard, dans le journal argentin *La Nación*, il a admis avoir menti. Il aurait ingéré cette substance via un complément alimentaire contaminé acheté sous le manteau. Des membres de son équipe de l'époque ont mis en doute cette nouvelle version.

Quelle que soit la vérité, le remarquable parcours de Puerta lors de ce Roland-Garros 2005 est aujourd'hui regardé d'un autre œil.

C'est également le cas pour celui de Nadal, mais pas du tout pour les mêmes raisons. Son écroulement sur la terre battue après la balle de match et ses larmes de joie quand il a étreint sa famille et ses amis dans la tribune ont ressemblé à un aboutissement. Nous savons que c'était seulement le début de quelque chose dont Nadal et son oncle Toni n'auraient pas même pu rêver.

Chapitre 7

LES PRÉCURSEURS

En 1891, plus d'un siècle avant la première visite de Nadal à Roland-Garros, les Championnats de France de tennis ont commencé, nous laissant un mystère sur les bras.

Personne ne connaît le nom du premier vainqueur.

Pour l'histoire, et peut-être l'éternité, il est identifié en tant que H. Briggs. Les Français ne sont même pas tout à fait sûrs de cette première initiale. Nous connaissons les noms, et je dis bien les noms *entiers*, de tous les premiers vainqueurs de tous les autres tournois du Grand Chelem : Spencer William Gore à Wimbledon en 1877 ; Richard Dudley Sears à l'US Championships en 1881 ; Rodney Wilfred Heath aux Australian Championships en 1891. Mais comme souvent, les Français se distinguent. Tous les autres joueurs qui ont gagné leur tournoi au fil des décennies ont été recensés comme il se doit, mais pas Monsieur Briggs. Ou devrais-je dire Mister Briggs ? À leur grande frustration, les historiens du tennis français ne savent pas grand-chose de lui. Ils pensent qu'il était Britannique, ce qui serait logique compte tenu du très large rôle joué par les voisins d'outre-Manche dans le développement du tennis en France. En général, les tout premiers Championnats de France ne permettaient pas la participation de joueurs étrangers. Mais il y eut des exceptions pour des compétiteurs évoluant dans des clubs français. Briggs était un membre du Stade français, l'un des clubs sportifs réputés de la capitale. Il était vraisemblablement résident français.

Un homme, identifié sous le nom de Briggs, apparaît sur une photo de groupe dans un livre français très bien documenté, *La Fabuleuse histoire de Roland-Garros*. S'il s'agit vraiment de Briggs, il est vêtu de blanc, porte une casquette étroite, une chemise à col et un nœud papillon noir (nous sommes loin des t-shirts sans manches fluorescents de Nadal). Entouré d'autres compétiteurs, il se tient derrière un gros trophée. Il est mince, sérieux, arbore une moustache sombre et épaisse ainsi que ces gros favoris à la mode à la fin du XIXe siècle. Ah, si seulement nous connaissions son prénom, même s'il est vrai qu'un nom seul suffit aux stars de football brésiliennes.

Assurément, il s'agissait de championnats sans grande prétention. Ils n'ont duré qu'un seul jour, un dimanche de juin, et ne comptaient que cinq participants, tous des hommes issus des clubs parisiens (les femmes françaises ont dû attendre leur tour jusqu'en 1897). Le tournoi s'est probablement déroulé sur gazon, *pas* sur terre battue, sur les courts relativement neufs du Racing Club de France, dans le bois de Boulogne, non loin de l'actuel site de Roland-Garros. Il n'a bénéficié d'aucun écho médiatique, c'est-à-dire, en 1891, dans des journaux imprimés. Mais il y avait bien un reporter sur place, Richard Dougerthy, membre de l'Union des sports français, qui organisait l'épreuve. Publié dans la revue de l'association, son compte rendu ne s'est pas montré tendre envers le jeu de Mister Briggs, décrit comme « maladroit et risqué ».

C'était logique. Selon Dougerthy, Briggs ne savait pas tenir une raquette « deux mois plus tôt ». Il avait fait « des progrès extraordinaires en seulement deux semaines ».

Dougerthy ajoute que la pluie, légère, avait rendu la surface très glissante en fin de journée – autre raison de penser qu'on jouait sur gazon – mais que Briggs ne s'est pas laissé démonter. Il a atteint la finale et dominé un Français nommé P. Baignières, dont le prénom est également resté un mystère.

Cette fois, Briggs a reçu plus d'éloges pour ses efforts. « Rien ne l'a perturbé, pas même le service très difficile de Baignières, écrit Dougerthy. Il a gagné la finale plutôt facilement. Il a mérité sa victoire pour son calme, sa résistance et son énergie. »

Pas mal du tout pour un débutant passé à la postérité. Plus de cent ans plus tard, Briggs occupe la première ligne au sommet du palmarès d'honneur accroché sur un mur de la tribune présidentielle de Roland-Garros.

Briggs apprenait visiblement vite, mais il n'a plus gagné ces Championnats de France. La loi des séries, qui atteindra des sommets bien plus tard avec Nadal, est vite devenue la marque de fabrique du tournoi. Personne n'a gagné quatorze fois le titre en simple dans ces années-là, mais quelqu'un s'est imposé huit fois. C'était Max Decugis, un amateur français (tous les joueurs étaient alors amateurs). Il a survolé la terre battue parisienne avant de devenir un héros décoré de la Première Guerre mondiale, que les Français appellent la « Grande Guerre ».

« Très, très peu de gens le connaissent, indique Michaël Guittard, l'ancien responsable des collections de la Fédération française de tennis. Même parmi les fans de tennis français les plus acharnés, les premiers grands champions qu'on cite généralement sont certains des Mousquetaires : René Lacoste, Jean Borotra et peut-être Henri Cochet. Il y a aussi Suzanne Lenglen, mais ils ne vont pas jusqu'à citer Max Decugis. »

En vérité, comparer Decugis et Nadal est un brin exagéré. Les Championnats de France de tennis n'ont pas été répertoriés comme l'un des quatre tournois majeurs du tennis avant 1925, lorsqu'ils ont été ouverts aux amateurs internationaux. Contrairement à Wimbledon, l'US Open et l'Open d'Australie, les titres gagnés à Paris avant cette date ne sont pas considérés aujourd'hui comme des victoires du Grand Chelem. Vous ne trouverez pas Decugis dans la liste désormais dominée par Novak Djokovic.

Pendant près de trente ans, j'ai côtoyé Bud Collins, journaliste et commentateur américain toujours plein d'exubérance. Je ne l'ai vu qu'une seule fois véritablement irrité : c'était en 2013, alors que je lui demandais de commenter le fait que Nadal ait égalé les huit victoires de Decugis dans le tournoi français.

« Ils peuvent dire qu'ils organisaient un tournoi en France et l'appeler comme ils veulent, m'a-t-il lancé. Mais il n'est pas devenu les Internationaux de France avant 1925, quand ils ont autorisé la participation de compétiteurs étrangers. Vous ne pouvez pas, et ne devez pas les comparer. »

Bud était un agréable compagnon de route. Il aimait le tennis autant qu'on peut aimer quelque chose, et son style d'écriture était aussi coloré que ses célèbres pantalons. Nous lui devons, entre autres formules, le *« Fräulein Forehand »* pour désigner Steffi Graf et son merveilleux coup droit. Il était aussi un homme généreux, particulièrement avec ses jeunes collègues. Il avait des opinions fortes et étayées sur la riche histoire du jeu. Mais la Fédération française de tennis a vu les choses autrement. En 1991, année de mon premier reportage à Roland-Garros, les organisateurs du tournoi ont célébré le centenaire de l'épreuve. Pour les Français, ces premières années lointaines font partie de l'histoire officielle.

Vous pourriez, et même devez affirmer que le vrai tournoi précurseur de Roland-Garros n'était pas ces Championnats de France dominés par Decugis, mais les World Hard Court Championships organisés, à une seule exception, de 1912 à 1923, sur les courts du club du Stade français, à Saint-Cloud, en banlieue parisienne. Les « Championnats du monde sur terre battue », comme indiqué sur les affiches en français.

Le terme *« hard »* est trompeur. De nos jours, il désigne un court fait avec un matériau dur et synthétique ; l'acrylique dans le cas de l'US Open. Mais à l'époque il se référait à toute surface qui n'était pas du gazon, y compris la terre battue. Les World Hard Court Championships étaient l'un des trois championnats du monde reconnus par l'International Lawn Tennis Federation. Les autres étaient les World Grass Court Championships, l'autre nom de Wimbledon, et les World Covered Court Championships, joués en salle et sur bois. Ces Championnats du monde sur terre battue se jouaient sur une terre battue rouge semblable à celle utilisée plus tard à Roland-Garros. Le tournoi était ouvert à toutes les nationalités, Français inclus. La liste des joueurs titrés à Saint-Cloud est éloquente. Anthony Wilding, le spectaculaire Néo-Zélandais, l'a emporté en 1913 et 1914, à une époque où il était largement considéré comme le meilleur joueur du monde.

L'Américain Bill Tilden, l'un des plus grands toutes époques confondues, s'est imposé en 1921. Suzanne Lenglen, la sensationnelle joueuse française aux airs de ballerine, a enlevé le tournoi féminin à quatre reprises, la première de ses victoires ayant eu lieu en 1914 alors qu'elle avait à peine quinze ans.

Même si ces Championnats du monde sur terre battue ressemblaient bien davantage au tournoi international mis en place en 1925, la Fédération française a préféré se référer, pour les années antérieures, aux Championnats de France restreints de ses débuts… y compris lorsqu'il n'y a eu qu'une seule joueuse inscrite. Ce n'est pas sans conséquence historique. Cela signifie que Wilding, mort à trente et un ans au combat, en 1915 lors de la Première Guerre mondiale, n'a jamais gagné un titre du Grand Chelem sur terre battue. Pas plus que Tilden, qui n'en a pas été loin, mais s'est incliné en finale des Internationaux de France en 1927 et 1930. Au lieu de quoi Decugis est le premier champion dominateur figurant au palmarès du tournoi (mais seulement du palmarès français).

« Pour nous, à la FFT, le tournoi remonte à 1891, me confirme Guittard. Mais il est clair que les performances de Nadal et Decugis ne sont pas comparables. Et si nous devions organiser un match imaginaire entre Nadal et Decugis, je pense que le pauvre Max aurait quelques soucis. »

J'ai éclaté de rire à cette réponse. Cela dit, si l'on donnait au grand Nadal l'une des raquettes en bois, à petit tamis, de Decugis, pour lui demander de « fouetter » un coup droit, je crains bien que le pauvre Rafa ait aussi quelques problèmes.

Transporté au début du XXe siècle, le ritualiste Rafa devrait également faire sans les bouteilles en plastique alignées devant sa chaise lors des changements de côté, et même sans chaise tout court, puisqu'il n'y en avait pas : les joueurs restaient debout lors des changements de côté, une pause qu'il leur arrivait même de ne pas marquer. Un match en cinq sets pouvait alors durer moins de deux heures (le bon vieux temps ?).

Decugis, qui mesurait 1,70 m, était loin d'être aussi imposant physiquement que Nadal mais, comme lui, était connu pour sa combativité. On sait qu'en 1910 il a affronté Wilding à Bruxelles. Decugis s'est retrouvé mené deux sets à rien puis 5-4 dans la troisième manche, mais a renversé la vapeur pour gagner 3-6, 0-6, 7-5, 6-0, 6-0. Cette remontée épique n'a peut-être pas été complètement due à sa ténacité légendaire. Jacques Dorfmann, un ancien juge-arbitre de Roland-Garros, a révélé que Decugis se serait de son propre aveu vu glisser un « petit bout de fruit » par le juge de chaise, à Bruxelles, lors de ce changement de côté décisif où Wilding menait 5-4 au troisième set. Il a réalisé plus tard que l'arbitre lui avait donné une noix de cola, bourrée de caféine.

« Max pensait, même si ce n'était pas sa faute, avoir été le premier cas de dopage du tennis », a raconté Dorfmann au magazine français *L'Express*.

Decugis a été également accusé de professionnalisme et brièvement suspendu de toute compétition en 1910, année de sa remontée à base de noix de cola. En tant qu'amateur il ne touchait pas d'argent, mais il recevait des coupes et des objets souvenirs. Il a suscité émoi et réprobation en ayant soi-disant revendu ces diverses récompenses pour s'acheter une voiture. Mais il a vite pu rejouer et est devenu le joueur français le plus important de son époque, en France et à l'étranger. Decugis a gagné vingt-huit titres de champion de

France : huit en simple, treize en double et sept en mixte. Il a également remporté quatre médailles d'or olympiques, l'une d'entre elles en double mixte aux Jeux d'Anvers 1920, aux côtés de Suzanne Lenglen. Cela montre bien quel excellent joueur il était, même s'il est aujourd'hui un peu oublié.

« Vous pouvez être sûr que Charles Lenglen, le père de Suzanne, ne choisissait pas n'importe qui pour jouer avec sa fille », souligne Guittard.

Lenglen a été entraînée par son père dans le but de devenir une championne : il a ainsi établi un précédent qui s'est perpétué (voyez Steffi Graf, Monica Seles et les sœurs Williams). Homme aisé, Charles Lenglen a étudié le jeu des meilleurs joueurs de l'époque, particulièrement celui des hommes, et a placé la barre très haut pour sa fille unique. Elle était un vrai prodige, avec un tempérament de diva, et l'une des toutes premières athlètes féminines à devenir une star internationale. Elle a dominé son temps avec style, ses cheveux enserrés dans son bandeau signature. Sa tenue de tennis, avec ses manches courtes et ses bas visibles, a cassé les conventions. Son jeu agressif et acrobatique, plein de fulgurance, de courses vers le filet et de grands gestes, détonnait aussi.

Al Laney, un journaliste américain, qui, comme Bud Collins, a été admis à l'International Hall of Fame, a couvert à sa grande époque la carrière de Lenglen en Europe et aux États-Unis. Dans ses mémoires, *Covering the court,* il raconte la première impression qu'elle lui a faite. C'était en 1919, lors d'une séance d'entraînement durant un tournoi à Cannes, en France. Lenglen avait seulement dix-neuf ans.

« Suzanne semblait une fille quelconque avec une peau terne, presque cireuse, et une bouche à la dentition très irrégulière. Elle avait de grandes mains et de grands pieds pour une personne si menue, et son visage au repos avait un air mélancolique prononcé. Mais lorsque l'homme qu'elle attendait pour s'entraîner est arrivé, elle est devenue, d'un coup, animée et vive. Le changement a été soudain et immédiat. Dès qu'elle a commencé à jouer, tous les gens qui traînaient dans les allées du tournoi ont afflué et l'ont regardée, debout ou assis, négligeant les parties en cours pour voir Lenglen s'entraîner. C'était une préfiguration de ce qui allait arriver, de cet adage devenu bien connu à Wimbledon : Lenglen n'était pas seulement l'unique joueuse à remplir le Centre Court, elle était aussi la seule qui pouvait le vider en jouant sur un autre court. »

Laney, qui a couvert le tennis pendant près de cinquante ans et qui très clairement préférait le tennis masculin, a regardé, captivé, la séance d'entraînement.

« Ainsi apparaissait la jeune fille douée qui avait une plus grande variété de coups et une plus grande facilité d'exécution qu'aucun autre joueur que j'avais pu voir. Avec une grâce naturelle de déplacement sur un court de tennis incomparable à l'époque, et qui reste toujours inégalée. »

Lenglen n'a perdu qu'un seul match dans les rangs amateurs après la guerre. Cette défaite est survenue en 1921, lors des US Championships (devenus US Open), quand elle a abandonné, causant une controverse, parce qu'elle était malade lors de son duel du deuxième tour contre Molla Mallory, la robuste championne américano-norvégienne. Lenglen l'a écrasée 6-2, 6-0 lors de leur match revanche, la finale de Wimbledon 1922. Cette déroute a duré vingt-six minutes ; ou comment ne pas en avoir pour son argent.

Lenglen avait un pouvoir d'attraction sur le public, accumulait les exploits et était le signe d'une renaissance culturelle pour les Français après la Grande Guerre. Elle a gagné les Championnats de France quatre fois quand ils étaient limités aux seuls membres des clubs français, puis l'a emporté à deux autres reprises en 1925, lors de l'ouverture aux étrangers, et en 1926. Sa dernière victoire dans un tournoi majeur. Plus tard cette année-là, elle est devenue la première star du tennis à passer professionnelle, en signant un contrat avec le promoteur américain C.C. Pyle afin d'être la tête d'affiche d'un circuit d'exhibitions aux États-Unis. Lenglen avait besoin d'argent et sa décision l'a rendue inéligible à participer aux tournois du Grand Chelem.

En 1997, la FFT a donné son nom à l'un de ses deux courts principaux, même si elle n'a jamais joué un match au stade Roland-Garros inauguré en 1928.

D'autres ont écrit la légende de ce lieu incontournable, à commencer par les Mousquetaires – Lacoste, Borotra, Cochet et le spécialiste de double, Jacques Brugnon –, dont les exploits en Coupe Davis dans les années 1920 ont créé la nécessité d'un nouveau stade de tennis à Paris. J'ai eu la chance d'interviewer Lacoste et Borotra avant leur décès, mais je reviendrai sur les Mousquetaires plus tard dans le livre. Sans eux, le Roland-Garros que nous connaissons n'aurait jamais existé.

Les deux grands joueurs qui ont véritablement préparé le terrain et donné le ton avant les exploits de Nadal sur terre battue ont émergé cinquante ans plus tard. L'une était une Américaine ; l'autre un Suédois. Chris Evert et Björn Borg ont été, à leur apogée, tout aussi imbattables que Nadal sur terre battue.

Nés à deux ans d'intervalle, Evert et Borg étaient deux jeunes prodiges devenus des champions dominants. Ils ont joué un rôle clé dans le boom du tennis survenu des deux côtés de l'Atlantique dans les années 1970 et 1980. D'autant qu'ils avaient l'avantage d'être agréables à regarder. Evert était la jeune fille modèle probablement, et même sûrement, trop bien pour vous. Borg l'une des premières idoles des jeunes de son sport, avec ses cheveux longs, sa barbe de trois jours, sa démarche de cow-boy nonchalant et son mystérieux regard nordique.

« Il était comme les Beatles, bon sang ! », résume, depuis l'International Hall of Fame, Ingrid Löfdahl Bentzer, une ancienne joueuse suédoise de premier plan, amie de Borg.

Par-dessous tout, Evert et Borg étaient impénétrables sous la pression (elle était la « jeune fille de glace » ; il était « l'homme de glace » ou, plus accrocheur encore, « Ice Borg »). Tous les deux étaient reconnus, à juste titre, comme des ordinateurs humains. Ils possédaient des revers à deux mains qui bousculaient l'orthodoxie du tennis. Ils ont déclenché une mode qui n'a fait que prendre de l'ampleur au fil des décennies. Le revers à une main, la règle quand ils ont émergé, est désormais une exception sur le circuit masculin et a pratiquement disparu sur le circuit féminin.

Jimmy, le père d'Evert, était entraîneur de tennis. La figure paternelle de Borg était Lennart Bergelin, ancien joueur suédois de haut niveau devenu un coach exigeant. Deuxième d'une fratrie de cinq enfants, Evert a grandi en évoluant sur la terre battue verte de Floride. Fils unique, Borg a commencé sur terre battue rouge – au moins l'été – en Suède. Bien qu'ils aient été également champions en série sur d'autres surfaces, la terre battue a été leur meilleur terrain d'expression. L'un et l'autre s'y déplaçaient avec une aisance naturelle. Ils distribuaient patiemment le jeu grâce à leur science de la géométrie du court et, c'est peut-être la chose la plus importante, une confiance absolue.

« La terre battue était *ma* surface, me dit Evert. Quand je jouais sur gazon je trouvais toujours que la balle arrivait trop vite. Et à mon époque les rebonds étaient bas. Les joueurs servaient puis volleyaient, je me sentais toujours en difficulté. J'étais sur la défensive, sauf quand je décidais de sortir de mes habitudes, de prendre des risques, ce qui n'était pas dans ma nature. Sur terre battue j'avais suffisamment de temps, et le sentiment qu'on ne pouvait pas me prendre de vitesse ou me surprendre, parce que j'avais toujours une ou deux secondes pour adapter mon jeu de jambes et préparer mes coups. J'avais le contrôle d'à peu près chaque échange. Je dirigeais le point. Beaucoup de gens se trompent. Ils pensent que les bons joueurs de terre battue sont essentiellement défensifs et combatifs, mais ce sont surtout des joueurs qui savent se positionner sur le court. Grâce à mon placement, je dictais le point. J'étais celle qui faisait bouger mes adversaires d'un côté à l'autre. »

Evert était une joueuse dotée d'une frappe de balle limpide. Elle jouait à plat depuis sa ligne de fond de court. Elle maîtrisait l'art, dévastateur, de l'amortie. Sa volée jouée dans la course était en avance sur son temps. Borg était un athlète fabuleux, naturel et souple. Il utilisait des raquettes en bois dont les cordes étaient extraordinairement tendues. Il a été l'un des premiers adeptes du lift parfaitement contrôlé. À l'image de ceux de Nadal, ses passing-shots étaient destructeurs, à une époque où, de surcroît, nombre de ses adversaires se précipitaient régulièrement au filet, y compris sur terre battue. Ses coups étaient très lourds, son jeu de jambes aérien.

« Le meilleur athlète que j'aie jamais vu, probablement l'égal de Nadal, mais plus séduisant esthétiquement du fait de son physique moins massif », estime Tom Tebbutt, doyen des journalistes de tennis au Canada, qui a couvert quarante-six Roland-Garros à partir de 1975.

Là où Nadal avait besoin de tenues spéciales conçues pour absorber son abondante sueur, Borg, comme Federer, ne donnait presque jamais le sentiment de transpirer.

« Borg était dominateur sur le plan physique, mais d'une façon différente de Nadal, relève Harold Solomon, longtemps l'un de ses faire-valoir sur terre battue. Rafa est plus costaud, plus puissant, se déplace avec plus d'agressivité. Borg flottait sur le court, un peu comme Mohamed Ali. Il pouvait également piquer comme une guêpe. Leur condition physique et leur lourdeur de balle sont semblables. Leur force mentale et leur courage sont identiques. »

Comme Nadal, Borg a commencé à jouer en frappant à deux mains des deux côtés en fond de court. Comme Nadal, il a choisi le tennis aux dépens du football (et du hockey). Comme Nadal, il était invaincu en finale à Roland-Garros. Comme Nadal, sa date d'anniversaire – le 6 juin – tombait en plein tournoi.

Evert et Borg avaient beaucoup d'admiration l'un pour l'autre, mais en dehors d'une séance photo par-ci ou d'un match exhibition par-là, ils se sont rarement fréquentés au temps de leur domination.

« À cette époque, je connaissais peu Björn, admet Evert. Il était stoïque, secret et réservé. Je l'ai découvert par la suite et il est assez drôle. On rigole même bien tous les deux. Il est désormais bien plus extraverti. Il est vraiment sorti de sa coquille. »

Tous les deux semblaient faits de la même étoffe, par leur calme olympien dans un sport où il n'est jamais facile de garder ses nerfs. Mais, contrairement à Evert, l'impassibilité de Borg était un masque. Certes, il avait une fréquence cardiaque au repos faite pour le marathon : un peu moins de quarante pulsations par minute. Mais il n'était pas aussi placide qu'il en avait l'air. Irascible dans sa jeunesse, il hurlait et cassait des raquettes pour exprimer sa frustration. Ses parents et ses premiers entraîneurs ont dû mettre des limites, et l'ont privé de tennis pendant une durée de plusieurs mois. Il est alors devenu un stoïque. Avec une certaine fascination, le public et ses adversaires ont observé sa froideur toute nordique.

« Je n'ai jamais été calme à l'intérieur. C'était toujours une apparence, une apparence que je suis arrivé à perfectionner, mais une apparence quand même. C'était un bout de mon armure. Je sentais que mes adversaires ne savaient pas ce que je pouvais penser, ce qui se tramait en moi, donc j'étais invincible. »

Vingt ans plus tard, un autre génie au tempérament capricieux a suivi une évolution semblable. Federer était également un jeune joueur explosif ; sujet à l'autodestruction, aux mauvais traitements de son matériel et aux larmes après une défaite. Certains de ses premiers instructeurs ont noté qu'il était un mauvais perdant. Comme Borg, il a appris qu'il pouvait être à son meilleur en gardant toutes ses émotions secrètes. Quiconque scrutait le visage concentré de Federer – yeux rivés sur le point de contact de la balle – ne pouvait imaginer tout le self-control dont il devait faire preuve pour réussir à dompter ses démons intérieurs.

Evert et Borg se sont dotés d'un grand sang-froid par des voies différentes, mais ils ont suivi des routes similaires à Roland-Garros. Tous les deux ont débuté porte d'Auteuil en 1973. D'emblée, ils ont fait très forte impression. À seize ans, Borg a atteint les huitièmes de finale. À dix-huit ans, Evert s'est propulsée en finale. Elle s'est inclinée de peu, en trois sets, face à Margaret Court, l'Australienne qui a longtemps dominé le tennis féminin aux dépens notamment de Billie Jean King.

C'était son premier voyage à Paris. Elle ne parlait pas français (c'est toujours vrai). Mais elle a bénéficié de cours accélérés pour apprendre certaines différences culturelles. Chaque année, Philippe Chatrier, président de la Fédération française de tennis et stratège derrière le renouveau du tournoi dans les années 1980, l'a invitée à dîner en compagnie de Colette, sa mère. La première fois, il les a conviées au Lido.

« J'étais stupéfaite parce que des femmes dansaient sans hauts, juste devant moi, avec des paillettes sur leurs, oui, leurs seins, raconte Evert dans un éclat de rire. Je venais juste de sortir de mon école catholique, bon sang ! J'avais dix-huit ans. Je n'avais jamais été exposée à quelque chose comme ça en Amérique. »

En 1974, quand Evert et Borg sont revenus pour disputer leur deuxième Roland-Garros, ils ont quitté le stade en vainqueurs. Evert n'a pas perdu un set en six matches – le tableau du simple dames comportait alors soixante-quatre joueuses, moitié moins qu'aujourd'hui. En finale, elle a surclassé 6-1, 6-2 Olga Morozova, la n° 1 soviétique. Malgré la guerre froide et les tensions géopolitiques soviéto-américaines, les deux joueuses ont fait équipe ensemble et ont enlevé le titre.

Sur le circuit masculin, 1974 a été la grande année de Jimmy Connors, le fiancé, alors, de Chris Evert. Il a gagné l'Open d'Australie, Wimbledon et l'US Open, mais s'est vu interdire de participer à Roland-Garros, manquant sa chance de boucler le Grand Chelem. La raison de ce bannissement : sa participation aux interville aux États-Unis. Cofondée par Bille Jean King et son mari, cette nouvelle ligue payait bien pour l'époque. Elle a rencontré le succès et drainé de jolies foules. Les directeurs des tournois qui étaient organisés en Europe au printemps et en été y ont vu une menace directe pour leur survie économique. Ils ont décidé d'exclure de leurs épreuves tous les participants aux intervilles. Connors est venu brièvement à Paris, mais seulement pour regarder Evert à Roland-Garros. Afin de pouvoir participer au tournoi, il a engagé, en dernier recours, une procédure en référé. Il avait un célèbre avocat, Robert Badinter, pour le défendre, mais a été débouté.

Connors a été l'un des meilleurs joueurs de l'histoire, disputant son dernier tournoi majeur à l'âge de quarante ans. Mais il n'a jamais atteint la finale de Roland-Garros, bien qu'il ait gagné l'US Open 1976 sur la période de trois ans où le tournoi s'est disputé sur la terre battue verte, triomphant de Borg en finale. 1974 aurait sans doute constitué sa meilleure opportunité à Roland-Garros, même si sa victoire n'aurait pas été chose certaine.

Cette année-là, Borg était jeune mais déjà immensément redouté sur terre battue. Il venait de gagner l'Open d'Italie. À Roland-Garros, il a dû naviguer entre pas mal d'écueils, et ne s'est pas facilité la tâche en étant contraint de voler vers la capitale française le matin même de son premier match. « Personne ne ferait plus ça aujourd'hui », sourit-il.

À cette époque, les deux premiers tours du tournoi du simple messieurs se jouaient au meilleur des trois sets au lieu des cinq. Borg a frôlé l'élimination dès son premier match. Il s'en est sorti 4-6, 6-0, 6-4 face au Français Jean-François Caujolle, un qualifié français qu'il avait souvent affronté dans les tournois juniors. Ensuite, il a enchaîné trois matches en cinq manches, contre l'Américain Erik Van Dillen en huitièmes de finale, le Mexicain Raúl Ramirez en quarts de finale et l'Espagnol Manuel Orantes en finale. Lors de cette ultime rencontre, il s'est retrouvé mené deux manches à rien, mais a fini par triompher 2-6, 6-7(4), 6-0, 6-1, 6-1 face à un adversaire physiquement laminé par son lift.

Borg, qui a eu dix-huit ans pendant le tournoi, est devenu le plus jeune champion de l'histoire du simple messieurs à Roland-Garros. Les trois derniers sets sans appel faisaient figure d'avertissement. Il n'a pas seulement dominé Roland-Garros. Il a sapé toute idée de résistance.

« Ils devraient expédier Borg sur une autre planète, s'est même exclamé le Roumain Ilie Năstase. Nous jouons au tennis. Il joue quelque chose d'autre. »

« Borg est le seul joueur que j'ai affronté contre qui je savais que j'allais perdre, constate l'ancien très bon joueur espagnol José Higueras, qui était à son meilleur sur terre battue et est devenu un entraîneur de premier plan. La question était juste de savoir combien de jeux j'allais glaner. »

Si cela vous rappelle quelque chose…

Borg a perdu deux fois à Roland-Garros, toujours contre le même Italien porté vers l'attaque : Adriano Panatta. Mais il a remporté six fois Roland-Garros ; record de l'ère Open jusqu'à Nadal, qui a plus que doublé ce score.

Borg : « J'ai toujours dit que les records sont faits pour être battus, pas seulement dans le tennis, mais dans tous les sports. C'est ce qui est génial dans le sport et c'est ce que le public veut voir. »

Alors que Nadal a joué jusque tard dans la trentaine, Borg a quitté le tennis professionnel dans la fleur de l'âge. Il a joué et gagné sa sixième et dernière finale à l'âge de vingt-cinq ans, lors de Roland-Garros 1981. En dépit des protestations de Bergelin, il avait choisi de manquer l'édition 1977, en raison de ses engagements aux intervilles. Contrairement à Evert, il a regretté cette décision quand il a vu Guillermo Vilas gagner le titre en son absence.

Il est facile de présumer qu'en maintenant simplement le cap, Borg aurait pu atteindre un nombre de titres à deux chiffres à Paris. Mais être capable de durer est une qualité au même titre que savoir frapper un coup droit croisé dans l'espace que l'adversaire laisse ouvert. En 1991, il a tenté un bref et infructueux retour. Borg et Nadal étaient tous deux faits pour rencontrer le succès à un très jeune âge, mais le Suédois n'a jamais aimé la compétition avec autant d'entrain que l'Espagnol. Il a choisi de quitter le circuit professionnel quand John McEnroe, son plus grand rival, meilleur que lui sur surfaces rapides, et Mats Wilander, son compatriote, se sont envolés vers les sommets. À sa place, Nadal aurait choisi de continuer le combat pour tenter de relever ces nouveaux défis. Borg était carbonisé. Il éprouvait le désir de vivre une autre existence, loin de cet engagement obsessionnel vis-à-vis de son sport. Il a perdu sa passion.

Nadal jamais.

J'ai interrogé Borg à ce sujet. Selon lui, les grands joueurs de sa génération ont été davantage livrés au public et ont dû affronter des contraintes inconnues pour les champions actuels.

« Ils sont plus protégés que nous ne l'étions. C'est peut-être l'une des raisons pour lesquelles j'ai arrêté. J'ai perdu ma motivation parce qu'il était difficile d'être une personne "normale". Nous ne pouvions pas nous isoler ni au stade ni ailleurs. Désormais, quand les joueurs arrivent sur un lieu de compétition, à l'hôtel où que ce soit, ils sont tenus à l'écart de la foule, et c'est normal. »

La « Borgmania » était une réalité, en des temps où les mesures de sécurité autour des joueurs étaient inexistantes. Pour confirmation, regardez le documentaire *The French* filmé sur le vif par William Klein dans les coulisses du tournoi en 1981. Cette édition qui a vu Borg gagner son sixième Roland-Garros, son onzième et dernier titre du Grand Chelem. Dans le film de Klein, Borg est le parangon de la réserve suédoise au milieu de l'effervescence latine. Une photo après l'autre, il pose tranquillement aux côtés de jeunes fans pour les besoins d'une apparition promotionnelle. Plus stupéfiant : il se retrouve entouré de spectateurs *sur le court* alors qu'il est assis sur sa chaise juste après la balle de match de sa finale. C'est évidemment inimaginable aujourd'hui. Sur les images, le comportement de Borg paraît légèrement désabusé, à moins que ce ne soit une interprétation de ma part, connaissant la suite de l'histoire.

Au moins le public était-il suffisamment passionné pour envahir le court. Les premiers souvenirs d'Evert à Roland-Garros sont ceux de rencontres disputées dans l'indifférence quasi générale devant une mer de sièges vides.

« À cette époque, les Français n'avaient aucun goût pour le tennis féminin. Je n'étais pas la joueuse la plus intéressante à voir jouer. Je ne frappais pas assez de coups gagnants susceptibles de faire lever un stade. Je me souviens que lorsqu'ils me programmaient sur le court central, le public accourait généralement vers la fin du match tandis que j'étais au bord de la victoire. Soudainement, ils m'adoraient, ils ne cessaient plus de m'applaudir et m'applaudir encore. Alors je réalisais que Borg ou Jimmy jouait après moi. Ils voulaient des hommes, pas des femmes. Je crois que Roland-Garros a été le dernier des tournois majeurs à accepter les femmes comme joueuses de tennis, comme des athlètes. Les femmes ont été des sortes de citoyennes de seconde classe plus longtemps que dans aucun autre tournoi du Grand Chelem. J'en suis certaine à cent pour cent. »

C'est peut-être la raison pour laquelle Evert n'y célébrait pas ses victoires avec la même intensité qu'à Wimbledon ou à l'US Open. Roland-Garros était alors un événement médiatiquement secondaire pour les superstars américaines. Evert a réussi à enlever sept fois le titre du simple dames, un record. Elle en aurait compté davantage si elle n'avait pas fait l'impasse sur l'épreuve, au plus fort de sa domination. Trois années de suite, en 1976, 1977 et 1978, elle a préféré participer aux intervilles. Sue Barker, Mima Jaušovec et Virginia Ruzici, les trois joueuses qui ont triomphé en son absence, n'ont jamais remporté d'autre titre majeur en simple.

Près de cinquante ans plus tard, le nombre de titres du Grand Chelem comptant plus que tout, peut-être pensez-vous qu'Evert déplore ces forfaits. Vous auriez tort.

« Je n'ai pas une once de regrets. Je me suis beaucoup amusée ces trois étés-là. J'avais de très bons coaches, comme Tony Roche. J'avais de super équipiers. On allait d'une ville à l'autre. On jouait de bons matches devant huit mille voire douze mille personnes, tous les soirs, *tous* les soirs ! Le tennis était alors vraiment différent. Il y avait Björn, Jimmy, Martina, moi, Billie Jean, Virginia Wade et des foules partout où nous jouions. Ça a été l'une des autres idées visionnaires de Billie Jean, parce que ce format fonctionnait alors très bien. Je sentais que j'étais là où il fallait être. »

Malgré leur attrait et toutes leurs innovations, les intervilles ne sont pas longtemps restés populaires et sont tombés en désuétude. Des compétitions par équipes plus anciennes encore, comme la Coupe Davis, ont aussi beaucoup souffert. Aujourd'hui, les champions ne sont plus évalués qu'à l'aune de leur total de titres du Grand Chelem en simple. C'est un peu injuste. Des tournois prestigieux comme Indian Wells ou l'Open d'Italie, qui présentent des tableaux de niveau comparable, sont relégués au second rang et passent nettement plus inaperçus, il est vrai dans un calendrier sportif ultrachargé, et à une époque très zappeuse. Au tennis, comparer le monde d'hier à celui d'aujourd'hui n'a donc pas beaucoup de sens, particulièrement quand il s'agit de débattre du nombre de titres majeurs. Serena Williams a fait de ses victoires dans les tournois du Grand Chelem son objectif absolu, quasi unique. Elle en a gagné vingt-trois et s'est acharnée pour tenter d'en décrocher un vingt-quatrième. Evert et Navrátilová, son amie et grande rivale, se sont arrêtées toutes les deux à dix-huit. Vouloir maximiser leur total de titres majeurs n'était pas leur souci. L'Open d'Australie était alors loin d'avoir son prestige actuel. Il était très mal placé dans le calendrier, autour de la période de Noël, et son plateau n'avait rien de la densité de celui d'aujourd'hui. Elles l'ont manqué souvent. Mais chaque saison, elles jouaient en moyenne beaucoup plus de tournois que les stars actuelles. Leur but était de bâtir et de soutenir un circuit féminin alors naissant.

Evert : « Il y avait plus d'engagement vis-à-vis de la WTA (Women's Tennis Association) parce qu'il s'agissait des débuts et que nous avions des choses à prouver. »

Evert n'est pas assez souvent citée dans le débat moderne autour des plus grands champions de l'histoire (les GOAT, comme on dit en anglais). Pourtant, elle a produit des statistiques impressionnantes, affolantes même. Pendant treize années consécutives, elle a gagné au moins un titre du Grand Chelem, chaque saison. En comparaison, Steffi Graf s'est « contentée » de dix années de suite, Navrátilová de sept et Serena Williams de cinq.

Demandez-lui de quel record elle est la plus fière. À contrecœur, elle répond son pourcentage victoires-défaites, 89,96 % en simple au terme de sa carrière.

« Le simple fait que j'étais capable de maintenir cette régularité, cette concentration et cet appétit. »

Elle est à peine devancée par Margaret Court et ses 91,74 %, mais une partie de la carrière de l'Australienne s'est déroulée avant que le tennis ne devienne professionnel en 1968 et ne soit plus compétitif. Les records d'Evert sur terre battue sont proprement stupéfiants. Elle a remporté 94,6 % de ses matches sur cette surface, de loin le meilleur ratio de l'histoire, nettement devant la deuxième, Steffi Graf, et ses 88,6 %. Nadal a fini à 90,5 %.

Entre 1973 et 1979, elle a également compilé une série record de cent vingt-cinq matches gagnés consécutivement sur terre battue. Tracy Austin y a mis un terme en demi-finales de l'Open d'Italie, et encore sur la plus infime des marges, au jeu décisif du dernier set. Evert n'a pas été abattue par cette défaite. Elle a immédiatement enchaîné avec une nouvelle période d'invincibilité de soixante-quatre matches remportés d'affilée jusqu'en 1981. La plus longue série victorieuse de Nadal sur terre battue s'est étalée de 2005 à 2007 : quatre-vingt-un matches de suite sans échec. La plus longue série d'invincibilité de l'histoire du tennis dans l'ère Open, quelle que soit la surface, mais toujours quarante-quatre victoires de moins qu'Evert.

« Je ne sais pas si vous pouvez comparer ces séries », remarque-t-elle, consciente de la profondeur actuelle de la concurrence dans le tennis masculin en comparaison de celle d'alors sur le circuit féminin.

Peu importe comment vous tournez l'histoire, Evert était et demeure *the Queen of Clay.* Alors que sa couronne allait lui échapper, elle a trouvé le moyen de la remettre en place grâce à ses victoires sur Navrátilová, lors des finales de Roland-Garros 1985 et 1986. Ces deux derniers succès dans le Grand Chelem sont le reflet de sa combativité et de sa capacité à se réinventer. À ses yeux, il ne fait aucun doute que Nadal est le meilleur joueur de l'histoire sur terre battue. Son endurance a fini par surpasser la sienne, et ses victoires à répétition dans des lieux tels que Monte-Carlo, Barcelone, Rome et, par-dessus tout, Roland-Garros, closent le débat.

Comme Borg, elle ressent une certaine filiation avec lui.

« Nous sommes tous les deux en contrôle de la terre, ce n'est pas la terre qui nous contrôle. Nous avons des jeux très éloignés. Regardez ses grips, son lift, sa condition physique. Tout est différent, mais la mentalité est la même. Pendant toutes ces années où il a gagné, il savait qu'il allait les battre, les surclasser, les surpasser. Et dans 99 % des cas, je me sentais dans cet état d'esprit. À peine moins lors de mes dernières saisons, face à Martina et Steffi, mais je savais que j'avais un avantage psychologique sur mon adversaire. Rafa et moi partagions ce point commun sur terre battue. »

En 2003, Borg a précocement pu voir Nadal jouer sur terre battue à Båstad, en Suède, près de deux ans avant sa première participation à Roland-Garros. Il avait dix-sept ans et avait perdu au jeu décisif du dernier set contre Nicolas Lápentti, un solide Équatorien à la gueule d'ange, devenu n° 6 mondial.

« J'ai aussitôt pensé que ce joueur allait être incroyablement bon, et tout le monde l'admettait. Il suffisait d'observer sa façon de jouer, de se déplacer, de frapper dans la balle avec toute cette énergie. Vous pouviez le voir dans ses yeux et sur son visage : ce gars voulait être n° 1 mondial. »

Il n'était pas évident, loin de là, de déceler ce même désir dans l'expression de Borg. « Il était l'assassin silencieux, avec son regard plus ou moins vide, se souvient l'Américain Tom Gullikson, qui s'est incliné contre lui à Roland-Garros en 1979. Si vous ne regardiez pas le tableau de score, vous ne pouviez pas savoir s'il gagnait ou s'il perdait, même s'il gagnait la plupart du temps. »

Sous certains aspects, Nadal avait plus de points communs avec une autre star des années 1970 : Guillermo Vilas, le gaucher argentin aux bonnes manières. Vilas avait suivi des études de droit. Il était surnommé « le taureau de la pampa » et s'entraînait avec abnégation. Mais bien qu'il ait gagné quarante-neuf titres et cinquante-trois matches consécutifs sur terre battue, il était le faire-valoir de Borg à Roland-Garros, échouant à grappiller ne serait-ce qu'un set lors de leurs deux finales en 1975 et 1978.

Borg et Nadal ont tous les deux été les meilleurs. L'un incarnait la glace, l'autre le feu, et tous les deux ont démenti les experts en réalisant l'un des plus redoutables tours de force du sport : gagner d'affilée Roland-Garros et Wimbledon. Redoutable à cause de la grande différence entre la terre battue granuleuse, où tout va plus lentement, et le gazon taillé de près, où tout va plus vite. Redoutable à cause du très bref intervalle de seulement deux semaines entre les deux épreuves quand Borg et Nadal ont accompli ce doublé. Redoutable aussi considérant leur technique, avec leurs grips extrêmes en coup droit, un vrai handicap pour négocier des balles basses.

« Lors de leur première victoire à Roland-Garros, explique Higueras, beaucoup ont pensé qu'ils n'avaient aucune chance de s'imposer à Wimbledon, particulièrement Borg à son époque. Les balles étaient beaucoup plus rapides. Le rebond sensiblement plus bas. »

Borg a essuyé quelques plâtres à Wimbledon. En 1974, il s'est contenté de six jeux face à l'Égyptien Ismail El Shafei, son vainqueur au troisième tour. Mais il a très rapidement adapté son jeu au gazon. Il servait efficacement, grâce à une première balle très sèche. Sa volée était posée et solide, quoique techniquement peu orthodoxe. Son jeu de jambes précis, sa merveilleuse condition physique et ses passing-shots lourds et liftés ont fait de gros dégâts. À partir de 1976, il a enchaîné cinq victoires consécutives et a signé le doublé Roland-Garros-Wimbledon en 1978, 1979 et 1980. Cette improbable série a été couronnée par son triomphe lors de l'un des plus grands matches de l'histoire : la finale de Wimbledon 1980 contre John McEnroe.

Vingt-huit ans plus tard, Nadal l'a imité et a signé le doublé à son tour. À cette occasion, il est également sorti vainqueur de l'un des plus grands duels jamais vus : contre Federer lors de la finale de Wimbledon 2008, terminée au crépuscule. En l'absence de Nadal blessé et forfait, Federer a réalisé le même doublé en 2009, suivi par Nadal, encore, en 2010. Djokovic en 2021 et Carlos Alcaraz en 2024 les ont suivis. Nuance toutefois : il n'y a plus deux mais trois semaines entre les deux tournois du Grand Chelem.

Nadal a connu un gazon bien différent de celui sur lequel Borg a évolué. Les nouvelles conditions de jeu garantissaient désormais un rebond plus haut et plus régulier. En 1992, avant même que l'herbe ne soit ralentie, Andre Agassi avait déjà prouvé qu'il était possible de gagner Wimbledon depuis sa ligne de fond de court. En 2002, la victoire de Lleyton Hewitt a accéléré ce changement d'ère. Il n'y a pas eu un seul service-volée lors de la finale entre l'Australien et David Nalbandian.

L'époque dorée de Federer, Nadal et Djokovic a correspondu à l'homogénéisation des styles de jeu, ces champions pouvaient invariablement gagner sur toutes les surfaces. Mais personne n'a pu rivaliser avec l'Espagnol sur terre battue. Et s'il a certes disputé des rencontres très accrochées contre Djokovic à Paris, le duel dont nous rêvons tous n'aura jamais lieu.

Nadal à son sommet contre Borg à son sommet.

« Les coups de Borg avec des raquettes modernes, voilà qui aurait été intéressant, sourit Courier, double vainqueur à Roland-Garros. Björn avait une vitesse de pieds semblable à celle de Carlos Alcaraz aujourd'hui. Et il était mentalement si costaud, si centré. Deux géants si forts dans un face-à-face sur terre battue, oui, ça aurait été quelque chose. Mais dans ce registre, nous avons eu de quoi nous régaler avec Rafa contre Novak. »

En 2010, j'ai demandé à Nadal d'énumérer les légendes du tennis qu'il aurait aimé affronter. Il a répondu Borg sans hésitation. Mon sentiment est que le Suédois est l'un des rares grands joueurs du passé qui ait eu la condition physique pour briller dans l'époque actuelle, au jeu plus explosif. Avec son mètre quatre-vingt, il ne serait peut-être pas considéré comme assez grand, mais ses qualités seraient sans aucun doute conservées.

« La technologie des cordages actuels lui aurait permis d'avoir un coup droit encore plus léthal, estime Gullikson. Il faisait tendre sa vieille raquette Bancroft en boyau à plus de trente-six kilos. La nuit, dans sa chambre d'hôtel, il entendait les cordes casser. »

Je suis également convaincu que Nadal aurait tiré son épingle du jeu au temps de Borg, même si sa technique aurait nécessité un certain nombre d'ajustements pour s'adapter aux raquettes en bois et à petit tamis, nettement plus lourdes (celle de Borg pesait quatre cent vingt grammes, celle de Nadal trois cent quarante).

« Aujourd'hui, le tennis est plus facile parce que l'équipement est meilleur, conclut Higueras. Mais Nadal aurait été un grand champion à n'importe quelle époque. »

Chapitre 8

LA RACLÉE

Le premier set a été vite évacué. Le deuxième promettait de ne pas durer plus longtemps quand Nicolás Almagro, au sol sur la terre battue rouge, a résumé son sentiment à Antonio Gonzalez, son entraîneur, installé plus haut dans la tribune.

« Il gagnera Roland-Garros quarante années de suite. Quand il aura soixante-cinq ans, il continuera de gagner. »

Nous étions en juin 2008 et « il » s'appelait Nadal, en route vers une victoire 6-1, 6-1, 6-1 sur son compatriote espagnol, en quarts de finale à Roland-Garros.

Au moins, Almagro a-t-il décroché le prix de l'humour. Rien n'a joué en sa faveur le jour du vingt-deuxième anniversaire de Nadal. Je ne me souviens pas avoir jamais entendu un autre commentaire semblable, en plein match, au cours de toute ma carrière. Nombreux sont les joueurs qui eurent le sentiment d'être relégués au rang de spectateurs contre Borg et Evert à Roland-Garros ou contre Martina Navrátilová, Pete Sampras et Roger Federer à Wimbledon. Mais il est rare d'entendre l'une de leurs « victimes » verbaliser son impuissance de la sorte, en direct, avec le sens de l'histoire et la drôlerie d'Almagro.

Y a-t-il quelqu'un sur terre (battue) capable de battre ce jeune homme ?

« Je n'ai probablement pas joué mon meilleur tennis, mais quand Rafa joue comme ça, il n'y a rien que vous pouvez faire, a constaté Almagro. Vous ne pouvez que le féliciter, lui souhaiter un bon anniversaire et le meilleur pour la suite du tournoi. Visiblement, Roland-Garros aura le même vainqueur pendant de nombreuses années. »

Nadal se trouvait à trente-sept victoires de la projection d'Almagro. Il était toujours invaincu à Roland-Garros après s'être imposé en 2005, 2006 et 2007. Il était presque imbattable sur terre battue depuis quatre ans. Depuis son succès à Monte-Carlo en 2005, ses deux seules défaites sont survenues contre Federer en finale à Hambourg en 2007, où le Suisse a interrompu sa série de quatre-vingt-une victoires consécutives sur terre battue, et au deuxième tour de l'Open d'Italie 2008, quand Juan Carlos Ferrero l'a éliminé en deux sets alors qu'il était diminué par des ampoules.

Il a régné, sinon, sans partage. Nadal concentré. Nadal conquérant. Glissant jusqu'en dehors des couloirs de double pour prolonger les échanges ou pour les conclure avec un coup droit tranchant. Nadal enlevant son bandana, secouant ses cheveux trempés comme un labrador qui s'ébroue puis rencontrant ses adversaires vaincus au filet, avec une légère inclinaison de la tête et un regard désolé.

Le roi avait conquis son territoire et conforté ses frontières à Monte-Carlo, Barcelone, Rome et Paris. Interviewer ses sujets pouvait souvent se révéler édifiant et, parfois, amusant.

« C'était comme le Sahara, vous ne voyez que des dunes et c'est sans fin », a souri l'Américain Kevin Kim après une défaite 6-2, 6-1, 6-4 contre Nadal, au deuxième tour de Roland-Garros 2006.

« Les jeux ont défilé si vite, a noté de son côté le Français Nicolas Devilder, issu des qualifications et battu 6-4, 6-0, 6-1 au deuxième tour en 2008. Je regardais autour de moi. On jouait sur ce grand court. Et il y avait Nadal, avec son bandana, qui faisait rebondir la balle. Je me disais “c’est sympa” mais, en vérité, c’était dangereux. Le mec ne rate absolument rien. »

Des années plus tard, c’est un régal de regarder des extraits de cette édition 2008 sur le Net. Une flopée d’exclamations. Un flot de superlatifs sortis de la bouche des commentateurs dans toutes les langues – incroyable, *phenomenal, outrageous, dominante*. Un festival de coups gagnants en courant et en glissant. Nadal dans ses œuvres et dans sa toute-puissance en attaque et en défense. Ses coups droits liftés bondissants parfaitement exécutés. Ses amorties délicates. Ses passing-shots de revers le long de la ligne, croisés, délivrés avec une vitesse et une précision inouïes.

Les bandages blancs au-dessous de ses genoux, une protection contre les tendinites, étaient les seuls signes apparents de vulnérabilité. Mais ils ne le ralentissaient pas vraiment.

« Les gars se présentent face à lui et n’osent même pas y croire, observait Mats Wilander, le triple vainqueur de Roland-Garros. Et après les cinq ou six premiers jeux du premier set, ils sont déjà battus. Nadal est le premier à le remarquer. »

Nadal n’a pas été le seul joueur à dominer Roland-Garros durant ses premières années. Justine Henin, la Belge au jeu rendu magnifique par la fluidité de son revers à une main, a gagné quatre titres, dont trois de suite de 2005 à 2007, parallèlement à ceux de l'Espagnol. Mais elle ne s'est pas montrée aussi endurante. Juste avant ce Roland-Garros 2008, elle a créé la surprise en se retirant du jeu au sommet de sa gloire, à seulement vingt-cinq ans. Elle a expliqué avoir perdu l'envie de s'entraîner et de faire de la compétition.

« Le tennis est toute ma vie depuis l'âge de cinq ans, a-t-elle résumé. Décide-t-on vraiment ce qui est bon pour nous quand on a cinq ans ? »

Plus tard, Henin a tenté un retour, sans succès. Elle a pris sa retraite définitive en 2011 à cause d'une blessure chronique au coude. Nadal, qui a tapé ses premières balles à l'âge de trois ans, n'a jamais montré le moindre signe de doute existentiel.

« Je ne vois pas beaucoup de joueurs qui peuvent lui prendre un set, et encore moins le battre, avançait Moyà. Bien sûr, Federer est l'un de ceux-là, et Djokovic peut en être aussi. »

En 2007, Federer, et uniquement Federer, y est parvenu à Roland-Garros, lors d'une finale perdue en quatre manches. En 2008, Nadal était dans une forme encore meilleure. Il n'avait pas envie de traîner. Il a démoli des joueurs de la qualité d'Almagro, lequel venait de gagner vingt et un de ses vingt-cinq derniers matches sur terre battue avant leur quart de finale.

Après sa défaite 6-1, 6-3, 6-1 au troisième tour, Jarkko Nieminen, le sympathique gaucher finlandais, a résumé le sentiment général : « J'avais mis une tactique en place. Mais une fois sur le court, vous retombez forcément sur terre. Il est plus facile de parler de l'affronter que de le faire »

Sa réponse m'a rappelé la déclaration du boxeur Mike Tyson, un fan de tennis : « Tout le monde a un plan jusqu'au moment où ils reçoivent une droite dans la figure. »

Djokovic a su encaisser cette droite mieux que quiconque. Lors de ce Roland-Garros 2008, il était n° 3 mondial derrière Federer et Nadal. Il semblait pouvoir viser plus haut. Il a été le meilleur joueur de la saison. Grâce à son premier titre du Grand Chelem conquis à l'Open d'Australie, il a franchi un cap, puis s'est imposé lors des tournois Masters 1000 d'Indian Wells, de Miami et de Rome, son premier grand succès sur terre battue. Le concept du « Big 3 » commençait à prendre de l'épaisseur. Dans un article du *Sunday Age* avant l'Open d'Australie 2008, Linda Pearce, ma perspicace consœur australienne, a été la première à le mettre en valeur dans la presse, en se référant à Federer, Nadal et Djokovic.

Djokovic s'est aussitôt déclaré ravi de faire partie du club.

« Bien sûr, leur rivalité est la plus grande du tennis masculin, a-t-il admis à Melbourne au sujet de Federer et Nadal. Mais j'ai obtenu beaucoup de bons résultats. On a commencé à parler davantage de trois joueurs au lieu de deux seulement. C'est donc une chose agréable à entendre, très flatteuse. J'ai juste besoin de me concentrer sur moi, sur ma carrière et, ensuite, de tenter d'atteindre le but de ma vie. »

Cet objectif était la place de n° 1 mondial que Djokovic a fini par détenir plus longtemps que tout autre joueur. À Paris, il était encore en pleine ascension, pas encore à son zénith physique et mental mais déjà un redoutable obstacle.

« J'aborde ce Roland-Garros avec plus de maturité. Je crois davantage en moi. Je peux battre Rafa sur terre battue, Roger sur n'importe quelle surface ou tout autre joueur qui est à son meilleur. »

Nadal a toujours été de nature méfiante. Peu importe le niveau, parfois très inférieur, du joueur qui se trouvait en face de lui. Il est demeuré un combattant inquiet. Avant cette demi-finale, il s'est fait du souci, à juste titre. Djokovic l'avait déjà dominé trois fois, toujours sur dur. Sur terre battue, le Serbe lui avait pris un set à Hambourg, en demi-finales, avant de s'incliner. Ce succès avait permis à Nadal de se maintenir à la place de n° 2 mondial.

Et cette demi-finale allait être jouée selon ses règles et dans son jardin, le court Chatrier. Après l'exécution d'Almagro, un journaliste lui a demandé s'il avait le sentiment qu'il « ne pouvait pas perdre » sur ce terrain. Ce genre de question semblait déjà sans objet à l'époque. Nous connaissions déjà Nadal, sa philosophie point-par-point, match-après-match, et son vœu d'humilité. Je suppose que dans un monde plein de changements et d'indécision, il était rassurant de continuer à chercher des failles dans les fondations du roc espagnol. Mais il n'y en avait pas.

« Je pense que je peux perdre chaque fois que je vais sur ce court », a-t-il répondu comme s'il le croyait.

Les échanges ont été intenses et tactiques dès le début de cette demi-finale. Nadal a rapidement pris les commandes grâce à un break au troisième jeu. Mais Djokovic a fait parler la poudre de son formidable revers à deux mains face au lift lourd du coup droit adverse. Son excellente couverture de terrain lui a permis de résister, et même de briller. Nadal a écopé d'un avertissement pour jeu lent : plus rare à l'époque qu'avant le *« serve clock »* (chronomètre), mais un signe que le Serbe le faisait réfléchir (et le tracassait) plus que d'ordinaire.

Après avoir enlevé le premier set, Nadal s'est montré plus expéditif. Il a empoché la deuxième manche puis s'est détaché 3-0, service à suivre, dans la troisième. Borg regardait en tribune. Ce genre de match sans anicroches devait certainement lui rappeler quelque chose. Présent dans l'assistance, El Cordobés, le matador espagnol, a dit plus tard de son compatriote : « J'en ai vu des taureaux furieux mais, même moi, il me fait peur. »

Mais Djokovic, qui continuait de se dresser sur son chemin, a fini par modifier le cours du match. Il a commencé à prendre plus de risques avec son coup droit. Ça a marché. Il s'est offert plus d'opportunités de venir conclure au filet. Dans l'histoire, il a été l'un des très rares joueurs capables de reprendre l'ascendant lors d'un échange dominé par Nadal. Djokovic a effacé un break au quatrième jeu, puis un deuxième, tandis que Nadal servait pour le match à 5-4. Avec la manière : une amortie et deux coups droits gagnants.

Cinq partout. Habitué aux victoires faciles de Nadal, le public a commencé à véritablement s'investir dans le match. Djokovic a suivi la vague d'enthousiasme en se procurant une balle de set à 6-5 sur le service adverse. Nadal l'a écartée d'un coup droit gagnant dans le contrepied. Il a ensuite pris les devants au jeu décisif. Pour parachever sa victoire, il a remporté un échange renversant, qu'il a conclu d'un smash acrobatique en rétropédalage, avant de se laisser tomber sur la terre battue.

Il venait d'à nouveau triompher en trois sets – 6-4, 6-2, 7-6(3) – mais a paru authentiquement soulagé. Toni Nadal l'était aussi. Tout au long de cette demi-finale, il a alternativement applaudi les deux joueurs, signe de son fair-play et du respect que lui inspirait l'adversaire de son neveu. Djokovic venait de démontrer ses progrès. Ce dernier set de soixante-dix-sept minutes était un avant-goût.

« J'ai joué incroyablement bien lors des deux premiers sets, de loin mes deux meilleurs du tournoi, a commenté le vainqueur. Tout marchait parfaitement, puis j'ai joué un jeu horrible à 3-0. Vous n'avez pas le droit de donner une deuxième chance à un joueur comme ça. J'ai beaucoup souffert. »

Pour Nadal, c'était une excellente journée au bureau. Le défi est son carburant. Et celui qui venait était des plus familiers : Roger Federer en finale

« Je n'aime pas le mot “favori”, a-t-il poursuivi. Je ne vois pas de favori. Je pense que le favori est celui qui tient la coupe. Qu'est-ce que ça importe, le favori avant un match ? Tout ça, c'est parler pour ne rien dire. Le plus important est ce qui se passe pendant le match. »

Cette réponse était très nadalienne : un refus de reconnaître certaines évidences, même à l'âge de vingt-deux ans, et de se mêler au petit jeu des pronostics alors que tout le monde se plaisait à s'y risquer.

Ce nouveau duel au sommet suscitait beaucoup d'attente. Bien souvent le plus sévère critique de son neveu, Toni s'est montré très élogieux après la demi-finale contre Djokovic, devant plusieurs d'entre nous : « C'est le meilleur match que Rafael ait jamais joué à Roland-Garros. »

Un sérieux avertissement pour Federer, d'autant que Nadal avait l'habitude d'élever son niveau de jeu d'un match à l'autre. Avant lui, peu de joueurs dans l'histoire ont manifesté une telle volonté de continuer à progresser au fil d'un même tournoi. Aucun relâchement entre deux rencontres. Casquette à l'envers sur la tête, il se plongeait avec détermination dans ses séances d'entraînement, affûtant ses coups de fond de court et sa confiance.

« Au début du tournoi je n'étais pas content de mon tennis, m'a-t-il dit, mais au fil des jours, j'ai commencé à me sentir mieux. Mon coup droit me donnait de plus en plus satisfaction. Mon revers allait beaucoup mieux aussi. »

La rivalité « Fedal » était devenue un phénomène : l'une des meilleures choses arrivées dans le sport. Elle avait déjà été émaillée de nombreux duels, souvent de très grande qualité, et retentissait bien au-delà du seul monde du tennis. C'était déjà leur dix-septième affrontement, le quatorzième en deux ans et demi. Nadal menait 10-6 ce tête-à-tête. Un avantage qui se creusait sur terre battue, où Nadal se détachait 8-1. Federer était devant, 5-2, sur les autres surfaces, notamment le gazon. Le contraste de leurs résultats en fonction de la surface avait inspiré, quelques mois plus tôt, l'une des plus étranges expériences du sport.

Baptisée *« Battle of Surfaces »*, elle s'est déroulée le 2 mai 2007 sur l'île natale de Nadal, à Palma de Majorque. Un duel au sommet sur un court hybride, divisé en deux parties, l'une en gazon, l'autre en terre battue. Avant-gardiste, cette configuration unique exigeait que Nadal et Federer changent de chaussures à chaque changement de côté. Les rebonds ont laissé à désirer, tout comme la qualité du tennis à certains moments. Mais ce fut une expérience inhabituellement intense, gagnée par Nadal au jeu décisif du troisième set. Évidemment le résultat n'avait pas grande importance. C'était un dispositif d'un jour, resté sans lendemain pour les deux joueurs.

« Je dois admettre que c'était bizarre, m'a confié Nadal alors que des années plus tard nous discutions de la *Battle of Surfaces*. C'était plutôt difficile pour chacun de nous, mais je m'étais vraiment bien amusé. Et ça fera partie de nos souvenirs pour le reste de notre vie. Nous ne ferons plus jamais quelque chose comme *ça* ! »

J'ai vu cette rivalité se développer comme j'ai regardé Sampras-Agassi devenir un duel spécial dans les années 1990. Grâce à mon travail pour le *New York Times* et l'*International Herald Tribune*, j'ai eu l'opportunité de passer beaucoup de temps avec Nadal et Federer, bien des années durant.

La majorité de nos conversations ont eu pour cadre des moyens de transport : une conséquence des emplois du temps surchargés des superstars du tennis et de leur désir de compartimenter leur vie. J'ai interviewé Federer dans un avion privé volant vers Chicago, et dans une limousine se faufilant dans les rues de Buenos Aires. À Paris, j'ai posé des questions à Nadal bien après minuit dans un mini-van qui transportait également ses parents et d'autres membres de la famille. J'ai aussi tracé la route à ses côtés, avec l'équipe qui incluait sa future épouse Maria Francisca Perelló, alors qu'il venait de gagner l'US Open 2010, seul tournoi du Grand Chelem qui manquait à son palmarès. Lors de la Laver Cup à Prague, j'ai même pris un véhicule officiel avec les deux à la fois, à la veille de leur match de double en tant que partenaires. Tandis qu'ils plaisantaient et rigolaient, Borg, leur capitaine, était tranquillement assis sur le siège arrière.

Mais l'un de mes meilleurs souvenirs en leur compagnie remonte à 2006, où j'ai pu les rencontrer à l'arrêt et paisiblement. C'était quelques jours avant le début de l'US Open. Je leur ai parlé séparément, à leur hôtel, au cœur de Manhattan.

Ils se trouvaient à quelques blocs l'un de l'autre et, malgré sa place de n° 2 mondial, Nadal avait la meilleure vue. Il était dans la suite présidentielle, au dernier étage, de l'Essex House, sur Central Park South. « Nous sommes loin de Majorque, a-t-il fait remarquer en contemplant l'oasis rectangulaire et verte de Central Park. Magnifique. »

Federer et sa future épouse, Mirka, logeaient dans une discrète suite d'angle du Peninsula Hotel, au coin des Cinquième et Cinquante-cinquième Avenues.

Tôt le matin, je suis arrivé chez Federer, alors qu'il poussait le chariot du petit-déjeuner vers le couloir. Sa chambre était impeccablement rangée. Onze raquettes Wilson aux grips blancs étaient parfaitement alignées contre la cheminée en briques. L'influence de Mirka, selon lui.

« C'est la deuxième année pour moi dans cet hôtel, a-t-il ajouté. J'aime m'éloigner un peu des autres joueurs. Vous les voyez sur le court tout le temps. J'ai séjourné à l'hôtel des joueurs à Shanghai, parce qu'à certains endroits c'est pratique. Mais lors des tournois du Grand Chelem, chacun peut aller où il veut et j'aime venir ici. J'essaie toujours de trouver de bons endroits et de bons hôtels. C'est l'occasion de sortir et de découvrir ces villes. »

Nous avons survolé de nombreux thèmes, évoquant même David Foster Wallace, l'écrivain talentueux et tourmenté, qui fut bon joueur de tennis chez les juniors. Un peu plus tôt, cette année-là, Wallace avait interviewé Federer pour le *New York Times Magazine*. Il en a tiré un article mémorable, plein de notes de bas de page et de formules enflammées. Ce papier venait d'être publié, sous le titre « Roger Federer as Religious Experience ».

« C'était une interview intéressante, m'a avoué Federer en riant. Il y avait des questions, enfin des sortes de questions, et je me demandais : “Comment cette interview va-t-elle pouvoir être publiée ?” Ce n'était pas banal. Tony Godsick, mon agent, m'a dit : “Ce truc tu dois le lire trois fois pour le comprendre !” »

Nous avons consacré une bonne partie de notre entretien au thème de la longévité. Federer venait d'avoir vingt-cinq ans.

« Je me sens inspiré quand je vois des gars comme Schumacher et Rossi, m'a-t-il confié en se référant au coureur allemand de Formule 1 Michael Schumacher et au motocycliste italien Valentino Rossi. Et des joueurs comme Sampras et Agassi, qui ont fait ça pendant des années et des années. La même chose avec Tiger aujourd'hui. Vous vous demandez toujours : “Comment font-ils pour rester en haut ?” Et maintenant que je suis dans la même position, je me dis : “Pourquoi même poser cette question au sujet de pourquoi je veux continuer ?” C'est ce que nous aimons tous faire. Vous voulez vous prouver à vous-même que vous pouvez le répéter et le répéter encore. Vous n'en avez jamais assez jusqu'au moment où vous vous prenez un mur et vous vous dites que c'est fini. J'adore ce sport, mais j'ai quelques regrets. Lors de mes années chez les jeunes, je pense que je ne me suis pas assez entraîné. J'aurais pu mieux faire tellement de choses. J'étais un peu paresseux. J'ai toujours le sentiment que j'aurais pu connaître davantage de succès avant ma victoire à Wimbledon en 2003. Maintenant tout est en place. Je suis heureux dans ma vie privée. Je joue bien. Je mets tous les atouts de mon côté, pour m'assurer que je n'aurai pas de regrets quand je jetterai un nouveau regard sur le passé. Avoir pris de bonnes décisions, c'est l'impression que je veux avoir quand je m'arrêterai. »

Federer et Nadal ont commencé le tennis dans des lieux bien différents. Nadal n'a jamais été « un peu paresseux » ou sujet à des remises en cause. Federer a mûri et fini par avoir une mentalité similaire à celle de l'Espagnol.

« C'est pour vous prouver à vous-même que vous pouvez le faire, pas pour le prouver à d'autres gens, a enchaîné Federer. C'est la raison pour laquelle je pense que la rivalité avec Nadal, c'est OK, ça peut être intéressant. Mais au bout du compte, ce qui m'importe, c'est de gagner des tournois. Pour moi, c'est l'essentiel. Si Nadal se trouve de l'autre côté du filet, encore mieux, parce que je peux battre mon principal rival et que ça peut être une bonne histoire. Vous voulez arriver à le faire le mieux que *vous* pouvez. C'est important de se lever le matin ou de se coucher le soir en étant content de ce qu'on a fait. »

« Comment dormez-vous ces jours-ci ? », lui ai-je demandé.

« Je dors bien, merci. »

Je suis arrivé à l'hôtel de Nadal dans l'après-midi. La nourriture s'est vite invitée au cœur de la discussion. Si vous pensez que Nadal prend trop de temps entre les points, vous devriez le voir examiner le menu d'un room service.

« J'ai une faim de loup », nous a-t-il lancé en espagnol. Benito Perez-Barbadillo, son attaché de presse, se trouvait avec nous. « *Shrimp cocktail*, c'est un cocktail de gambas, c'est ça ? OK. *Pasta of the day. Vamos*. Bon, peut-être pas des crevettes. *Coño*, écoute-moi. S'ils ont du poulet, qu'ils en apportent avec des frites. Sinon, demande des pâtes. Des pâtes avec des champignons et des crevettes, mais sans fromage, sans sauce ou quoi que ce soit. Mais seulement s'il n'y a pas de brochettes de poulet. Sinon, peut-être le saumon avec les frites. Bon sang, j'ai faim. »

Une fois ces ordres passés, Nadal a pu se détendre dans un fauteuil moelleux et reprendre l'interview. Je lui avais apporté un petit cadeau de bienvenue à New York. Il bataillait avec son anglais en ces premières années sur le circuit professionnel. Je venais de me réinstaller aux États-Unis après huit ans passés en Espagne. Je lui ai offert un livre que j'avais trouvé très utile lors de mon séjour dans son pays, *2001 Spanish and English Idioms*, qui listait des expressions de la vie courante avec leurs plus proches équivalents dans l'autre langue. L'un de mes exemples préférés était *« Much ado about nothing »* traduit *« Mucho ruido y pocas nueces »* en espagnol (« beaucoup de bruit et peu de noix »). Son origine est inconnue. Mais cette expression m'a toujours fait penser à un paysan espagnol secouant un arbre de toutes ses forces et regardant tomber sa maigre récompense.

« Je comprends votre douleur, lui ai-je dit en lui tendant le livre. Cela pourrait être utile lors de vos conférences de presse. »

Il a ri, m'a remercié et a poliment feuilleté le livre. Nous avons alors pu commencer à parler de ce que représentait New York à ses yeux.

Son souvenir le plus ancien de l'US Open remontait à la finale 1995. Sampras y avait battu Agassi en quatre sets, remportant le premier après un échange spectaculaire de vingt-deux coups de raquette « Ce dont je me souviens, c'est de ce point qui avait été si long. Je regardais la finale en direct à la télévision en Espagne. »

Six ans plus tard, en mai 2001, il visitait New York pour la première fois. Pas pour jouer l'US Open mais à l'occasion d'un voyage d'une semaine organisé par son père, Sebastián, un américanophile venu pour la première fois aux États-Unis lors de la Coupe du Monde de football 1994, ou son frère, Miguel Ángel, jouait pour l'Espagne.

« Je suis allé à Chicago et à New York, j'ai beaucoup aimé, m'a dit, plus tard, Sebastián. Cette ville est vivante, tellement pleine d'énergie. »

Comme de tradition chez les Nadal, cette visite de 2001 a rassemblé une bonne partie de la famille, y compris les grands-parents et certains des oncles de Rafael. Lors de leur séjour, tous sont montés au sommet du World Trade Center. Quatre mois plus tard, Rafael est sorti d'un court de Madrid, où il disputait un tournoi satellite, après avoir manqué *treize* balles de match et perdu au premier tour. Ce qu'il a vite oublié en regardant l'écran de télévision, qui retransmettait les événements du 11-Septembre.

« Je ne pouvais pas croire ce que je voyais. Pour moi, quelque chose manque toujours ici. C'est la quatrième année où je reviens depuis que c'est arrivé. Je ressens toujours cette tristesse. Je l'aurais éprouvée même si je n'étais pas venu ici avant la destruction des tours. Le fait de les avoir visitées peu de temps avant cette tragédie a modifié énormément de choses pour moi. Chaque année, je vais à Ground Zero. »

En 2006, Nadal n'avait gagné aucun de ses quatre titres à l'US Open. Il n'avait même jamais passé le troisième tour. Certes il n'était plus seulement un spécialiste de la terre, depuis sa récente accession à la finale de Wimbledon et ses trois titres gagnés sur dur. Il avait un solde positif sur dur extérieur face à Federer grâce à ses victoires à Dubaï et Miami. Mais Nadal n'était pas encore un champion du Grand Chelem hors de la terre battue.

« Le tournoi colle bien à ma mentalité, a-t-il ajouté au sujet de l'US Open. C'est un show. Les gens font beaucoup de bruit et parlent fort. Je n'ai pas encore eu la chance de bien jouer ici, mais je suis déterminé à changer ça. »

Comme Federer, il était déjà lassé d'être interrogé sur leur rivalité. Et tous les deux n'étaient pas au bout de leur peine. Néanmoins, même en 2006, l'un et l'autre reconnaissaient que ces questions étaient inévitables, et même justifiées, au vu de la fréquence et l'électricité de leurs duels.

Nadal : « J'entends ça à chaque interview. Je pense que c'est une bonne chose pour le tennis. Il n'y a rien de négatif ou d'hostile. On s'entend bien. Il n'y a aucun problème, ni d'un côté ni de l'autre. On en parle beaucoup. C'est une bonne promotion pour le tennis. Vous ne devez pas oublier qu'il y a beaucoup d'autres bons joueurs sur le circuit. Mais si vous regardez les points du classement, il existe une assez grande différence entre nous deux, comme entre nous deux et le reste des joueurs. Lors des sept derniers tournois du Grand Chelem, j'en ai gagné deux, lui cinq. Cette année, il en a gagné deux, moi un. Et nous avons joué beaucoup de finales l'un contre l'autre, cinq jusqu'ici. C'est énorme. *Ojalá.* J'aimerais que tout ça dure plus longtemps. »

Le vœu de Nadal serait exaucé mais, à mon avis, Federer ne désirait pas la même chose. Il aurait été ravi d'aller librement, de régner seul et sans entraves, plutôt que de buter sur un rival aussi tenace et talentueux que Nadal. Il a été le premier champion des deux à débouler. Pour réussir à décrocher la place de n° 1 mondial en janvier 2004, il s'est d'abord frotté à la vieille garde, représentée par Sampras et Agassi, puis s'est attaqué à ses contemporains, Lleyton Hewitt, Marat Safin, Andy Roddick et Ferrero. C'est Nadal qui a bousculé le monde de Federer, et non l'inverse. Pas toujours le meilleur perdant du temps de sa tempétueuse jeunesse, Federer a fini par accepter cette concurrence. Il y a trouvé une source d'inspiration tant pour lui-même que pour son tennis, atteignant des sommets qu'il n'aurait probablement jamais imaginés sans la présence d'un certain Espagnol, forcé de se hisser aux mêmes hauteurs.

« Au début, il y a eu un risque de cassure entre Roger et Rafa à cause des jalousies », observe Perez-Barbadillo.

Lors des premières années de cette rivalité, le camp Nadal pouvait parfois se moquer de Federer dans son dos, que ce soit au sujet de son alimentation, du niveau de son implication professionnelle ou de sa capacité à produire des efforts en comparaison de ceux fournis par le Majorquin. Un ancien responsable du circuit a attrapé au vol certains de ces commentaires : « C'était du genre : "C'est une fillette, un peureux. Il est là, assis, à manger ses chocolats suisses. C'est un grand joueur parce qu'il est talentueux, mais lorsqu'il s'agit de se confronter au travail et à la douleur, il ne peut pas encaisser comme nous." »

Le même responsable a ajouté avoir entendu des interrogations récurrentes émanant de l'entourage de Federer, mais jamais du joueur lui-même, au sujet de l'extraordinaire endurance de Nadal. La fréquence des contrôles antidopage auxquels il était soumis était remise en question.

Ces critiques n'ont pas duré. Les équipes de communication de l'ATP ont agi. Elles ont apaisé les tensions initiales, fait la promotion des qualités de Nadal auprès de Federer, et vice versa. Elles les ont encouragés à établir des relations directes plutôt que de communiquer à travers la presse ou des intermédiaires.

« Ils étaient vraiment deux belles personnes, ils devaient donc se parler et ne pas prêter attention à ce que disaient leurs entourages », poursuit Perez-Barbadillo.

En 2008, ils s'affrontaient à Roland-Garros pour la quatrième année de suite, la troisième d'affilée en finale : une série sans précédent dans le tournoi masculin. À Monte-Carlo, ils avaient également été opposés trois fois de suite. Nadal a gagné tous ces grands matches sur terre battue. Il a laissé Federer, le n° 1 mondial, couvert de cicatrices.

Federer n'avait jamais battu Nadal à Roland-Garros et ne l'avait même jamais contraint à un cinquième set. Mais il l'avait poussé à la limite lors de la finale de l'Open d'Italie 2006. Nadal a enlevé la décision 6-7(0), 7-6(5), 6-4, 2-6, 7-6(5) au terme de ce qui est, selon Toni Nadal, le meilleur match des débuts de leur rivalité en termes de qualité et de suspense.

Ils avaient chacun leur propre magie. Mais, selon Toni, avoir affaire à Federer n'était pas un privilège.

« Je préférerais qu'il n'y ait pas de Federer du tout, m'a-t-il lancé en 2006. Ainsi, Rafa aurait pu être n° 1 mondial dès l'année dernière. Le fait d'avoir gagné onze tournois et d'être encore loin de cette place est la preuve que vous affrontez un super n° 1. Moi, j'aime beaucoup comment Federer joue. Dans l'histoire, il n'y a personne qui peut lui être comparé. Ne pas devoir affronter le meilleur joueur de l'histoire serait certainement plus facile. Mais c'est bon pour le tennis, qu'il y ait un tel champion, un tel athlète. Il n'y a rien que l'on puisse faire. Dans la vie, vous devez accepter la réalité et la réalité est que, selon moi, Roger est meilleur que Rafael.

Tout le monde pense ça et les chiffres disent tout, de toute façon. L'idée est de l'imiter et de voir s'il est possible de le dépasser quand on peut. Je n'ai pas besoin de haïr le rival pour battre le rival. Federer est incroyable, Rafa ne l'est pas. »

Incontestablement, Federer était un sacré joueur, plus complet que Nadal à cette époque. Mais c'était une sortie typique de Toni : absolument centré sur l'idée de ne pas s'abandonner à la moindre forme de complaisance.

Il n'en avait pour aucun des Roland-Garros de son neveu. Mais en 2008, la concentration et les capacités de destruction de ce dernier ont franchi un nouveau palier. Federer en a fait la douloureuse expérience, sans avoir nulle part où se cacher. Le score final – 6-1, 6-3, 6-0 – était à se frotter les yeux d'incrédulité. Mon souvenir de ce match était que Federer, dépassé, a vite capitulé. Mais en le regardant à nouveau, je suis arrivé à une autre conclusion. Compte tenu du score, le plus remarquable est la façon dont il a vraiment tout essayé, et combien il semblait bien taper la balle à certains moments de la rencontre. Nadal s'est simplement montré irrésistible, déjouant toutes les audaces de Federer, contraint de réagir plutôt que de dicter le jeu. Il a contrôlé les échanges de fond de court et a forcé son rival à des courses latérales plus nombreuses que d'ordinaire.

Nadal n'a pas tardé à marquer son territoire en breakant Federer dès le premier jeu du match, et bien que le Suisse soit parvenu à conserver son service au troisième jeu, l'Espagnol a englouti vingt-deux des vingt-cinq points suivants.

Le coup droit de Nadal est resté, et restera son joyau, mais c'est son revers qui a ébloui lors de cette finale.

Suivant son plan de jeu Federer a beaucoup orienté ses coups vers ce revers, avec énormément de conviction mais sans grands résultats. Dans le même temps, le n° 1 mondial s'est appuyé sur son propre revers pour tenter de se donner un peu d'air. Moins désastreux que dans mon souvenir, il n'a pas su infliger de véritables dommages. Ses revers coupés, l'une de ses marques de fabrique pour rompre le rythme des échanges, n'ont pas eu d'impact. Grâce à sa rapidité et à la vitesse de sa tête de raquette, Nadal a été capable d'avancer dans le court et d'ouvrir l'espace pour des coups gagnants.

L'apparence de Nadal n'avait pas beaucoup changé. Sa tenue était toujours verte et sans manches. Mais par rapport à 2005 il se tenait désormais beaucoup plus loin derrière la ligne de fond de court pour retourner le service de Federer. Une tactique devenue l'un de ses legs à l'histoire du tennis. Ce positionnement lui a permis d'avoir plus de temps pour lire le service adverse et adapter sa réplique. Il a particulièrement bien relancé lors de cette finale. Une fois le point engagé, il s'est projeté vers l'avant, à l'intérieur du court, plus agressif que dans le passé, prenant la balle plus tôt et faisant davantage de dégâts. Il s'est également montré plus sobre qu'en 2005 : moins de poings serrés, moins de bonds en ciseau. Il était devenu complètement conscient de ses capacités.

« Je crois que je suis plus calme, m'avait-il confié. Naturellement, je ressens encore de la nervosité, mais j'ai déjà vécu l'expérience de tout un tas de situations où je m'en suis bien sorti. »

Le premier set s'est conclu en trente-deux minutes, sur une volée risquée, mais manquée, de Federer. Le deuxième a été plus équilibré. Federer a pris le service de Nadal au troisième jeu et commencé à rencontrer plus de succès au filet : sa seule stratégie de jeu viable au regard de la supériorité de Nadal en fond de court. Grâce à une gestion intelligence de son capital-risque, il a égalisé à 3-3, le vent dans le dos, au propre comme au figuré. Il a ensuite obtenu une balle de break. Le premier véritable point important du match. Comme contre Djokovic à certains moments cruciaux, le Majorquin a alors choisi de casser le rythme en tentant une amortie. Federer a réagi tardivement. Il a tout de même atteint la balle. Son revers a fini sa course dans le filet.

Sa chance était passée. Il n'y en a pas eu d'autre. Il n'a plus gagné le moindre jeu. Nadal a serré la vis et réglé ses passing-shots, qu'il a mêlés à des lobs merveilleusement ajustés. Le Suisse s'est retrouvé submergé.

Au bout du match, Federer a semblé découragé, embarrassé même. Par-dessus tout, il a paru dérouté. Ses habituelles stratégies gagnantes avaient un effet inverse contre Nadal ; ses changements tactiques ne lui offraient aucun répit. Au lieu de se rapprocher de Nadal sur terre battue, le fossé continuait de se creuser. Plus que je ne l'avais réalisé à l'époque, l'état de confusion de Federer était proportionnel à l'état de grâce de Nadal. L'Espagnol a seulement commis sept fautes non provoquées dans ce match – trois au premier set, deux au deuxième et deux au troisième. Certes Federer était le plus souvent l'infortuné agresseur, mais Nadal était loin de jouer un tennis conservateur ou métronomique.

« Je pense que c'est là où j'ai progressé. Mon style de jeu sur terre battue n'est pas banal, c'est sûr. Je joue plus à l'intérieur du court, pas deux mètres derrière la ligne comme c'était le cas quand je remettais des balles avec du lift. Évidemment, je joue avec un lift, mais j'améliore d'autres choses. »

C'était la finale du Grand Chelem la plus à sens unique depuis celle de Wimbledon 1984, où John McEnroe avait abandonné seulement quatre jeux à Jimmy Connors. Cette raclée d'une heure quarante-huit minutes s'est terminée par la célébration la plus discrète des vingt-deux victoires de Nadal en Grand Chelem. Quand Federer a sorti son dernier coup droit, il est cette fois resté debout. Il a simplement levé ses bras au ciel en renversant la tête un court instant, puis a souri avant de trottiner vers le filet pour offrir ses condoléances au vaincu. C'était un signe manifeste de respect et d'empathie.

Nadal a insisté sur ce point lorsque je l'ai interviewé, ce soir-là, avec mon collègue Juan José Mateo du quotidien espagnol *El País*. Sa famille était à côté de nous. Maribel, sa sœur, semblait être sur la même longueur d'onde que son frère : elle portait un produit estampillé Federer, une casquette bleue « RF ».

« Personne n'aime voir souffrir et perdre quelqu'un comme ça. Lorsque je suis à la maison et que je regarde une finale du Grand Chelem avec Federer, et s'il ne joue pas contre un Espagnol ou l'un de mes amis, j'ai envie qu'il gagne. C'est le sport. On a joué pas mal de finales l'un contre l'autre. Nous savons que nous allons puiser tous les deux le meilleur de nous-mêmes pour tenter de gagner. »

A-t-il tout même savouré ce moment ?

« Plus que de le savourer, vous êtes content parce que vous jouez bien, mais ce sont des matches difficiles. »

Les émotions contradictoires ne se sont pas limitées au seul champion. Au rayon des félicitations, Toni Nadal s'en est tenu à un strict minimum en tribune et dans le salon des joueurs.

« L'attitude de Federer était étrange. Je ne l'ai jamais senti déterminé. Je regardais l'expression de son visage. Il était éteint. Il ne semblait envoyer aucun message à Rafael. Quand Roger a eu la balle de break que Rafa a sauvée, il a rentré le menton. Il n'a pas eu une mentalité de vainqueur. Ce n'était pas le vrai Roger. »

C'était, honnêtement, un drôle de moment pour tout le monde. Un camp avait pourtant une belle raison de faire la fête. Après tout, Nadal venait de gagner un quatrième Roland-Garros d'affilée, égalant la plus longue série de Borg à Paris. Il n'avait lâché que quarante-et-un jeux, statistique uniquement surpassée par les trente-deux jeux de Borg en 1978.

Cette année-là, la finale avait été précédée d'une cérémonie fêtant les cinquante ans du stade. Borg avait laminé un grand joueur, Guillermo Vilas, en une heure quarante-huit minutes. Celle de 2007 a été ouverte par une célébration des quatre-vingts ans de Roland-Garros. Nadal a écrasé un autre grand joueur, en une heure quarante-huit minutes. Et Borg, ça tombait bien, était là pour remettre la Coupe des Mousquetaires.

Cette très large victoire a mis les Nadal mal à l'aise.

« C'est plus beau quand c'est dur », a estimé Toni.

C'était bien là l'école Toni, à n'en point douter, et son neveu avait appris ses leçons. À leurs yeux, il y avait peut-être quelque chose d'inconvenant ou de déstabilisant à voir remis à sa place l'adversaire que l'oncle avait mis sur un piédestal pendant tant d'années. C'était, et c'est resté, la défaite la plus lourde de Federer dans un tournoi du Grand Chelem.

Il y avait beaucoup plus d'enjeux à Paris. Comme souvent, Federer a eu le soutien d'une majorité du public, mais il fallait bien plus. Lorsqu'il s'est emparé du micro après cette débâcle pour s'adresser à la foule, quelqu'un a crié en français : « Tu es le meilleur, Roger ! »

« Oui, c'est moi », a-t-il répondu sans paraître convaincu.

« J'aurais aimé, bien sûr, gagner plus que quatre jeux, mais Rafa est très, très fort cette année, a-t-il poursuivi. Il a dominé ce tournoi comme peut-être personne avant. Comme Borg. Il mérite ce titre. »

Même à son jeune âge, Nadal était davantage confronté au passé qu'au présent à Roland-Garros. En l'absence de suspense à Paris, il était déjà l'heure de se tourner vers la suite en espérant un combat plus équilibré. Mais on avait le sentiment que Nadal venait d'infliger une blessure qui laisserait des traces.

Il est vrai que Federer a toujours su rebondir : il a gagné cinq Wimbledon consécutifs, les trois derniers après avoir perdu contre Nadal à Roland-Garros. Mais il n'avait jamais plié de la sorte face à l'Espagnol. On se demandait donc ce qu'il adviendrait au All England Club où Nadal, plus qu'aucun autre joueur, a failli détrôner Federer lors de la finale de Wimbledon 2007. Il avait eu ses chances au cours de cette rencontre, mais avait fini par perdre la main et, plus surprenant, ses nerfs. L'un de ses remords : ne pas avoir converti l'une des quatre balles de break obtenues au début du cinquième set. Il en avait pleuré sous la douche, dans les vestiaires. Un moment révélateur, particulièrement pour un jeune champion qui a bâti son jeu et sa philosophie autour de l'absence de regrets. Quand Federer l'a dominé en finale de Wimbledon 2006, il n'a eu aucune raison d'être véritablement déçu. La finale de 2007, en revanche, lui a laissé un goût très amer. Il fallait effacer ce mauvais souvenir.

Une semaine après son impressionnant tour de force à Roland-Garros, il a continué de dérouler. Sur gazon, il a gagné le titre au Queen's Club à Londres. Dans le même temps, Federer a rebondi en s'imposant sur l'herbe de Halle, en Allemagne.

Chacun est arrivé à Wimbledon sur sa lancée. Aucun des deux n'a décéléré. Federer n'a pas perdu un set jusqu'à la finale. Nadal juste un seul.

Federer a évoqué une « finale de rêve », avec raison. Attendue par les télévisions du monde entier, fascinées par leur rivalité, cette rencontre revêtait également un double caractère historique. Federer pouvait dépasser le record qu'il partageait avec Borg en gagnant un sixième titre consécutif à Wimbledon. Nadal tentait de devenir le premier champion depuis ce même Borg, en 1980, à réussir le doublé Roland-Garros-Wimbledon. Les grands matches peuvent surgir à tout moment, et le merveilleux de celui-ci n'a pas été dû seulement à la qualité des échanges, ni même à l'écart plus fin qu'un brin d'herbe entre les deux compétiteurs. Il a tenu au simple fait que, malgré leur ampleur, toutes nos expectatives ont été excédées.

J'étais là, écrivant sur le fil du bouclage. C'était la dernière finale de Wimbledon jouée sur un Centre Court dépourvu de toit. À leur manière, les cieux ont voulu montrer que le temps du changement était venu : la pluie a repoussé le début du duel. Il y a eu deux autres interruptions une fois le match commencé, si bien que le suspense de la finale s'est dénoué après 21 heures, à une heure où la luminosité était faible. Federer et Nadal avaient de plus en plus de mal à voir la balle et, dans la tribune de presse nous, les journalistes, éprouvions les plus grandes difficultés à relire les gribouillis sur nos carnets. Les joueurs nous offraient beaucoup de matière pour nos papiers, tant en quantité qu'en qualité.

Douze minutes seulement après le début du match et une série de points remportés de haute lutte, Toni Nadal s'est tourné vers Carlos Costa et a lancé : « On va souffrir. »

D'une durée de quatre heures quarante-huit minutes, ou presque six heures en comptant les interruptions, cette finale a été la plus longue de l'histoire de Wimbledon, commencée cent trente et un ans plus tôt. En état de grâce, Nadal a gagné les deux premiers sets. Federer a vaillamment comblé son handicap, sauvant deux balles de match dans le jeu décisif de la quatrième manche dont une grâce à un splendide passing-shot de revers le long de la ligne. De quoi faire cogiter l'Espagnol.

Au cinquième set, à 4-5, 30A sur le service de Nadal, Federer s'est retrouvé à deux points de la victoire. Le Majorquin a tenu bon – il ne perdra sa mise en jeu qu'une seule fois pendant toute cette finale – et breaké Federer à 7-7. Il était 21 h 10 quand il s'est approché de sa ligne pour servir pour le titre. Une lampe de poche n'aurait pas été de trop pour éclairer son chemin.

« Dans le dernier jeu, je ne voyais rien, a-t-il expliqué. C'était incroyable. Je pensais qu'il allait falloir qu'on s'arrête. Si j'avais perdu ce dernier jeu, on se serait arrêtés, c'est sûr. »

Cette fois, après avoir manqué l'occasion durant la finale 2007, puis au quatrième set de cette finale 2008, Nadal a su franchir la ligne d'arrivée. Federer a écarté une troisième balle de match d'un courageux retour de revers. Il s'est incliné à la quatrième, expédiant un coup droit, son coup maître, dans le filet.

Ce joyau de finale aurait mérité de s'achever sur une note plus éclatante. Fin d'un chef-d'œuvre, construit à deux. Nadal s'est laissé tomber sur le gazon, ou plutôt ce qu'il en restait après treize jours de compétition.

Une apothéose pour Nadal, qui couronnait des années de progrès. Progrès de son service, de son revers slicé, de son revers lâché à deux mains, de son jeu près de la ligne de fond de court. Le voilà qui rejoignait Borg dans la légende. Et Santana, le seul Espagnol ayant gagné Wimbledon en simple avant lui. Borg et Santana étaient assis au premier rang de la tribune royale. Vainqueur en 1966, Santana a rapidement versé quelques larmes, comme Nadal. Santana m'a souvent parlé de lui au fil du temps. Il a toujours eu foi en ses chances de gagner sur le gazon de Wimbledon, même quand cette opinion n'était guère majoritaire.

« Je crois en Rafa autant qu'il croit en lui-même, écrivit Santana dans *El País* au lendemain de cette finale. Parce que personne n'a cru en Rafa autant que Rafa lui-même. Hier, la lumière a fini par abandonner, mais pas Rafa. Quand il pénètre sur un court, il sait que rien n'est sûr, à l'exception des changements de côté. Le reste dépend de lui. Ce qui est beau à propos de Rafa, c'est qu'au fond de lui, dans son cœur, il n'a pas une haute opinion de lui-même. Il sait que rien ne lui sera donné simplement du fait de son nom. »

Ce nom figurait désormais au palmarès d'honneur de Wimbledon. « R. Nadal » était davantage qu'un champion de Roland-Garros.

« Je pense que j'ai déjà prouvé que je ne suis pas seulement un joueur de terre battue. Gagner ici est très spécial. C'est le plus traditionnel des quatre tournois majeurs, c'est *el torneo* (*le* tournoi). »

Les graines de sa victoire avaient été semées quatre semaines plus tôt, lors de cette raclée infligée sur la terre battue de Roland-Garros. Il suffit d'écouter Federer :

« Il m'a écrasé ; il m'a balayé du court, reconnaissait le Suisse, près de dix ans plus tard, dans le documentaire *Strokes of Genius*. Quand j'ai abordé cette finale de Wimbledon, je me suis dit : "Oh mon Dieu, ça va être vraiment difficile même si je l'ai battu les deux dernières fois." Ça m'a pris deux sets pour me secouer et arriver à faire quelque chose. »

Nadal lui-même avait été forcé de se ressaisir, bien sûr, face à sa propre adversité. Il s'est montré capable de rassembler ses esprits après avoir échoué à conclure au quatrième set. Mais il avait assez de force en lui et suffisamment d'ascendant mental pour stopper la série de Federer sur gazon.

« Gagner Roland-Garros pour la première fois a été incroyable aussi. Je ne veux pas comparer les Grands Chelems, mais Wimbledon est spécial pour tout le monde, avec sa tradition et tout le reste. Pour moi, c'est une plus grande surprise de gagner ici qu'à Roland-Garros. »

De plus grandes surprises l'attendaient.

Chapitre 9

LA SENSATION

Nous étions le 31 mai 2009 et je gravissais au pas de course les escaliers du centre de presse de Roland-Garros. Je n'étais pas le seul.

Les marches menaient du deuxième étage, où se trouvaient les salles de travail, au troisième niveau, qui donnait accès à la tribune de presse. Elle se situait en surplomb du rectangle de terre battue rouge, à l'intérieur du court Chatrier. Nous courions car un événement sans précédent avait lieu : Nadal était mené deux sets à un à Roland-Garros.

Mea culpa. Jusque-là, je n'avais pas prêté une attention particulière à son huitième de finale contre Robin Söderling. L'Espagnol avait tant l'habitude de franchir facilement ses premiers tours que la plupart des reporters avaient pris les leurs : ils privilégiaient d'autres matches et réservaient leurs articles pour la deuxième semaine.

Pourquoi s'inquiéter ? Il n'a jamais été battu à Roland-Garros – trente et un matches gagnés d'affilée – ni dans aucun match au meilleur des cinq sets sur terre battue – quarante-huit victoires consécutives. Deux jours plus tôt, il a surclassé 6-1, 6-3, 6-1 Lleyton Hewitt, l'ancien n° 1 mondial. Début mai, il s'est montré plus cruel encore, envers le même Söderling, écrasé 6-0, 6-1 au troisième tour à Rome. Nous en étions tous persuadés : l'indétrônable roi de la terre battue allait poursuivre son règne un jour de plus. Mais Söderling et Magnus Norman, son entraîneur, ont eu l'audace d'y croire, et leur plan d'action s'est révélé plus efficace encore qu'ils n'en rêvaient. Söderling s'est mis à frapper sans retenue depuis sa ligne de fond de court. Il a pris le filet d'assaut, déstabilisant Nadal. Intérieurement, le Suédois s'est efforcé de ne pas trop songer à l'éventualité d'une victoire.

« J'ai essayé de penser "N'y pense pas" », a-t-il plus tard expliqué.

Dans un sport aussi cérébral que le tennis, cette contorsion intellectuelle est plus acrobatique qu'elle en a l'air. Commencer à réfléchir aux conséquences d'une victoire inattendue constitue le premier obstacle, souvent fatal, sur le chemin de cette possible victoire. Quels que soient les événements, vous ne devez pas laisser votre esprit vagabonder. Vous devez vous concentrer sur votre technique. Sinon, vous gâcherez tout. Votre bras se crispera. Donnez la priorité au processus, pas au point d'arrivée. Gardez vos yeux sur le cordage entre deux points. Puis portez votre attention sur les zones que vous visez, encore et encore (et encore).

La première surprise était tout simplement que Söderling puisse y croire. Il a perdu trois fois sur trois contre Nadal, et n'a jamais gagné un set contre lui sur terre battue. Mais il l'a déjà mis en difficulté. Voire est parvenu à lui taper sur le système. Sur le gazon de Wimbledon en 2007, les deux hommes ont disputé un match du troisième tour qui s'est étalé sur cinq jours, en raison des multiples interruptions dues à la pluie. Ils ont commencé leur échauffement le samedi, sur le

Centre Court, et n'ont bouclé leur affaire que le mercredi, sur le court n° 1. Pour la première fois, Nadal a failli dilapider un avantage de deux sets. Mais il a fini par l'emporter 6-4, 6-4, 6-7(7), 4-6, 7-5, non sans qu'un incident se produise au moment de servir pour entamer la cinquième manche. Söderling a trouvé drôle de se moquer ouvertement de sa manie, en tirant nerveusement sur l'arrière de son short.

Nadal a pris note et ombrage.

Dans son anglais toujours chaotique, il s'est agacé : « *The true is, is not nice. In the end, we will see what's happening in the end of the life, no ?* »

Nous aurions pu penser que le match avait déjà été assez long. Nadal a clairement eu envie de jouer des prolongations.

À cette époque, il faut le dire, Söderling n'était pas apprécié de ses pairs. Cette impopularité n'avait rien à voir avec son allure, même si, du haut de son mètre quatre-vingt-treize, le Suédois en intimidait plus d'un. Comme je l'ai écrit dans *Roger Federer*, « il avait un regard de loup et une coupe de cheveux digne d'un forgeron du Moyen Âge ». C'est son comportement qui détonnait. Le circuit du tennis ne se distingue pas d'autres milieux professionnels. Dire bonjour dans les couloirs fait partie des usages. Söderling était spécial, désagréable avec Nadal comme avec à peu près tout le monde. Sur le court, il avait également beaucoup de mal à canaliser ses frustrations. Son histoire était en fait beaucoup plus complexe. Le masque est tombé des années plus tard, quand il a avoué être victime d'attaques de panique et d'anxiété et a réclamé une meilleure prise en compte de la santé mentale des joueurs. Mais à Wimbledon, son imitation mesquine de Nadal n'a pas aidé à lisser sa réputation, et la poignée de main de fin de match, distante et sans le moindre regard échangé avec le vainqueur, n'a pas réchauffé l'ambiance.

« Après quatre jours de match, ce n'est pas normal, non ?, s'est agacé Nadal dans un froncement de sourcil. Dans les vestiaires, ce n'est pas le gars le plus apprécié. »

Moment extraordinaire. Nadal, qui aime généralement argumenter ses points de vue et adhère à un exigeant code de conduite personnel, n'a jamais eu la réputation, jusqu'ici, d'être une langue de vipère. À l'évidence, Söderling a touché un point sensible, comme Nick Kyrgios, autre grand provocateur iconoclaste qui, avec ses manières discutables sur et en dehors du court, s'en est également pris à Nadal, des années plus tard, à Wimbledon.

Pour se défendre, Söderling a expliqué que son imitation était née de sa frustration de devoir attendre la fin des interminables routines du Majorquin avant le début de chaque point.

« C'était plus un truc pour s'amuser. J'ai dû constamment patienter, au moins deux cents fois. Sur chaque point je devais l'attendre. Il a dû m'attendre une seule fois, et tout de suite il a commencé à secouer la tête et à faire ses trucs. Peut-être que je n'aurais pas dû faire ça. Je ne suis pas du tout en colère contre lui. »

Söderling était le dernier d'une longue lignée de joueurs suédois ayant évolué sur le circuit professionnel, dans le sillage des Borg, Wilander et autres Stefan Edberg. Dans le classement final de la saison 1986, six Suédois ont figuré dans le top 20 mondial : une statistique remarquable pour un pays d'à peine huit millions d'habitants. Lors de Roland-Garros 1987, les Suédois ont occupé dix-huit des cent vingt-huit places du tableau masculin. Mais quand Söderling a déboulé lors de ce Roland-Garros 2009, le savoir-faire scandinave en matière de formation des joueurs de tennis professionnels s'était étiolé. Né avec Borg, le boom du tennis n'y était plus qu'un lointain souvenir. Söderling, 25e mondial, était le seul représentant de son pays.

Il est né et a grandi à Tibro, une petite ville à l'intérieur des terres au sud de la Suède, plus connue pour fabriquer des meubles que des joueurs de tennis. Il a nourri sa passion pour ce sport en regardant Edberg remporter Wimbledon, et appris à jouer dans un club local dont son père était membre. À douze ans, il est devenu champion de Suède chez les jeunes. Il s'est ensuite perfectionné dans un centre d'entraînement national près de Linköping.

Le milieu du tennis était conscient de son potentiel, mais son mauvais caractère, son jeu puissant trop prévisible et une série de blessures l'ont maintenu dans une sorte de ventre mou du circuit professionnel. En six ans de présence au plus haut niveau, c'était la première fois seulement qu'il atteignait les huitièmes de finale d'un tournoi du Grand Chelem. Cette soudaine percée n'était pas complètement inattendue. Depuis janvier, il avait à ses côtés un entraîneur de talent, son compatriote Magnus Norman. Norman a atteint la finale de Roland-Garros 2000, où il a été défait par Gustavo Kuerten. Cette année-là, il s'est propulsé jusqu'à la deuxième place mondiale. Les blessures ont ensuite brisé sa trajectoire. En 2003, il a été forcé de prendre sa retraite, à vingt-huit ans, en raison de problèmes chroniques à la hanche. À son meilleur, il était un joueur de fond de court puissant, doté d'une remarquable condition physique et d'un coup droit très lourd, mais il a montré plus de finesse en tant que coach, une carrière où il a rencontré d'autres succès, principalement aux côtés de Stan Wawrinka.

En 2003, Norman a affronté Nadal, alors âgé de dix-sept ans, sur la terre battue d'Umag, en Croatie. Il a perdu ce quart de finale en deux sets. Six ans plus tard, en tribune, il a regardé Söderling se faire étriller 6-1, 6-0 par le même Espagnol, à Rome.

Notons au passage une grande bizarrerie statistique. Chez les professionnels, Nadal n'a jamais dominé personne 6-0, 6-0 sur terre battue. Il avait pourtant toutes les armes à sa disposition pour signer ce score parfait, ayant remporté plus de sets sur la marque de 6-0 qu'aucun autre joueur actif sur le circuit ATP. Mais il n'a jamais infligé la moindre double roue à quiconque. Voyez-y la preuve de son humanité et de sa compassion. Reste qu'après le micmac de Wimbledon Nadal n'a pas eu envie de se montrer particulièrement tendre envers Söderling à Rome.

Norman était cependant convaincu que le match n'avait pas été autant à sens unique.

« Il s'était déroulé en nocturne et nous étions restés tard au stade avec Robin. Même si le score était de 0 et 1, j'avais trouvé que les jeux avaient été plutôt serrés et le match plutôt long. Il y avait quelque chose à en tirer. On s'était dit avec Robin : “La prochaine fois que tu dois l'affronter, sois super agressif. Tu devras prendre ta chance à la première occasion. Si tu lui laisses la moindre petite ouverture, c'est toi qui te mettras à courir. Donc, dès qu'il y a une brèche, tu t'y engouffres. Et tu dois prendre des risques, notamment sur ta deuxième balle. Ne t'engage pas dans des longs échanges.” »

Cette stratégie a marché. Personne ne pouvait battre Nadal du fond du court avant que Djokovic n'apparaisse. Pour avoir le début d'une chance, il fallait prendre des risques, raccourcir l'échange et simplifier les schémas de jeu. Söderling a été l'un des rares capables de suivre ce mode d'emploi avec succès grâce à la puissance de son service et de ses coups de fond de court. Il était aussi très grand : utile pour légèrement neutraliser le lift lourd du coup droit de Nadal. En revers, grâce à sa taille, il pouvait empêcher la balle de rebondir trop au-dessus de sa zone de frappe idéale.

Norman a également cherché à rendre plus dynamique le jeu de jambes de Söderling. Face à Nadal, il a insisté sur la nécessité d'ajuster, en permanence, son positionnement sur le court – en avançant aussi bien qu'en reculant – pour mieux négocier son lift. Ils ont convenu ensemble qu'il devait orienter le jeu vers le point fort de Nadal, son coup droit, en frappant puissamment dans cette direction pour ensuite attaquer le revers et prendre aussitôt le chemin du filet.

« C'est facile d'avoir un plan de bataille, c'est tout autre chose de le mettre en œuvre », s'amuse Norman.

Réminiscence, encore, de ce bon mot de Mike Tyson. « Oui, exactement, acquiesce Norman. Le coup droit de Nadal, c'est une vraie droite. »

De bonnes nouvelles tombées du ciel ont accompagné la préparation de ce huitième de finale. Le 31 mai ne serait ni chaud ni ensoleillé. « Nous voulions des conditions plutôt fraîches contre Rafa. Des balles lourdes, mais qui ne giclent pas. »

La stratégie mise en place par Söderling-Norman ne tenait pas compte d'une information capitale. Au-delà des apparences, Nadal n'était pas vraiment NADAL. Pourtant, son début de saison a été le meilleur de sa carrière. Il a commencé l'année en gagnant l'Open d'Australie, son premier titre du Grand Chelem conquis sur dur. Il s'y est imposé dans la douleur. En demi-finales, il a remporté un match en cinq sets contre Fernando Verdasco, un compatriote espagnol baraqué, en pleine progression, dont le coup droit était l'un des plus puissants du circuit. S'en sortir a nécessité cinq heures et quatorze minutes, soit le plus long match jamais recensé en cent quatre ans d'histoire du tournoi. Il s'est terminé à 1 h 30 du matin, ce qui signifie que Nadal a eu moins de temps pour récupérer que Federer, vainqueur en trois sets, dans la journée, d'Andy Roddick. C'était la première rencontre entre les deux rivaux depuis leur superbe finale de Wimbledon 2008. Une nouvelle fois, Nadal a réussi à chambouler la planète Federer, le dominant en cinq sets (7-5, 3-6, 7-6(3), 3-6, 6-2) pour devenir le premier Espagnol, hommes et femmes confondus, à enlever l'Open d'Australie en simple.

Toni Nadal avait rempli à ras bord le réservoir d'énergie positive de son neveu en lui soufflant, dans une dernière causerie d'avant-match, le « *Yes we can!* » scandé durant la campagne de Barack Obama, nouvel hôte de la Maison Blanche. Formule que Rafael a ressassée à chaque changement de côté.

La finale n'a pas maintenu le même niveau de jeu, le même degré de tension que le désormais grand classique de Wimbledon 2008. Mais il s'agissait d'un nouveau jalon dans le « corpus » des Nadal, d'une nouvelle récompense pour leur travail collectif. La scène qui a le mieux symbolisé ce match est arrivée *après* la rencontre, quand Federer, son plateau de finaliste entre les mains, s'est mis à sangloter.

« Dieu, ça me tue », a-t-il déclaré en craquant au micro.

Tout le monde a pensé qu'il faisait référence au fait d'avoir perdu un tournoi majeur de plus face à Nadal. Federer m'a affirmé plus tard que c'était une réaction devant la difficulté de devoir faire ce discours. Il a eu du mal à trouver ses mots et a coupé court. Nadal, son trophée reçu, s'est approché de lui et a passé le bras au-dessus de son épaule, la tête tout près de celle de son rival. C'était un geste touchant. Il n'y avait aucune trace de condescendance ou le moindre désir de se mettre en scène. Mais en dépit de sa belle attention, il était évident qu'il occupait beaucoup de place dans la tête de Federer, comme au sommet du classement mondial.

Après trois années lancé à ses trousses, Nadal a supplanté Federer. En août 2008, il est devenu n° 1 mondial, à la suite de sa médaille d'or en simple aux Jeux de Pékin. Il a remporté, à ce moment-là, trois des quatre derniers tournois du Grand Chelem, sur trois surfaces différentes. Ne lui manque que l'US Open.

Un groupe de reporters, dont je faisais partie, l'a rencontré au lendemain de sa victoire à Melbourne. Nous étions rassemblés au Langham Hotel autour d'une table suffisamment large pour réunir tout un conseil d'administration. Le nouveau champion de l'Open d'Australie a continué de mettre l'accent sur la supériorité générale de Federer. Comme s'il était embêté de devoir abandonner un objectif déjà atteint. Comme s'il avait peur d'avoir perdu sa raison principale de s'entraîner tous les jours. Nadal, qui ne serait pas Nadal s'il n'éprouvait pas le besoin de développer en longueur l'un de ses raisonnements, a vite fourni des arguments pour nourrir sa thèse.

« Actuellement, Roger a cinquante-six titres ou quelque chose comme ça, et moi j'en ai trente-deux. Il a treize titres du Grand Chelem, j'en ai six. Il a quatorze Masters Series, j'en ai douze. C'est la seule catégorie où nous sommes proches. Pas de discussion. Pas de discussion. »

Un inventaire qui minimisait volontairement ses meilleurs actifs : quatre titres à Roland-Garros contre aucun côté Federer, une médaille d'or olympique en simple et un avantage de 13-6 dans son tête-à-tête avec le Suisse. Mais ce n'était pas l'histoire qu'il voulait raconter. À l'évidence, il tenait à jour la comptabilité comparative de leurs carrières respectives – pourquoi se serait-il souvenu, autrement, de tous ces chiffres ? Quitte à rayer d'un trait de plume les statistiques à son avantage, il préférait se faire l'avocat de Federer plutôt que défendre son propre bilan. Cette manière de penser soulignait sa propension à l'esprit de contradiction et était la manifestation d'une forme de puritanisme. L'éthique sportive de Nadal n'a jamais été fondée sur les gratifications à venir. Il les trouvait dans l'éthique de travail elle-même.

« Peut-être, nous a-t-il dit, que j'aime mieux me battre pour gagner que gagner. »

C'est devenu aussitôt l'une de mes épigrammes préférées de Nadal, car cette formule, succincte, le résume parfaitement. Comment traduira-t-il ce mantra inhabituel en prenant de l'âge ? Dans des tournois vétérans de tennis ? Dans des tournois de golf ? En coachant depuis le bord du court à coups de *vamos!*, comme ceux qui l'ont défini en tant que joueur ? Reste que de nombreuses victoires ont bel et bien récompensé cette combativité hors du commun. De nouveaux défis ont toutefois surgi en 2009. Au lendemain de notre tour de table à Melbourne, au cours du vol qui le ramenait en Europe, il a appris, par la voix de son père, Sebastián, que ses parents avaient décidé de divorcer. L'annonce d'une séparation est toujours un moment troublant dans la vie d'un enfant. Pour Nadal, qui vivait encore dans le même immeuble que ses parents et dont la vie était profondément ancrée dans les fiefs familiaux de Manacor et de Porto Cristo, la nouvelle a été, selon ses mots, « un choc bouleversant ». Dans son autobiographie, *Rafa*, parue en 2011, il a raconté n'avoir plus parlé à son père le reste du voyage en tentant de digérer l'information. « Soudain, de manière complètement inattendue, le portrait de la famille idéale venait de se briser. »

Pour ce jeune homme rompu aux habitudes, le changement était douloureux, même si son père et sa mère ont fini par vivre ensemble à nouveau. Lorsqu'il a repris le chemin du circuit, il s'est incliné contre Andy Murray en finale à Rotterdam. Autre obstacle inattendu : une douleur chronique au genou droit, qui a pris de l'ampleur à mesure que la saison avançait Elle ne l'a pas empêché pour autant de gagner à Indian Wells, Monte-Carlo, Barcelone et Rome, ni de battre Djokovic en finale à Monte-Carlo et Rome, ni même d'à nouveau l'emporter face au Serbe en demi-finales à Madrid, dans l'un des plus beaux matches au meilleur des trois sets de l'histoire moderne.

Nadal a gagné 3-6, 7-6(5), 7-6(9) en un peu plus de quatre heures.

Sans pouvoir vraiment récupérer après ce marathon, il s'est incliné face à Federer le lendemain en finale. Puis il a mis le cap sur Paris en se jugeant en bonne forme, dans une condition au moins suffisante pour lui permettre de prolonger sa série victorieuse à Roland-Garros.

« Presque une saison parfaite sur terre battue », a-t-il estimé en arrivant en France.

Il a passé sous silence le fait d'avoir dû recourir à des patches anti-inflammatoires pour ses genoux, et même à des injections d'antalgiques. Au premier tour, il a battu Marcos Daniel, un qualifié brésilien, en trois sets. Cette rencontre s'est révélée plus difficile qu'attendu. Quand il a servi pour le gain des premier et troisième sets, il a été débreaké à chaque fois. Dans la troisième manche, il a encaissé une série de onze points d'affilée. Il s'était blessé au genou gauche à l'entraînement, Toni l'a révélé plus tard. Son visage a semblé inhabituellement préoccupé, tandis qu'il jetait des regards inquiets en direction de son clan. En fond de court, ses coups n'ont pas eu leur profondeur habituelle, particulièrement en coup droit.

Sa tenue n'était pas coutumière non plus. D'aucuns y ont vu une sorte de signe prémonitoire. Après quatre éditions de Roland-Garros avec biceps apparents et pantacourts, il est devenu plus conventionnel, optant pour une chemise à manches courtes et un simple short.

« Il tenait absolument aux shorts plus courts, explique Adriana Caliri, une ancienne de chez Nike responsable des tenues des jeunes athlètes. Ce n'était pas une question de look, mais parce qu'il voulait se sentir moins engoncé sur le court. »

Autre changement : contrairement à 2008, il ne portait aucun bandage au-dessous des genoux. Une information visuelle qui s'est avérée particulièrement trompeuse. Le problème n'avait pas de solution. Quelques années plus tard, un chirurgien orthopédique réputé qui venait d'examiner les IRM des genoux de Nadal a exprimé sa stupéfaction. Il n'arrivait pas à croire que l'Espagnol ait été en mesure de jouer au plus haut niveau mondial, compte tenu de leur clair état de dégénérescence sur les scans.

Mais Nadal a toujours été capable de tolérer un haut niveau de douleur. On ne lui a jamais vendu le tennis comme une partie de plaisir. Le mantra de son oncle était qu'il avait l'adversité devant lui, peu importe le score. Alors il a tenu bon, et il continuait de tenir bon pour ce Roland-Garros 2009, malgré un inconfort autrement plus grand que nous ne l'imaginions.

Sa très nette victoire sur Hewitt au troisième tour a donné l'impression qu'il restait intouchable. Quand il a égalisé à un set partout contre Söderling, j'ai supposé que le reste du match s'abandonnerait à une routine bien connue depuis quatre ans. À la place, Söderling a pris le service de Nadal à 3-3 au troisième set. J'étais à mon pupitre, en salle de presse, où je regardais mon écran de télé. C'est au jeu suivant que j'ai compris que quelque chose clochait vraiment.

Il a frappé un retour trop court. Söderling a répliqué en se dirigeant vers le filet. Loin derrière sa ligne, il a couru sur sa droite et a pris un peu de hauteur pour frapper un passing-shot a priori anodin. Mais, atterrissant, le champion en série, à la foulée ordinairement assurée, a soudain eu des airs de Bambi sur une patinoire. Il a dérapé au moment de la poussée sur sa jambe et a chuté vers l'avant, s'affalant sur la terre battue.

Je ne l'avais jamais vu aussi maladroit dans son élément naturel. C'était comme voir Usain Bolt se prendre les pieds dans le tartan d'une piste d'athlétisme. Quelque chose n'allait pas. Ressentant ce malaise impalpable, Söderling a jeté un long regard en arrière, au-dessus de son épaule, en direction de Nadal, à terre. Puis il a poursuivi sa marche vers sa ligne de fond de court. Le Suédois a gagné son jeu de service. Il a ensuite conclu le set sur un jeu blanc. C'est là que j'ai commencé ma course dans les escaliers, afin d'être certain d'avoir un siège pour le restant du match.

Le public avait déjà choisi son camp. Söderling était un inconnu pour une grande partie du public qui ignorait qu'il n'était pas exactement Mister Nice Guy. Mais l'envie d'un changement de régime était dans l'air : le désir collectif que quelqu'un, qui que ce soit, rebatte les cartes. « Les Français adorent quand tombe la tête du roi, mais quand le roi est mort, ils sont tristes », avance le Français Jean-Christophe Verborg, directeur marketing international de Babolat, l'un des sponsors de toujours de Nadal.

En 2008, Nadal avait déjà perçu une forme de retenue à son égard, lorsqu'il avait réduit au silence Federer, le chouchou du public. « C'est logique, j'ai gagné beaucoup de matches ici et les trois dernières années se sont très bien passées pour moi, m'a-t-il dit à l'époque. Il est normal qu'ils veuillent que quelqu'un soit en mesure de me battre, de me créer des problèmes. Mais je ne pense pas que ce soit contre moi, pas du tout. »

Un an plus tard, c'était un peu différent. La foule chantait « Ro-bin », mais plus que de soutenir l'outsider elle paraissait prendre parti contre Nadal, dont les fautes étaient applaudies. Il ne fait aucun doute que l'Espagnol a douloureusement ressenti cette mauvaise ambiance.

« C'est dommage, a-t-il regretté plus tard. Ce tournoi est si beau et tellement important pour moi. Mais les choses sont ainsi. »

Fidèle à son guerrier intérieur, il a rebondi au quatrième set et s'est retrouvé trois fois à deux points de pouvoir forcer une cinquième manche sur le service, immense, du Suédois.

Ce dernier, et c'est à mettre à son crédit, a maintenu sa stratégie agressive, pourtant loin d'être infaillible. Même contre un Nadal diminué, Söderling devait sortir le grand jeu pour arriver à ses fins, multiplier les audaces et les coups brillants. Gagner des points au filet contre le Majorquin est une gageure quelle que soit la surface.

Ses passing-shots figurent parmi les meilleurs de l'histoire des passing-shots. Le manque constant de profondeur des coups de Nadal lui a permis d'appliquer son plan et de le contraindre à commettre des fautes lorsqu'il devait effectuer des courses latérales. Au jeu décisif, Söderling s'est envolé 6-1, soit cinq balles de match. Nadal allait-il trouver un moyen pour se sortir du piège ? Ça n'était plus tout à fait probable, mais restait possible.

L'Espagnol a écarté une balle de match grâce à un coup gagnant, mais le point suivant a été le résumé de la rencontre. Il a eu une ouverture avec son coup droit le long de la ligne et du temps pour se préparer. Mais il a frappé une balle suffisamment courte pour que Söderling reste dans l'échange. Nadal n'a pas enchaîné avec un coup droit décisif. À la place, il a pris la direction du filet, où il a été accueilli par un passing-shot de revers croisé. Sa volée basse de coup droit est sortie en largeur. Lorsque la balle a fini sa course, il n'était plus invaincu à Roland-Garros.

Söderling n'a pas poussé de cri, ne s'est pas laissé tomber. Il est resté debout et a levé les bras, l'air de dire, *c'est une plaisanterie* ?

« Avant le match, j'ai continué à me dire que je devais y croire. Naturellement, c'est le plus grand défi auquel vous pouvez faire face, affronter Nadal, le meilleur joueur sur terre battue de tous les temps, au meilleur des cinq sets, à Roland-Garros. Je devais penser que j'avais une chance. Sinon il n'y avait aucune raison de se présenter sur le court. Autant rentrer à la maison. »

C'est Nadal qui a pris l'avion ce soir-là. Pour la première fois depuis ses débuts en 2005, il n'a pas fêté son anniversaire à Roland-Garros. Cette défaite stupéfiante

– 6-2, 6-7(2) 6-4, 7-6(2) – l'a également empêché de battre le record de victoires consécutives qu'il partageait avec Borg à Roland-Garros. Ils restaient à égalité avec quatre succès de suite, pour le moment.

« J'espère au moins un SMS de sa part », s'est amusé Söderling au sujet de son compatriote Borg.

Il a bien reçu ce message de félicitations. Il savait aussi que jusqu'à la fin de ses jours, cette victoire lui vaudrait mille questions. Un privilège, à moins que ce ne soit un fardeau. Le public, qui a espéré ce coup de tonnerre et poussé fort en ce sens, venait d'être récompensé avec l'une des plus grandes surprises de l'histoire du tennis.

Mais était-ce la plus grande ?

Vous pourriez le questionner – devriez, même, en vous rappelant la chute de Serena Williams face à l'Italienne non-tête de série Roberta Vinci, alors que l'Américaine visait le Grand Chelem calendaire à l'US Open 2015. À moins que vous ne choisissiez l'échec de Martina Navrátilová, également en quête d'un Grand Chelem calendaire, face à la jeune Tchécoslovaque Helena Suková en demi-finales de l'Open d'Australie 1984 (alors disputé au mois de décembre) – Navrátilová resterait sur quatre-vingt-quatre simples gagnés consécutivement.

Vous pourriez également avancer des arguments en faveur de Michael Chang et son « miracle sur terre » face au n° 1 mondial, Ivan Lendl, lors de Roland-Garros 1989, avec l'aide du premier et unique service à la cuiller du jeune Américain. Il y a eu aussi la fin de règne du tenant du titre, Lleyton Hewitt, au premier tour de Wimbledon 2003, face au géant Ivo Karlović. Toujours à Paris sur terre battue, certains n'ont pas oublié l'*unique* défaite en 1983 de Navrátilová contre la jeune Américaine Kathy Horvath. Ou l'élimination dès le premier tour, toujours à Roland-Garros, de Serena Williams, face à la *wild card* française Virginie Razzano en 2012.

Mais aucun des cas n'égale véritablement l'exploit de Söderling. Aucune des victimes listées plus haut n'était invaincue dans le tournoi où elle a été battue. Aucune n'avait modifié le paradigme d'une surface au même point que Nadal sur terre battue.

Vous pourriez à la rigueur comparer cette défaite surprise avec celle de Björn Borg face au très offensif Italien Adriano Panatta, en quarts de finale de Roland-Garros 1976. Mais Borg, le plus grand joueur sur terre battue de cette époque, comptait seulement deux victoires de suite à Paris. Et contrairement à Söderling, Panatta était un joueur installé, tête de série n° 8 et déjà vainqueur de Borg lors de Roland-Garros 1973.

Non, le résultat de ce 31 mai 2009 était vraiment unique, extraordinaire. L'accroche en une de *L'Équipe* l'a résumé d'une formule : « TREMBLEMENT DE TERRE ».

Nadal est resté lucide au milieu des ruines, même s'il ne nous a pas divulgué tout ce qui concernait ses genoux ou ses parents.

« La vérité est que je n'ai pas été serein un instant aujourd'hui. Parfois, se battre n'est pas suffisant. Vous devez jouer un bon niveau de tennis. Les gens croient que je gagne parce que je suis physiquement en forme, mais non. Quand je gagne, c'est parce que je joue bien. Ce n'était pas le cas. À certains moments clés, je n'ai pas pu saisir les opportunités, parce que je perdais mon calme et que je ne jouais pas très bien. »

La question restée sans réponse est précisément pourquoi n'a-t-il pas su approcher son meilleur niveau de jeu ? Philippe Bouin, le spécialiste du tennis à *L'Équipe*, a noté que Nadal avait été moins agréable et plus distant que d'ordinaire lors des mois précédents. Selon lui, le signe que Nadal ressentait le poids de sa place de n° 1, des pressions et des obligations attenantes. Il y avait aussi son coup droit. Il semblait avoir raccourci son mouvement dans le but de l'adapter aux surfaces plus rapides. Le changement paraissait l'avoir égaré. Ses coups étaient moins profonds, il donnait l'impression de ne plus trouver ses angles habituels. Le calendrier a également été évoqué. En 2009, le tournoi de Madrid est passé du dur à la terre battue. Il a été placé deux semaines avant Roland-Garros, en remplacement de Hambourg. Les conditions de jeu, en raison de l'altitude de la ville (six cent cinquante-sept mètres), y sont complètement différentes de celles autres tournois sur terre battue, et les joueurs s'y adaptent. Ancien n° 1 polonais et coach d'Ivan Lendl, Wojtek Fibak, un ami des Nadal, a révélé que le clan, inquiet d'un possible dérèglement du jeu de Rafa après Madrid, avait réservé un court à l'abri des regards, au Racing Club de France, pour « recadrer » son coup droit et le rythme de celuici. « Ça avait marché pour eux jusqu'ici, mais pas cette fois, analyse Fibak. Le grip extrême de Rafael nécessite un réglage au millimètre pour parvenir à imprimer beaucoup de lift. Sinon, le coup est raté. »

Quelques jours avant Roland-Garros, Nadal a également fait un détour par la Suisse afin de rencontrer des investisseurs intéressés par la création de son académie. Les Nadal ont rejeté les allégations d'un quotidien français qui prétendait qu'il avait joué avec les enfants d'Islam Karimov, le président dictateur de l'Ouzbékistan, contre un chèque d'un million de dollars.

Peut-être la défaite contre Söderling combinait-elle toutes ces données. Après le match, un journaliste lui a demandé s'il était surpris par cet échec et s'il s'y était préparé.

« C'est le sport. Il y a des victoires et des défaites. Personne ne se rappelle des défaites au bout d'un certain temps. Les gens se souviennent des victoires. »

En temps normal, j'aurais été d'accord avec Nadal. Pas cette fois. Un échec spectaculaire peut vous hanter longtemps. Regardez Jean Van de Velde, le golfeur français, qui a noyé tous ses efforts dans un ruisseau lors du British Open 1999 alors qu'il avait trois coups d'avance à l'attaque du 72e et dernier trou. Un élément de surprise peut tout faire chavirer.

Cette première défaite à Roland-Garros a fait l'effet d'une bombe. Söderling a été interrogé sur ce qu'il pourrait dire à ses enfants, « dans vingt ou vingt-cinq ans », au sujet de cette victoire à sensation.

« Difficile à dire, mais c'est évidemment le plus grand moment de ma carrière jusqu'ici. Je me souviendrai de ce match pour le reste de ma vie. »

L'autre surprise, moindre certes, fut ce qui arriva ensuite. Söderling n'a pas été terrassé par l'énormité de son exploit. Deux jours plus tard, il a poursuivi sa route en battant le Russe Nikolaï Davydenko en quarts de finale sur le score nadalien de 6-1, 6-3, 6-1. Puis il est venu à bout du Chilien Fernando González, atteignant la finale au terme d'une rude bataille en cinq sets.

« Après une victoire comme celle contre Nadal, il est facile de se laisser aller à l'autosatisfaction ou de ressentir un contrecoup, souligne Magnus Norman. Pour moi, en tant qu'entraîneur, il était encore plus impressionnant de voir Robin remporter les rencontres suivantes. Immédiatement après Nadal, on s'est dit : "C'est seulement un match. Il y en a un autre après." C'était notre ligne de conduite. »

Söderling n'était pas le seul homme à Paris qui tentait d'oublier Nadal. Passé l'effet de sidération, Federer a compris qu'il était face à l'occasion d'une vie, le retour inattendu à un monde pré-rafaélite où il avait une chance, sérieuse, de combler le seul trou dans son palmarès en Grand Chelem. La perspective était d'autant plus vertigineuse que le troisième homme, Novak Djokovic, avait mordu la poussière au troisième tour face à Philipp Kohlschreiber. Comme si le duel de haute intensité entre Nadal et Djokovic à Madrid avait épuisé toute leur énergie.

Le jour après le départ de Nadal, Federer a pris possession de la terre battue du court central. Elle s'est presque dérobée sous ses pieds. En huitièmes de finale, il s'est retrouvé mené deux sets à rien face à son ami Tommy Haas. Au troisième set, à 3-4 sur son service, il a même dû faire face à une balle de break qui, s'il ne l'écartait pas, permettrait à l'Allemand de servir pour la victoire. Jusqu'ici hésitant, Federer a tourné autour de son revers au cours de l'échange pour réussir son coup signature – un coup droit décroisé gagnant. Une fois sauvée cette balle de break (et une occasion en or de gagner à Paris), il n'a plus lâché sa proie et s'est imposé en cinq sets – 6-7(4), 5-7, 6-4, 6-0, 6-2.

En finale, il a affronté Söderling sous une bruine ininterrompue, au long d'un match crispant pour les joueurs comme pour les spectateurs. Au début du deuxième set, l'un d'entre eux, venu des tribunes et cherchant à se faire remarquer, a réussi à pénétrer sur le court en passant au-dessus d'un panneau publicitaire. Il a couru vers Federer, réfugié dans un coin du court, et a tenté de lui mettre un chapeau sur la tête avant d'être ceinturé par des forces de sécurité trop lentes à réagir.

Le Suisse a semblé troublé par cette intrusion. Mais c'était son année, son moment à Roland-Garros, et il s'est reconcentré.

« Honnêtement, j'ai eu peur pour Roger, admet Pascal Maria, le juge de chaise français de cette finale. Je me suis demandé si ça allait être le tournant du match, s'il allait perdre son avantage à cause de ça. »

Federer a conclu en trois sets. La bruine s'est transformée en une pluie plus forte.

Il a eu un peu de chance, aucun doute là-dessus. Il a gagné Roland-Garros au cœur de l'ère Nadal sans avoir eu à l'affronter. Mais Federer n'a pas non plus démérité en dix ans de Roland-Garros. Il a disputé trois finales et une demi-finale, à chaque fois contre le maître des lieux. Il était clairement le deuxième meilleur joueur du monde sur terre battue, quand bien même ce ne serait plus pour longtemps.

« Ce serait super de battre Rafa à Roland-Garros, mais ce n'est pas quelque chose qui manque nécessairement à ma carrière, m'a-t-il avoué un an plus tard. Certains pourraient penser que ça serait bien si ça se passait ainsi. Mais je n'ai jamais joué Rafa dans aucune de mes finales de l'US Open. Ça arrive comme ça arrive. Vous ne pouvez pas inventer les tableaux. Vous devez battre celui qui est de l'autre côté du filet. »

Finalement, Federer n'a jamais battu Nadal à Roland-Garros et ne l'a jamais affronté à l'US Open.

Pas plus qu'il ne l'a rencontré lors de Wimbledon 2009. Après avoir testé ses genoux mal en point lors d'une exhibition à Londres, l'Espagnol a choisi de ne pas défendre son titre au All England Club. Sur sa lancée, Federer a récupéré la couronne. Lors d'une autre longue finale en cinq sets, il a dominé Andy Roddick, s'adjugeant son quinzième titre du Grand Chelem. Arrivé de Los Angeles à la dernière minute, Pete Sampras, très ému dans la tribune royale, l'a regardé battre son record du nombre de titres majeurs.

Le retour en grâce de Federer, via ce doublé Roland-Garros-Wimbledon, lui a permis de récupérer la place de n° 1 mondial. Nadal a repris la compétition au Canada en août, mais n'a pas réussi à renouer avec sa forme du début d'année. Il n'a plus remporté le moindre tournoi en 2009, et s'est incliné lors de ses trois matches de poule des ATP Finals à Londres. En décembre, il a toutefois participé à reconduire la victoire de l'Espagne en Coupe Davis, face aux Tchèques Tomáš Berdych et Jan Hájek, lors d'une finale expédiée 5-0 sur la terre battue du stade olympique du Palau Sant Jordi de Barcelone.

C'était dans cette même salle que Nadal avait porté le drapeau espagnol, à l'âge de quatorze ans, lors de la cérémonie d'ouverture de la finale de Coupe Davis 2000. Une récompense pour saluer ses résultats exceptionnels chez les jeunes. Pedro Hernandez, le chef de presse de l'équipe espagnole, avait contacté son grand-père, lui aussi nommé Rafael Nadal, afin d'avoir l'accord de la famille. Réponse immédiate et affirmative.

« Prends bien soin de moi », avait glissé, avec malice, le grand-père à son homonyme.

Lors de cette finale Ferrero avait mené l'équipe espagnole à sa toute première victoire en Coupe Davis, aux dépens des stars australiennes Patrick Rafter et Lleyton Hewitt. Neuf ans plus tard, Nadal (le jeune) en était désormais le chef de file. Il n'y avait incontestablement pas meilleur leader que lui sur terre battue, en dépit de ce Roland-Garros 2009.

La saison 2010 l'a démontré avec éclat. Nadal a passé la trêve hivernale à Manacor, s'entraînant avec une abnégation toute particulière, avant de subir un nouveau contretemps en quarts de finale de l'Open d'Australie Il a dû abandonner contre Andy Murray. Le genou droit, encore.

« En décembre, quand je me suis entraîné dur à la maison, mon sentiment était que j'étais dans une forme parfaite pour essayer de gagner en Australie. Quand j'ai dû abandonner, c'était un moment très difficile. La chose importante n'est pas que vous perdez match. Le plus difficile à supporter est de devoir passer trois semaines sans pouvoir s'entraîner. »

De tels arrêts commençaient à devenir une autre routine pour Nadal. En mars, il a renoué avec le circuit, atteignant les demi-finales sur dur à Indian Wells et Miami. Quand la saison sur terre battue a débuté à Monte-Carlo, il était prêt.

En Principauté, il n'a jamais été au bord de perdre un set. Il a cédé un total de seulement quatorze jeux sur l'ensemble de la semaine : une domination inédite pour lui quel que soit le tournoi disputé. Il est devenu le premier joueur de l'ère Open à gagner un même tournoi six années de suite. En chemin, il a battu des adversaires de qualité, au premier rang desquels ses compatriotes Ferrero, David Ferrer et Fernando Verdasco.

« Je suis désolé, Fernando », s'est-il excusé après sa victoire 6-0, 6-1 en finale.

Verdasco pouvait presque le remercier de ne pas avoir encaissé une double roue. Après avoir remporté un long échange de cinquante-deux secondes, vers la fin de la rencontre, la « victime » s'est agenouillée sur la terre battue et a envoyé un baiser vers le ciel azur.

« Je crois que s'il joue comme ça, personne ne peut le battre, a conclu Verdasco. Que voulez-vous que je vous dise d'autre ? »

C'était le premier titre de Nadal depuis onze mois. Et ce n'était que le début. Il a gagné à Rome et à Madrid, en cédant un seul set à chaque fois. Il a ensuite traversé le tableau de Roland-Garros au pas de charge, accédant à la finale sans abandonner une manche. Dans un drôle de pied de nez du destin, son dernier adversaire n'était ni plus ni moins que Söderling, vainqueur de Federer en quarts de finale et qui prouvait que sa percée de 2009 était tout sauf un coup de chance.

Mais en cette année 2010, Nadal était NADAL. Ses réserves de confiance et ses coups avaient retrouvé toute leur profondeur et, pour une fois, ses genoux ne grinçaient pas trop. Söderling n'a pas réussi non plus à lui arracher un set. Nadal a réglé ses comptes sur le score de 6-4, 6-2, 6-4.

Söderling : « Je pense que je peux battre n'importe qui. Mais quand Rafa joue ainsi, vous avez vraiment besoin d'être dans un grand jour, ce qui n'était malheureusement pas mon cas aujourd'hui. »

Je doute que cela aurait changé grand-chose compte tenu du niveau de jeu de Nadal au printemps 2010. Il a perdu deux sets en quatre tournois sur terre battue. Quand cette finale inégale s'est achevée, il s'est laissé tomber de tout son long sur le dos. Il s'est redressé, a serré la main de Söderling et s'est à nouveau étendu sur la terre battue. Enfin, le champion s'est assis sur sa chaise et s'est mis à pleurer longuement, la tête dans sa serviette.

« Soulagement, joie certainement, se souvient-il en revenant sur ce moment. C'était une grande satisfaction personnelle, en raison de ma famille, de mon équipe et de moi-même, et pour tous ceux qui m'avaient soutenu et aidé. C'est vrai que j'ai joué ce tournoi avec plus d'anxiété. J'étais légèrement plus nerveux que d'habitude. Je suis passé à travers quelques moments difficiles parce que je n'arrivais pas à trouver mon rythme sur le court. »

Mais il a fini par le retrouver quand c'était nécessaire et n'a plus été stoppé dans son élan. Après Roland-Garros, Nadal a gagné Wimbledon pour la deuxième fois, en prenant la mesure d'Andy Murray en demi-finales et de Tomáš Berdych en finale. À New York, il a encore fait des étincelles. Un seul set perdu : en finale contre Novak Djokovic. C'est ainsi que Nadal est devenu le premier champion à gagner trois titres du Grand Chelem sur trois surfaces différentes – terre battue, gazon, dur – lors d'une même saison. Encore plus important, à ses yeux, il a bouclé le Grand Chelem sur l'ensemble de sa carrière, en enlevant le seul titre majeur qui lui manquait ; un « Grand Chelem doré » si l'on ajoute la médaille d'or olympique en 2008. Avant lui, seul Andre Agassi avait gagné les quatre titres du Grand Chelem et l'or olympique en simple.

Par bien des aspects, c'est la meilleure saison de sa carrière – la seule qui l'a vu remporter trois titres majeurs – et elle mérite, à coup sûr, une place à part aux côtés de 2005, 2008 et 2013.

Dès mars, Nadal a paru pressentir ce qui allait suivre, malgré une défaite contre Ivan Ljubičić à Indian Wells. Après un douzième tournoi de suite sans trophée, quelqu'un lui a demandé s'il ne se posait pas trop de questions sur le court et s'il n'avait pas perdu son « instinct de tueur ».

« J'ai toujours été un vainqueur, a-t-il répliqué. J'ai toujours été un très bon compétiteur et je vais encore être un très bon compétiteur et un vainqueur, *no* ? »

Toujours l'esprit de contradiction. Dites à Nadal qu'il est formidable et il vous donnera, par réflexe, toutes les raisons pour lesquelles ce n'est pas vrai. Dites à Nadal qu'il est vulnérable et le voilà qui monte soudain sur ses ergots.

Cette première victoire à l'US Open est celle qui a rendu cette saison 2010 si spéciale. Elle a mis en exergue sa résilience, sa polyvalence et – plus gratifiant encore, de son point de vue – ses progrès.

« Beaucoup doutaient qu'il serait capable de ça, on supposait qu'il n'était qu'un grand joueur de terre battue, m'a confié Toni Nadal à New York. Au-delà de la victoire, ma satisfaction est de voir combien il a progressé sur les surfaces rapides, ce qui a toujours été l'un de nos buts sans que l'on sache s'il était atteignable. Il relance mieux, sert un peu mieux. Il est plus à l'intérieur du court. Son revers slicé est meilleur. Je crois qu'il est devenu un joueur plutôt complet. »

Toutes ces armes ont été nécessaires pour repousser Djokovic, vainqueur de Federer en demi-finales après avoir sauvé deux balles de match et empêché d'extrême justesse le très espéré premier match Nadal-Federer à Flushing Meadows. Pour digérer ce succès en cinq sets, la journée supplémentaire de repos que la pluie lui a accordée au seuil d'une finale reportée au lundi n'a pas été de trop. Dans une rencontre émaillée de longs échanges et de spectaculaires séquences défensives, Nadal s'est montré impressionnant : servant avec conviction sous la pression, frappant des passing-shots ultraprécis et neutralisant Djokovic grâce à une palette de coups élargie, et en particulier son revers slicé.

« Je n'ai jamais vu un gars qui était déjà si bon progresser de la sorte tout au long de sa carrière », m'a confié John McEnroe.

C'était un match en quatre sets d'une beauté presque brutale. Lorsqu'il s'est conclu par une erreur en coup droit de Djokovic, Nadal s'est aussitôt allongé par terre. Il est tombé sur le dos puis s'est relevé avec émotion. L'atterrissage n'était pas aussi doux que sur terre battue rouge, mais la sensation tout aussi agréable.

« Vous n'avez pas le contrôle de votre corps dans un moment comme ça. Je n'ai jamais prévu de tomber par terre quand je gagne un titre. Je crois que lorsque je gagne le dernier point, je suis mort. C'est ce qui arrive. »

Le lendemain, il n'était pas beaucoup plus frais quand nous nous sommes rencontrés pour une interview d'après-victoire. Cet entretien a eu lieu à la toute fin de la journée dédiée aux médias à Manhattan. Il avait dormi seulement trois heures, à cause de l'adrénaline et des célébrations : au lit à quatre heures du matin et debout à sept pour commencer sa tournée médiatique.

En attendant à l'extérieur d'une boutique Nike où il participait à un événement promotionnel, j'ai échangé quelques mots avec Sebastián, son père, qui s'était montré aussi ému que son fils le soir précédent.

« Si vous aviez imaginé un scénario où le film du Grand Chelem se termine pour lui à New York, il aurait été d'accord, m'a-t-il avoué. C'est une ville spéciale à ses yeux. »

Il a poursuivi en évoquant ce jour de septembre 2001 où les Nadal et le monde ont pris connaissance des attaques sur les Twin Towers. « Rafa jouait à Madrid et je l'accompagnais. Je déjeunais dans le restaurant du club quand j'ai vu ça à la télévision. Le fait d'avoir visité les tours quelques mois plus tôt a amplifié l'impact personnel. Mais la ville s'est remise, malgré tout. C'est beau de le voir gagner ici après tout ce qui est arrivé. »

Son fils a alors émergé sous le soleil, signant des autographes et posant pour des photos en chemin. Carlos Costa, son agent, prenait tranquillement les clichés avec les mobiles tendus par les fans, à une époque où les selfies n'avaient pas encore pris leur véritable essor.

« *Gracias!* » « *Thank you!* » « *Enhorabuena!* » « *Congrats!* »

Les vibrations étaient bonnes, mais le temps commençait à manquer.

« Il faut qu'on bouge, il faut qu'on *bouge* !, a aboyé Benito Perez-Barbadillo, l'attaché de presse de Nadal. Où est le chauffeur ? »

Ce dernier a vite montré le bout de son nez. Bien que logiquement épuisé par le jeu des questions-réponses, Nadal a respecté son engagement. Nous avons pris place côte à côte dans le mini-van qui l'emportait avec son équipe vers l'aéroport.

« C'est le cinquième set, a-t-il plaisanté en espagnol. Vous êtes le dernier. »

Mon précédent voyage en voiture avec Nadal et son entourage s'était déroulé après minuit, à Paris, en 2006, alors que nous nous dirigions vers une discothèque des Champs-Élysées pour célébrer sa deuxième victoire à Roland-Garros. Cette soirée n'était pas aussi folle qu'on peut l'imaginer. Cette fois, signe des bouleversements de sa vie, l'une des passagères du véhicule était sa compagne (et future épouse), Maria Francisca Perelló.

« La vie change, a-t-il dit, l'air à la fois plein de sagesse et un peu las. Venir ici en 2001 avec mes parents avait été un moment spécial qui nous avait vraiment connectés à la ville. Je suis revenu plein de fois depuis. Mais je n'ai pas pu profiter de la même manière, car je voulais atteindre cet objectif. Maintenant que j'ai touché au but, après toutes ces années de difficultés, c'est une énorme satisfaction d'avoir bouclé ce cycle de la façon dont je l'ai bouclé hier, face à un adversaire de cette qualité. »

Il était le troisième Espagnol consacré à New York après Manuel Santana, qui avait gagné sur gazon à Forest Hills, et Manuel Orantes, qui s'était imposé sur terre battue au même endroit. Maintenant, Nadal avait triomphé sur dur à Flushing Meadows.

« C'est bon de leur succéder, et sympa que nous ayons chacun notre surface. C'est une nouvelle étape pour le tennis et le sport espagnol. »

Nadal parlait toujours d'étapes, lui qui sait mieux que quiconque qu'il n'y a jamais de véritable ligne d'arrivée. « Quand vous jouez une finale, le plus important est de la gagner. Mais la satisfaction la plus profonde et la plus personnelle est de sentir que vous êtes un joueur qui a progressé. Parce que c'est la vraie raison du travail. Vous pouvez gagner ou perdre n'importe quand. Tout repose sur des détails. La véritable récompense est de prendre conscience que vous êtes devenu un meilleur joueur, et que c'est le fruit de toutes ces années d'efforts. »

Nadal a cessé de parler, absorbé un instant par ses pensées alors que nous cheminions lentement dans les embouteillages d'un après-midi à Manhattan.

« Il y a tellement de concurrence. Soit vous devenez meilleur, soit vous êtes mort. »

Des années plus tôt, lors d'une interview, Toni Nadal m'avait résumé ce défi avec les mêmes mots. Son neveu a bien appris ses leçons. Notre temps était écoulé. Le chauffeur s'est arrêté à l'angle de Madison Avenue et de la Quarante-huitième Est. J'ai dit au revoir à Nadal, à son clan et à la fraîcheur du véhicule pour plonger dans un monde plus moite, plus chaotique.

Nous étions en septembre 2010. De retour au sommet, Nadal venait effectivement de boucler un cycle. Il était encore bien plus loin de la ligne d'arrivée que quiconque aurait pu l'imaginer.

Chapitre 10

LES FONDATEURS

Roland-Garros, le royaume de poussière rouge sur lequel Rafael Nadal a régné pendant près de vingt ans, n'aurait sans doute pas existé sans quatre hommes qu'il n'a jamais rencontrés et qui jouaient leur meilleur tennis il y a près d'un siècle.

De manière presque attendue pour des héros du sport français, ils ont été surnommés les Mousquetaires, même si le premier à les avoir appelés ainsi était un rival américain qui avait vu un film basé sur le roman d'Alexandre Dumas. Un pour tous, tous pour un (sauf s'ils étaient opposés sur un court), les Mousquetaires – Jean Borotra, Jacques Brugnon, Henri Cochet et René Lacoste – ont changé l'histoire du tennis et le paysage urbain de Paris quand leurs succès retentissants ont créé un besoin urgent : la construction d'un stade capable d'accueillir ce qui fut l'un des événements majeurs du sport international, le Challenge Round de la Coupe Davis.

« Les Mousquetaires de Dumas étaient prêts à mourir les uns pour les autres, a dit un jour Borotra. Par chance nous n'avions pas à aller jusque-là, mais il existait entre nous un dévouement mutuel d'un autre ordre, non moins profond. »

Le tennis aurait continué de se développer en France sans leurs exploits. Mais le beau terrain arboré où le stade Roland-Garros a été érigé serait sans doute configuré différemment sans la victoire lors de la Coupe Davis 1927, face aux Américains de « Big » Bill Tilden. D'autres organisations et fédérations sportives françaises convoitaient le site dont le bail venait d'expirer. Et, à l'époque, le tennis n'était pas une priorité en France.

Les Mousquetaires ont pu surfer sur l'immense vague d'intérêt suscitée par leur compatriote Suzanne Lenglen. Elle fut l'une des athlètes et personnalités majeures des années 1920, et les a transcendées, cassant les codes sociaux avec des tenues de tennis jugées audacieuses, qui ne descendaient que jusqu'aux genoux. Elle a dominé le jeu et les conversations au bord du court grâce à la signature, gracieuse, de ses coups, accompagnés de grands bonds et de gestes sophistiqués, ne perdant qu'un seul match de simple entre 1919 et 1926. Elle a inspiré non seulement les journalistes mais également les paroliers : *Ah ! Suzanne !* a été fredonnée à Paris en 1925. Le titre de la chanson faisait écho à l'exclamation souvent lâchée par les spectateurs en la voyant jouer.

Lenglen a été une muse pour les Mousquetaires. Elle a convaincu Brugnon, le plus âgé des quatre, de différer ses études de droit pour se consacrer à son tennis, et a fait équipe avec lui en double mixte, tout comme avec Borotra et Cochet. Elle leur a également prodigué ses conseils techniques et tactiques, recommandant à Lacoste de changer la prise de ses coups de fond de court et de raccourcir ses préparations. Mais, contrairement à ce dernier, elle n'était pas un impassible technicien. La Divine, c'est son surnom, était une attaquante flamboyante. Borotra, qui jouait avec le même brio et la même spontanéité, a été subjugué quand il l'a vue pour la première fois en 1919.

« Elle avait adopté des coups qui étaient ceux des hommes, volées et smashes de belle puissance, m'a-t-il dit quand j'ai pu le rencontrer. Elle avait des réflexes remarquables, un jeu incroyable. Il n'y a plus jamais eu quelqu'un comme elle. Elle était aussi une femme intelligente, une fierté pour la France. »

Sa décision de devenir professionnelle en 1926 – elle a été la première joueuse de tennis à franchir le pas – n'a pas laissé un vide longtemps dans le tennis français. Les Mousquetaires ont pris le relais côté masculin en devenant eux-mêmes des icônes du tennis.

Ils avaient leurs propres sobriquets. Le fringant et parfois exaspérant Borotra était surnommé le Basque Bondissant, à cause de ses origines biarrotes et parce qu'il portait un béret bleu sur le court. Cochet, frappeur extraordinaire, petit et parfois nonchalant venu de Lyon, était le Magicien. Brugnon, avant tout un spécialiste de double à l'époque où cette discipline avait plus d'importance, était Toto. Lacoste, avec son jeu rusé et implacable, était le Crocodile. Je n'ai jamais eu la chance d'interviewer Cochet ou Brugnon. Mais après m'être installé en France, j'ai pu passer un peu de temps avec Lacoste et Borotra, lorsque je collaborais à l'*International Herald Tribune*. Compte tenu de leur âge avancé – Lacoste avait quatre-vingt-huit ans, Borotra quatre-vingt-quatorze – j'ai bien compris qu'il s'agissait là d'une occasion très spéciale.

Deux fois j'ai rendu visite à Lacoste et à Simone Thion de La Chaume, son épouse, dans leur villa basque près de Saint-Jean-de-Luz, sur le golf de Chantaco, que le père de Simone avait fait construire en hommage à la carrière golfique de sa fille. Lacoste était alors fragile, limité dans ses mouvements en raison de problèmes cardiaques. Il était dépendant d'une chaise motorisée pour gravir et descendre l'escalier central. « Les ordres du médecin. Si vous étiez une jolie fille, vous pourriez monter avec moi sur mes genoux, mais ce n'est pas le cas. »

J'ai rencontré Borotra une première fois, brièvement, lors de la finale de la Coupe Davis à Lyon en 1991. Il venait d'être aspergé de champagne par l'équipe de France emmenée par Guy Forget, Henri Leconte et Yannick Noah, leur capitaine charismatique. Face à une équipe américaine de premier ordre emmenée par Pete Sampras et Andre Agassi, les joueurs français venaient de mettre un terme à une période de cinquante-neuf ans sans succès en Coupe Davis. La dernière remontait à 1932, justement du temps des Mousquetaires.

En 1993, un an avant son décès, Borotra m'a accordé une audience (c'est bien l'impression que ça donnait) dans son élégant appartement haussmannien de l'avenue Foch à Paris. Dans un costume sombre, le front dégarni et les cheveux plaqués vers l'arrière, il avait encore toute sa vigueur quand il m'a fait visiter son salon, où une réplique étincelante de la Coupe Davis était exposée en évidence. Sa poignée de main était ferme, signe de sa vivacité, et, quoiqu'il ne pût plus frapper de coup droit en raison de son arthrose, il continuait de taper des revers avec des partenaires de jeu ou, plus souvent, contre le mur de son fief de toujours, le Tennis Club de Paris. « Le mur n'a jamais de problème à diriger la balle vers mon revers. » Il était drôle. Il était caustique. Mon problème était que Borotra avait tellement de mal à entendre ce que je lui disais que je devais hurler. Pas idéal pour l'art de la conversation. Mais l'esprit et la mémoire de Borotra, comme chez Lacoste, étaient encore aiguisés : une belle promotion pour les vertus du tennis, garant de bonne santé. Tous les deux ont commencé à jouer assez tardivement, adolescents. Ils ont découvert le sport lors de voyages en Angleterre. Tandis que Lacoste a immédiatement choisi, dès ses quinze ans, d'étudier scrupuleusement ses points les plus techniques, Borotra, un athlète naturel qui s'était adonné à la pelote basque et à d'autres sports lors de ses très jeunes années, a attendu la fin de la Première Guerre mondiale pour vraiment prendre le tennis au sérieux et rejoindre un club. Il avait une petite vingtaine d'années. Avec une technique peu conventionnelle et l'énergie qui le caractérisait, il a rattrapé le temps perdu, prenant le filet d'assaut. Homme d'action plus que de réflexion, il a gagné dix-neuf titres majeurs en simple, double et double mixte. Il a été le seul Mousquetaire à remporter les Internationaux d'Australie (et le seul avec Brugnon à effectuer le long voyage en bateau, sept mois au total, vers l'Australie). Il s'est disputé avec Tilden, qui le trouvait souvent insupportable et l'a surnommé le Basque Badinant, excédé par ses galanteries et son comportement de m'as-tu-vu. Borotra adorait ôter son béret et baiser la main des femmes lorsqu'il était contraint de finir une course dans le public pour rattraper la balle. Il était incontestablement un chouchou des spectateurs, l'une des principales attractions de Wimbledon dans les années 1920 et 1930.

Lacoste était issu d'une famille fortunée : son père, Jean-Jules, était l'un des principaux dirigeants d'Hispano-Suiza, une marque de véhicules de luxe, avant de lancer sa propre entreprise automobile. Mais René, son seul fils, a rencontré ses propres succès dans les affaires. Il a travaillé dans des industries comme l'automobile, l'aviation, la banque et le transport maritime, mais est mieux connu en tant que cofondateur de l'entreprise de textile Lacoste, devenue une marque internationale avec pour logo le crocodile inspiré de son surnom. Quand je lui ai demandé comment il se définissait, il a répondu : « Un bricoleur. » « Bricoleur de génie » aurait été plus approprié. Il était un inventeur né, créant, avec l'aide de Simone, une chemise polo innovante, en coton, qui l'a aidé à mieux affronter les chauds étés américains ; imaginant et fignolant la première raquette en métal utilisée par les Français Pierre Darmon et Patrick Proisy. Plus tard, elle fut appelée la Wilson T2000, un modèle avec lequel Jimmy Connors et Billie Jean King ont remporté des titres majeurs. Tout au long de sa carrière, Connors, pas vraiment connu pour son goût pour l'autorité et les bonnes manières, l'a appelé avec une grande déférence « Monsieur Lacoste ».

« Je serai peut-être mort la semaine prochaine, mais pour le moment, je suis en train de penser à ce que je ferai ou inventerai dans un an ou deux. »

Même à un âge avancé, son atelier était jonché de plans et de prototypes de nouvelles raquettes, d'antivibrateurs et de clubs de golf. Le golf est sans doute le sport où sa famille a rencontré le plus de succès. Simone a gagné le British Ladies Amateur en 1927. Quarante ans plus tard, Catherine, leur seule fille, a créé la sensation en gagnant l'US Open de golf 1967 à l'âge de vingt-deux ans. Ce fut la première Européenne victorieuse d'un titre majeur dans ce sport, et elle reste la seule joueuse issue des rangs amateurs à avoir enlevé l'US Open féminin.

« Lorsque Catherine s'est rendue aux États-Unis pour la première fois, raconte son père, quelqu'un lui a demandé : “Vous êtes la fille de René Lacoste ?” Ce qui l'a un peu chagrinée. Quelques années plus tard, après sa victoire à l'US Open, nous sommes tous allés aux États-Unis et quelqu'un m'a demandé à la douane si je n'étais pas le père de Catherine Lacoste. Elle était aux anges. »

Diplômé de l'École polytechnique, l'un des établissements supérieurs les plus réputés de France, Borotra a travaillé pour Satam, une compagnie nationale qui commercialisait des pompes à essence à travers le monde. Cette vie itinérante était dans la droite ligne de son existence de globe-trotter du tennis.

Déjà robuste à l'adolescence, il a combattu pour la France lors de la Première Guerre mondiale. Et a été fait deux fois prisonnier lors de la Seconde. La première fois en Bourgogne, en juin 1940. Il s'est échappé, a été repris puis s'est à nouveau enfui. Il a pensé partir en Angleterre, mais a finalement décidé de rester en France, où il s'est associé au régime de Vichy, en tant que commissaire général à l'éducation physique et aux sports.

Borotra s'est voulu loyal vis-à-vis de Pétain, qui avait commandé l'armée française victorieuse lors de la Première Guerre mondiale. Il pensait également que l'une des raisons de la défaite de la France avait trait à la perte de sa vitalité, et que le pays avait besoin de suivre les exemples allemand et anglais en renforçant l'importance de l'éducation physique à l'école. Pétain a accepté et Borotra a implémenté cette politique avec sa vigueur proverbiale, sans jouer aucun rôle, insistait-il, dans les actes horribles du régime marqués notamment par la déportation de juifs. Le fait de servir à un haut niveau le gouvernement collaborationniste était une décision hautement discutable qui l'a poursuivi le reste de sa vie, impactant sans toutefois la détruire sa réputation.

Quand la guerre a commencé, Lenglen était morte des suites d'une anémie pernicieuse. C'était en juillet 1938, elle avait trente-neuf ans. Borotra a fait l'un des éloges funèbres. Avec l'effacement des Mousquetaires, un âge d'or du tennis français s'est terminé pour de bon, mais le pays et le monde avaient de plus pressantes préoccupations.

Borotra : « Nous avons fait tout ce que nous pouvions pour continuer, ce n'était pas facile. »

Lacoste n'a pas servi dans l'armée pendant la Seconde Guerre mondiale en raison d'une tuberculose précoce qui lui faisait tousser du sang et l'a contraint d'interrompre sa carrière en 1929, à l'apogée de son tennis. Il avait vingt-cinq ans et venait de demander Simone en mariage.

« Mon épouse était suffisamment courageuse pour se marier avec moi alors même que j'étais malade. À cette époque, quelqu'un victime de la tuberculose avait généralement une vie courte. »

Ils ont été mariés pendant soixante-six ans. « Il s'est montré plutôt résistant », s'est amusée Simone lors de l'une de mes visites.

Lacoste a tenté un bref retour en 1932, mais ses grandes années étaient derrière lui. Il est alors devenu capitaine de l'équipe de France de Coupe Davis. Il m'a expliqué avoir arrêté son métier quand la France a capitulé en 1940. « Je construisais des moteurs d'avions et d'autres pièces liées à l'aviation pour le ministère de la Défense. Les Allemands auraient pu utiliser ça à leur avantage. »

Il a pourtant accepté de devenir président de la Fédération française de tennis en juillet 1941.

Le stade Roland-Garros venait de traverser sa période la plus sombre. À l'automne 1939, dans le sillage de la déclaration de guerre à l'Allemagne du fait de l'invasion de la Pologne, le gouvernement français a transformé plusieurs lieux dédiés au sport en camps d'internement provisoires pour « indésirables étrangers » perçus comme une menace potentielle par le régime. Celui de Roland-Garros était en dessous de l'une des tribunes en béton du court central : un lieu où les joueurs se préparaient pour leurs matches, où les spectateurs se réfugiaient en cas de pluie. Cette fois, il n'était plus question de gais attroupements. Arthur Koestler, journaliste et écrivain hongrois de premier plan qui plus tard a écrit *Le Zéro et l'Infini*, s'y trouvait. Il s'était installé à Paris, où en dépit de sa démission du parti communiste allemand ses anciennes activités de militant avaient alerté les autorités. Koestler a raconté cette période dans ses mémoires *La Lie de la terre*, où il décrit sa semaine passée à Roland-Garros, alors entouré de fil barbelé. S'entassaient là quelque six cents personnes venues de tous les pays, une « tour de Babel », selon les mots de Koestler. Étrange métaphore pour un stade qui rassemble ordinairement la communauté cosmopolite du tennis.

« Notre grotte, ou tanière, n'avait pas de fenêtres, écrit-il. Au-dessus de nos têtes, comme toit, nous avions le dessous d'une des grandes tribunes qui décrivait, au-dessus de nous, un arc de quarante-cinq degrés ; nous dormions à même le sol recouvert d'une mince couche de paille. La paille était humide car le toit filtrait aux angles des marches. La moitié seulement des détenus possédait une couverture, le camp n'en fournissait aucune. Quand nous étions couchés, nous étions si entassés que beaucoup d'entre nous préféraient le "système de la boîte à sardines" : la tête entre les pieds de deux voisins pour éviter la promiscuité des respirations.

Et, malgré tout, le moral de notre tanière était excellent. Nous arrivions même à nous amuser. »

À l'intérieur du stade, quand leurs gardiens les autorisaient à faire un peu d'exercice, Koestler pouvait voir le tableau de score d'un match à jamais interrompu entre Borotra et Cochet. D'autres affiches « indiquaient que des matches de double mixte se joueraient sur le court n° 3, juste derrière nous, écrit-il encore. Les doubles mixtes étaient l'occasion de blagues évidentes et souvent répétées tandis que nos gardes, les soldats, se livraient à de sacrilèges parties de football sur la terre unie et rouge des courts ».

Koestler et son groupe de prisonniers ont été ensuite transférés au camp d'internement du Vernet, dans les Pyrénées françaises. Mais Roland-Garros a tristement continué d'assurer cette nouvelle et funeste fonction jusqu'à l'occupation allemande en 1940.

Symboliquement, les Allemands ont souhaité relancer le tournoi principal. « Ils voulaient que Roland-Garros reprenne comme avant, indique Lacoste. Je leur ai répondu que c'était possible pour les jeunes qui n'étaient pas mobilisés, mais que je ne voulais aucun uniforme allemand dans le stade. »

Cette idée a fait long feu. De 1941 à 1945, un tournoi ersatz appelé « Le Tournoi de France » a été disputé à Roland-Garros, généralement devant une maigre assistance. Il était ouvert aux seuls joueurs français, à des joueurs de clubs locaux. Des compétiteurs de niveau mondial comme Cochet, la quarantaine alors, et Bernard Destremau y ont participé. De même que Marcel Bernard et le géant Yvon Petra, un ancien prisonnier de guerre. Tous les deux ont gagné des tournois majeurs en 1946, lorsque le jeu a pu reprendre au niveau international : Bernard à Roland-Garros, Petra à Wimbledon.

« Dans le stade, on voyait très peu d'Allemands en uniforme, a raconté Destremau à Gilles Delamarre dans son livre *Roland-Garros : le livre du tournoi du centenaire*. Nous n'avions pas connaissance de ce qui se passait, pas idée de tout ce drame. La nouvelle de la rafle du Vél' d'Hiv' était bien parvenue jusqu'à Roland-Garros, mais nous n'étions sûrs de rien et nous ne vérifions pas vraiment. Nous n'avions pas mauvaise conscience à jouer au tennis. »

En avril 1942, Borotra a été relevé de ses fonctions à Vichy lors d'un changement de gouvernement. Il a été arrêté sept mois plus tard, alors qu'il se préparait à rejoindre les forces alliées qui venaient de chasser les Allemands d'Afrique du Nord. Il avait écrit à Pétain pour le prier de les rejoindre lui aussi, dans ce qui était encore un territoire français en cette période coloniale. Sa lettre a été interceptée par la Gestapo. Après un très long interrogatoire, il a été envoyé, en secret, dans le camp de concentration de Sachsenhausen, près de Berlin. « Qui n'était pas, vous le savez sans doute, un endroit agréable », m'a-t-il précisé.

Suivant le conseil de Lacoste, la mère de Borotra, Marguerite, a écrit une lettre au roi Gustav V, le longiligne Suédois amoureux du tennis. Elle a sollicité son aide. Monarque d'un pays neutre, il pouvait exercer une influence sur les conditions d'emprisonnement de son fils. Le Roi, un francophile qui avait joué avec les Mousquetaires dans des parties amicales, a pris sa plume pour contacter le général Hermann Göring, à la tête de la Luftwaffe allemande, deuxième personnage du régime nazi après Adolf Hitler. Borotra a été transféré au château d'Itter, dans le Tyrol autrichien, où ses chances de survie ont considérablement augmenté, parmi d'autres prisonniers très en vue. Il a passé là le reste de la guerre et, quelques jours avant la capitulation allemande, a aidé les troupes américaines à libérer le château.

De retour en France, il a repris ses activités dans le tennis et sa carrière chez Satam. Il n'a pas été formellement inquiété par les nouvelles autorités françaises pour ses liens avec Vichy, même si demeuraient des zones grises à son retour au pays.

Lacoste : « Quand Borotra est revenu, certains ont demandé qu'il soit arrêté pour sa conduite lors de la guerre. Il ne l'a pas été. Il a pu rentrer chez lui, mais on lui a assigné deux policiers. Lorsque je l'ai revu pour la première fois après la guerre, les deux policiers continuaient de le surveiller poliment. Un de mes amis, héros de la Résistance, avait été nommé ministre de l'Intérieur par de Gaulle. Je l'ai contacté et Borotra a été rapidement libre de ses mouvements. »

Le Basque Bondissant a vite pu rejouer en double en France, mais Wimbledon a mis plus de temps à le réintégrer. Sir Samuel Hoare, le président britannique de la Lawn Tennis Association, lui a recommandé de rester à l'écart.

Lacoste : « Il lui a dit : "Vous ne devriez pas venir. Tout le monde sait que vous étiez un ministre de Pétain. Vous seriez sifflé et hué, tout ça." » En 1948, Borotra, alors âgé de quarante-neuf ans, est retourné au All England Club pour y jouer le double. En 1964, à soixante-cinq ans, il y a fait sa dernière apparition en tant que compétiteur en double et en mixte. Il demeure le joueur le plus âgé ayant participé à Wimbledon, et détient le record de la plus grande longévité, avec à son actif trente-cinq participations sur une impressionnante période de quarante-trois années.

Malgré le discrédit jeté sur le gouvernement de Vichy et l'emprisonnement de Pétain pour trahison, Borotra a milité pour la réhabilitation du Maréchal jusqu'à la fin de sa vie. Au point de devenir le président de l'association défendant sa mémoire. Il a passé une partie de l'interview de 1993 à tenter d'expliquer pourquoi Pétain n'avait pas été compris. Durant ma visite, il a feuilleté un carnet qui consignait les photos d'un de ses déplacements dans l'Algérie occupée, en 1941. Il avait mis les Allemands en colère en prononçant des discours qui déguisaient à peine son nationalisme français.

« J'étais capable de faire ça grâce au Maréchal. C'était le message qu'il m'avait fait passer. Ça avait un gros retentissement auprès des Algériens. »

Mais la longue campagne de Borotra au nom de Pétain n'a pas eu beaucoup d'effet. Il a laissé sa plus grande empreinte dans la société française lorsque les Mousquetaires étaient au sommet de leur popularité.

« Lorsque, comme moi, vous avez combattu lors de deux guerres, il y a des souvenirs qui vous marquent à vie. Faire partie des Mousquetaires a été l'une de mes plus grandes joies. Notre camaraderie était merveilleuse. »

Elle s'est exprimée superbement en Coupe Davis. Cette compétition créée en 1900 est ainsi nommée en raison de Dwight Filley Davis, excellent joueur gaucher issu d'une riche famille de Saint-Louis. Après avoir effectué une tournée de démonstration aux États-Unis avec des amis étudiants de Harvard, Davis eut la volonté, comme d'autres joueurs de premier plan, de participer au développement du *lawn tennis* alors naissant. Il a alors demandé à l'orfèvre de Boston Shreve, Crump & Low de créer un bol à punch en argent fin destiné à être le trophée d'une nouvelle épreuve internationale par équipes. D'autres avaient exploré cette idée, et des matches étaient régulièrement disputés en Angleterre et en Irlande. Mais la Coupe Davis est le concept qui a pris, même si, au début, il s'agissait seulement d'un événement binational. Une équipe des îles Britanniques a été l'unique challenger en 1900. Après un voyage transatlantique vers Boston et le Longwood Cricket Club, elle s'est inclinée face à Davis et aux Américains, qui innovaient avec leurs services *american twist*, précurseurs du service moderne.

La Coupe Davis a gagné en popularité et attiré d'autres pays, quoiqu'elle soit longtemps restée dominée par des Anglo-Saxons, les États-Unis, l'Australie et la Grande-Bretagne, vainqueurs à de multiples occasions. Les Mousquetaires ont fini par rejoindre ce club des vainqueurs, mais seulement après avoir fait leurs preuves. En 1926, ils ont remporté les trois tournois majeurs (les meilleurs Américains et Européens ne faisaient pas alors le long voyage vers l'Australie). Cochet a gagné les Internationaux de France, Borotra Wimbledon et Lacoste les Internationaux des États-Unis, en battant Borotra en finale.

Ensuite, pour la deuxième année de suite, ils se sont inclinés en finale (Challenge Round) de la Coupe Davis face à la puissante équipe américaine emmenée par Tilden et « Little » Bill Johnston. Les rencontres ont été jouées sur gazon dans le club de Tilden, le Germantown Cricket Club à Philadelphie. Dans cette première époque de la Coupe Davis, l'équipe tenante du titre était directement qualifiée pour la finale de l'année suivante. Elle attendait de connaître son challenger qui devait gagner sa place et aller la défier chez elle.

En dépit de cette nouvelle déception, les Mousquetaires et leur capitaine Pierre Gillou étaient convaincus que leur heure viendrait. Ils étaient en progrès alors que le noyau de l'équipe américaine, le tandem Tilden-Johnston, prenait de l'âge. Lors du dernier match de la finale 1926, Lacoste a dominé Tilden en cinq sets et permis à la France de gagner son seul point. Cette rencontre Tilden-Lacoste était un *dead rubber* (un match « pour du beurre »), mais la première défaite en simple de Tilden en Coupe Davis. Elle a placé les Mousquetaires sur une belle dynamique avant leur magnifique année 1927.

En finale des Internationaux de France, Lacoste, vingt-deux ans, a une nouvelle fois battu Tilden, lors d'une édition en partie éclipsée par l'exploit de Charles Lindbergh, arrivé à Paris quelques jours plus tôt au terme du premier vol transatlantique sans escale en solo. Lacoste s'est imposé en dépit de sévères crampes à la jambe. Tilden a même obtenu plusieurs balles de match. Sur la première, il a cru avoir servi un ace, annoncé faute par un juge de ligne qui n'était autre que Cochet.

Ce dernier a ensuite remporté une extraordinaire demi-finale à Wimbledon, remontant au score après avoir été mené deux sets à rien et 5-1 face à Tilden. Après ce sauvetage miraculeux, il a sauvé six balles de match pour battre Borotra en finale.

Une fois acquises ces grandes victoires individuelles, les joueurs français ont gagné, fin juillet, la finale de la zone européenne de la Coupe Davis, à Copenhague, avant d'embarquer pour les États-Unis. En se référant au panache collectif et à l'unité chevillée des joueurs, le journaliste français Paul Champ les a appelés « les Mousquetaires » dans un article du *Figaro*. Trouvé un an plus tôt par le joueur américain de Coupe Davis Henry Slocum, le surnom a fait florès, pour de bon.

Al Laney, journaliste américain basé à Paris en ce temps-là, a saisi l'humeur de l'époque dans son livre *Covering the Court.*

« Un grand enthousiasme a salué le départ du bateau *Paris* ; tous les journaux publiaient des interviews pleines d'espoir et de confiance, écrit-il. Année après année, ces jeunes hommes avaient traversé l'océan en quête de la Coupe Davis et étaient revenus les mains vides. Ils avaient fait cinq voyages pour essayer de gagner un trophée devenu, à cette époque de ressentiment antiaméricain, dû à la controverse des dettes de guerre impayées, un symbole que tout le monde en France semblait désirer. »

Quand le train emportant l'équipe vers son bateau s'est ébranlé depuis la gare Saint-Lazare, Cochet a passé sa tête par la fenêtre ouverte et s'est adressé aux reporters et aux supporters : « D'abord la Coupe Davis, ensuite les Internationaux des États-Unis ! On ramène les deux coupes, hein ? » Des cris dans son compartiment lui ont reproché de parler si ouvertement de victoire, au risque de porter la poisse. Mais Cochet a vu juste. L'équipe de France a de nouveau traversé l'Atlantique, non sans offrir aux autres voyageurs le spectacle insolite de leurs entraînements : sur le pont du bateau était installé un court, aux dimensions adaptées, protégé par des filets.

Une fois arrivés à New York, les Français sont retournés au Germantown Club, pour disputer leur finale retour face à Tilden, Johnston et aux Américains. Tilden – anguleux, exceptionnel et souvent hautain – était la star du tennis masculin de l'époque. Sa réputation a plus tard été ternie par ses condamnations pour des comportements sexuels inappropriés avec de jeunes hommes. Mais il a été un personnage clé dans cet âge d'or du sport américain, une élite comprenant Babe Ruth pour le baseball et Bobby Jones pour le golf. En 1927, Tilden avait trente-quatre ans, un âge où l'on peut être encore compétitif selon les standards de notre époque actuelle. Nadal, Federer, Djokovic et Serena Williams ont obtenu certains de leurs plus beaux résultats après l'âge de trente-cinq ans. Tilden avait encore beaucoup de grandeur, mais son endurance était sujette à caution. Les Français comptaient bien le faire tomber à Germantown.

Tilden a été au rendez-vous. Pour commencer, il a battu Cochet en quatre sets acharnés. Aux côtés de Frank Hunter, il s'est ensuite imposé en double face à Borotra et Brugnon, au bout de cinq sets. Après deux journées, les États-Unis avaient pris les commandes 2-1. Ils n'avaient besoin que d'une victoire pour prolonger leur règne de sept années consécutives sur la compétition. Il y avait treize mille spectateurs dans les tribunes en bois. Des milliers d'autres regardaient les matches debout. Mais, nettement moins fringant avec neuf sets dans les jambes, Tilden a été défait par l'impassible Lacoste, cette fois en quatre sets.

Lacoste a été l'un des premiers à filmer ses adversaires. Il noircissait des cahiers pleins d'observations techniques et tactiques. Avant d'affronter Tilden, il a passé toutes ses notes en revue et a choisi de puissamment diriger la balle vers le centre du terrain pour neutraliser les angles d'attaque du longiligne Américain. Avec intelligence, Lacoste a également varié les vitesses de balle. Pour déstabiliser Tilden, il a distillé amorties et lobs parfaitement dosés.

« J'avais l'impression de jouer une machine », a dit Tilden.

C'était bien vu : en 1927, Lacoste a été l'inventeur de la première machine lance-balles, un modèle qui fonctionnait avec une manivelle. « Je l'ai imaginée pour moi. Parce que je n'étais pas satisfait de la qualité de mon smash et parce que je ne trouvais pas de joueur capable de m'adresser des lobs précis. J'ai donc fabriqué cette machine qui m'envoyait des lobs ou tout autre type de coup que je lui demandais. J'ai déposé un brevet. En Angleterre, j'ai cédé la licence à Dunlop qui en a vendu des milliers. Ils ont exporté de nombreux modèles dans leurs colonies à destination d'Anglais qui n'avaient pas de partenaires et voulaient continuer à travailler leurs coups. »

Lacoste a remarquablement fait déjouer Tilden. Tout le sort de la finale dépendait désormais du match entre Cochet et Johnston. Plutôt que de prendre place auprès de leurs coéquipiers, Lacoste et Tilden se sont assis l'un à côté de l'autre alors que se déroulait la rencontre décisive.

Comme Nadal et Federer dans un autre siècle, Johnston, petit de taille, disposait d'un coup droit fabuleux et ravageur. Mais Cochet, âgé de vingt-cinq ans, a réussi à neutraliser Johnston, trente-deux ans, en l'empêchant de développer son jeu. Le Français s'est imposé en quatre manches. Il a célébré sa victoire en lançant sa raquette en bois dans les airs. Elle a atterri sur le gazon où des centaines de spectateurs, y compris l'écrivain Paul Claudel, alors ambassadeur de France aux États-Unis, l'ont vite rejoint, pour fêter les *Mousquetaires.* Nous étions le 10 septembre 1927. La Coupe Davis appartenait enfin aux Français. Les Américains disent que c'est un bol à punch, les Français un saladier. Quelle que soit sa caractérisation, c'était un trophée de premier plan, presque égal en prestige, à cette époque, à Wimbledon ou aux Internationaux des États-Unis, où Lacoste s'est imposé quelques jours plus tard, aux dépens de Tilden, dans l'une des finales en trois sets les plus captivantes de l'histoire (11-9, 6-3, 11-9).

En feuilletant un album dans sa villa, Lacoste, alors au soir de sa vie, m'a montré une photo de Tilden. « Il avait l'habitude de dire : "Je veux prendre ma raquette et taper avec sur la tête de Lacoste", avait-il souri, heureux, conscient de son pouvoir de frustration chez ses rivaux. Je n'étais pas incroyablement talentueux ou très costaud, mais j'étais un inventeur, et en tant qu'inventeur, je pouvais imaginer des coups qui dérangeaient mes adversaires. »

Le centre du tennis mondial s'est alors déporté vers la France. Pour célébrer ce changement, les Américains ont organisé une parade pour l'équipe de France de Coupe Davis sur la Cinquième Avenue à New York, avant qu'elle ne reprenne le bateau. À des années-lumière du XXIe siècle : aujourd'hui, aucune ville américaine n'aurait l'idée de fêter l'équipe européenne de Ryder Cup après l'une de ses victoires sur son sol. C'était un geste d'affection. Lorsque les Mousquetaires se sont retrouvés en novembre à Paris, ils ont été invités au palais de l'Élysée pour recevoir les félicitations du président Gaston Doumergue.

Le sujet le plus pressant était de trouver un endroit pour défendre la Coupe Davis. À neuf mois de l'échéance, Paris ne disposait d'aucun stade de tennis digne de l'occasion et de l'intérêt suscité. Coup de chance, le bail d'un terrain de trois hectares appartenant à la ville venait d'expirer au sud du bois de Boulogne. Pendant plus de vingt ans, il avait été le repaire multisport des employés de la Société générale, déjà doté de courts en terre battue. L'endroit était vivement convoité. Certaines associations parisiennes voulaient le consacrer à l'horticulture, mais le Conseil de Paris a décidé que le site resterait voué au sport. Au moins dix associations ont fait acte de candidature, y compris la Fédération française de boxe et deux clubs de tennis parisiens en vue : le Stade français et le Racing. Finalement, les deux clubs ont joint leurs forces. Gillou, le capitaine de l'équipe de France de Coupe Davis, était le président du Racing. Émile Lesieur, le président du Stade français, était une ancienne gloire du rugby et de la piste. Ensemble, les deux clubs se sont vu accorder une concession de longue durée, avec la perspective d'accueillir non seulement les matches de Coupe Davis en 1928 mais aussi, à l'avenir, les Internationaux de France.

Gillou et Lesieur ont accepté d'engager leur propre responsabilité financière afin de pouvoir bénéficier des prêts bancaires nécessaires à la construction du nouveau stade de tennis. « Nous devons une éternelle gratitude à ces deux hommes qui se sont tous les deux pleinement investis », a reconnu Borotra. En échange, Lesieur a insisté pour que le nouveau stade soit nommé en hommage à un ami décédé, Roland Garros, pionnier français de l'aviation, mort au combat lors des dernières journées de la Première Guerre mondiale.

Né sur l'île lointaine de La Réunion, dans l'océan Indien, Garros a été membre du Stade français et occupé, avec Lesieur, les bancs d'HEC. Il a rarement joué au tennis, mais son nom est devenu synonyme de l'un des quatre plus prestigieux tournois de ce sport.

Monsieur Garros serait sans doute impressionné de voir tout ce qui gravite autour de son nom (Internet compris). Je n'ai pas d'autre exemple d'un événement sportif international ayant donné son nom à quelqu'un de parfaitement étranger à ce même événement, ou au sport en question. Ce choix a souvent créé la confusion. Dans *La Lie de la terre*, Arthur Koestler écrit avoir été emmené dans le stade nommé en hommage à l'ancien champion français Roland Garros. Mais Garros a été célèbre pour d'autres raisons que le tennis. Après avoir assisté à un meeting aérien près de Reims, en 1909, il a décidé de devenir aviateur et acheté son propre avion de « débutant » : un Santos-Dumont Demoiselle, considérablement moins cher mais plus dangereux que d'autres modèles. Vu d'aujourd'hui, il ressemblait à un deltaplane motorisé. Le pilote était suspendu en dessous de l'aile et exposé aux éléments. Garros a survécu à sa phase d'apprentissage. Il a rejoint des tournées de démonstration en Europe et aux États-Unis où il s'est vu affubler du surnom de *Cloud Kisser* (« l'embrasseur de nuages »). De retour en France, il a établi des records d'altitude. En septembre 1913, il est devenu le premier aviateur à traverser la mer Méditerranée.

La Première Guerre mondiale a changé le cours de sa vie. Le combat aérien en était à ses balbutiements. Les aviateurs tiraient sur l'ennemi avec des carabines tenues à la main depuis leur cockpit. En 1914, peu de temps après le début des hostilités, Garros a participé au développement d'une mitrailleuse embarquée vers l'avant de l'appareil et qui tirait à travers le champ de l'hélice, munie de petits déflecteurs pour faire ricocher les balles qui ne passaient pas. C'était un progrès risqué, mais les avions de combat étaient risqués par définition. En avril 1915, des problèmes de moteur ont obligé Garros à atterrir en terrain allemand (belge aujourd'hui).

Il a été fait prisonnier et détenu en Prusse pendant trois ans avant de s'échapper, déguisé en officier allemand. De retour en France en 1918, il s'est vu proposer un poste éloigné des zones de combat. Il a refusé. Il a été tué en mission le 5 octobre, quand son avion s'est écrasé à Vouziers, dans les Ardennes, peu de temps avant l'Armistice. Il n'a pas été établi s'il en avait perdu le contrôle. Une enquête a soulevé l'hypothèse que sa mitrailleuse a pu dysfonctionner et endommager une hélice. Il a été enterré à Vouziers où sa tombe est aujourd'hui peu visitée, contrairement aux deux lieux qui portent son nom : l'aéroport Roland-Garros à La Réunion et le stade Roland-Garros.

Les Mousquetaires auraient certainement été un choix plus évident pour le tournoi majeur du tennis français. Mais ils étaient encore des joueurs en activité et ont patriotiquement approuvé cette décision.

Le nouveau stade, qui a existé à cause de leurs exploits, a été construit à la vitesse grand V. Limités par le temps et le budget, les bâtisseurs ont opté pour des tribunes temporaires en bois au lieu de gradins en béton. Le stade a été inauguré le 18 mai 1928, soit la même année que la naissance officielle d'un autre bastion de Nadal – le Monte-Carlo Country Club, sur la Côte d'Azur.

Un jour après la cérémonie d'ouverture, le premier match a été joué sur la terre battue rouge du court central. Sans aucun Mousquetaire. Un tournoi par équipes entre Françaises et Britanniques a fait office de grande répétition générale. La première rencontre a été gagnée par la Britannique Eileen Bennett aux dépens de la Française Sylvie Lafaurie. Une information qui peut vous rapporter gros dans une partie de jeu de société.

Des matches plus mémorables ont suivi. Lors des Internationaux de France, Cochet a battu Lacoste pour gagner le premier titre du simple messieurs décerné à Roland-Garros. L'Américaine Helen Wills s'est imposée chez les dames en perdant seulement cinq jeux en six matches. Mais l'événement le plus attendu restait la finale de Coupe Davis, prévue fin juillet face aux Américains qui s'étaient qualifiés pour tenter de s'offrir une revanche face aux Mousquetaires.

Cette année-là, Tilden avait été rendu inéligible aux compétitions de rang amateur, car des journaux l'avaient payé pour écrire des articles sur le tennis. Mais les organisateurs français savaient qu'ils avaient besoin de la renommée de Tilden. Ils ont donc fait campagne auprès de l'ambassadeur américain à Paris pour que l'United States Lawn Tennis Association le réintègre. Objectif atteint avec la présence du champion au sein de l'équipe américaine pour la première finale du Challenge Round disputée en Europe continentale. Elle a mal commencé pour les hôtes français. Une section des tribunes temporaires en bois a pris feu durant le premier match entre Tilden et Lacoste. Les flammes rapidement éteintes, Tilden s'est imposé en cinq sets. Mais il a perdu le double avec Frank Hunter contre Borotra et Cochet. Sa défaite en trois manches contre Cochet lors d'un simple repoussé au lundi à cause de la pluie a scellé le sort de cette finale.

Les tribunes, qui pouvaient accueillir douze mille personnes, étaient pleines. Une fois la France certaine de conserver la Coupe Davis, Cochet, rayonnant et une serviette blanche autour du cou, a fait un tour d'honneur, soulevé par des spectateurs comme un matador triomphant. Des centaines d'autres ont célébré ce moment en lançant les coussins rouges posés sur leurs sièges vers la terre battue ocre.

Les Français ont défendu la Coupe Davis avec succès cinq fois de suite à Roland-Garros, avant de s'incliner en 1933 face aux Britanniques emmenés par Fred Perry.

Lacoste avait déjà pris sa retraite, mais le lien des Mousquetaires avec le stade a perduré, pour le pire durant la guerre ou pour le meilleur ensuite. Borotra est toujours le joueur le plus âgé ayant joué à Roland-Garros, jusqu'à ses soixante-neuf ans lors d'un double mixte en 1968. Ce record, comme celui des quatorze titres en simple de Nadal, semble impossible à battre.

Issu d'un milieu social moins privilégié que les autres Mousquetaires, Cochet a travaillé pour la Fédération française de tennis à Roland-Garros après sa carrière de tennis amateur.

« Dans les années 1980, notre équipe se réunissait à 19 heures pour quelques verres de whiskey et pour refaire le monde, raconte Gilles Jourdan, l'un des anciens responsables de Roland-Garros qui a supervisé la grande rénovation du stade dans les années 2010 et 2020. Monsieur Cochet venait nous voir trois fois par semaine et nous parlait des événements qui avaient traversé sa vie. »

Brugnon est mort à quatre-vingt-deux ans, en 1979 : trop tôt pour voir un joueur à dreadlocks, Yannick Noah, devenir le premier vainqueur tricolore du simple messieurs depuis trente-sept ans à Roland-Garros. Mais Borotra, Cochet et Lacoste étaient là, dans la tribune présidentielle, aux côtés de Philippe Chatrier, l'influent président de la Fédération française de tennis, qui était un avocat passionné des Mousquetaires et aimait mélanger la tradition avec la modernité. Le trophée du double messieurs porte le nom de Jacques Brugnon. Un nouveau trophée pour le simple messieurs, appelé la Coupe des Mousquetaires, a été créé en 1981. Les Mousquetaires l'ont décernée tous les ans au nouveau vainqueur. Cochet est mort à quatre-vingt-cinq ans, en 1987.

Lacoste a participé à la remise des prix jusqu'en 1992, Borotra jusqu'en 1993.

« Ce n'est pas difficile de donner une coupe », disait Borotra. C'est plus dur de la gagner, les Mousquetaires le savaient d'expérience. Leur victoire décisive de 1927 a eu de grandes répercussions. Bien avant que Nadal n'ait la sienne, quatre statues grandeur nature représentant les héros du tennis français ont été érigées à Roland-Garros. Elles sont toujours en place, positionnées non loin du court central sur une place pavée, comme s'ils jouaient en double les uns contre les autres : Cochet et Brugnon contre Lacoste et un bondissant Borotra à béret. Les statues se sont adaptées au monde moderne et se prêtent au jeu des selfies. Les enfants montent dessus quand d'autres regardent les matches sur l'écran géant, tout près.

Lors des Jeux olympiques 2024 à Paris, dans le calme revenu d'un clair de lune, je me suis tenu debout entre les Mousquetaires en me souvenant de Lacoste bricolant dans l'atelier de sa villa et de Borotra fonçant dans son appartement au milieu d'un agenda surchargé malgré ses quatre-vingt-quatorze ans.

Avant qu'il ne prenne congé poliment, je l'avais questionné au sujet des statues qui alors avaient été récemment inaugurées.

« La seule raison pour laquelle je m'approche d'elles, c'est pour jeter un œil sur le grand tableau de scores, avait-t-il répondu, mal à l'aise. Mais elles ne sont pas mal faites. J'ai toujours pensé que le passé avait une place dans notre présent. »

Chapitre 11

LE RETOUR DE BÂTON

Rafael Nadal transpirait encore à grosses gouttes à Paris, mais ce n'était pas à l'adresse habituelle. Nous nous trouvions dans une galerie d'art du passage Dauphine, une charmante voie piétonne du sixième arrondissement envahie par la foule de ses fans. C'était Roland-Garros à Saint-Germain-des-Prés.

Il se trouvait là pour un événement lié à un sponsor. Il est arrivé en retard dans la pièce où, avec trois collègues, je devais le rencontrer, et était en nage comme s'il était à la moitié d'un match, victime de l'exiguïté des lieux et de l'absence d'air conditionné.

« Bon sang, j'ai soif », a-t-il dit.

Ce jour agité de mai 2012 était à l'image des turbulences que traversait, à l'époque, la carrière de Rafa. Tous les défis qu'il devait relever en France n'avaient pas pour cadre les courts de Roland-Garros.

Ses ennuis ont commencé en 2011, année où sa bête noire Djokovic l'a battu sept fois de suite en dix mois, à chaque fois en finale. Mais de retour sur terre battue en ce printemps 2012, il a réussi à se repositionner plus favorablement : il s'est imposé à Monte-Carlo, Barcelone et Rome, vainquant deux fois Djokovic en chemin, manière de reprendre la main dans cette rivalité qu'il avait autrefois dominée.

« Ce match à Rome, l'an passé, je l'aurais perdu. »

Désormais plus confiant et ayant retrouvé la profondeur de son coup droit, il s'apprêtait à se lancer à la poursuite de son septième Roland-Garros. Une victoire supplémentaire lui permettrait de régner en solitaire sur le palmarès du tournoi en comptant un succès de plus que Borg.

Aucun doute là-dessus, Roland-Garros était son domaine réservé. Mais pour lui, la France pouvait encore ressembler à une terre hostile. Au cours de notre conversation, la discussion est brutalement passée d'une question sur une publicité placardée sur la façade d'un bâtiment parisien où il apparaissait en partie dénudé à l'évocation de sa défaite surprenante contre Robin Söderling en 2009. De manière audible, les spectateurs lui avaient manifesté une certaine hostilité. Ils étaient allés jusqu'à applaudir ses fautes. Cette animosité avait provoqué la colère de Toni Nadal et la tristesse de son neveu.

« Il n'y a qu'une seule catégorie de supporters pire que les Français, ce sont les Parisiens, avait lancé Toni dans une interview à la station de radio espagnole Cadena SER. Ils le reconnaissent d'ailleurs eux-mêmes. Le public parisien est stupide. Les Espagnols gagnent et les Français n'aiment pas ça. »

Le commentaire ne manquait pas d'audace. Il était même incendiaire, et d'autant plus détonnant de la part de Toni, attaché à ce pays : il parle très bien français et sa relation est particulièrement bonne avec les médias locaux. Une sortie d'autant plus osée qu'il devinait sûrement que lui et son neveu allaient devoir revenir à Paris pendant de nombreuses années. Mais, et c'est plutôt à mettre à son crédit, Toni a rarement usé de la langue de bois sauf quand il chantait les louanges de Federer avec l'agenda, pas vraiment caché, d'entretenir le feu intérieur de son neveu.

Clairement, le public français (et parisien) avait sa dose de succès espagnols à Roland-Garros. Au cours des vingt dernières années, cinq Espagnols différents avaient gagné le titre masculin : Sergi Bruguera, Carlos Moyà, Albert Costa, Juan Carlos Ferrero et Nadal. Cette hégémonie aurait été plus facile à accepter si les Français avaient réussi à briller dans leur tournoi. Mais aucun d'entre eux n'a remporté le titre en simple depuis Yannick Noah en 1983, et n'a atteint la finale depuis Henri Leconte en 1988. La seule Française qui s'est imposée dans l'ère Open a été, en 2000, Mary Pierce, de mère française et de père américain. Pierce avait grandi aux États-Unis et parlait français avec un accent américain.

« C'est vrai, Nadal a payé, en France, le fait d'être Espagnol, me confirme Philippe Bouin, longtemps le journaliste tennis de référence en France. Mais contrairement à ce que pense son oncle, ce n'était pas à cause d'un complexe de supériorité vis-à-vis des Espagnols. Ce n'était plus vrai depuis longtemps. Le problème est né avec ses compatriotes qui l'ont précédé au palmarès. Ils ont souvent manqué de brio et de créativité. Leu jeu, usant, était souvent ennuyeux. L'autre problème de Nadal était relié au dopage et à la réputation du sport espagnol en la matière. Un non-sujet à l'époque de la domination de Borg. Sa supériorité physique était acceptée et n'entraînait pas le moindre soupçon. »

Comment expliquer le désert français et le déluge espagnol ? Les raisons sont multiples. En Espagne, la météo clémente permet de jouer dehors pratiquement tout le temps. Les académies de tennis – un mélange de structures privées et publiques – y sont nombreuses, et les courts en terre battue pullulent. Inversement, malgré Roland-Garros, les courts en dur, plus faciles à entretenir, ont fini par devenir prédominants dans l'Hexagone. Apprendre le jeu sur terre battue permet d'améliorer son sens tactique, de renforcer son endurance et sa combativité en raison des échanges prolongés. La FFT soutient ses meilleurs espoirs dès leur plus jeune âge en leur fournissant entraîneurs et aides financières, mais cette politique généreuse a connu quelques revers. Elle a formé des vagues de joueurs du top 100 mondial, quelques top 10, pas d'authentiques champions. De manière surprenante, de nombreux joueurs français ont fini par considérer Roland-Garros comme un fardeau. La chance de pouvoir évoluer devant leur public les a souvent inhibés. Amélie Mauresmo, la n° 1 mondiale devenue plus tard directrice du tournoi de Roland-Garros, en a été l'exemple le plus criant. Elle a gagné l'Open d'Italie à deux reprises. Son jeu était idéal pour la terre battue, grâce à son lift lourd et son toucher de balle. Mais, chaque année, elle s'est effondrée porte d'Auteuil, incapable de se libérer du poids de ses attentes. Elle y avait pourtant vécu quand elle logeait au centre national d'entraînement. Sa familiarité avec le lieu ne l'a pas aidée à franchir une seule fois le seuil des quarts de finale, en seize participations. Elle s'est inclinée huit fois lors des deux premiers tours.

C'était un blocage mental : l'envie de trop bien faire en plus, peut-être, de la peur d'être jugée dans un stade où elle aurait dû se sentir à la maison. Mais les difficultés françaises à Roland-Garros ne pouvaient pas être simplement attribuées à un facteur d'ordre culturel. Certes, la société française peut se montrer plus critique

que d'autres, mais nombre d'équipes et d'athlètes français ont su briller à domicile. Zinedine Zidane, Didier Deschamps et leurs coéquipiers ont sauté sur l'occasion de remporter la Coupe du monde de football 1998 en France. Lors des Jeux olympiques de Paris en 2024, les athlètes tricolores ont frappé plus fort que d'habitude, décrochant soixante-quatre médailles dont seize en or. Ce constat d'échec semblait essentiellement circonscrit à Roland-Garros. Après tout, les Français ont remporté la finale de la Coupe Davis à Lyon en 1991. Il est vrai que Yannick Noah reste le dernier Français vainqueur d'un tournoi du Grand Chelem, mais Guy Forget, Sébastien Grosjean et Jo-Wilfried Tsonga ont tous gagné, en automne, le prestigieux tournoi du Paris Masters, organisé dans la grande salle de Bercy jusqu'en 2024. De l'autre côté de la ville, la pression et le défi représentés par la terre battue extérieure sont d'une tout autre nature.

La différence en termes de résultats était réelle, mais pas toujours compréhensible. Dans ses années d'apprentissage, Federer fut, lui aussi, généreusement soutenu par la Fédération suisse de tennis. Sa volonté et son talent lui ont permis de devenir l'un des plus grands joueurs de l'histoire, avec un total de vingt titres majeurs. Le tennis, qui a toujours été un sport de niche aux États-Unis, a souvent eu du mal à attirer les meilleurs athlètes, surtout chez les hommes. En France, le tennis est resté le deuxième ou le troisième sport le plus populaire, de grands athlètes comme Jo-Wilfried Tsonga, Gaël Monfils et Amélie Mauresmo l'ont choisi. Et pourtant, jusqu'à présent, Roland-Garros est resté une citadelle imprenable.

Évidemment, Nadal n'était pas étranger à toutes ces difficultés. Il a été un cas unique, hors norme, qui ne laissait que des miettes à la concurrence, abonnée, en sa présence, aux défaites sur terre battue. À son retour en 2010, il a sagement évité toute critique du public de Roland-Garros.

« Toni était plus en colère que je ne l'étais », a-t-il ainsi dit au sujet de l'ambiance en 2009.

Deux ans plus tard, quand je l'ai à nouveau interrogé sur le match contre Söderling dans la galerie d'art, il a choisi ses mots plus prudemment encore que d'habitude.

« Ce public était-il une déception pour moi ? Oui, je ne vais pas mentir. Parce que je traversais des moments difficiles. On a le droit d'encourager l'adversaire, mais ce jour-là, le public ne faisait pas que soutenir mon adversaire. Tout le stade était contre moi. C'est difficile à comprendre quand ça se passe dans un endroit que vous aimez beaucoup. Et j'aime beaucoup les Français. J'aime Paris peut-être plus qu'aucune autre ville. C'est l'une des plus belles du monde. Donc, ressentir ça dans une ville que j'adore, c'est dur. Mais je n'ai éprouvé ce sentiment que cette année-là. Le reste du temps, je n'ai pas le sentiment que le public soit contre moi, jamais, et je le dis avec sincérité. »

Nadal a sans doute oublié son huitième de finale à haute tension contre Grosjean lors de ses débuts en 2005. La décision de l'arbitre de refuser de descendre de sa chaise pour aller vérifier une marque à la demande de Grosjean a déclenché un tollé et une interruption de sept minutes. Déjà pro-Grosjean, la foule s'est retournée contre Nadal (il a néanmoins gagné).

Après 2009, cette mauvaise humeur s'est dissipée. « Rien n'est certain dans ce monde, à part la mort et les impôts », selon le bon mot de Benjamin Franklin. Pas même une victoire de Nadal à Roland-Garros ! Sa défaite a ouvert la voie au triomphe de Federer que beaucoup de spectateurs désiraient ardemment. Mais Nadal avait vite rétabli l'ordre et étouffé le suspense avec la *Reconquista*, s'imposant à nouveau en 2010 et 2011, année où il a dominé Federer lors d'une finale serrée en quatre sets devant un public acquis à la cause du Suisse.

« Il n'y a pas de problème avec le public français. Lorsque je me promène dans la rue, les gens me témoignent beaucoup d'affection. Je ressens ça tout le temps. Je comprends que le public encourage l'autre joueur parce que je gagne souvent. Je respecte ça. »

Cette réserve des spectateurs à son égard n'était pas due qu'à la lassitude née de ses victoires successives. Ses exploits hors norme laissaient également un arrière-goût de suspicion.

Le moment qui l'a vu débouler sur le devant de la scène était loin, il est vrai, d'être idéal. Son règne à Roland-Garros a commencé en 2005, l'année où Lance Armstrong a remporté son septième Tour de France consécutif, entouré de soupçons de dopage permanents et de plus en plus documentés, notamment dans le livre *L.A. Confidential* publié en 2004 par les journalistes Pierre Ballester et David Walsh. En dépit de ses dénégations répétées, le cycliste américain a été déchu de toutes ses victoires, dans le Tour de France comme dans toutes les autres courses gagnées après août 1998.

Armstrong était loin d'être le seul à tricher. Le cyclisme professionnel et le Tour, l'un des événements sportifs majeurs en France et en Europe, ont été frappés par une série d'autres scandales de dopage. En 1998, l'affaire Festina a exposé l'usage répandu dans le peloton de l'EPO, un produit améliorant l'endurance, en plus d'autres substances interdites. Ces révélations ont été à l'origine de la création de l'Agence mondiale antidopage (AMA) en 1999.

L'affaire Balco a ensuite éclaté. À la tête d'un laboratoire californien, le Bay Area Laboratory Co-Operative, Victor Conte a fourni des produits interdits, et souvent indétectables, à des athlètes de renom. Les investigations ont entraîné la chute de Marion Jones, la superstar de l'athlétisme américain. Elle a perdu ses cinq médailles olympiques gagnées aux Jeux olympiques de Sydney en 2000. Elle a ensuite été incarcérée pour avoir menti à un agent fédéral enquêtant sur Balco. Kelli White, une autre sprinteuse américaine, championne du monde sur cent et deux cents mètres à Paris en 2003, était aussi en cheville avec Balco : contrôlée positive à un stimulant interdit, elle a été déchue de ses titres et suspendue deux ans. Plus tard, elle est devenue une avocate de la lutte antidopage.

J'ai beaucoup écrit sur Armstrong et Jones à l'époque. En tant que journaliste, mon rôle était de relater et d'analyser les faits, pas d'étaler mes états d'âme. Mais j'étais amer. Comme beaucoup de spectateurs et de fans, je me suis senti dupé. J'avais écrit sur ces performances en or qui se sont révélées en toc. J'avais à peine accordé quelques lignes à des athlètes qui auraient dû être médaillés. Conséquence, tout ce qui paraissait hors norme dans le sport a renforcé une forme de défiance. Peut-être ai-je toujours été plus ou moins sceptique, mais désormais, je me posais encore plus de questions, comme tous ceux qui couvraient le sport. La France, où les théories conspirationnistes sont monnaie courante, semblait être un terrain particulièrement fertile pour que prospèrent certaines rumeurs.

Nadal a surgi : un prodige, fiévreux, avec des chemises sans manches, des biceps impressionnants, un joueur à la vitesse extraordinaire, endurant, et au style intimidant. Des doutes ont immédiatement affleuré sur ses méthodes de préparation d'autant qu'il s'est mis à souvent gagner. Nadal n'a jamais été cité ou sanctionné dans le cadre d'un contrôle antidopage. Jusqu'à preuve du contraire, la conjoncture lui a été défavorable. Il a payé, en partie, pour les péchés d'autres sportifs, les faiblesses et les manquements du système antidopage.

De 2001 à 2005, l'Australien Richard Ings a dirigé le programme antidopage de l'ATP, puis, de 2005 à 2010, l'Australian Sports Anti-doping Authority (ASADA). Il assure que, très jeune, Nadal a attiré l'attention des responsables en charge des contrôles : « Dès ses seize ans, il a fait irruption sur le Challenger Tour, où il a vite gagné. Comme tout joueur à l'ascension rapide, il a été ciblé par notre équipe de contrôleurs. Il a subi de nombreux contrôles urinaires et sanguins inopinés, que ce soit en compétition ou à l'entraînement. Nous savons que les contrôles ne sont pas fiables à 100 %. En 2005, avec la meilleure technologie alors disponible, nous n'avons rien trouvé. Pas le moindre indice de quoi que ce soit. »

Nadal a continué sur sa lancée. Ses qualités d'endurance sont apparues de plus en plus remarquables, notamment lors de l'Open d'Australie 2009. Après une demi-finale marathon gagnée en cinq sets contre Fernando Verdasco, il a rebondi pour dominer Federer dans une finale au long cours également. En coulisse, les entourages de certains de ses rivaux ont fait pression sur les autorités du tennis. Ils ont demandé que ses échantillons soient conservés pour des analyses rétroactives. Cette pratique a été normalisée à partir des Jeux olympiques de Pékin. Le Comité international olympique a pris la décision de stocker les échantillons prélevés pendant une période de huit ans. Plus d'une vingtaine d'athlètes de ces JO 2008 se sont ensuite vu retirer leurs médailles. On ignore quand l'International Tennis Federation (ITF), qui supervisait les contrôles antidopage lors des compétitions de tennis, a commencé à conserver ses échantillons pour des analyses a posteriori.

Nadal n'a jamais été sanctionné, mais il a commis quelques erreurs de jugement qui ont amplifié le coup de projecteur sur la question du dopage. Tôt dans sa carrière, durant Wimbledon 2006, un journal français bien connu, *Le Journal du dimanche,* a rapporté qu'il était l'une des cibles de l'*Operación Puerto.* Cette enquête du gouvernement espagnol s'est d'abord concentrée sur le dopage dans le cyclisme. Elle fut ensuite élargie à d'autres athlètes, dans d'autres sports. L'article de l'hebdomadaire a été publié sans signature. L'International Tennis Federation, en charge du programme antidopage, et le gouvernement espagnol ont publié des communiqués pour démentir les informations du *JDD.* Pendant des années, Nadal a cherché à laver son honneur. Il a réclamé la révélation complète des éléments du dossier et des résultats d'analyse associés aux échantillons de sang saisis lors de cette enquête. Cette divulgation n'a jamais eu lieu, en partie pour des questions de prescription.

Au cours d'un de nos premiers entretiens, je l'ai interrogé sur l'impact que l'article du *Journal du dimanche* avait pu avoir sur sa carrière et s'il avait rendu les choses plus difficiles.

« Pourquoi plus difficiles ?, a-t-il répondu. Difficiles, oui, pour des personnes qui auraient eu des doutes sur le fait d'avoir pris ou non des substances. Mais je n'ai jamais rien pris dans ma vie. J'adore le sport et la compétition. De beaucoup, je préfère perdre plutôt que tricher. Tout ça ne m'a pas inquiété. Mais ça m'a fait mal, oui. Ce qui m'a fait le plus mal, c'est que des gens, mal intentionnés, ont pu écrire des choses pareilles, des mensonges, et n'ont même pas eu le courage de signer leur article. »

Nadal et son oncle Toni ont accusé le cyclisme de salir l'image de tous les athlètes, et le joueur a déclaré qu'il était « presque 100 % » sûr que le tennis n'avait pas de problèmes en matière de dopage. Commentaire bien imprudent et trop optimiste. En 2005, les Argentins Guillermo Cañas et Mariano Puerta, son adversaire lors de sa première finale à Paris, ont été tous les deux sanctionnés et suspendus pour des violations du contrôle antidopage. Les raisons de tricher étaient nombreuses. L'argent coulait à flots dans le tennis professionnel : énormes dotations de tournois, juteux contrats commerciaux. L'avènement des cordages en polyester et des raquettes plus puissantes donnait un intérêt à la recherche de la force. Et dans un sport dont la saison s'étale sur onze mois, trouver des solutions pour mieux récupérer afin d'être en mesure d'accumuler les efforts à l'entraînement et en compétition pouvait également se révéler déterminant. Oui, le tennis est un « sport d'adresse », mais la puissance et l'endurance ne comptent pas non plus pour du beurre. Il était naïf de penser que ce sport n'avait pas, ou ne pouvait pas avoir, de problème.

« Il existe tellement de moyens sophistiqués pour se doper, pour prolonger l'effort physique. Et ça peut concerner le tennis », a dit, en 2009, David Howden, alors directeur de l'AMA, au *New York Times*.

Des joueurs avaient déjà manifesté leur inquiétude. En janvier 1999, peu de temps après le scandale Festina dans le cyclisme et six ans avant que Nadal ne devienne un joueur de premier plan, j'avais interviewé Jim

Courier, l'ancien n° 1 mondial, lors de l'Open d'Australie. L'Américain était un grand frappeur et sa conscience professionnelle était particulièrement aiguë. Il avait du mal à renouer avec les résultats de ses meilleures années. Aucun test fiable n'existait alors pour l'EPO. Il se préoccupait de son usage éventuel dans le tennis.

« Je ne pense pas que la force soit une réponse dans le tennis. C'est une composante, sans nul doute. Mais si la force brute était la solution, nous verrions beaucoup d'haltérophiles dans les vestiaires. Ce n'est pas le cas. En revanche, les stéroïdes jouent un rôle majeur dans le cas des retours après une blessure. Ils vous permettent d'endurer de plus grosses charges de travail à l'entraînement. Mais le fait que nous ne pouvons pas tester un type de produit en particulier dans le système actuel me soucie davantage. »

« Je ne peux pas donner de noms, a-t-il poursuivi, mais je vois des gars jouer pendant plusieurs semaines de suite et rester frais comme des gardons. Savoir que ce produit est indétectable dans nos contrôles… Il y a trop d'argent en jeu pour que certains n'essaient pas d'en tirer avantage. J'ai envie de croire que ces produits ne sont pas répandus. Que les gars sont de meilleurs athlètes que moi. Qu'ils sont en mesure de pousser leur corps semaine après semaine. Mais je sais de quoi je suis capable et je sais ce que j'exige de mon corps. Je ne pense pas vraiment que ce soit humainement possible. Sur terre battue, chaque match est une guerre. Ils jouent toutes les semaines et gagnent 6-2, 6-2 en deux heures. Comment est-ce possible, en restant frais ? »

À mes yeux, le tennis a trop tardé à répondre à ces interrogations. Une partie du problème était systémique. L'International Tennis Federation était l'instance qui supervisait le programme antidopage. Le sport se gendarmait donc essentiellement lui-même. Il était loin d'être le seul dans ce cas, mais cela accentuait le risque de conflit d'intérêts, en plus d'alimenter le soupçon autour de joueurs qui pouvaient être protégés. Et des années plus tard, Nadal a justement été victime d'un spectaculaire retour de bâton en la matière.

Bien que ce dernier ait émergé au plus haut niveau à l'époque où les autorités internationales du sport adoptaient une approche plus rigoureuse vis-à-vis du dopage, il a parfois semblé irrité par certaines des contraintes imposées. Tôt dans sa carrière, il s'est plaint à propos des contrôleurs de l'antidopage qui frappaient à sa porte le week-end dans sa maison de Majorque. En 2009, il a été l'un des critiques les plus célèbres de l'AMA et de son nouveau système de localisation. Les sportifs devaient désormais indiquer chaque jour une heure et un lieu où ils pourraient être contrôlés.

Cette année-là, lors de l'Open d'Australie, Nadal nous a dit que les nouvelles règles s'apparentaient à un « harcèlement intolérable ». Chaque trimestre, les athlètes devaient remplir un formulaire et fournir leur programme des trois mois à venir. Et lorsqu'ils changeaient leurs plans, ils étaient contraints de le notifier aux autorités antidopage.

« Ni ma mère ni mon oncle ne savent parfois où je suis. Devoir envoyer un message en toute hâte, ou se faire du souci parce qu'il y a un changement de dernière minute, ça me semble totalement excessif. »

« Nous sommes des êtres humains », a-t-il ajouté, défendant que les sportifs n'avaient pas à se sentir comme des « délinquants » parce qu'ils faisaient du sport de haut niveau.

C'est vrai, le nouveau règlement était invasif. Mais il était extrême à cause de la prévalence et de la sophistication accrue du dopage. Comme certaines substances avaient la capacité de disparaître de l'organisme des athlètes en seulement quelques heures, les officiels de l'AMA ont jugé qu'ils devaient pouvoir contrôler sans préavis et n'importe quel jour. Nadal n'a pas été le seul à protester. Un groupe d'une soixantaine d'athlètes belges ont formé un recours juridique pour remettre en cause le règlement lié à la localisation. Ils ont été déboutés. Nadal s'est retrouvé du mauvais côté de l'histoire. Il a contesté des méthodes de contrôle parfaitement justifiées alors que la crédibilité du sport était mise en doute. Il a semblé ne pas voir le problème, et préférait se faire le défenseur des droits individuels des sportifs en exigeant qu'ils soient traités avec dignité et respect. Mais il était aussi dans l'intérêt des joueurs que leur sport reste légitime, et tous ont fini par accepter ses règles comme un mal nécessaire, y compris Nadal. Au moins en public.

Ses problèmes d'image en France ont perduré, en partie nourris par les spectaculaires résultats du sport espagnol. L'équipe masculine de football a remporté l'Euro 2008 puis la Coupe du Monde 2010. Le FC Barcelone a gagné la Champions League en 2009 et 2011. Le cycliste Alberto Contador, plus grande star de son sport depuis Armstrong, s'est imposé dans le Tour de France en 2007, 2009 et 2010, avant d'être déclaré positif au stéroïde clenbutérol lors de cette dernière édition. Contador a invoqué une contamination via de la viande infectée mais a été suspendu en septembre 2010, alors que les autorités examinaient l'affaire. Contre l'avis de son équipe, Nadal lui a offert son soutien public.

En novembre 2011, Yannick Noah, resté l'une des personnalités préférées en France après s'être lancé dans une carrière de chanteur à succès, a signé une tribune dans le journal *Le Monde,* réputé pour son sérieux. Il laissait entendre que les sportifs espagnols avaient de brillants résultats en raison d'une « potion magique ».

« Quand je traînais encore ma raquette sur les courts, on n'était pas ridicules, loin de là, face à nos amis espagnols. Pareil sur les terrains de foot, les parquets de basket ou les routes du Tour de France. Aujourd'hui, ils courent plus vite que nous, ils sont beaucoup plus costauds et ne nous laissent que des miettes. À côté d'eux, c'est simple, on a l'air de nains. Qu'est-ce qu'il s'est passé qu'on aurait raté ? Une question me taraude : comment une nation peut-elle du jour au lendemain dominer le sport à ce point ? »

La conclusion, surprenante, de Noah : « Arrêtons l'hypocrisie. Il faut, bien sûr, respecter la présomption d'innocence, mais plus personne n'est dupe. La meilleure attitude à adopter est d'accepter le dopage. Et tout le monde aura la potion magique. »

La célébrité de Noah et la respectabilité du *Monde* se sont conjuguées pour rendre cet article viral. Les réactions ont été vives en Espagne et en France. Le problème de la légalisation du dopage est qu'elle ne réglerait rien. Elle mettrait la santé des athlètes en danger et les laisserait avec la seule alternative de se doper pour être compétitifs.

« Ce sont des propos graves et irresponsables, a déclaré David Douillet, ancien champion olympique de judo, alors ministre des Sports en France. C'est un sujet extrêmement sérieux. Nous parlons de tricherie et de santé publique. »

« Des gens ignorants ne se donnent pas la peine de chercher à comprendre les raisons du boom du sport espagnol, a réagi Alejandro Blanco, le président du comité olympique espagnol. C'est le travail qui est la clé de ce succès. »

Nadal était à Londres pour disputer les ATP Finals quand l'article de Noah est sorti. On l'a invité à le commenter.

« Ça va être difficile d'exprimer ce que je ressens en anglais. Ce gars mérite de ne plus écrire dans le journal, vous savez. Ce qu'il a dit est complètement stupide et il le sait mieux que personne. C'est totalement ridicule quand on connaît le nombre de contrôles que nous subissons durant toute la saison, année après année. Qu'un type, un type aussi connu que lui, dise ça, c'est terrible. »

Lui aussi en lice à Londres, Tsonga est allé trouver Nadal pour s'excuser, en quelque sorte, au nom de la France. D'après lui, Noah n'aurait pas dû faire de telles déclarations sans fournir de preuves.

Toni Nadal s'est dit « choqué qu'une personnalité à l'honnêteté discutable ait osé mal parler des athlètes espagnols », avant d'ajouter : « Si Noah dit bonjour à Rafa, j'espère que mon neveu lui dira poliment ce qu'il pense de lui. »

Plus tard, Noah a publié une clarification dans *Le Monde*, expliquant qu'il avait fait une démonstration par l'absurde en prônant le dopage légalisé et la « potion magique » pour tous. Il précisait avoir voulu lever une chape de plomb autour du dopage et n'accuser aucun athlète en particulier, juste le système en général. « À Toni Nadal, l'oncle de Rafael, qui dit à son neveu de ne plus me dire bonjour : qu'est-ce que ça peut me faire, qu'il me dise bonjour ou pas ! », a écrit Noah, loin de faire son mea culpa.

Le tintamarre s'est poursuivi. Début 2012, *Les Guignols de l'info,* une émission satirique de la télévision française, animée par des marionnettes, a représenté l'une d'entre elles sous les traits d'un Nadal urinant dans le réservoir de sa Range Rover. Son véhicule démarrait en trombe puis était rattrapé par la police française. Une voix off concluait le sketch avec ces mots : « Les athlètes espagnols, ils ne gagnent pas par accident. »

En 2011, la fédération espagnole de cyclisme a annoncé qu'elle ne suspendrait pas Contador et qu'elle validait la thèse de la viande contaminée. L'AMA et l'Union du cyclisme international ont fait appel de cette décision. En 2012, le Tribunal arbitral du sport, l'instance juridictionnelle suprême en la matière, a soutenu l'appel. Il a ensuite suspendu Contador pour une durée de deux ans et annulé sa victoire du Tour de France 2010. *Les Guignols* ont ressorti leur marionnette de Nadal. Biceps protubérants, une seringue surdimensionnée à la main en guise de crayon, il signait une pétition pour soutenir Contador en chantant : « J'ai quinze litres de sang dans le frigo, vive l'Espagne ! »

Enfin, une semaine à peine avant notre interview dans la galerie d'art, *Les Guignols* ont remis le couvert. Cette fois, Nadal avait été caricaturé en King Kong escaladant un building.

Les autorités sportives espagnoles, y compris la fédération royale de tennis espagnol, ont menacé l'émission de représailles judiciaires, mais en sont restées là. L'équipe de Nadal l'a parfois tenu à l'écart d'articles ou d'émissions, évitant de les porter à sa connaissance dans le but de préserver sa tranquillité d'esprit, mais il était impossible de passer à côté des *Guignols.*

« Je suis le premier à aimer rire : j'aime faire des blagues, mais je pense qu'il y a un vrai problème au cœur de tout ça, a-t-il réagi dans une interview donnée à Julien Reboullet dans *L'Équipe* en mars 2012. Une partie du public n'a aucune idée de ce qu'est le sport professionnel, de comment fonctionne le système de contrôle antidopage ou qu'il y a des contrôles pratiquement tous les jours. Ignore que nous devons être disponibles et localisables trois cent soixante-cinq jours par an. Pas un jour off. Quand vous savez tout ça, quand vous appartenez un peu au monde du sport… l'émission continue d'être déplaisante, mais ce n'est pas le plus grave. Ce qui m'agace est que ça peut avoir un impact sur des gens qui ne connaissent rien du système, qui ne savent rien de toutes les contraintes et des contrôles, qui ne se rendent pas compte qu'il est impossible de tricher, d'avoir des substances interdites dans son corps et de passer entre les mailles du filet. Nous sommes soumis à un mécanisme intégral. Ces sketches me font du tort et font du tort au sport espagnol. C'est injuste. Le tennis est un sport très propre. Il y a eu très peu de cas de dopage. »

Après toutes ses récriminations, Nadal utilisait désormais le système de localisation comme un argument en faveur de l'intégrité du tennis. Il est peut-être un homme d'habitudes – bouteilles d'eau bien en place – mais il pouvait aussi s'adapter et évoluer.

La lutte antidopage dans le tennis était bien plus ancienne qu'on pouvait le croire. Lors de Roland-Garros 1974, Jan Kodeš, le champion tchèque, a exigé que François Jauffret, son vainqueur en huitièmes de finale, subisse un contrôle antidopage. Les officiels de Roland-Garros se sont pliés à sa demande. Plus tard, ils ont annoncé, heureusement pour Jauffret, que le contrôle était négatif.

« Je suis triste qu'un grand champion comme Jan ne sache pas accepter sa défaite », avait commenté Jauffret, vexé d'être ainsi soupçonné.

« Comme dans d'autres sports, le tennis devrait procéder à des contrôles aléatoires », avait plaidé le Tchèque.

Sur ce point, Kodeš était évidemment dans le vrai. Dans les années 1990 et 2000, le tennis a fini par développer son programme antidopage. Mais le nombre des contrôles aléatoires est resté trop faible. Les autorités compétentes concentraient leurs efforts sur des contrôles réalisés en compétition qui, selon les experts, avaient moins de chances de confondre les tricheurs. Federer m'avait d'ailleurs fait part de sa préoccupation. Depuis plus de dix ans, il vivait à temps partiel à Dubaï, où il s'entraînait. Au cours de cette longue période, il n'avait subi qu'un seul contrôle dans l'émirat. Lorsqu'il était en Suisse, il était contrôlé deux fois par semaine.

« En Suisse, le contrôleur se manifeste en permanence et moi, je suis là à me dire : “Cool. Entrez. Je vous attendais.” À Dubaï, je n'en reviens pas de pouvoir m'entraîner comme une bête sans que personne ne vienne me contrôler. Ça me rend dingue. »

Nadal a subi de nombreux contrôles à Majorque. Mais en France, les rumeurs ont persisté.

« Je ne suis pas tellement en colère, a confié Nadal à *Tennis Magazine*, au printemps 2012. Mais je ressens, c'est vrai, un sentiment d'injustice. En France, il n'y a pas seulement eu *Les Guignols* ou Noah. Il y a des choses insinuées dans la presse à de multiples occasions. C'est ridicule, mais qu'est-ce que je peux dire ? Je dois me justifier en permanence. »

Que Federer, un champion plus prolifique que lui à cette époque, ne soit pas la cible des mêmes soupçons a probablement agacé Nadal, bien qu'il ne l'ait jamais dit publiquement. L'approche discutable de l'Espagne dans la lutte antidopage a sûrement joué un rôle. Le style de jeu plus en douceur du Suisse, son allure physique moins imposante, son CV plus mince à Roland-Garros, aussi. L'inégalité de traitement était flagrante.

Les résultats de Nadal lors de Roland-Garros 2012 n'ont pas été affectés par ce contexte négatif. Seul homme à l'avoir battu porte d'Auteuil, Söderling était absent du tableau, malade de la sévère mononucléose qui le forcerait à mettre un terme prématuré à sa carrière. Nadal n'a pas perdu un set sur la route de la finale, faisant au passage la démonstration de sa capacité à compartimenter sa vie : en huitièmes de finale, il a balayé 6-2, 6-0, 6-0 son ami argentin Juan Mónaco. Jamais Nadal n'a été si proche du score parfait à Roland-Garros. Ce n'était pas la première fois qu'il écrasait son *amigo*. Mais Mónaco, d'habitude un joueur souriant, parut secoué après cette correction. La poignée de main s'est transformée en accolade, et Nadal s'est presque excusé d'avoir gagné dix-sept jeux consécutivement. Il a conseillé à sa victime de ne pas oublier qu'il avait joué le meilleur tennis de sa carrière durant le tournoi.

Nadal : « Dix-sept jeux d'affilée, c'est incroyable. Vous êtes un peu mal pour votre adversaire. Mais le tennis est un sport où vous n'avez pas le droit de vous relâcher un instant. Cette année, contre Verdasco à Madrid, j'ai perdu un match où je menais 5-2, double break au troisième set. Aujourd'hui, je suis resté concentré. J'ai voulu terminer le match au plus vite. Et pour y arriver, vous devez respecter votre adversaire et donner le meilleur de vous-même à chaque instant. »

Mónaco, 15e mondial, aurait sans doute préféré un tout petit peu moins de respect. Il avait seulement gagné 43 points, presque deux fois moins que Nadal (83), mais n'était pas rancunier, juste sous le choc.

« C'était comme jouer contre un fronton, a confié Mónaco en faisant référence au grand mur de la pelote basque. Je ne vais pas me pendre ou me jeter dans la Seine. J'ai joué contre Rafa Nadal, qui vient d'une autre planète. Quand il joue ainsi, il n'y a rien à faire. S'il n'a aucun problème physique, et j'espère qu'il n'en aura pas, il gagnera le tournoi. En plus, il joue mieux que l'an passé, puisqu'il vient de battre Djokovic deux fois de suite. »

L'enjeu de la finale Nadal-Djokovic qui a suivi était immense. Nadal était à une victoire de dépasser Borg ; Djokovic à une victoire de devenir le premier homme depuis Rod Laver à détenir les quatre trophées du Grand Chelem en même temps. Certes, un Grand Chelem à cheval sur deux saisons, plutôt que le véritable Grand Chelem calendaire accompli par Laver en 1962 et 1969 ou Donald Budge en 1938. Mais la perspective de ce *« Nole Slam »* était tout de même vertigineuse, d'autant qu'en 2006 et 2007 Nadal avait déjà empêché Federer de détenir les quatre titres en le dominant en finale de Roland-Garros.

Nadal n'a pas lâché un set de toute la saison sur terre battue rouge. Sa seule défaite est survenue à Madrid sur la terre battue *bleue* qu'il a rejetée en bloc. À l'inverse, Djokovic a marché en permanence sur une corde raide, particulièrement à Paris. En huitièmes de finale, il a remonté un handicap de deux sets contre Andreas Seppi. En quarts de finale, il a sauvé quatre balles de match face à Tsonga. En demi-finales, en revanche, il a spectaculairement éliminé Federer en trois sets. La preuve de son retour à son meilleur niveau.

« C'est le défi ultime, a-t-il déclaré en évoquant le fait d'avoir affronté Nadal. Mais c'était mon meilleur match lors de ce Roland-Garros 2012, j'ai donc su élever mon niveau de jeu quand c'était nécessaire. »

Nadal a élevé le sien dès le premier jeu de la finale. Il a pris le service de Djokovic au terme d'échanges particulièrement longs, sous un ciel maussade et menaçant. Dès le début du deuxième jeu, le Serbe a jeté des regards inquiets à son camp. Il avait raison de se faire du mouron. Après cinq échanges de breaks, Nadal a empoché le premier set 6-4.

La deuxième manche a fait la joie des relanceurs. Les lourdes conditions de jeu ont neutralisé la puissance des serveurs. Lorsque Djokovic a perdu sa mise en jeu à 3-3, il s'est vengé sur un banc. Il l'a violemment frappé avec sa raquette, trouant du même coup le nom « Perrier » inscrit dessus. Pas le genre de publicité espérée par la marque, sponsor de longue date du tournoi. Le public l'a sifflé. La pluie s'est ensuite mise à tomber, alors que Djokovic s'apprêtait à servir à 3-5. Le jeu a repris devant des parapluies restés ouverts. Nadal a conclu le set, breakant Djokovic une nouvelle fois grâce à un passing de revers plongeant. Deux sets à rien.

Sous la bruine persistante, Nadal s'est détaché 2-0 au troisième set. Cette finale, tant attendue, était décidemment chiche en suspense. Mais toujours combatif et résolu, Djokovic s'est montré plus agressif et a réussi un tour de force inédit : gagner huit jeux de suite contre Nadal à Roland-Garros. Les conditions météorologiques lui étaient plus favorables. Lors des deux premiers sets, il a commis un nombre inhabituel de fautes en revers, alors qu'il tentait de s'adapter au lift bondissant de son adversaire. Mais quand la terre battue s'est alourdie, quand les balles sont devenues moins vives, il s'est mis à mieux contrôler les échanges. Il a obligé Nadal à jouer loin derrière sa ligne de fond de court, et l'a forcé à réagir plutôt qu'à agir. « J'avais le sentiment d'être dans des positions complètement négatives à peu près tout le temps », a livré l'Espagnol.

Djokovic a gagné le troisième set 6-2 puis a pris l'ascendant 2-0 au quatrième, face à un Nadal de plus en plus frustré qui gesticulait en direction de son équipe. En écartant ses bras, il leur signifiait que les balles grossissaient à vue d'œil en se chargeant d'humidité. Les mauvais rebonds comme les mauvaises glissades sont devenus plus fréquents. Le tenant du titre a demandé une nouvelle interruption. Stefan Fransson, le juge-arbitre suédois au visage impassible, n'est pas intervenu. Le jeu a fini par être arrêté juste au moment où Nadal venait de réussir à conserver son service et arrêter l'hémorragie.

Ils ont quitté le court un peu avant 19 heures. De façon inhabituelle, Nadal eut le temps d'exprimer son mécontentement à Fransson, qu'il accusait d'avoir pris une décision bien trop tardive, malgré les évidences. Il a rassemblé ses affaires et marché d'un pas lourd vers la sortie en abandonnant une peau de banane sur son banc. Lorsque Toni Nadal a croisé Fransson dans un escalier, il a agité ses bras avec exaspération. *« La pista! »*, a-t-il aboyé en se référant au court.

« Sérieusement, a plus tard dit Rafa, pendant les quelques derniers jeux, les conditions n'étaient pas les bonnes pour jouer une finale du Grand Chelem. Il fallait s'arrêter. »

Djokovic était d'accord. Les déplacements étaient devenus dangereux. La terre boueuse collait aux semelles des chaussures. Ce genre de météo n'avait rien d'exceptionnel pour une finale de Roland-Garros avant la pose du toit rétractable sur le court Chatrier. En 2009, Federer a battu Söderling sous une pluie fine. En 2011, Nadal et Federer ont été chassés du court par un déluge soudain, mais l'interruption n'avait pas été très longue. Cette fois, elle s'est prolongée toute la nuit. Djokovic aurait aimé reprendre vers 20 heures, quand la pluie s'est calmée, mais Fransson et les organisateurs du tournoi ont jugé qu'il n'y aurait pas suffisamment de luminosité pour permettre au match d'aller à son terme en ce dimanche soir. Ils ont opté pour un report au lundi.

C'était la première fois depuis 1973 qu'une finale du simple messieurs ne se terminait pas à la date prévue. Deux journées entières de pluie avaient reporté la finale au mardi, où Ilie Năstase avait défait Niki Pilić en trois sets. Nadal et Djokovic n'ont pas eu à patienter aussi longtemps.

Lorsqu'ils ont retrouvé la terre battue, le lundi à 13 heures, les conditions de jeu et le public étaient différents. La Fédération française de tennis avait ouvert le court central aux licenciés de la région parisienne, afin de remplir les sièges éventuellement laissés libres. Toutes les places ont trouvé preneurs pour la fin, alléchante, de ce duel. Nadal était nerveux. Plus tard, Toni nous a confié qu'il avait dû secouer son neveu par le bras pour tenter d'alléger la tension et l'obliger à communiquer.

L'oncle était pessimiste. Il avait tort. Rafael a démarré sur les chapeaux de roues, dans des conditions plus sèches et plus rapides. Il a immédiatement repris le service de Djokovic pour égaliser à 2-2 au quatrième set.

Le coup droit était, à nouveau, son arme irrésistible. Djokovic a tenu le choc, jusqu'au moment où il a servi à 5-6 pour tenter de forcer un jeu décisif. Sa magie s'est alors envolée. Balle de match. Et double faute à cause d'une deuxième balle bien trop longue. Les cris de la foule, qui l'ont obligé à patienter entre son premier et son deuxième service, ne l'ont pas aidé.

Près de vingt-quatre heures après avoir commencé, la finale 2012 était terminée. Les épaules de Djokovic se sont affaissées. Nadal est tombé sur la terre, sûrement pas pour la dernière fois. Il a recouvert son visage avec ses deux mains, s'est redressé, a sauté sur place puis s'est élancé en bondissant vers la poignée de main. Djokovic a eu beau avoir battu Nadal lors de leurs trois précédentes finales du Grand Chelem et l'avoir bousculé en 2011, Roland-Garros est resté le territoire de l'Espagnol.

Nadal n'a peut-être jamais jeté une raquette de rage, mais il l'a jetée de joie et de soulagement, vers son sac, a levé les bras en direction du ciel et a essuyé quelques larmes, comme Toni. Rafael a encore eu l'énergie de se hisser au premier rang de la tribune où se trouvait la « team Rafa », qui l'a submergé, et de se jeter dans les bras de son oncle, avant de déverser le contenu de sa bouteille d'eau sur le court. Il a aussi reçu l'accolade de Pau Gasol, la star espagnole de la NBA, et posé sa tête sur l'interminable torse du basketteur. Le contexte – avoir résolu le casse-tête Djokovic – pouvait expliquer la puissante intensité de ses émotions, mais il y avait autre chose. En le regardant, mon sentiment était que chaque année était, en vérité, une nouvelle année pour Nadal à Paris, et que c'était l'une des raisons principales de ses succès en série. Ce n'était pas la célébration d'un jeune champion blasé. Pour lui, chaque Roland-Garros était une histoire à lui seul. Il l'avait souvent répété mais, soudainement, cela avait pris sens.

« La pression est la même chaque année, a-t-il remarqué avant la finale. Je donne le meilleur de moi-même tous les jours. Je suis motivé. J'ai l'illusion d'essayer de gagner le tournoi. Pas parce que ça peut être mon septième titre. Parce que c'est Roland-Garros. C'est l'un de mes tournois prioritaires chaque année, si ce n'est le plus important. Donc, la pression supplémentaire pour moi, parce que ça peut être le septième, c'est zéro. La pression reste la même parce que c'est une nouvelle finale de Roland-Garros. C'est la chose la plus importante pour moi. »

Un état d'esprit si simple, si évident. Peu dans l'histoire ont été en mesure de développer et de garder une telle constance dans l'effort sur une aussi longue période. Nadal ne voulait pas *un autre* Roland-Garros. Il voulait *un* titre de Roland-Garros. Il n'était pas focalisé sur l'idée de battre le record de qui que ce soit, mais sur celle de sortir le meilleur de *lui-même* sur n'importe quel point, dans n'importe quel match, n'importe quelle année. Libre à nous, partant de là, d'avoir les obsessions statistiques qui étaient les nôtres, à l'image des jeunes fans espagnols placés tout en haut des tribunes et qui brandissaient une bannière actualisée : *Rafa en el 7o cielo* (Rafa au septième ciel). Nadal avait laissé derrière lui Borg, l'un des maîtres ultimes de la terre battue, et rejoint Pete Sampras, qui avec ses sept titres à Wimbledon est le seul autre champion de l'ère Open à s'être imposé sept fois dans un tournoi majeur de l'ère Open.

Nous ne le savions pas alors, mais Nadal est allé au bout de la douleur pour triompher. Avant sa demi-finale et sa finale, il a reçu des injections d'antidouleurs pour soulager son genou gauche qui, nous l'ignorions aussi, le tracassait depuis mars. D'autres piqûres de calmants ont suivi à Wimbledon. Cette fois, il s'est retrouvé du mauvais côté de l'histoire. Il a perdu en cinq sets contre le 100ᵉ mondial, Lukáš Rosol, au deuxième tour. Rosol, un Tchèque d'un mètre quatre-vingt-treize habitué au circuit secondaire, avait un gros service et un solde négatif de trente-deux défaites pour dix-neuf victoires sur le circuit principal. Âgé de vingt-six ans, il avait perdu au premier tour des qualifications lors des cinq précédentes éditions de Wimbledon. Si Nadal avait été en bonne santé, il est peu probable que Rosol l'aurait battu. Mais rester en bonne santé fait aussi partie de l'équation du champion. À son crédit, Rosol a tenu le choc, avec aplomb, lors de cette occasion d'une vie. Et ses prises de risque ont été récompensées.

Le dernier set a été joué sous toit fermé. Le Tchèque a parachevé sa victoire 6-7(9), 6-4, 6-4, 2-6, 6-4 d'un ace, d'un coup droit gagnant et de deux autres aces. « Au cinquième set, il a joué plus qu'incroyable », a reconnu Nadal.

Rosol a comparé sa victoire à celle d'une équipe B de République tchèque face au Real Madrid. Au All England Club, c'était sans doute la plus grande surprise du tournoi masculin depuis la victoire de Peter Doohan sur Boris Becker, le double tenant du titre, au deuxième tour de l'édition 1987. Âgé de seulement de dix-neuf ans, Becker avait alors affiché sa remarquable maturité et son sens de la perspective en déclarant calmement : « Je n'ai pas perdu la guerre et personne n'est mort. »

Nadal a eu une même approche : « Ce n'est pas une tragédie. C'est seulement un match de tennis. »

À cause de son genou, il n'a plus joué pendant sept mois. Manquer les Jeux olympiques de Londres est ce qui l'a fait le plus souffrir, d'autant qu'il était censé porter le drapeau espagnol lors de la cérémonie d'ouverture. Cette fois, ce n'était pas seulement une tendinite. Une petite lésion au niveau du tendon rotulien du genou gauche est apparue. Plus inquiétant, il était victime de la maladie de Hoffa, une inflammation aiguë et chronique du tissu adipeux infrapatellaire, parfois très douloureuse. Nadal a choisi l'option raisonnable de se faire opérer pour mieux soulager le mal. Il était alors difficile de prédire la suite des événements. Cette pause forcée s'est avérée la plus longue de sa carrière, ses toutes dernières saisons exclues.

Il a par ailleurs manqué l'Open d'Australie 2013 à cause, cette fois, d'une grippe intestinale, et n'a pas renoué avec le circuit avant février. Ce long hiatus a entraîné de nouveaux soucis, mais avec un effet différé de trois ans. Pas en raison de ses genoux. À cause de nouvelles accusations de dopage.

En mars 2016, Roselyne Bachelot, une ancienne ministre de la Santé, de la Jeunesse et des Sports, est apparue dans une émission de télé. Maria Sharapova venait d'être suspendue pour avoir ingéré du meldonium, une substance nouvellement interdite. Bachelot en a parlé en élargissant cette actualité au-delà du cas de la championne russe. « Nous savons que la blessure de Nadal, qui a duré sept mois, est certainement due à un problème de dopage. Quand vous voyez un joueur de tennis longtemps absent, c'est généralement parce qu'il a été contrôlé positif. »

À cette époque, l'International Tennis Federation attendait qu'une affaire soit jugée et une sanction imposée pour communiquer sur le cas d'un joueur contrôlé positif. Si un joueur était blanchi de toute infraction au terme de la procédure, personne n'était informé du contrôle positif qui l'avait concerné. Cette politique a semé le doute. Certains en sont venus à croire que des joueurs observant de longues pauses, sous le prétexte de blessures, purgeaient, en réalité, de manière dissimulée, une suspension pour dopage.

Nadal a rejeté ces accusations. Il a déposé plainte pour diffamation contre Roselyne Bachelot en avril 2016.

« Dans le passé, je ne voulais pas en arriver là, poursuivre en justice ceux qui portaient de telles accusations, parce que je n'avais pas envie de croire qu'ils étaient sérieux. Mais une ministre française devrait être sérieuse. »

Il a ajouté qu'il ferait désormais un procès à quiconque oserait remettre en cause sa probité lors de déclarations publiques.

« Je travaille tellement depuis l'âge de cinq ans, toute ma carrière, pour avoir le succès qui est le mien. Toujours de la bonne manière, en m'entraînant avec passion, avec intensité, avec l'amour du jeu. »

Dans une interview donnée à *L'Équipe* avant l'audience en justice, il a admis que son style de jeu particulièrement physique pouvait susciter du scepticisme. « Peut-être que ma façon de jouer encourage des gens ayant de mauvaises intentions à penser certaines choses. C'est très injuste. C'est un manque de respect pour tout ce que j'ai consacré quotidiennement à ce sport. Certains joueurs frappent plus fort que moi. D'autres sont plus imposants physiquement. D'autres même plus forts mentalement. Vous devez avoir toutes ces qualités pour être le meilleur. Mais je ne jetterai jamais le doute sur qui que ce soit. »

En la matière il n'a pas toujours été bien avisé. Citons le cas Contador, notamment.

« J'essaie d'être juste avec tout le monde. Quand j'ai parlé de ça, nous ne connaissions pas toute l'histoire. Je n'ai eu aucun problème à le soutenir publiquement, même si, plus tard, j'ai subi un retour de bâton. Je suis comme ça. »

Il a fini par en avoir assez de ceux qui, particulièrement parmi les Français, questionnaient son intégrité. En novembre 2017, un tribunal français a jugé en faveur de Nadal et condamné Bachelot à lui payer 10 000 euros de dommages et intérêts.

Rien de tout ça n'avait à voir avec l'argent, qu'il a donné à une œuvre de charité française.

Chapitre 12

LES CLASSIQUES

La vie est généralement agréable sur l'île paradisiaque de Key Biscayne. Ce n'était pas le cas pour Rafael Nadal en ce mois de mars 2014.

Il venait d'y perdre la finale du Miami Open 6-3, 6-3 contre Novak Djokovic. Ce tournoi est l'une des rares compétitions prestigieuses que Nadal ne remportera jamais, avec les ATP Finals ou le Paris Masters (preuve que la capitale française n'a pas toujours été magique pour l'Espagnol).

Pour la troisième fois de suite, Djokovic venait de battre Nadal sans perdre un set. Les deux joueurs n'ont pas tardé à rejoindre la salle de conférence de presse. Nadal est arrivé le premier, abattu et pragmatique. Déjà à ce stade de ma carrière, j'intervenais rarement dans ce genre d'occasion. Ce n'est pas à mettre à mon crédit, mais avec l'avènement des réseaux sociaux et parce que les comptes rendus des conférences de presse sont immédiatement mis en ligne, j'ai perdu l'envie de poser toute question dont la réponse, argumentée, a toutes les chances d'être utilisée sous différents biais, par d'autres, bien avant qu'elle ne soit publiée dans mon article. Je garde donc mes thèmes pour moi et essaie de trouver mes interlocuteurs dans des espaces médiatiquement moins fréquentés.

Cette fois encore, je n'avais pas prévu de poser de question, mais quand j'ai entendu Nadal évoquer la supériorité du moment de Djokovic et la nécessité pour lui de perfectionner son jeu, j'en ai laissé échapper une, impatient d'en savoir plus.

« Vous aimez les défis. Vous l'avez répété maintes fois. Êtes-vous heureux que Novak existe ? »

Nadal a répondu aussitôt « Non », avec un mouvement négatif de la tête en buvant quelques rasades de sa boisson de récupération.

Il y a eu des rires dans la salle, y compris le mien.

« J'aime les défis, mais je ne suis pas stupide », a-t-il ajouté avec un sourire et un haussement de sourcil tout nadalien (les Français peuvent hausser les épaules avec leur bouche ; Nadal avec son sourcil gauche).

Sa réponse était franche et sincère. Elle émanait du champion qui avait dit, à quelques-uns d'entre nous, au lendemain de son succès sur Federer en finale de l'Open d'Australie 2009, qu'il préférait la solution au résultat, le combat à la victoire.

Je l'ai cru à l'époque. Je l'ai également cru à Key Biscayne. Au fil du temps, Djokovic est parvenu à malmener Nadal comme aucun autre joueur avant lui, pas même Federer. L'habituelle efficacité de ses coups et son indéfectible force de caractère n'étaient plus suffisantes contre le très souple Serbe dont la maestria en défense, la technique très juste et la force mentale pouvaient neutraliser les armes qui, d'ordinaire, faisaient tant de dégâts. Certes, Nadal fonctionnait au doute… mais on aurait dit que même lui ne pouvait tolérer tant de doute.

Le tour de Djokovic en conférence de presse est bientôt arrivé. Il était serein.

« Nous avons demandé à Rafa s'il était heureux que vous existiez – puisque il aime les défis », ai-je dit.

« OK », a répondu Djokovic.

« Je vais vous poser la même question. »

« Qu'a-t-il répondu ? », m'a demandé le Serbe, suscitant à nouveau des rires.

Je l'ai informé.

« Eh bien, a-t-il enchaîné, je vais répondre différemment. Je pense que les grands défis que j'ai affrontés dans ma carrière m'ont changé positivement en tant que joueur. À cause de Rafa, à cause de Roger, je suis ce que je suis aujourd'hui. Après avoir atteint la place de n° 3 mondial et gagné mon premier titre du Grand Chelem en 2008, j'ai beaucoup lutté mentalement pour surmonter les doutes que j'avais. Tous les grands matches que j'ai perdus contre ces gars, même en me montrant solide, m'ont fait comprendre ce qui me manquait sur le court. J'ai travaillé dur et je suppose que, depuis environ deux ans, je touche les dividendes. Évidemment, rien n'est jamais facile quand vous affrontez un grand rival en finale de chaque tournoi. Mais si vous voulez être le meilleur, vous devez battre les meilleurs. »

J'ai pensé à ces réponses contrastées à chaque fois que j'ai regardé des matches de Nadal et Djokovic dans les années qui ont suivi. À cette époque, ils s'étaient déjà joués plus que n'importe quel autre duo de joueurs dans l'ère Open, et leur rivalité devait encore courir sur une décennie de plus.

Nadal avait un truc pour simplifier les questions épineuses, en extraire l'essence et les neutraliser : il employait des formules toutes faites sorties de son code de conduite personnel. En anglais, il était friand de ces citations lapidaires, en forme de slogans *(« I can accept failure but I cannot accept not trying my best »).* On avait parfois l'impression qu'il nous traitait comme des enfants pour mieux nous perdre.

« Il y aurait matière à faire un livre avec ses conférences de presse, me suggérait Jim Courier. Quelqu'un pourrait faire son miel du "tao" de Rafa, parce qu'il simplifie des choses qui déconcertent nombre d'athlètes. Et il semble désorienté par la question parce que la réponse est pour lui d'une parfaite évidence. Une partie de son génie réside dans le fait qu'il n'installe pas de désordre dans son esprit avec des si, ou avec quoi que ce soit d'autre que ce à quoi il croit. Je suis sûr que c'est une approche vraiment excellente pour traverser la vie. »

Djokovic a été attiré par la complexité. Il s'y est toujours plongé avec une délectation évidente en offrant de très longues réponses aux journalistes. Il y a peut-être trouvé un bénéfice tactique. Si une conférence de presse dure dix minutes, il peut limiter le nombre des habituelles questions bateau en creusant ou en étirant – parfois les deux – chaque réponse. Mais si vous connaissez Djokovic, vous savez que ce n'est pas son intention. Il a toujours pensé par paragraphes, par dissertations même. Parfois, nul besoin de question pour que l'interview continue de se développer. En décembre 2019, pour le *New York Times*, j'ai fait un long et impromptu voyage vers Monte-Carlo depuis les États-Unis pour l'interviewer lors de la coupure hivernale. Je lui ai serré la main et l'ai salué chaleureusement. Nous nous sommes assis autour de la grande table d'une salle de conférence où nous avons échangé tous les deux pendant près de deux heures. Je n'ai pas réussi à placer une question lors des quinze premières minutes. Il s'est lancé dans une explication au sujet de ce qu'il espérait partager avec moi lors de notre conversation, du microclimat monégasque à ses rituels matinaux de gratitude, en passant par le développement précoce du cerveau du nourrisson ou la façon de bâtir un héritage (et il y a eu encore plus de choses lors de ces quinze premières minutes, beaucoup plus).

Dans certaines situations, Nadal pouvait être réservé, en dépit de son apparence intimidante, de ses rugissements sur le court et des *vamos* qui résonnaient dans le stade. Djokovic est un authentique extraverti. Oui, il a besoin de ses bains de forêt et de ses moments d'isolement régénératif. Oui, il peut avoir l'humeur sombre et être dur avec son entourage. Mais il peut être aussi la voix chantante d'un karaoké dans un bar ou celui qui refait le monde tard dans la nuit, parfois avec Janko Tipsarevic, son ami et coéquipier de l'équipe serbe de Coupe Davis, qui citait Nietzsche et Dostoïevski avec passion.

Dans un sport mondial où les comportements et les discours sont très encadrés – échange après échange, tour après tour, ville après ville –, c'est une chance que les trois joueurs qui ont dominé pendant vingt ans aient eu des personnalités si différentes. D'autant que leurs styles de jeu étaient moins diversifiés que ceux des grands rivaux du passé : Chris Evert-Martina Navrátilová ; Björn Borg-John McEnroe ; Pete Sampras-Andre Agassi. Aujourd'hui, le service-volée est une façon de jouer très minoritaire – Federer aurait certainement utilisé cette stratégie bien plus souvent à une autre époque. Quand Djokovic a rencontré le grand champion australien Rod Laver pour la première fois, il s'est excusé du changement de style intervenu dans le jeu : « Nous passons notre temps à courir autour de la ligne de fond de court, Monsieur Laver. J'en suis désolé. »

En vérité, le « Big 3 » a fini par exceller dans tous les secteurs de jeu. Les trois sont devenus des joueurs de fond de court agressifs, capables de passer de la défense à l'attaque en une fraction de seconde et depuis n'importe quelle zone. S'il n'y avait eu que deux d'entre eux, les choses seraient sans doute devenues monotones, y compris s'il s'était agi de Federer-Nadal. Quitte à endosser le rôle du méchant, Djokovic n'a pas laissé l'ennui s'installer, avec l'aide de quelques intrus comme Andy Murray, Stan Wawrinka, Marin Čilić et, prenez un mouchoir, Juan Martín Del Potro.

Djokovic est le seul joueur que j'ai vu capable de faire tomber un voile de résignation sur le visage de Nadal, de faire vaciller la flamme de sa résistance. C'est arrivé rarement, mais le simple fait que ce soit arrivé est extraordinaire. Depuis ses toutes premières années sur un court, Nadal a été conditionné pour accueillir et accepter toute adversité. Djokovic, différemment de Federer, a incarné cette adversité dans les grandes largeurs en défiant et battant l'Espagnol à son propre jeu infernal.

Toni Nadal a vite repéré le danger. En juin 2005, sur le chemin du retour des courts d'entraînement de Wimbledon, il s'est arrêté pour jeter un œil sur Juan Mónaco, le copain de son neveu, qui affrontait au premier tour un jeune qualifié, très brun, qu'il n'avait jamais vu.

C'était Djokovic, alors à peine âgé de dix-huit ans, qui faisait ses débuts à Wimbledon. Cette année-là, il a atteint le troisième tour. Rafael venait d'avoir dix-neuf ans.

« Je suis resté pour regarder quand j'ai appris l'âge de Djokovic parce que vous ne savez jamais quel rival peut surgir. Je suis resté à peu près dix minutes puis je suis retourné au vestiaire, j'ai mis ma main sur l'épaule de Rafa et je lui ai dit : "Nous avons un problème." »

Toni ne connaissait pas le nom de Djokovic jusqu'à ce jour. Il a senti que le jeune joueur était spécial en raison de son déplacement, de sa souplesse et de sa capacité à soutenir un échange à haute vitesse. Rafa, en revanche, avait certainement déjà eu vent de Djokovic. Il était proche d'Andy Murray, qui s'est entraîné un temps dans une académie de tennis espagnole et était né la même année que Djokovic.

Nadal et Djokovic ne se sont pas croisés lors de leurs années d'apprentissage. Nadal a joué les mêmes tournois, mais une ou deux années plus tôt, notamment les Petits As à Tarbes, un prestigieux tournoi pour les moins de quatorze ans, qu'il a remporté en 2000. Djokovic y a atteint les quarts de finale en 2001 en s'inclinant contre Murray. À ce moment-là, Nadal était déjà devenu professionnel, ayant signé un contrat avec Nike dès 1998, à l'âge de douze ans. En mai 2001, il a remplacé au pied levé Boris Becker, blessé, lors d'un tournoi vétéran à Majorque au Santa Ponsa Country Club. Ancien champion australien de Wimbledon, Pat Cash, âgé alors de trente-huit ans, a cru qu'il faisait une faveur aux organisateurs en acceptant de jouer contre un petit gars du coin. Nadal a honoré l'invitation de la manière qui sera la sienne à chaque moment et sur les courts du monde entier : à fond la caisse.

Cash raconte qu'il a perdu le premier set et que, réalisant à qui il avait affaire, il a ensuite déboussolé Nadal dans le deuxième en jouant service-volée. À l'heure du tie-break décisif, à une manche partout, il a cru que le gamin allait plier. Au lieu de ça, le jeune joueur a tout donné – sautant, criant, bataillant – et gagné le match.

« J'ai été un peu embarrassé pendant quelque temps, jusqu'à ce qu'il gagne Roland-Garros, s'est amusé Cash des années plus tard. Je n'étais pas un maître de la terre battue, mais la tête des gars quand je suis rentré au vestiaire était trop drôle. Ils me regardaient l'air de dire : "Quel con, tu as perdu contre un mioche de quatorze ans." Et moi, je leur disais : "Il joue le gamin, waouh !" »

Quelques mois plus tard, à l'âge de quinze ans, Nadal a gagné ses premiers points ATP dans un tournoi challenger à Séville, en battant Israel Matos Gil en deux sets sur une terre battue recouverte de sable. À cette occasion, Nadal a fait la connaissance de Feliciano López et s'est entraîné avec lui.

« J'avais entendu parler de ce gamin de Majorque qui avait un lien familial avec le joueur de foot, se rappelle López. Nous nous sommes bien entendus dès le départ. J'étais très impressionné par sa façon de frapper fort dans la balle, et par son intensité inimaginable quand il s'entraînait. Lorsque vous voyez un gamin de quinze ans travailler de la sorte, vous ne pouvez qu'être surpris. »

Djokovic était étonnant lui aussi, mais il n'a pas été aussi précoce que Nadal. Il a glané ses premiers points ATP à seize ans, dans un tournoi satellite à Belgrade. Jelena Genčić, personnage décisif dans la vie du champion qui fut sa première coach en Serbie, m'a confié que le manque de ressources financières a retardé sa progression lors de ces premières années, même après son départ pour l'académie de Niki Pilić à Munich, en Allemagne, à l'âge de douze ans. Entraîneur de Monica Seles et Goran Ivanišević dans leur jeunesse, Genčić a prédit que Djokovic serait dans le top 5 mondial d'ici l'âge de dix-sept ans.

« Nous avons perdu deux ans parce que nous n'avions pas l'argent pour atteindre les buts que je visais », a défendu Genčić quand je l'ai rencontrée en 2010 lors d'une froide journée à Belgrade.

Sa trajectoire vers les sommets a été plus tourmentée que celle de ses rivaux. Le jeune Djokovic s'est construit au milieu de la dislocation violente de la Yougoslavie dans les années 1990. À Belgrade, il devait interrompre ses sessions d'entraînement avec Genčić pour échapper aux bombes de l'OTAN et lutter pour bénéficier des conditions de travail qui permettraient à son talent phénoménal de franchir un palier. Malgré la violente adversité, ses parents ont donné la priorité à sa carrière – empruntant, sacrifiant, revendant une voiture de famille pour payer les frais liés à son entraînement –, mais l'argent était rare, très rare.

Lors de ma visite à Monaco, Djokovic a fait claquer sa main sur la table, imitant le geste que son père, Srdjan, avait fait des années plus tôt sur la table de la cuisine, avec un billet de dix marks.

« Je n'oublierai jamais ça. Nous étions cinq dans notre appartement loué de soixante-cinq mètres carrés à Belgrade. Dix marks allemands, c'était comme dix dollars. Mon père a lâché : "C'est tout ce que nous avons." »

« C'est la seule fois où il a fait ça, a-t-il enchaîné, la voix tremblante. Nous ne savions jamais combien nous avions ou n'avions pas. Mon père est certainement l'une des personnes les plus fortes mentalement que je connaisse. Peu importe ce qui se passait, il était toujours celui qui subvenait aux besoins de la famille. Il ne voulait pas que nous ayons le sentiment de ne pas avoir ce qui était nécessaire. Mais, en grandissant, on en prenait conscience. »

Ce billet de dix marks fut la rude confirmation de ces difficultés.

« Mon père a ajouté que maintenant plus que jamais, nous devions rester ensemble, traverser ça tous ensemble et trouver un moyen de nous en sortir. Ça a été un moment très puissant, très marquant de ma jeunesse, de ma vie, de notre vie à tous. J'avais peut-être huit ou neuf ans. »

Surnommé le *golden child* (enfant prodige) par Genčić, Djokovic a gagné près de deux cents millions de dollars sur les courts de compétition et des centaines de millions d'autres en contrats divers. À Monaco, où il vit avec Jelena, son épouse, et leurs deux enfants dans un monde évidemment très privilégié, il m'a expliqué qu'il n'éprouvait pas le besoin de forger le caractère de son fils et de sa fille : ni en instillant de la dureté dans la douceur de leur existence ni en leur rappelant constamment par quelles difficultés lui était passé enfant.

« Je crois vraiment que chacun d'entre nous est né avec un certain karma, un chemin de vie karmique que nous sommes supposés vivre. Nous n'en avons peut-être pas conscience, mais nous découvrons plus tard pourquoi certaines choses arrivent dans nos vies de cette façon. Je n'envisage pas que mes enfants grandissent comme j'ai grandi ou à l'inverse de ce que j'ai pu connaître. Je vais essayer d'être leur ami, leur soutien et le facilitateur de leur chemin de vie. Par facilitateur, je veux dire quelqu'un qui peut être un tremplin pour eux plutôt qu'un obstacle parce que, de façon inconsciente, nous pouvons être des obstacles en tant que parents. Ce n'est pas forcément une mauvaise chose, parce que nous tentons d'enseigner à nos enfants comment traverser certaines expériences délicates de la vie pour les faire grandir, pour les endurcir, parce que la vie est dure. Mais je ne suis pas nécessairement en accord avec ce genre de philosophie. Je ne pense pas que la vie doive être dure. »

Djokovic a insisté sur le mot « dure », en grognant et montrant les dents.

« La vie offre tellement de belles choses si vous choisissez de la voir ainsi. Bien sûr, mes enfants expérimenteront les bons et les mauvais côtés de l'existence, mais heureusement, ma femme et moi avons la même philosophie. Nous voulons présenter la vie comme une belle histoire, une belle bibliothèque qui attend d'être vue, d'être lue, d'être écrite, d'être dessinée, peu importe. J'ai envie qu'ils expriment eux-mêmes, à leur façon, un chemin artistique ou humain, selon leurs possibilités. Je suis souvent challengé en tant que père, croyez-le bien. J'ai le sentiment que j'aimerais utiliser les expériences que j'ai vécues en tant qu'enfant en Serbie pour leur faire prendre conscience de ce qu'a été ma vie. Mais je ne souhaite pas les encombrer avec ça, parce que la chose que je ne veux pas du tout pour mes enfants, c'est qu'ils se disent mon Dieu, le voilà qui recommence avec ses “quand je faisais ci, moi je n'avais pas ça. Moi je n'ai jamais eu ça alors que vous, vous avez tout”. Je ne veux pas de ça, parce que mes enfants sont arrivés dans cette famille de cette façon et dans ces circonstances, et qu'ils ont leur parcours que je respecte. »

Je reproduis ces commentaires en longueur parce qu'ils reflètent la façon de penser et de communiquer de Djokovic, et parce qu'après avoir passé du temps avec lui, à travers les années, je suis frappé par toutes les pensées foisonnantes et débordantes qu'il doit bloquer ou rediriger avant de frapper une boule de feutre jaune avec force et précision sous des millions de regards.

Ou peut-être que le tennis, comme pour beaucoup d'entre nous, lui offre une pause bienvenue, qui resserre son regard et apaise ses questions existentielles.

La chose certaine est qu'il a beaucoup travaillé sur lui-même en plus de beaucoup travailler son jeu. Souvent ses raisonnements ne correspondent pas à ce que pense la majorité des gens, comme sa décision de ne pas se faire vacciner durant la pandémie de covid, qui a entraîné son expulsion d'Australie en janvier 2022 et lui a valu de ne pas pouvoir entrer sur le territoire américain jusqu'à l'été 2023. Comme il l'a souligné à Monaco, il ne veut rien être de plus qu'un « travail en cours ». Nadal et Djokovic ont cela en commun, à un certain degré, bien que la quête de progrès sans fin du premier soit davantage restée circonscrite aux lignes du court que la quête, plus vaste, du second.

Nadal est peut-être plus *old school* ; Djokovic davantage *new age* même s'il m'a avoué trouver le terme un rien méprisant.

« Nous devons nous retrousser les manches et puiser profondément en nous, m'a-t-il dit quand nous avons à nouveau échangé lors de la pandémie. Il existe un malentendu. Les gens pensent que lorsque vous parlez de "travail intérieur", ça a à voir avec le vaudou. Lorsque vous parlez d'émotions et de méditation, c'est un peu : "Oh mon Dieu, ce truc *new age* de merde !" Mais il s'agit de vraiment nous comprendre nous-mêmes. Je veux dire, dans quelle mesure vous connaissez-vous vous-même, Christopher, vraiment au plus profond de vous ? »

« Mon épouse dirait "pas très bien" », ai-je répondu.

« Exactement, exactement, a-t-il rebondi. Nous ne nous connaissons pas suffisamment, donc je pense que c'est le bon moment. Le confinement est le moment parfait pour faire le travail ! »

La pandémie a été riche en leçons pour Djokovic, certaines d'entre elles très douloureuses. Mais il a toujours été un chercheur, que ce soit d'équilibre intérieur, d'un avantage compétitif ou simplement de connaissance. Il est l'une des superstars du sport les plus curieuses et les plus analytiques que j'aie interviewées (et j'en ai interviewé beaucoup), et a toujours cru que se connaître soi-même, *vraiment* se connaître, permet de mieux performer quand c'est le plus nécessaire. Il a modifié ses routines, son régime, est allé jusqu'à boire une eau puisée au plus profond des pyramides de Bosnie. La seule chose qu'il n'a pas changée est sa coiffure immuable et ordonnée.

Nadal, à la chevelure jadis plus brouillonne, aurait presque pu être jaloux. Les idées de stabilité et de continuité étaient ses marques de fabrique. Il a grandi dans une famille très nombreuse et très aisée, dans une petite ville insulaire, et n'en a pas bougé. Oncle Toni a intentionnellement créé des obstacles et des conflits pour le préparer aux défis qui l'attendaient sur le circuit.

Personne n'a eu besoin de fabriquer de l'adversité pour Djokovic dont la famille, fière et parfois à fleur de peau, a dû vivre au jour le jour. Les origines de leur résilience étaient différentes. Nadal et Djokovic sont devenus tous les deux de féroces compétiteurs capables de négocier les points importants comme peu d'autres dans l'histoire du sport. De mon point de vue d'observateur privilégié, Djokovic, représentant d'une nation serbe devenue paria, a eu besoin, me semble-t-il, de prouver quelque chose au monde entier quand Nadal éprouvait plutôt la nécessité, en permanence, de se prouver quelque chose à lui-même. Djokovic ne sera peut-être pas en ligne avec cette lecture journalistique, mais on peut tous admettre qu'ils ont été deux très grands combattants, et jamais autant que lorsqu'ils s'affrontaient de part et d'autre du filet.

Federer et Nadal ont sans doute généré plus de buzz mondial et de frissons au cours de leurs quarante duels entre 2004 et 2019. Leur finale à l'Open d'Italie 2006, leurs finales de Wimbledon 2007 et 2008, leurs finales de l'Open d'Australie 2009 et 2017 sont inscrites dans la mémoire collective.

Federer et Djokovic, qui se sont affrontés cinquante fois entre 2006 et 2020, ont produit des renversements de situation plus dramatiques. Federer a mis un terme à la série de quarante-trois matches gagnés consécutivement par Djokovic lors de leur demi-finale de Roland-Garros 2011. Et Djokovic a sauvé deux balles de match pour supplanter Federer en trois grandes occasions : l'US Open 2010 et 2011 et, de manière plus cruelle, Wimbledon 2019, dernière finale de Federer dans le Grand Chelem.

Mais on peut aisément défendre que la rivalité Nadal-Djokovic fut la plus grande de l'ère Open. Elle s'est étendue sur dix-huit ans entre 2006 et 2024. Elle a généré soixante matches, plus que les autres duels. Aucun joueur n'a battu Djokovic plus souvent que Nadal. Aucun joueur n'a battu Nadal plus souvent que Djokovic.

« Si je dois choisir, j'ai envie de la considérer comme la n° 1. Ils ont joué le plus de fois l'un contre l'autre et leurs matches ont été les plus durs, pense Marián Vajda, longtemps entraîneur de Djokovic, qui a si souvent vu le "Big 3" en action et a joué sur le circuit dans les années 1980 et 1990. J'ai connu quatre générations de joueurs. J'ai commencé avec Borg, Vilas, Vitas

(Gerulaitis), Connors ; ensuite McEnroe et Lendl ; et j'ai coaché, plus tard, au temps de Sampras et Agassi. Mais, en gros, ces trois gars – Novak, Rafa et Roger – étaient incomparables. Plus de soixante titres du Grand Chelem en vingt ans, comment est-il possible de ne pas les mettre tous les trois en haut de la liste ? »

Federer et Nadal ne se sont jamais affrontés à l'US Open, en Coupe Davis ou aux Jeux olympiques. Nadal et Djokovic ont croisé le fer dans toutes les grandes épreuves – quatre finales du Grand Chelem consécutives l'un contre l'autre –, et dans l'ensemble des Masters 1000. Le match Nadal-Federer offrait une opposition plus stylistique : Federer, son revers à une main, son calme venu de loin, sa spontanéité stratégique ; Nadal, son revers à deux mains, ses émotions plus sauvages, ses glissades plus marquées. Le match Nadal-Djokovic était également l'affrontement d'un gaucher et d'un droitier, mais il s'agissait surtout d'un bras de fer de fond du court pimenté par des amorties. Tous leurs combats étaient composés des mêmes solides ingrédients : un jeu de défense phénoménal, un jeu d'attaque opportuniste, des cris, des rugissements, et parfois même une chemise déchirée ou une poitrine dénudée.

Il est incontestable que chacun a permis à l'autre d'élever davantage encore son niveau de jeu et de repousser son seuil de tolérance à la douleur.

Tout a commencé dès leur premier match, quand Djokovic a abandonné à cause d'un problème au dos après avoir perdu les deux premiers sets de leur quart de finale de Roland-Garros 2006 (non sans avoir étonné en déclarant ensuite, avec aplomb, que Nadal était prenable sur terre battue). Il s'est également retiré de la demi-finale de Wimbledon 2007, cette fois à cause d'ampoules, après avoir remporté le premier set et perdu dix des douze jeux suivants. Au regard de tous leurs matches au long cours, il est étrange de constater qu'un seul de leurs neuf premiers duels a dépassé les deux heures. Et c'était une victoire en trois sets de Nadal en demi-finales de Roland-Garros 2007. Djokovic n'avait pas encore la résistance suffisante pour rivaliser avec l'Espagnol dans les tournois majeurs ou sur terre battue.

J'ai vu jouer Djokovic en personne pour la première fois lors de son entrée en lice à son premier US Open, en 2005. La chaleur était moite. Alors 97e mondial, il a gagné en cinq manches face à Gaël Monfils. Il s'est plaint de problèmes respiratoires qu'il tentait encore de comprendre. À un moment donné, de manière inquiétante, il s'est retrouvé étendu sur le court, la poitrine haletante. Il nous a dit que les médecins pensaient que ce pouvait être lié au stress, mais contre Monfils il a dépassé certaines limites : il a demandé deux interruptions médicales et s'est rendu deux fois aux toilettes. Autorisé selon les règles, moins acceptable d'un point de vue sportif. Rapidement, Djokovic a développé parmi ses pairs une réputation de jeune joueur ayant un goût pour le théâtre et qui userait des interruptions comme d'un moyen pour briser l'élan de ses adversaires.

En 2006, la Suisse de Roger Federer a été opposée à la Serbie de Novak Djokovic dans un match de barrage de Coupe Davis à Genève. Mené deux sets à un, Djokovic a battu Stan Wawrinka en cinq manches, au gré d'interruptions et de visites du kiné. Deux jours plus tard, Federer a écrasé Djokovic 6-3, 6-2, 6-3 pour assurer la victoire suisse, et a continué de ne pas retenir ses coups devant la presse.

« Je ne crois pas à ses blessures. Je pense qu'il se moque du monde. OK, le règlement existe pour qu'on s'en serve, mais il ne faut pas en abuser. Il l'a fait plusieurs fois. C'est pourquoi je n'ai pas été content de le voir faire ça juste avant de courir comme un lapin. Donc oui, j'ai apprécié la poignée de main. J'étais content de le battre. »

Une rare attaque publique de Federer, d'habitude plus diplomate. Elle a heurté le jeune Djokovic et sa famille, particulièrement son père, Srdjan, qui eut la rancune tenace.

Il a fallu des années pour que Djokovic se débarrasse de cette réputation. À l'US Open 2008, Andy Roddick, ancien n° 1 mondial souvent sarcastique, l'a ciblé en conférence de presse à l'aube de leur quart de finale, énumérant une liste à la Prévert, bien sûr outrancière, de ses maladies. En vrac, « le dos, la hanche, les crampes, la grippe aviaire, l'anthrax, le SRAS, une toux fréquente et un rhume ».

On a demandé à Roddick s'il pensait que Djokovic simulait durant ses matches.

« C'est juste qu'il y en a beaucoup. Soit il est prompt à appeler le kiné, soit il est le type le plus courageux de tous les temps. C'est à vous de décider, les gars. »

Djokovic a éliminé Roddick, sans se priver d'appuyer là où ça fait mal lors de l'interview sur le court. « Andy a dit que j'avais seize blessures lors du dernier match. Clairement ce n'est pas le cas, n'est-ce pas ? » New York étant New York et Roddick américain, il y a eu des sifflets. Michael Barkann, le journaliste, a essayé de calmer l'ambiance, lançant au public qu'il n'y avait aucune raison de s'en prendre à Djokovic. « Ils sont déjà contre moi parce qu'ils pensent que je simule tout, donc tout va bien », a répliqué ce dernier en se hérissant.

Il y a eu encore plus de sifflets, et selon Roddick, les deux joueurs en sont presque venus aux mains dans le vestiaire. Mais ils ont fait la paix et sont passés à autre chose. Les jours où Djokovic avait des airs d'embrouilleur sont aujourd'hui bien loin de nous, comme ceux où le colérique Federer, cheveux peroxydés en bataille, jetait ses raquettes par terre.

Sur le court, Federer, sensible et exubérant, a été obligé d'éliminer son mauvais caractère et de faire évoluer sa personnalité pour grandir, développant une carapace à la surface de laquelle un froncement de sourcil équivalait à un cri retentissant. Djokovic a dû déployer les mêmes trésors de réinvention. Lors de ses premières années, il était un *showman*, qui imitait d'autres joueurs et même certains de ses amis, comme Maria Sharapova ou Nadal. Surnommé « le Djoker », il était un pasticheur doué. Ses numéros étaient franchement hilarants.

« J'essaie juste de m'amuser, c'est ma personnalité, rien de méchant. Lorsque j'étais petit, j'ai toujours voulu copier le meilleur coup de tout le monde. Sampras et Goran (Ivanišević) pour le service. Le retour d'Agassi. Le revers d'Edberg. Les volées de Rafter. »

Tous ses collègues n'étaient pas amusés par ses imitations. Le numéro était devenu un gimmick, réclamé à chaque tournoi où il jouait. Il a compris le message venu du vestiaire et progressivement mis fin à ce stand-up, au moins en public. Mais il y a eu quelques retours en scène, le plus remarquable lors de la remise des prix de l'Open d'Italie 2009 après sa défaite contre Nadal. À la demande du maître de cérémonie, et alors que le vainqueur se tenait à côté avec son trophée, il a relevé ses manches jusqu'au niveau des épaules, pincé le fond de son short, nettoyé la ligne de fond de court avec son pied et s'est mis dans une position de retour « à la Nadal ». Tout sourire, sa « victime » lui a tapé dans la main en se montrant grand seigneur. L'année suivante, à la télévision française, Djokovic et Viktor Troicki se sont ensuite associés pour parodier un clip vidéo, torride, de la chanteuse colombienne Shakira, dans lequel figurait Nadal (Djokovic portait une perruque blonde et jouait Shakira).

Nadal et Djokovic étaient alors plutôt amis. De 2007 à 2011, ils ont partagé le même attaché de presse, Benito Perez-Barbadillo. Mais la performance d'après-finale de Djokovic à Rome n'était possible que lorsque le Serbe était le perdant magnifique et pas la force dominatrice. Il a clairement fait savoir son refus d'être catalogué lors de l'une de nos premières interviews.

« Le public me demande les imitations tout le temps. Et je réponds : "Je veux qu'on se souvienne de moi comme d'un grand joueur, pas comme d'un clown." »

Le fantôme du « Djoker » est parfois réapparu à travers les années. Au tournoi de Paris-Bercy, le soir d'Halloween, il est arrivé sur le court avec un masque de Dark Vador. En 2024, à l'Open d'Italie, après avoir accidentellement reçu sur la tête une bouteille d'eau tombée des mains d'un chasseur d'autographe, il s'est présenté le lendemain sur le court avec un casque de cycliste. Mais il s'agissait de clins d'œil au passé. Le vœu de Djokovic a été exaucé.

On se souviendra de lui comme d'un très grand joueur de tennis.

Sa percée a eu lieu à l'Open d'Australie 2008. Il y a battu Federer en demi-finales puis le nouveau venu français Jo-Wilfried Tsonga en finale, remportant le premier titre du Grand Chelem de sa carrière. Mais le vrai tournant a eu pour cadre la Coupe Davis 2010, où il a mené la Serbie à la victoire. Après deux opérations chirurgicales pour corriger une déviation de la cloison nasale, dans l'espoir d'enfin surmonter ses difficultés respiratoires lors de duels prolongés, Djokovic a rencontré le médecin serbe Igor Cetojevic. Lequel avait la conviction que la respiration et la vitalité de Djokovic étaient impactées par son alimentation. Il lui a recommandé une alimentation sans gluten, largement végétale.

Le reste appartient à l'histoire du tennis.

Le Djokovic nouvelle version s'est petit à petit dessiné. À cause de ces changements alimentaires, il avait maintenant l'air échappé d'une peinture du Greco, le visage émacié en raison de sa perte de poids, ce qui a créé quelque inquiétude dans son entourage. D'un autre côté, il était devenu nettement plus endurant, même si le Djokovic sans gluten est resté sujet à des chutes de forme occasionnelles, étranges, au milieu de certains matches. Parfois, il semblait perdre le point d'équilibre de son centre de gravité, et se désunissait en fond de court comme au bord de défaillir. Cela ne voulait pas dire qu'il était une proie plus facile. Plutôt le contraire. Aussi essoufflé et désorienté qu'il pouvait paraître, il était désormais le joueur le plus résistant du tennis, ancien domaine de suprématie de Nadal. Cette transformation lui a permis d'inverser le cours de ses deux rivalités signatures : il a gagné 18 de ses 27 derniers matches contre Federer et 24 de ses 37 derniers matches contre Nadal, dominant finalement les deux tête-à-tête.

Selon moi, deux statistiques résument la transition.

La dernière fois que Federer a battu Djokovic dans un tournoi du Grand Chelem : une demi-finale de Wimbledon 2012, dix ans avant la retraite de Federer.

La dernière fois que Nadal a battu Djokovic sur une autre surface que la terre battue : l'US Open 2013, onze ans avant la retraite de Nadal.

Soyons justes, Federer avait près de six ans de plus que Djokovic. Il a essentiellement connu sa meilleure période avant 2012. Mais Nadal avait seulement un an de plus que Djokovic. Autant dire qu'ils avaient le même âge. Leur rivalité a eu plusieurs points culminants, mais a vraiment atteint son sommet en 2012 et 2013, lors de deux matches extraordinaires sur deux surfaces différentes.

Le premier a eu lieu lors de l'Open d'Australie 2012, sur un court en dur. En 2011, Nadal avait enchaîné six échecs contre Djokovic, des finales à chaque fois. La plus longue série de défaites de Nadal face à un même adversaire.

La saison 2011 de Djokovic a été l'une des meilleures de l'histoire du tennis. Le Serbe a gagné dix titres, y compris trois des quatre tournois du Grand Chelem, affichant un ratio de victoires-défaites de 70-6 et de 21-4 contre les joueurs du top 10. Il a logiquement subi un contrecoup en fin d'année, et s'est incliné lors de ses trois derniers tournois. Nadal, qui a terminé sa saison en menant l'Espagne à la victoire en Coupe Davis contre l'Argentine de Del Potro, est apparu régénéré à Melbourne.

Il semblait l'homme le plus frais au seuil de la finale, ayant vaincu Federer en quatre manches lors de la première demi-finale. Le lendemain, Djokovic avait dû batailler cinq sets et presque autant d'heures pour se débarrasser d'Andy Murray. Toujours en quête de son premier titre majeur, Murray avait remanié son équipe à l'intersaison en embauchant comme coach l'intelligent mais compliqué Ivan Lendl, ancien n° 1 mondial. En dépit de ses progrès, Djokovic a su faire la décision, très tard le vendredi soir. Il n'a pas pu se coucher avant 5 heures du matin. Il s'est réveillé à 14 heures et a annulé l'habituelle séance d'entraînement pour conserver de l'énergie.

« Nous n'avons pas tapé la balle parce qu'en vérité c'était impossible », me raconte Marián Vajda.

Nadal est arrivé en finale après une journée supplémentaire de repos et une meilleure nuit.

Ils se sont présentés sur le court le dimanche, par une chaude et humide soirée d'été austral. Cette finale est devenue le choc le plus dur de leurs vies de joueurs. Si la qualité du jeu a fluctué, leur combativité, elle, n'a jamais faibli. Les matches entre Djokovic et Nadal avaient une double personnalité. Les deux ont été des joueurs réfléchis, parfois horriblement réfléchis entre les points, à cause de la série de rituels de Nadal et de l'habitude qu'avait Djokovic de faire rebondir la balle au-delà des dix fois avant de servir. Mais une fois la balle finalement mise en jeu, ils se sont toujours engagés dans chaque échange avec une détermination et une intensité phénoménales. Les matches Djokovic-Murray étaient de la même eau, mais leurs jeux étaient trop semblables ; le langage corporel de l'Écossais était souvent très négatif. Ce n'était pas franchement agréable à regarder. Le batailleur Nadal, armé de son coup droit fulgurant de gaucher, a créé une dynamique plus percutante pour le Serbe et un défi constamment plus grand.

À Melbourne, Nadal a donné le ton en gagnant le premier set en une heure vingt. Un excellent présage pour le Majorquin, battu une fois seulement dans le Grand Chelem après avoir enlevé le set initial, contre David Ferrer à l'US Open 2007. Contre Djokovic, il a changé de stratégie par rapport à 2011, où le Serbe a fait son miel de leurs duels dans la diagonale. Cette fois, il a décidé de jouer davantage le long de la ligne et de servir fort sur le corps.

Mené 2-5 au deuxième set, Nadal a réagi et bénéficié d'une balle pour recoller à 5-5 sur son service. Djokovic a lâché un coup droit gagnant pour rester dans la course, puis a enlevé la manche sur une double faute adverse. Quand il a remporté le troisième set 6-2, il s'est retrouvé aux commandes. Le meilleur était encore à venir. D'un point de vue émotionnel, cette finale n'a fait que commencer.

Elle aurait pu aisément se conclure en quatre sets. Mené 3-4, Nadal s'est retrouvé à 0-40 sur son engagement, Djokovic à un point de s'offrir la chance de servir pour le match. Nadal s'est spectaculairement ressaisi en écartant ces trois balles de break grâce à des coups gagnants, pour revenir à égalité puis se maintenir à 4-4.

Il s'est mis à pleuvoir. La partie a été interrompue pendant dix minutes, le temps de fermer le toit de la Rod Laver Arena. Il y avait presque quatre heures de jeu. L'épilogue était en vue. Distancé 3-5 au jeu décisif, Nadal a repoussé la ligne d'horizon au moment où Djokovic, plus tendu, a commis quelques fautes coupables en voulant forcer son coup droit. Nadal a gagné quatre points de suite pour égaliser à deux sets partout, et lorsque Djokovic a finalement expédié un dernier coup droit trop long, le Majorquin est tombé à genoux, soulagé et heureux. C'était une réaction éloquente, habituellement réservée à la ligne d'arrivée. Je n'ai jamais vu Nadal faire quelque chose de semblable avant ou après ce moment, sauf s'il célébrait une balle de match gagnée.

Le cinquième set s'est engagé : le premier de leur longue rivalité. Cela valait bien l'attente.

Porté par l'élan de son sauvetage au quatrième set, Nadal a pris l'ascendant. Dans le cinquième jeu, Djokovic a chancelé, comme en manque d'énergie.

Dans le sixième jeu, Nadal a fait le break pour se détacher 4-2. Le jeu suivant s'est avéré critique. À 30-15 Nadal, Djokovic a attaqué. Après un court revers slicé, il a déposé une volée de coup droit croisée. Il était près de 1 heure du matin. Le point était à prendre, le moment de bascule prêt à se matérialiser. Nadal s'est approché pour frapper son revers à deux mains, généralement sûr, avec tout l'espace devant lui. Mais il a tenté le passing-shot idéal au lieu de l'assurer. La balle est sortie de peu en largeur.

Je pense qu'il ne l'aurait manqué contre aucun autre adversaire.

Nadal a fini par perdre son break. Leurs visages trahissaient les stigmates de tous ces échanges à rallonge. Djokovic embrassait parfois la croix orthodoxe autour de son cou.

Quatre partout.

Moment décisif. Nadal a alors engagé l'échange le plus stupéfiant de la rencontre : un hommage, en trente-et-un coups de raquette, au talent, au courage et aux fibres ultrarapides. Dans ces quelques instants, les deux champions n'ont cessé de faire monter les enchères, jusqu'à ce que Djokovic finisse par sortir un revers trop long. Il s'est effondré sur le court, la poitrine convulsive. Nadal est resté sur ses deux pieds.

« Le premier KO que j'aie jamais vu au tennis », a lâché Courier, commentateur du match à la télévision australienne.

C'était un mauvais signe, nous sommes d'accord ? Pourtant, c'est le moment où Djokovic m'a – nous a, tout le monde en fait – surpris, en retrouvant un énième nouveau souffle. À 5-5, il semblait soudain le joueur le plus frais. Nadal était complètement à fond mais ébouriffé, sa longue chevelure emmêlée collée à son cou. Il utilisait sans cesse sa serviette après chaque point, même si ce n'était pas nécessaire, comme une routine pleine de nervosité. Lors du cinquante-quatrième jeu de ce match épique, il n'a pas réussi à conserver son service.

À 6-5, il était l'heure pour Djokovic de servir pour la victoire. Forcément, le chemin n'a pas été pavé de roses. À 30-15, il a expédié un smash fatigué dans le filet après que Nadal a défendu côté revers comme si sa vie en dépendait. Djokovic s'est retrouvé face à une balle de break à 30-40. Il l'a effacée d'un revers croisé dans l'angle, audacieusement et franchement frappé, qui a entraîné une faute en coup droit de l'Espagnol, bousculé. Au point suivant, Nadal a touché deux fois la bande du filet. Son coup droit est resté dans les limites du court, pas son revers. Faute en largeur. Djokovic a montré le ciel du doigt et fait un signe de croix, tentant de s'adresser directement à des forces supérieures.

Balle de tournoi. Djokovic a servi une première balle sur le T. Il a profité du retour trop court, désespéré, de Nadal pour délivrer un coup droit décroisé gagnant.

Après cinq heures et cinquante-trois minutes de jeu, le Serbe s'est retrouvé sur le dos, les poings serrés et le regard hagard en direction du toit fermé.

Quand il s'est levé, il n'y a pas eu de poignée de main. Nadal lui a fait un signe en le rejoignant dans sa partie de terrain, puis l'a rapidement étreint. Ensuite, il s'est dirigé vers sa chaise. Alors Djokovic a déchiré puis enlevé sa chemise, faisant montre de sa force et hurlant vers son équipe. Élevé dans l'idée de ne jamais en rajouter, Nadal n'aurait pas célébré de la sorte. Mais c'était là l'expression d'un excès d'adrénaline, autant que la cérémonie de remise des prix fut celle de la décompression. Nadal et Djokovic ont eu toutes les peines à tenir debout lors des discours des officiels et des sponsors.

Pascal Maria, l'arbitre français resté sur sa chaise pendant près de six heures, leur a apporté des bouteilles d'eau. Ils s'appuyaient au filet, à tout ce qui était à portée. Craig Tiley, le directeur du tournoi, les a soulagés en demandant que des sièges leur soient apportés. Ils les avaient mérités, pas de doute là-dessus.

« Quiconque a vu ce match sait que, physiquement, nous avons puisé jusqu'à la dernière goutte d'énergie présente dans notre corps », a plus tard dit Djokovic.

Jusqu'alors, la finale la plus longue d'un tournoi majeur était celle de l'US Open 1988 entre Mats Wilander et Ivan Lendl, d'une durée de quatre heures cinquante-quatre. Celle-ci s'est étirée sur près d'une heure supplémentaire. Quatre des cinq manches ont dépassé l'heure de jeu, et l'échange moyen les cinq coups de raquette : un total impressionnant dans le tennis masculin, qui témoignait aussi de la qualité de leurs retours de service. Le nombre de fautes non provoquées était élevé : soixante-neuf erreurs et cinquante-sept coups gagnants pour Djokovic ; soixante et onze et quarante-quatre pour Nadal. Mais ces statistiques reflétaient le niveau de prise de risques requis pour réussir un coup gagnant face à ces deux athlètes hors du commun.

Les chiffres méritaient d'être disséqués, mais ils ne traduisent pas la dynamique et le suspense de cette finale. Les deux derniers sets ont été extraordinaires, vraiment. Les deux hommes sont allés puiser au plus profond d'eux-mêmes, et dans tous les coins du court, pour frapper le coup supplémentaire qui, généralement, ne les menait qu'à un nouveau sacrifice physique.

« Au début, la qualité n'était pas très bonne, m'a fait remarquer Wilander. C'était lent, tendu. Novak était fatigué. Mais le niveau à la fin était incroyable. »

Nadal a gardé son calme et le sens de la perspective malgré cette dévastatrice septième défaite consécutive.

« Bonjour tout le monde, a-t-il lancé lors de la remise des prix, déclenchant des rires à deux heures du matin. La première chose que j'ai à dire est félicitations, à Novak et toute son équipe. Ils le méritent. Ils réalisent quelque chose de fantastique. »

Nadal était encore debout, mais pas pour longtemps. De retour dans le vestiaire, Vajda l'a vu avec inquiétude s'effondrer. Il recevait de l'équipe médicale des solutions liquides, par intraveineuse, dans le but de se réhydrater au plus vite.

Vajda : « En gros, Rafa était inconscient. Novak était épuisé aussi, mais il avait gagné, je pense que ça lui a permis de ne pas tomber. Je leur ai demandé d'également lui faire une perfusion, mais ils ont refusé. »

Après avoir reçu son traitement, Nadal, de façon remarquable, a été en mesure de venir en conférence de presse.

« Je dis toujours, c'est bon d'aimer souffrir. Quand vous êtes en forme, avec la passion du sport, et quand vous êtes prêt pour la compétition, vous êtes en mesure de souffrir et d'apprécier la souffrance. Aujourd'hui, j'ai éprouvé ce sentiment. »

En considérant qu'il était quatre heures du matin à Melbourne, il n'était pas le seul à souffrir (le journalisme tennis s'apparente trop souvent à une crise d'insomnie.) Mais ce match valait bien la privation de sommeil. Avant l'Open d'Australie, Steve Flink, historien du tennis, avait bouclé le manuscrit d'un livre relatant les trente plus grands matches de l'histoire du tennis. Après avoir vu le duel Djokovic-Nadal, il a dû changer ses plans et ajouter un trente et unième. Selon moi, ce match n'égalait pas la qualité, constante, du

Nadal-Federer de Wimbledon 2008. Aucune balle de tournoi n'a été sauvée. Mais l'impression générale a été tout aussi puissante, et les deux derniers sets tout aussi dramatiques au regard de leur exigence physique. Et contrairement à Wimbledon, la finale s'est conclue par un coup gagnant, en contraste de la faute de Federer. C'était la manière parfaite pour parachever une rencontre de cette ampleur.

Même si Nadal a clairement dit à Miami qu'il aurait été plus heureux dans un monde sans Djokovic, à Melbourne il est resté fidèle à ce à quoi il croit, en menant le combat jusqu'au bout.

« Je ne m'entraîne pas en pensant battre Djokovic, Federer ou Murray. Je m'entraîne pour me surpasser moi-même et dépasser mes propres limites, être le meilleur possible. Mon niveau à l'Open d'Australie 2012 était au-dessus de celui de ma saison 2011. C'était un pas en avant et vraiment un bon tournoi pour moi. Commencer l'année comme ça, c'était débuter d'une façon très positive. J'ai perdu une finale, mais ça pourrait être la finale perdue qui me fait le moins mal, parce que je sais que j'ai fait tout ce que pouvais. Je me suis battu complètement. J'ai couru après toutes les balles. J'ai bataillé *mano a mano* face à un joueur brillant. J'étais tout près. »

Ah, si Nadal avait conclu ce passing-shot de revers à 4-2 au cinquième, je lui aurais donné de bonnes chances, mais comme il l'exprime sagement : « Si, si… si n'existe pas. »

Il avait raison. Il était tout près, et contrairement à l'issue de cet échange de trente et un coups de raquette, c'était le signe de choses positives à venir. Nadal était de retour sur le bon chemin, et a bel et bien renversé la vapeur en remportant ses trois matches suivants, tous sur terre battue, contre Djokovic, y compris la finale de Roland-Garros 2012. Il n'y a pas eu de retrouvailles à l'Open d'Australie 2013. Malade, Nadal a manqué le tournoi après s'être arrêté sept mois à cause de nouveaux problèmes aux genoux.

Rétabli, il a effectué son retour en Amérique latine lors d'une série de rendez-vous sur terre battue. Il s'est montré hésitant lors de son tournoi de reprise à Viña del Mar, au Chili, où, toujours prudent avec son genou, il s'est incliné en finale contre Horacio Zeballos, joueur argentin sous-estimé.

Puis Nadal s'est imposé à São Paulo et Acapulco face à des opposants de premier plan, vainquant David Nalbandian en finale au Brésil et David Ferrer en finale au Mexique. Il a pris ensuite la direction du nord, pour Indian Wells puis un nouveau séjour dans la propriété tentaculaire de Larry Ellison, au cœur du désert. Totalement confiant dans ses déplacements, Nadal s'est offert le titre sur ces courts en dur, lents et râpeux. Il a pris la mesure de Roger Federer, Tomáš Berdych et Juan Martin Del Potro lors des trois derniers tours.

De retour, pour de bon ! Lorsqu'il a mis le cap sur Monte-Carlo pour donner le coup d'envoi de sa saison sur la terre battue européenne, il semblait prêt à continuer sur sa lancée. À cette époque, il était encore plus dominateur sur la Côte d'Azur qu'à Roland-Garros, ayant gagné huit fois de suite à Monte-Carlo. Son court favori, tous tournois confondus : le court central, avec sa vue bleutée sur la Méditerranée qui lui rappelait Majorque et le panorama depuis les falaises de Porto Cristo.

Pourtant sa série ahurissante s'arrêterait bientôt. Résident monégasque, Djokovic est celui qui y mit un point final. Il a survolé le premier set puis s'est imposé 6-2,

7-6(1) lors d'une journée où la pluie a ralenti le court et rendu les balles moins bondissantes, privant le lift de Nadal de son mordant.

« Félicitations d'avoir gagné mon tournoi préféré », a lancé Nadal lors de la remise des prix, déclenchant le rire de Djokovic et de bien d'autres.

Le Serbe comptait désormais des victoires sur le roi de la terre battue à Madrid, Rome et Monte-Carlo. Le seul grand titre qui lui manquait sur la surface était Roland-Garros. Dans une interview pleine de fantaisie dans *L'Équipe*, à la veille du tournoi, on a demandé à Djokovic ce qu'il voudrait avoir qu'il ne possédait pas encore.

« Le trophée de Roland-Garros. Si vous pouvez vous le procurer, faites-le moi savoir, s'il vous plaît. Je serais très, très heureux. C'est mon rêve, le seul tournoi du Grand Chelem que je n'ai pas gagné, mon favori d'une certaine manière. J'ai rêvé de Wimbledon. C'est en Australie que j'ai eu le plus de succès. Mais Roland est le seul que je n'ai pas, et c'est près de la maison. Quelque part, c'est là que je me sens le mieux. »

Le léger souci, alors, était que Nadal ressemblait à nouveau à Nadal. Après Monte-Carlo, l'Espagnol avait aligné quinze victoires de suite pour triompher à Barcelone, Madrid et Rome. Quand il s'était retrouvé n° 5 mondial en avril, il y avait eu des débats animés pour déterminer si Roland-Garros ne devait pas abandonner ses habitudes et le propulser parmi les quatre premières têtes de série, pour éviter toute rencontre prématurée avec Djokovic. Nadal a rejeté toute mesure de faveur et les organisateurs de Roland-Garros ont fini par repousser l'idée. D'autant qu'avec sa série de victoires sur terre battue il s'est retrouvé, de toute façon, tête de série n° 3. Le tirage au sort à Paris l'a placé dans la moitié supérieure du tableau, avec Djokovic, n° 1.

Ils se sont rencontrés en demi-finales : pour eux l'affrontement le plus précoce dans un tournoi depuis près de quatre ans. Nadal n'avait pas fait impression lors de la première semaine. Il donnait le sentiment de lutter pour ajuster son coup droit, au point de perdre un set lors de ses deux premiers matches, une première. Puis il a retrouvé sa vitesse de croisière, écrasant successivement Kei Nishikori et Stan Wawrinka.

Djokovic jouait avec plus d'émotions que d'ordinaire. Mentor de sa jeunesse, Jelena Genčić était morte d'un cancer, en Serbie, à l'âge de soixante-seize ans. Miljan Amanovic, son fidèle kiné, avait appris la nouvelle alors que Djokovic s'échauffait pour disputer son match du troisième tour face à Grigor Dimitrov. Amanovic et Vajda ont décidé de partager l'information avec Djokovic une fois le match terminé. Il a éclaté en sanglots quand Amanovic lui a tout dit, et annulé sa conférence de presse d'après-match.

J'ai été profondément impressionné par Genčić quand j'ai fait sa connaissance en Serbie en 2010. Elle avait une chaleur et une autorité naturelles, une voix mesurée, apaisante, ainsi qu'une approche de vie emprunte de philosophie. Issue d'une famille serbe connue, elle avait joué au handball et au tennis dans ses jeunes années. Elle n'avait pas d'enfant, mais était passionnée par son métier et a continué d'enseigner jusqu'à la fin de sa vie. Journaliste de profession, elle a transmis à Djokovic son goût, exigeant, en matière de culture en lui recommandant des livres, en écoutant de la musique classique avec lui et en discutant du moyen d'y trouver une source d'inspiration sur le court.

Genčić l'avait rencontré par hasard tandis qu'elle animait un camp d'été dans la station serbe de Kopaonik, sur les trois courts en dur situés de l'autre côté de la rue où se situait le restaurant de la famille Djokovic. Ce n'est peut-être pas une coïncidence que Nadal ait vécu lui aussi, à un moment donné, de l'autre côté de la rue où se trouvaient les courts de sa jeunesse. Des courts en terre battue.

Djokovic avait six ans quand il a croisé la route de Genčić. Ils ont collaboré à temps complet jusqu'à ce qu'il parte pour l'Allemagne et rejoigne l'académie de son ami Niki Pilić à Munich, à l'âge de douze ans. Wimbledon a été leur rêve commun. Lorsque Djokovic s'y est imposé pour la première fois en 2011, en battant Nadal, il a rapporté son trophée à Belgrade et l'a montré à Genčić. Mais elle savait bien quel titre majeur il lui manquait. Ils ont parlé de Roland-Garros et de la Coupe des Mousquetaires deux semaines avant le tournoi.

« Elle ne savait probablement pas qu'elle allait mourir, mais elle a confié à Novak, quand elle l'a vu pour la dernière fois, qu'elle serait la plus heureuse des femmes si elle tenait le trophée entre ses mains, raconte Vajda. Elle lui a dit qu'elle voulait prendre une photo avec toute la collection. »

Cela n'arriverait pas, mais Djokovic, encore en deuil, est retourné sur le court pour disputer son huitième de finale et vaincre le talentueux Allemand Philipp Kohlschreiber, qui l'avait éliminé lors de Roland-Garros 2009.

« Jelena a été mon premier entraîneur, comme ma deuxième mère, a-t-il confié ensuite. Nous avons été très proches toute ma vie. Elle m'a appris beaucoup de choses qui font partie de moi, partie de ma personnalité.

J'ai des souvenirs magnifiques la concernant. Elle a voué sa vie à la nouvelle génération et au tennis. »

Djokovic lui a dédié sa victoire, mais n'avait aucune envie d'en rester là : « Désormais, je me sens encore plus le devoir d'aller jusqu'au bout de ce tournoi. Je veux le faire pour elle. »

La table était mise pour un autre classique du tennis. En dépit de sa tête de série n° 1, en dépit de Monte-Carlo, Djokovic a clairement désigné Nadal comme le favori. Un reporter espagnol a commis l'erreur de faire réagir l'intéressé.

« Je n'en ai rien à faire. J'essaie et je joue le meilleur tennis possible. C'est le dernier de mes soucis de savoir qui est favori ou non. Ce sont des mots qui seront emportés par le vent. Ce qui restera : mon tennis, mon match et qui va gagner ce match. Voilà la vérité. »

Emportés par le vent : Nadal était tellement plus éloquent dans l'une de ses langues natales. Mais la vérité était aussi que l'agenda des Français dépassait Nadal-Djokovic. L'autre demi-finale opposait Tsonga, qui venait d'éliminer Federer, à Ferrer. C'était la première fois depuis cinq ans qu'un Français était en demi-finales, une priorité pour la télévision française. Nadal et Djokovic ont donc été programmés en premiers le vendredi après-midi, en dehors de la meilleure fenêtre d'audience en Europe, dans une case généralement réservée aux rencontres moins médiatisées.

Cette programmation n'a pas réussi à Tsonga, qui est arrivé sans énergie sur le court et a perdu après avoir longtemps rongé son frein.

Car ce « match de l'après-midi » est devenu un long film à suspense.

C'était une journée chaude, baignée de soleil et venteuse : une anomalie, compte tenu de la médiocre météo parisienne, ce printemps-là. Et une bonne nouvelle pour Nadal, quoique pas franchement décisive non plus. Il s'agissait, en face, de Djokovic, un champion tout terrain. Mais pas vraiment du Djokovic des dernières années. Souvent fautif et nerveux, le Serbe était plutôt une flamme vacillante qu'un feu incandescent. Il a perdu le premier set, s'est mis à mieux retourner en empochant la deuxième manche, puis s'est mystérieusement décomposé au cours de la troisième, remportée 6-1 par Nadal.

Comme à Melbourne, la rencontre n'en était qu'à ses frémissements. Les deux sets suivants l'ont portée à ébullition. On aurait pu imaginer qu'après plus de trente matches l'un contre l'autre, ils évolueraient en terrain connu. Pourtant, leurs visages ont plusieurs fois trahi l'incrédulité des deux rivaux, chacun ne revenant pas des coups gagnants réussis par l'autre, dans et depuis toutes les positions, même les plus improbables.

Nadal a failli conclure au quatrième set. Il a eu deux fois un break d'avance, et a servi pour le match à 6-5, puis 30-15. Mais il a perdu les trois points suivants. Djokovic a tapé un courageux coup droit court croisé gagnant sur une balle haute, pour forcer un jeu décisif qu'il a dominé.

Faites entrer le cinquième set. C'était seulement la deuxième fois que Nadal était poussé dans une cinquième manche à Roland-Garros. La première étant son match, en 2011, contre l'Américain John Isner, dont le gros service et l'envergure imposante constituaient un vrai casse-tête. Mais il s'agissait seulement d'un premier tour. Là, l'occasion était plus grandiose, et la menace d'une autre nature, face à un champion polymorphe qui lui avait déjà causé bien des soucis sur terre battue.

Dans l'ensemble, Nadal était l'homme le plus solide : il faisait moins d'erreurs et utilisait à bon escient son revers slicé, amélioré. Mais le plus souvent, Djokovic était l'agresseur qui prenait sa chance au filet, et c'est bien à la volée que s'est dénoué le match. Djokovic aura raté cinq smashes pendant la partie, dont un dans le filet après un coup entre les jambes de Nadal. « Djokosmash », le terme sardonique utilisé pour désigner les smashes vendangés du Serbe, est devenu le mot du jour. Il avait un historique avec Nadal à ce sujet. Aux Jeux olympiques de Pékin, en 2008, il a perdu de peu leur demi-finale en ratant un smash facile, alors qu'il était dans une position idéale au filet. Il a quitté le court en larmes.

Cette fois, sa gaffe est survenue tandis qu'il avait un break d'avance et qu'il servait à 4-3 égalité. Il a contraint Nadal à répliquer faiblement en revers et s'est vite dirigé vers le filet pour claquer la balle, flottante, d'une volée haute de coup droit. Mais il y avait du vent : il a mal jugé la trajectoire de la balle et a dû s'ajuster, la frappant vers sa droite. Elle a rebondi sur la terre, inatteignable pour Nadal. Ç'aurait été un coup gagnant si Djokovic, déséquilibré, n'avait pas touché le filet avant que la balle ait eu le temps de rebondir une deuxième fois. L'arbitre, Pascal Maria, le même Français que lors de leur match-épopée de l'Open d'Australie 2012, a accordé le point à Nadal. Djokovic est entré en contact avec le filet alors que la balle était toujours « en vie ».

Rougi par l'effort, Djokovic a engagé une discussion avec Maria. « Je connais la règle d'avant le deuxième rebond, je ne savais pas qu'elle s'appliquait aussi quand la balle est déjà sortie des limites du court, a-t-il regretté. Qui sait quelle direction le match aurait prise si j'avais gagné ce point ? J'aurais dû gagner ce point dans 99,9 % des cas. »

À son crédit, il s'est reconcentré et a remporté le point suivant en sauvant une balle de break. Mais il a fini par perdre le jeu. 4-4, puis les serveurs ont fait la loi jusqu'au moment où Djokovic a servi à 7-8 pour tenter de rester dans la partie. Il a perdu, blanc, ce jeu, et la demi-finale, en commettant deux fautes de coup droit en longueur sur les deux derniers points.

Une note finale guère dans la tonalité d'un duel de quatre heures trente-sept usant pour les nerfs, le plus long match, et le plus serré, disputé par Nadal à Roland-Garros. Selon moi, le plus captivant également, même s'il a duré plus d'une heure de moins que leur féroce combat australien. La victoire de Nadal 6-4, 3-6, 6-1, 6-7(3), 9-7 a été son juste pendant, au dénouement opposé.

Le duel nocturne de Melbourne aurait pu basculer d'un côté comme de l'autre. Idem pour leurs retrouvailles sous le soleil de Paris.

« Ce genre de match, a dit Nadal, rend le sport grand. J'en ai perdu un semblable en Australie. Aujourd'hui, c'était pour moi. »

C'était également pour son oncle. Cette saison du retour au premier plan, pleine de doutes, d'entraînements écourtés et de changements de plan, a éprouvé Toni Nadal. « Je sais que c'est très, très difficile pour nous d'être ici en finale après tant de problèmes », nous a-t-il confié dans le salon des joueurs. Au sujet des genoux de son neveu, il a admis que le rétablissement avait été miraculeux et a commencé à pleurer. Il s'est éloigné du groupe de reporters pour se réfugier dans les escaliers qui mènent au vestiaire des joueurs. Rafael avait également fondu en larmes en retrouvant son oncle après le match, mais cette rencontre avait beau contenir toutes les émotions brutes d'une finale, il y en avait encore une à disputer lors de ce Roland-Garros 2013.

Un champion moins résolu aurait pu subir un contrecoup. Au lieu de quoi, lors d'une journée grise et bruineuse, Nadal a renversé Ferrer 6-3, 6-2, 6-3.

« Nadal, toujours Nadal », avait souri Ferrer avant le match.

Pas toujours à Roland-Garros. Souvenez-vous de Söderling en 2009. Mais presque toujours. Nadal était maintenant le premier joueur à s'être imposé huit fois en simple dans un même tournoi du Grand Chelem.

Chapitre 13

LE LANGAGE

Ils étaient devenus des rites de printemps à Paris. Il y avait d'abord la victoire de Rafael Nadal à Roland-Garros. Puis venait l'heure de son discours d'après-victoire. L'un de ces deux moments paraissait se dérouler plus naturellement que l'autre. Après tout, le tennis est un langage universel. Malgré l'illusion persistante de sa grandeur, le français ne l'est plus.

Toni parle français couramment, langue qu'il préfère à l'anglais. Mais la timidité naturelle de son neveu a été un obstacle à sa pratique des langues étrangères. Ce n'était pas son point fort à l'école, où il préférait les cours d'éducation physique et d'histoire – disciplines qu'il marierait fort bien sur les courts de tennis. Comme la plupart des Majorquins, il avait deux langues maternelles : le majorquin, un patois catalan, et l'espagnol. Reste que les langues étrangères étaient une nécessité pour un champion devenu l'un des principaux sportifs de notre époque mondialisée.

L'anglais est la *lingua franca* du circuit professionnel de tennis. Chaque n° 1 mondial s'est exprimé en anglais, la plupart d'entre eux couramment, mais Nadal était loin d'être à l'aise au début de sa carrière professionnelle. Lors de sa toute première conférence de presse à

Roland-Garros, après sa victoire sur Lars Burgsmüller au premier tour en 2005, il a demandé l'aide d'un interprète et dit trois mots en anglais – *« I feel good »* –, puis est passé à l'espagnol. Pendant le reste de ce questions-réponses, il a proposé un mélange baroque des deux langues, expliquant que les temps verbaux en anglais étaient « très difficiles » à maîtriser.

Après s'être débattu avec une nouvelle réponse en anglais et avoir perçu les ricanements de son équipe, présente dans un coin de la salle, il est revenu à l'espagnol : « Ne riez pas, sinon je n'essaierai plus !, a-t-il lancé. J'essaie de parler anglais pour faire plaisir à ceux qui parlent anglais. »

À cette époque, il semblait davantage souffrir en conférence de presse que sur les courts. Comme je l'ai mentionné, lors d'une rencontre à New York, en 2006, je lui ai donné le livre d'expressions courantes en anglais-espagnol qui m'avait aidé lors de mon hésitante plongée linguistique en Espagne. Il a feuilleté quelques pages, l'air intéressé. Je ne sais pas s'il l'a ensuite rouvert. Son niveau d'anglais a continué de progresser jusqu'à se stabiliser à un niveau moyen à mi-carrière. Il en est resté là. La structuration de ses phrases a souvent été inspirée de l'*español (« It's obvious that I started well the match »).* On y trouve de fréquents faux-amis *(« My approach to my diary basis and all my goals in every tournament that I play never changes »)*, beaucoup d'articles manquants *(« I mean, is something special, no? »)*, quelques articles bonus *(« I am here without an extra pressure »)* et de nombreuses petites piqûres de rappel concernant la complexité de ces maudites conjugaisons *(« Today has been a very good test »).*

Ses pérégrinations dans la langue de Shakespeare ont souvent provoqué de petits bonheurs journalistiques, mais à vrai dire, il n'a jamais pleinement semblé à l'aise. C'est presque surprenant, au regard des milliers de conférences de presse et d'interviews que Nadal a données en plus de vingt ans. Parler l'anglais a toujours constitué un effort pour lui, alors qu'en espagnol il pouvait donner libre cours à son esprit d'analyse, parfois anticonformiste. Son anglais est resté heurté et caricatural, *no* ? En espagnol, il s'exprimait par paragraphes, des développements nuancés qui parfois même lui donnaient des airs d'homme d'État, même si la politique ne l'a jamais beaucoup intéressé. C'était le vrai Nadal et le contraste était saisissant.

Le français a été un défi encore plus grand pour lui. Le catalan et l'espagnol, comme le français, sont des langues latines – et le catalan reste parlé dans quelques endroits du sud de la France. L'équipe de Nadal a toujours été entièrement espagnole. Il a certes joué (et gagné) en France son tout premier tournoi international hors d'Espagne, l'Open Super 12 d'Auray, à l'âge de onze ans, mais il s'est ensuite contenté de passer quelques semaines par an dans le pays. Contrairement à Federer et Djokovic, il n'a jamais baigné dans une communauté francophone. S'il a fini par plutôt bien comprendre la langue, la parler face à quinze mille spectateurs et une audience de télévision mondiale était une autre paire de manches. Il n'a pas employé un mot de français lors de sa première remise des prix à Roland-Garros, en 2005, et n'a commencé à en saupoudrer ses discours qu'à partir de sa quatrième victoire, en 2008. « Je dois continuer à m'améliorer pour les prochaines années, a-t-il dit alors. Ce n'était pas assez. »

Parler français plus tôt et plus souvent aurait certainement aidé ses relations publiques. Du fait de sa domination, Nadal avait plus de mal à conquérir le cœur des spectateurs qu'à vaincre ses adversaires dans ces premières années.

Federer avait trois choses pour lui. Sur terre battue, il était l'outsider. Il avait un très beau jeu. Il maîtrisait couramment le français, qu'il avait appris à la dure à partir de ses quatorze ans, en quittant Bâle pour le centre national du tennis suisse (et l'école en français) d'Ecublens, près de Lausanne.

Résident monégasque de longue date et doué pour les langues, Djokovic a aussi appris un français de haut niveau, en prenant des leçons privées. Vers la fin de sa carrière, il a fait très librement usage de la langue de Molière (et de Noah) lors de cérémonies ou d'interviews, d'autant que son goût pour le spectacle le mettait à l'aise en public.

Son adresse parisienne et sa terre battue rouge font déjà de Roland-Garros une exception parmi les tournois du Grand Chelem, mais il se distingue également du point de vue linguistique. C'est le seul où l'anglais est une langue étrangère, bien que le français soit loin d'être étranger au tennis. Le jeu que Nadal a pratiqué si bien et pendant si longtemps a ses origines en France, où il a émergé au Moyen Âge comme un jeu de balle joué avec les mains (les raquettes sont arrivées, semble-t-il, deux siècles plus tard). Si vous avez déjà visité le musée du Jeu de Paume dans le jardin des Tuileries, au centre de Paris, vous avez été dans ce qui fut un court de tennis couvert. C'est dans une autre salle du même type, à Versailles, qu'un groupe de membres rebelles de la nouvelle Assemblée nationale se sont réunis le 20 juin 1789. Ils y ont prêté le serment du Jeu de Paume, qui les enjoignait à ne pas se séparer avant l'élaboration d'une Constitution écrite pour la France. Leur démonstration de force a contraint Louis XVI à accéder à leur demande : un pas de plus sur la route de la Révolution et de sa propre chute.

Aujourd'hui, les enjeux sont moins grands. Les grandes déclarations sur les courts de tennis se résument à des jurons après des breaks manqués ou des mauvais coups de fond de court. Mais l'influence française est restée forte. Il existe même une théorie, qui n'est qu'une théorie, selon laquelle le nom moderne du jeu viendrait de « tenez », au sens de « prenez garde », formule que le serveur aurait employée, dans les premières versions du jeu, pour informer le receveur qu'il allait engager.

Que le mot « tenez » soit devenu notre « tennis » fait en tout cas beaucoup plus sens que le système des scores, qui n'est fondé sur les multiples de quinze que jusqu'à un certain point (15-0, 30-0, 40-0). Comme rien n'est jamais simple au sujet de l'origine des termes du tennis, le flou demeure. Au jeu de paume, le serveur pouvait s'avancer de quinze pieds pour servir après avoir marqué un point, puis de quinze autres après le suivant, puis de dix après le troisième. Problème : Le système de score des XVe et XVIe siècles mentionne parfois 45 au lieu de 40. Pourquoi est-on passé de l'un à l'autre ? Mystère.

Ce n'est pas la seule énigme du tennis. *« Deuce »*, le terme utilisé en anglais pour égalité, viendrait du vieux français. Pourtant, les Français ne l'utilisent pas, lui préférant ce terme « égalité » qui, comme je l'ai écrit dans le *New York Times*, « installe une certaine gravité au cœur de la rencontre sportive, puisque associé à "liberté" et "fraternité" depuis la Révolution de 1789, sauf sous Napoléon, Napoléon III et l'occupation allemande ».

Le plus grand paradoxe en la matière est que les Français n'ont pas gardé le mot *« love »* dans l'annonce du score. Une théorie tenace suggère que *« love »*, au tennis, viendrait de « l'œuf », terme peut-être utilisé au jeu de paume quand un joueur ne marquait pas de point. Il est possible aussi que le mot soit issu de l'expression *« playing for love »*, pour l'amour du jeu. Le terme *« love »* existait dans les règles de certains jeux de cartes au XVIIIe siècle. Mais quelle que soit la raison, ce terme romantique n'a jamais été d'usage en français (ni dans aucune autre langue latine). Préférence fut donnée à « zéro », nettement moins engageant, au moins au tennis.

Le système de score français a fait quelques emprunts à l'anglais, néanmoins. Les Français disent « 15A » ou « 30A », le A en capitale venant de *« all »* en anglais. Il arrive aussi que les Français parlent pour un joueur d'un « tennisman », cas typique d'un dérivé de l'anglais n'étant pas un usage anglais. En voici un autre : les Français disent souvent qu'ils partent faire « un footing ». Il y a toutefois de nombreux points communs au tennis : un *ace* reste un « ace » dans les deux langues. Comme « break », « lob » ou « tweener ». *Double fault* devient « double faute ». *Ball* une « balle ». *Volley* une « volée ». *Advantage* un « avantage ». Et *Grand Slam* le « Grand Chelem ».

Mais une certitude demeure : le bonheur se niche dans les différences. Les expressions figées ont souvent un tout autre équivalent une fois traduites ou transposées. L'un de mes cas préférés est *« Don't count your chickens before they hatch »* (« ne comptez pas vos poules avant qu'elles n'éclosent ») qui devient, en français, « ne jamais vendre la peau de l'ours avant de l'avoir tué ». Expressions pleines de sagesse, qu'importe la langue. Celle de l'ours me fait imaginer Benoît Paire, le joueur de tennis français, assis dans un canoë en bois, la barbe hirsute, vêtu d'une peau de bête et tenant un mousquet à la main, avant la vente de la Louisiane par les Français.

S'il faut parler plus directement de tennis (et sans doute nous devrions), notons que lorsque les joueurs jouent « petit bras » en français, ils sont en train de craquer, métaphore plus puissante que le mot anglais *« choke »*. Prendre le chemin du filet en dépit d'une approche moyenne, c'est « monter en chaussettes », ce qui ne veut rien dire en anglais, *« come forward in your socks »*, et signifie surtout que vous risquez de perdre pied à la volée. À 6 partout, les Français peuvent jouer un tie-break, mais le terme officiel actuel est « jeu décisif ». Un jeu gagné à zéro est un jeu blanc, comparable à l'anglais *« getting whitewashed »* (recevoir une raclée). Les Français appellent un set gagné 6-0 une « bulle » ou une « roue de bicyclette ». Ce sont des termes évocateurs, mais rien ne surpasse le jargon anglais et son *« bagel »*, inventé par les joueurs américains Eddie Dibbs et Harold Solomon puis popularisé par le regretté et pour toujours original Bud Collins, le journaliste de tennis américain. Mieux encore, le mot est devenu un verbe : il est possible de *« bagel »* quelqu'un, et Nadal l'a fait comme aucun autre sur le circuit ATP durant sa carrière.

Les Français remportent cependant ce duel transatlantique, ou transmanche, avec une expression venue de la cuisine. Un service par en dessous, *« underarm »* ou *« underhand serve »*, est un « service à la cuiller », comme celui délivré par le jeune Michael Chang en 1989 lors de sa victoire sur Ivan Lendl, en huitièmes de finale de Roland-Garros (et non pas en finale comme tant de gens le croient à tort). En butte à des crampes à la jambe, Chang a tenté ce coup en désespoir de cause et ne s'y est plus essayé le reste de sa carrière.

Les services à la cuiller sont devenus plus courants dans les années 2020, mais Chang demeure, à juste titre, la référence du genre. Nadal ne s'y est jamais risqué et n'était pas un grand fan de ce coup, encore moins quand Nick Kyrgios l'a transformé en ace contre lui à Wimbledon 2019. Au Roland-Garros de l'année suivante, en revanche, Nadal s'est jeté sur le service à la cuiller de l'Américain Mackenzie McDonald et l'a puni d'un coup droit gagnant.

Chang était aussi connu pour son *« footwork »* qui devient peut-être plus logiquement « le jeu de jambes » en français, plutôt qu'un simple jeu de pieds. Un coup manqué est un « coup boisé », qui renvoie au temps ancien des raquettes en bois. En français, *« drop shot »* devient une « amortie », mot issu d'« amortisseur », un absorbeur de choc, une juste définition de ces moments où Carlos Alcaraz réduit la puissance d'un coup grâce à un mouvement souple du poignet et beaucoup de slice. Des Espagnols comme Nadal et Alcaraz appelleraient ce coup *« dejada »*, du verbe *« dejar »*, qui veut dire « laisser », tout comme on abandonne un livre sur une table de nuit ou, mieux encore, comme on laisse une amortie hors de la portée de l'adversaire.

Le *« topspin »* est aussi l'exclusivité des anglophones. Les Français (et les Espagnols !) l'appellent « lift », mot anglais qui décrit bien la trajectoire de la tête de raquette quand elle entre en contact avec la balle, mais qui n'induit pas que la balle va devoir revenir sur terre.

La terre, mot-clé au cœur du jeu sur terre battue. *« Clay »* pour les Anglo-Saxons. Le mot « terre » a inspiré d'innombrables accroches de journaux pendant Roland-Garros. Gagnez le tournoi et vous vous retrouverez « Seul sur terre ». Créez une grosse surprise pour causer un « Tremblement de terre ». Refusez de traiter vos adversaires à la légère – une spécialité de Nadal – et vous aurez « Les pieds sur terre ». Quand en 2023 Novak Djokovic a gagné Roland-Garros et son vingt-troisième titre du Grand Chelem, dépassant le record de Nadal, la manchette de *L'Équipe* était « De la Terre à la Lune ». Il faut aussi noter que le mot anglais, *« clay »*, offre une opportunité de titre avec *« Feet of Clay »* (pieds d'argile).

Les divergences linguistiques peuvent aussi créer de la confusion. Il suffit de considérer le nom du tournoi. J'ai grandi en l'appelant le « French Open », et je continue instinctivement ainsi. Mais les Français préféreraient nettement que nous parlions tous de « Roland-Garros », et seulement Roland-Garros, même si les Américains ont beaucoup de mal, moi le premier, à prononcer un vrai *r* à la française.

Au fil des décennies, les organisateurs du tournoi ont fluctué entre le laisser-faire et une volonté péniblement insistante de jouer les gendarmes à ce sujet. Pendant des années, personne n'en faisait une affaire à la Fédération française de tennis (FFT) qui, autrefois, s'est appelée Fédération française de *lawn tennis*. La plupart des Anglo-Saxons continuent de nommer le tournoi « French Open » (les « French Championships », jusqu'en 1968). L'appellation officielle, en France, était les « Internationaux de France de tennis » depuis 1925, année où des joueurs non français furent admis pour la première fois, même s'ils n'étaient pas membres de clubs de sport français (cependant les Allemands en étaient exclus, en raison de l'acrimonie liée à la Première Guerre mondiale).

Peu de spectateurs – et de joueurs – connaissent cette appellation officielle, éclipsée aujourd'hui par le tournoi de Roland-Garros, ou tout simplement Roland-

Garros. Pourquoi le trait d'union ? Parce que la tradition grammaticale française l'impose lorsqu'un nom de personne est associé à un événement ou un endroit. Si vous faites référence à l'aviateur, pas de trait d'union. Cette règle, il faut le préciser, est largement tombée en désuétude. Mon épouse, née et ayant grandi à Paris, n'en a jamais entendu parler et beaucoup de lieux et d'événements s'en passent. Mais la FFT se veut la gardienne d'une certaine tradition et préconise l'usage généralisé de « Roland-Garros ».

En 2018, j'ai reçu un message de Bernard Giudicelli, alors président de la FFT, me demandant d'arrêter d'employer « French Open » dans mes articles du *New York Times*. Ma réponse a été qu'on ne peut pas changer cinquante ans d'histoire et d'habitudes du jour au lendemain. Le tournoi a lui-même beaucoup varié sur le sujet. À cette époque, vous pouviez toujours acheter des produits estampillés « French Open » dans les boutiques du tournoi. Mais cette pratique a changé. Depuis les années 2020, les lignes officielles, vendues lors et en dehors du tournoi, le sont sous la marque Roland-Garros.

Cette double identité n'était pas idéale sur le plan commercial, mais également inadaptée à l'âge du numérique. Le British Open de golf connaît ce même dilemme : il veut seulement être appelé « The Open Championship ». À Roland-Garros, pendant un temps, les organisateurs ont gardé un site internet frenchopen.com, finalement désactivé en 2008. Aujourd'hui, si vous tapez cette adresse dans une barre de recherche, vous êtes redirigé vers la version anglaise de rolandgarros.com.

Édouard-Vincent Caloni, l'ancien directeur de la communication et du marketing de la FFT, m'a naguère expliqué que frenchopen.com a été abandonné pour des raisons de cohérence, mais aussi pour défendre l'identité autoproclamée du tournoi. « La raison essentielle était d'empêcher de tuer le nom Roland-Garros », a souligné Caloni.

Ce n'est pas un bon combat. Cherchez en ligne « Roland-Garros » et « French Open » et vous verrez qui obtient le plus de résultats. Mais le tournoi continue son lobbying. Les diffuseurs australiens et britanniques ont commencé à faire référence à Roland-Garros à l'antenne et dans leurs clips promotionnels. Beaucoup de diffuseurs et de reporters utilisent les deux appellations de manière interchangeable, et cela même s'il n'y a plus de compte officiel French Open sur Instagram ni sur aucun autre réseau social.

« J'aime le contexte culturel attaché au nom officiel du tournoi, m'a dit, un jour, Chris Fowler, l'un des commentateurs vedettes de la chaine ESPN. Et je respecte les aviateurs. »

Nadal utilise « Roland-Garros » en espagnol, en catalan, en français et en italien, qu'il parle plus facilement que le français. En anglais, il se rabattait souvent sur « French Open » lors de ses premières années, puis s'est rallié à Roland-Garros dans la sagesse de sa fin de carrière. En considérant qu'il a quatorze titres et une statue à son effigie, laissons-lui le dernier mot.

Chapitre 14

LES RITUELS

> « C'est une habitude que j'ai eue toute ma vie et je dois m'en débarrasser. Mais quand il y a tellement de tension et que vous faites ça depuis longtemps, c'est dur. »
>
> Rafael Nadal, 2005

Comme la plupart de ceux qui couvraient alors le tennis, j'étais encore en train d'apprendre à connaître Nadal, âgé de dix-huit ans en cet Open de Monte-Carlo 2005. J'étais assis à ses côtés en haut de la tribune, au-dessus du court central. Nous discutions de son tic de – il n'y a aucune façon élégante de le décrire – réajuster son slip en pinçant l'arrière de son short entre les points.

Dix-neuf ans plus tard, alors qu'il s'apprêtait à prendre sa retraite, ça crevait les yeux : rompre avec cette habitude a été plus dur que ce que Nadal imaginait.

Il le faisait encore.

« C'est l'une des choses qui le caractérise », indique Brad Gilbert, ancien joueur du top 5 mondial devenu un entraîneur chevronné et coauteur du livre *Winning Ugly*.

Nadal était loin d'être le seul joueur attaché à des routines. Dans une profession à haute tension et peuplée de temps morts, l'esprit peut divaguer lors des vingt-cinq secondes entre deux points, au cours de la minute et demie de pause au changement de côté ou dans la chambre d'hôtel, la nuit, avant un grand match. Comme Nadal, Maria Sharapova ne marchait jamais sur les lignes quand elle revenait sur le court après une interruption. Goran Ivanišević voulait servir avec la même balle s'il venait de réussir un ace – et il se donnait beaucoup de mal pour l'obtenir. Ivan Lendl s'arrachait les sourcils. Vera Zvonareva enfouissait sa tête sous une serviette lors des changements de côté, se mettant à l'écart du monde pour tenter d'évacuer la tension.

La liste est longue, très longue, et pas seulement dans le tennis. Regardez du baseball ou du golf. Reste que Nadal a été spécialement relié à ses rituels, et que pendant vingt ans ils ont été exceptionnellement visibles, sous la loupe des caméras, alors qu'il empilait les victoires aux quatre coins du monde. Ses habitudes sont devenues partie intégrante de sa personnalité. De son sprint vers la ligne de fond de court après le tirage au sort jusqu'aux bouteilles méticuleusement alignées devant sa chaise au changement de côté.

Et ces manies se sont accumulées. En 2013, à Paris, j'ai regardé avec Jim Courier, le double vainqueur de Roland-Garros, des extraits de la première finale de Rafa, contre Mariano Puerta en 2005. Nous voulions examiner les évolutions de son jeu au fil du temps. Les t-shirts sans manches et les pantalons de pirate avaient disparu. Son coup droit était devenu plus compact. Pour relancer, il se positionnait désormais nettement plus loin derrière sa ligne de fond de court. Nous avons également remarqué à quel point il avait développé de nouveaux tics, particulièrement lors des quelques secondes précédant son service. En 2005, il essuyait typiquement la ligne avec son pied, tirait sur son short et réajustait quelques mèches de sa longue chevelure derrière l'une de ses oreilles. Il faisait ensuite rebondir la balle quelques fois avec sa main droite, avant de servir avec la gauche.

Et c'était tout.

« Oh, une seule oreille », a lâché Courier en voyant les images.

En 2013, la routine de Nadal était devenue nettement plus élaborée. Nous l'avons détaillée lors d'une séquence extraite de sa demi-finale contre Djokovic, cette année-là. Nadal a nettoyé la ligne avec son pied, réclamé trois balles pour les examiner avec soin, en a rejeté une, mis une autre dans sa poche. Il a enchaîné avec son tirage de short signature en faisant rebondir la balle sur la terre avec la face de sa raquette. Il a ensuite ajusté sa manche gauche avec sa main droite puis sa manche droite avec sa main gauche. Il a balayé son front avec sa main droite sous son bandeau, touché son oreille gauche, fugacement appuyé sur l'arête de son nez puis touché son oreille droite. Il a ensuite cessé de faire rebondir la balle avec la face de sa raquette (neuf rebonds en tout). Il a fait passer la balle dans sa main droite pour cinq rebonds supplémentaires. Et seulement alors il était temps de la lancer et de délivrer son service.

Honnêtement, c'était stressant même de juste le regarder. En aucune façon je ne suis en train de cautionner le comportement de la spectatrice australienne qui a crié et juré tandis qu'il se préparait à servir lors de l'Open d'Australie 2021 – « Magne-toi, TOC de &!$ » – avant de lui adresser plusieurs doigts d'honneur lorsqu'il a regardé vers elle. Mais je peux comprendre sa frustration durant l'attente, qui dans son cas s'est vite terminée. Elle a été escortée hors du stade.

L'ironie est que Nadal était tout le contraire dans ses plus jeunes années. Il suffit de regarder les images de lui à l'âge de douze ans, lorsqu'il a affronté Richard Gasquet en quarts de finale des Petits As, le prestigieux tournoi de minimes, à Tarbes. Il était un jeune joueur pressé, qui s'arrêtait à peine entre les points. Il frappait son service sitôt arrivé au niveau de sa ligne. Le seul tirage de short que j'ai vu a eu lieu au moment où Nadal s'apprêtait à retourner, pas à servir.

Que s'est-il donc passé ?

Les enjeux sont évidemment devenus plus importants. « Les projecteurs braqués sur vous sont brûlants, souligne Courier. Beaucoup de joueurs ont besoin de rituels pour se sentir à l'aise dans cet environnement. Se sentir comme à la maison. C'est ma supposition. »

Elle fournit sans doute une partie de l'explication. Jofre Porta, l'entraîneur basé à Majorque qui a parfois secondé Toni Nadal au début de la carrière du champion, est formel. Ce sont les Nadal qui ont instillé ces routines dans le jeu du jeune joueur, afin d'essayer de ralentir son rythme infernal.

Porta a vu Rafael pour la première fois quand il avait huit ans. « Je ne travaillais pas avec lui. J'animais seulement un *"clinic"* pour la fédération espagnole. Toni est venu et m'a dit : "J'ai un gamin incroyable ; et c'est mon neveu." Il m'avait déjà dit ça d'autres fois : "J'ai un joueur extraordinaire." Et ils étaient bons, mais pas incroyables. Cette fois, je lui ai répondu : "Celui-là, oui, il est incroyable !" »

Et « celui-là » avait un tel esprit compétitif qu'il ne prenait pas *assez* de temps entre les points.

« Rafa était comme une mobylette à fond la caisse. Donc, Toni a commencé à lui donner trois balles avant qu'il serve puis à lui tendre la serviette, pour qu'il se calme un peu, parce qu'il allait tellement vite qu'il ne pouvait pas récupérer. Il était déjà passionné, si passionné qu'il pouvait devenir anxieux. Toni lui a suggéré des rituels pour se calmer, et aujourd'hui on pourrait dire que c'est allé trop loin. Mais en gros, c'était ça l'idée. »

Nadal a surcompensé, Toni l'a reconnu plus tard, en expliquant qu'il était plus ouvert que son neveu à l'idée de changement. « Lorsqu'il a des habitudes, Rafa est assez hostile à l'idée de les abandonner. J'aurais préféré qu'on n'en arrive pas là. »

Au long des années, il est devenu clair que Rafael aurait lui aussi aimé que ça n'aille pas aussi loin.

« Ces tics me dérangent, a-t-il avoué en 2014. Pourrais-je jouer un match sans eux ? Oui, sans quelques-uns. Je n'ai pas à toucher mon nez ou remettre mes cheveux derrière mes oreilles avant de servir. C'est possible d'arrêter ça. Ne pas placer les bouteilles devant ma chaise, je pourrais faire sans aussi. Mais ajuster mon slip, ça, je ne pourrais pas m'en débarrasser. C'est impossible. »

Il savait alors ce qu'il ne savait pas en 2005 lorsque nous avons échangé à Monte-Carlo. Cette approche a des bénéfices, surtout si l'on admet qu'elle a aussi ses limites.

« Il existe une mince frontière, avance Porta, entre routine et superstition. Rafa dit toujours quelque chose qui me rassure et que j'ai pu utiliser auprès de mes élèves. Il affirme qu'il n'a jamais cru qu'il pouvait perdre ou gagner un match parce que ses bouteilles étaient positionnées de telle façon. »

Parfois, il était permis d'en douter. Emilio Sánchez, l'ancien n° 1 espagnol et capitaine de Coupe Davis, m'a rapporté une anecdote sortie du vestiaire de

Roland-Garros en 2005. Sánchez disputait le tournoi des légendes. Nadal s'apprêtait à jouer (et à battre) Federer en demi-finales du tournoi. Comme toujours, à ce moment-là, le lieu était pratiquement vide. Sánchez raconte que Nadal patientait devant une douche où se trouvait Federer alors qu'il y avait au moins une douzaine d'autres cabines disponibles. « À l'évidence, c'était cette douche-là et pas une autre, sourit-il. Je parie qu'il n'a jamais changé de douche les vingt ans qui ont suivi. »

Daria Abramowicz, la psychologue de la performance polonaise qui travaille avec Iga Świątek, a beaucoup étudié le jeu et les habitudes de Nadal. « Je fais toujours la différence entre routines, rituels et superstitions. Si votre coach vous a dit que manger, disons, du porridge, au petit-déjeuner, les jours de match, vous donne de l'énergie et vous rend performant, alors c'est votre routine. C'est rationnel. Utiliser votre bol préféré pour manger ce porridge devient un rituel si vous pensez qu'il vous porte chance ou qu'il vous apporte quelque chose en plus. On entre dans le monde des émotions. Casser le bol en faisant la vaisselle et interpréter cet événement comme un présage de malchance relève de la superstition. Dans mon travail, j'implémente des routines à plein de niveaux parce qu'elles organisent votre espace et vos pratiques. La routine signifie contrôler le contrôlable et j'essaie évidemment de m'éloigner autant que possible des rituels et des superstitions. Ici encore, Nadal est unique. Mon idée est qu'en certaines circonstances, il y trouve un moyen très efficace de garder son esprit ancré dans un moment de concentration très resserré, et parfois de gérer son anxiété. »

Malgré toute l'admiration d'Abramowicz pour Nadal, elle « ne recommanderait jamais de copier » ses rituels.

Le champion rejette le terme de « superstition ». Il estime que si ses habitudes avaient été basées sur de la superstition, il les aurait certainement changées en fonction de ses victoires et ses défaites. Il a toujours eu le même casier à Roland-Garros, depuis le début : le n° 159. De 2005 à 2019, il est resté dans le même hôtel de la rive droite avant que les obligations sanitaires liées à la pandémie ne le forcent à changer. Nadal dit que s'il avait été superstitieux, il aurait opté pour un autre endroit où dormir après sa défaite contre Robin Söderling en 2009.

Deux des adversaires de Nadal – Marinko Matosevic et Lukáš Rosol – ont essayé de renverser ses bouteilles d'eau méthodiquement alignées au changement de côté. C'était malicieux, mais sans effets : il a gagné les deux rencontres.

« Tout ce que ça m'apporte, explique Nadal, c'est de rester concentré et de ne pas laisser mon esprit vagabonder dans les tribunes, vers un spectateur ou n'importe quoi d'autre. Toutes ces petites choses que je fais, comme avec les bouteilles, m'aident à éviter toute distraction. »

Christian Marcolli, psychologue de la performance suisse qui a travaillé avec Federer, décèle une vraie richesse dans cette approche.

« Beaucoup pensent que c'est *too much*, dit-il au sujet des myriades de routines de Nadal. Mais vous ne pouvez pas les considérer de façon isolée. Il faut toujours élargir la focale sur ce qui se passe autour. Cela lui permet d'être dans le "ici et maintenant", dans ce que je perçois comme un état d'esprit productif. J'observe ça de manière très pragmatique. Il faut connaître ce sport qui est si rude, où tant d'éléments extérieurs sont susceptibles de vous distraire, de sortir votre esprit du moment présent. »

Marcolli travaille avec ses clients sur le contrôle du regard, sur la nécessité de le diriger très intentionnellement, particulièrement quand survient un temps mort.

« La façon dont vous utilisez vos yeux est très importante. D'un point de vue conceptuel, l'attention a besoin d'être tournée vers l'extérieur. Quand vous dirigez votre attention davantage vers vous-même, vous commencez à analyser et à réfléchir. Alors, vous courez le grand danger de ne plus être dans le moment présent. Je n'ai pas travaillé avec Rafa. Mais il est clair que les actions qu'il mène sont imaginées pour le garder à l'extérieur de lui-même, pour ne pas trop analyser. Il fait ces choses un peu mécaniquement et, sur la durée, cela fonctionne. Il porte toujours son regard à certains endroits. Il a quelques points de repère. Ça semble le maintenir dans le jeu. »

Selon Marcolli, l'approche ritualisée de Nadal est également une précaution contre l'excès de confiance.

« C'est le rappel que "peu importe qui je joue, j'aurai des problèmes à résoudre". Il applique les mêmes routines avec la même rigueur qu'il affronte le 50e mondial, Djokovic ou Alcaraz. Il n'entre même pas dans la zone de danger de la réflexion : "Ça devrait être plus facile" ou "Pourquoi j'ai autant de problèmes face à un gars classé si bas ?" Même à Paris, où il a gagné tellement de fois, peu importe qui il joue. Il est toujours là, toujours connecté, toujours engagé. Il saisit les problèmes qu'on lui pose, peu importe qui il affronte, en mode "Je m'en fiche si la caméra est braquée sur moi, je m'en fiche si les gens pensent que tout ce que je fais est dingue ou *too much*. Ça marche. J'ai mes pensées où je veux qu'elles soient, donc tout va bien." »

Durant l'Open d'Australie 2014, le docteur Christopher Mogan, un psychologue australien spécialisé dans les TOC, s'est plaint auprès des diffuseurs du tournoi en Australie. D'après lui, les commentateurs, y compris Lleyton Hewitt et Courier, ridiculisaient ses pratiques. Hewitt a raconté en direct une histoire où Nadal retire et remet encore et encore sa chemise avant de quitter le vestiaire.

« Cela a été exagéré, et c'était irrespectueux vis-à-vis de lui, a déclaré Mogan au quotidien *The Age.* Se moquer de son mode de fonctionnement peut s'avérer éprouvant pour ceux qui regardent le match et ont des TOC. 2 à 3 % des gens ont ce problème, qui est sérieusement handicapant. Ils peuvent s'identifier à lui. »

Nadal et son équipe ont affirmé qu'il n'avait pas de TOC. Tard dans sa carrière, je lui ai demandé dans quelle mesure il était ritualiste dans sa vie de tous les jours et si ses placards étaient bien rangés.

Il a ri.

« Un désastre, sincèrement. Les gens voient mes routines sur le court et imaginent qu'elles m'accompagnent en dehors du court comme je ne sais quelle superstition. Mais j'en ai pratiquement zéro. Je n'ai besoin d'être vraiment organisé que si je suis en compétition. Dans ma vie personnelle, je suis quelqu'un de très désorganisé, pas toujours à l'heure. Tout sauf une personnalité de type A. Mais quand je suis sur le court, les routines me permettent de rester totalement concentré sur ce que j'ai à faire. »

Chapitre 15

LA MAUVAISE PASSE

Nous avions déjà vu Nadal démoralisé lors de conférences de presse à Roland-Garros. Cette fois, c'était différent.

Nadal ne parlait même plus de ses chances pour la suite du tournoi, et pour cause : il s'en privait lui-même en se retirant de l'édition 2016, après avoir gagné ses deux premiers matches. La raison : une blessure au poignet gauche, qui l'empêchait de frapper son célèbre coup droit fouetté sans ressentir de vives douleurs.

« L'une des conférences les plus dures de ma carrière », a avoué Nadal, le bras désormais enserré dans une écharpe bleue.

Lorsqu'il s'est assis, la mine sombre, pour annoncer la nouvelle de son forfait, aussi inattendue que désolante, ma première pensée a été que l'Espagnol ne couperait pas le gâteau de son trentième anniversaire à Roland-Garros. Ma deuxième a été pour l'Argentin Facundo Bagnis, écrasé 6-3, 6-0, 6-3 par Nadal, deux jours avant l'annonce de ce retrait.

« Vous n'êtes pas bien pour Rafa, mais vous n'êtes pas bien non plus pour Facundo Bagnis, sourit Gilles Simon, l'un des meilleurs joueurs français. Il s'incline 6-3, 6-0, 6-3 face à un joueur qui ne peut plus tenir sa raquette. Le gouffre entre Rafa et tous les autres est immense sur terre battue. »

À ce stade de sa carrière, Nadal était sur une planète à part, aucun doute là-dessus. Mais il était aussi dans une mauvaise passe, malgré son pedigree d'extraterrestre. Après quatre victoires consécutives à Paris entre 2005 et 2008, puis une nouvelle série de cinq succès entre 2010 et 2014, il n'est plus parvenu à s'approcher du titre les deux années suivantes. En 2015, Djokovic est devenu le deuxième joueur à le battre à Roland-Garros, et le premier à le dominer sans perdre une manche dans une rencontre au meilleur des cinq sets sur terre battue.

En 2015, Nadal bataillait avec son corps, ce qui n'était pas inhabituel, mais également avec sa confiance en lui. Fait totalement nouveau. Son total de fautes non provoquées était régulièrement élevé. Aux moments importants, il ratait souvent sa cible, et manquait cruellement de rythme. Il était très loin de la formule gagnante l'ayant rendu riche et célèbre.

Il estimait qu'il jouait plutôt bien à l'entraînement. Selon lui, son problème était mental. Sincère comme toujours, il ne s'est pas dérobé au moment de partager ses inquiétudes en espagnol, en majorquin et dans son anglais inimitable.

« Je n'ai plus cette assurance qui me permet de frapper la balle où je veux la frapper », a-t-il expliqué à Miami après avoir perdu prématurément contre son compatriote Verdasco.

Lorsque nous avons échangé en Floride, Toni Nadal m'a confié que son neveu était prisonnier d'un cercle vicieux. À son sens, il perdait confiance à cause des défaites, une fragilité qui déclenchait d'autres échecs.

C'était plus que cela. « Pendant un moment, il éprouvait vraiment de l'anxiété sur le court, me confie Francisco Roig. Il ne pouvait pas contrôler ce qui se passait dans sa tête. Se battre sur un court était devenu très compliqué pour lui. »

Réécouter ses conférences de presse en 2015 revient à se plonger dans des séances de thérapie collectives, où les reporters investiguent son état psychologique et font même quelques suggestions. À Miami, on lui a demandé s'il avait songé consulter un psychologue de la performance. Il a répondu non. Il continuait de penser que le tennis était sans importance à côté des plus grands problèmes de l'existence.

« Le sport, c'est un jeu. Je dois résoudre mon problème moi-même, avec mon équipe. C'est ce que j'essaie de faire. Personne ne peut rien pour moi. Je vais continuer de travailler. J'espère que la terre battue m'aidera. »

Cette année-là, la terre battue ne l'a pas aidé non plus. En 2014, il avait sauvé sa saison en brisant une série de cinq défaites contre Djokovic grâce à sa victoire dans une nouvelle finale de Roland-Garros. Il n'a plus battu le Serbe depuis lors. Il était même sur le point d'encaisser une série de onze échecs en douze matches face à lui.

« C'est vrai que Nadal a été la bête noire de Novak pendant des années, m'a dit Guy Forget, l'ancien n° 1 français, dans une interview au début de la saison 2015. Mais Rafael a quelques problèmes et il ne va pas remporter Roland-Garros quatorze fois. Derrière lui, il y a Novak, tout près, et je pense qu'il gagnera Roland-Garros un jour. »

Forget a vu juste pour Djokovic, mais, et on peut en sourire, un peu moins au sujet du nombre quatorze.

La seule surprise de la victoire 7-5, 6-3, 6-1 de Djokovic sur Nadal en quarts de finale de ce Roland-Garros 2015 est que personne n'a été surpris. L'Espagnol a semblé résigné face à l'inéluctable.

En réalité, le plus grand choc de la quinzaine s'est produit en finale, quand Djokovic, enfin prêt à remporter le seul titre majeur qui lui manquait, a été pris de court par le deuxième violon suisse. En état de grâce dans son short à carreaux, Stan Wawrinka a claqué de somptueux revers à une main, a remarquablement tenu la distance lors des échanges prolongés, et a pris des initiatives et des risques qui ont payé.

Wawrinka a conclu au bout de soixante coups gagnants contre trente seulement pour Djokovic, avec à peine quelques erreurs de plus : 45 à 41. Des fans de tennis, qui étaient aussi des gamers, ont affirmé qu'il était en « *God Mode* ». C'était la vérité. Entraîneur de Robin Söderling lors sa méga-surprise face à Nadal en 2009, Magnus Norman a été le trait d'union entre ces deux événements. Désormais, il coachait et inspirait Wawrinka.

Norman a perdu en finale de Roland-Garros 2000 contre Gustavo Kuerten. Sous sa tutelle, Söderling a cédé deux fois en finale.

« Celle-ci est pour toi, lui a lancé Wawrinka. Tu l'as gagnée. »

Un coup de tonnerre. C'était la meilleure saison de Djokovic : plus aboutie et même plus victorieuse que celle de 2011. En simple, il l'a terminée avec un ratio victoires-défaites de 82-6, soit un solde positif de 93 %, le plus élevé de sa carrière. Il a enlevé trois titres du Grand Chelem et six Masters 1000, perdant en finale de deux autres. Djokovic avait enfin battu Nadal sur la terre battue parisienne, mais sa longue quête de quelque dix années se prolongeait. Son abattement était immense. Sur sa chaise, après sa défaite contre Wawrinka, il semblait désespéré, et son regard perdu dans le vide pendant plus d'une minute est une image qui vous hante longtemps.

Nadal a largement eu le temps de contempler le vide en 2015. Lors de cette saison, il n'a pas franchi une fois le stade des quarts de finale dans le Grand Chelem. Il n'a remporté aucun tournoi de premier plan. Ses trois titres en simple ont été décrochés à Buenos Aires et Stuttgart, deux tournois ATP 250, et à Hambourg, un ATP 500 organisé sur terre battue après Wimbledon. Sa plus mauvaise saison depuis son arrivée sur le devant de la scène. Quand elle s'est terminée à Londres par une nouvelle défaite face à Djokovic, cette fois en demi-finales des ATP Finals, Nadal a discuté dans le vestiaire de l'O2 Arena avec Alejandro Ciriza, l'excellent journaliste espagnol du quotidien *El País*.

Ciriza a dit à Nadal qu'il était difficile pour le public de comprendre comment il pouvait ressentir des doutes et des peurs après tous ses succès. Pourquoi maintenant, à l'âge de trente ans ?

« Ce n'est pas de la peur, a répondu Nadal. Si c'était de la peur, je n'aurais pas honte de le dire parce que je ne suis pas une personne qui craint de reconnaître ces choses-là. C'est un problème étrange de manque de contrôle de ma respiration et de mon timing. Quand on perd le contrôle de sa respiration et du timing, c'est-à-dire la compréhension de la trajectoire et de la vitesse de la balle, c'est parce que, mentalement, les choses s'accélèrent. C'est une conséquence de l'anxiété. Pourquoi ça survient maintenant ? Je suppose que les blessures ont eu une influence, comme le fait d'exiger toujours le meilleur de soi pour donner le maximum.

Les choses deviennent donc compliquées. Toute l'année, j'ai parlé honnêtement de ce qui m'arrivait, mais sans dramatiser. »

Ciriza a ajouté qu'une partie du problème avait peut-être à voir avec le fait que, pendant des années, Nadal a rendu l'extraordinaire ordinaire.

« Peut-être pour vous les journalistes, mais pas pour moi. J'ai toujours été conscient de la difficulté représentée par tout ce que j'ai réussi. J'y attache beaucoup de valeur. »

Comme n'importe quel interviewer intelligent, Ciriza a gardé la question la plus sensible pour la fin : Nadal aurait-il pu imaginer de changer d'entraîneur ou pensait-il rester avec Toni jusqu'à la fin ?

« Non, non, non, avec Toni jusqu'à la fin, non. D'abord, c'est Toni tant qu'il le veut et ensuite tant qu'on est heureux ensemble tous les deux. Je ne suis pas d'accord avec le fait qu'au premier signe de changement, lorsque les choses commencent à aller dans la mauvaise direction après de nombreuses années de succès, certaines personnes soient remises en cause. Le seul qui est à blâmer parce que les choses vont moins bien cette année, c'est moi. Les autres ont fait les choses aussi bien que d'habitude. »

Cette dernière réponse méritait d'être archivée. Toutefois, même s'il semblait patauger dans son marasme, Nadal paraissait mieux équipé que n'importe quelle sommité du sport pour parvenir à enrayer pareille spirale négative. On lui avait appris à affronter – et même à accueillir – les épreuves et les difficultés. On l'avait élevé en lui faisant comprendre qu'il n'avait rien de spécial en dehors des courts de tennis. Malgré les trophées et les babioles, il s'est interdit de monter sur le moindre piédestal, repoussant les efforts de tous ceux cherchant à le placer au-dessus de la mêlée. Sa bataille était intérieure, pas extérieure, et sa faculté à raisonner avec humilité et à accepter l'adversité était sa planche de salut à ce moment où les revers s'accumulaient.

Il y en aurait encore un autre, pour entamer la saison 2016. Verdasco l'a à nouveau vaincu, cette fois en cinq sets au premier tour de l'Open d'Australie. Un moment cruel pour Nadal : c'était seulement sa deuxième élimination au premier tour d'un tournoi majeur.

« Une défaite dure et douloureuse. Surtout parce que ce n'est pas comme l'an dernier où j'étais arrivé ici en jouant mal et en ne me sentant pas prêt. Cette année était une histoire complètement différente. Je me suis bien entraîné, j'ai bien joué, et j'ai tellement travaillé. »

C'était comme une deuxième chance pour Verdasco, non-tête de série, battu par Nadal sur le même court, au terme de cinq sets éreintants, lors de la demi-finale de l'Open d'Australie 2009, l'un des meilleurs matches de cette époque dorée. Verdasco avait deux ans de plus que Nadal, était bâti comme lui. Il consolidait sa charpente musculaire lors de fréquentes sessions de travail à Las Vegas. Il y levait des poids très lourds sous la supervision de Gil Reyes, le mentor et l'entraîneur physique d'Andre Agassi tout au long de sa carrière.

Verdasco était un beau gaucher avec un grand coup droit de son cru. S'il n'y avait pas eu Nadal, il aurait certainement occupé une place plus importante dans le sport espagnol et l'univers du tennis. Il est resté un second rôle, comme Feliciano López, autre gaucher endurant et fulgurant ayant battu Nadal au cours des mois précédents. La superbe occasion manquée de 2009 l'a stoppé dans son élan et a continué de le hanter. Il a déclaré avoir revu la rencontre au moins dix fois, à la recherche d'explications. Peut-être est-ce la raison pour laquelle il n'est plus jamais allé aussi loin dans un tournoi majeur. Comme à Melbourne, cette fois encore : il s'est incliné dès le match suivant en payant le prix de ses efforts contre son compatriote.

Le déclin continu de Nadal commençait à générer une inquiétude et un intérêt croissants. Après cette défaite, j'ai reçu un appel de mon rédacteur en chef à New York. Il m'a demandé s'il allait persister à jouer encore longtemps, en me réclamant un papier d'analyse. L'Espagnol paraissait de plus en plus « dépassé » dans un sport dominé par Djokovic et Murray, en progrès. Compte tenu de l'exigence physique de son jeu et de l'habituelle durée de la carrière des professionnels de tennis, il avait l'air engagé pour de bon sur la pente descendante. Mais je pouvais encore apercevoir quelques signes encourageants.

Aussi avais-je écrit dans le *New York Times* : « Même si une nostalgie Nadal est en train de s'installer, il n'est pas encore temps de déclencher la sirène d'alarme. Les joueurs actuels s'épanouissent, comme jamais avant eux, bien au-delà de l'âge de trente ans. À la fin de 2015, Nadal a déployé un jeu agressif, convaincant, pour une partie de saison durant laquelle il a souvent souffert. Il a retrouvé le mordant et la profondeur de son coup droit, le coup de fouet resté son coup signature. »

Ce coup droit l'a pourtant abandonné contre Verdasco, retombant souvent bien trop court et l'empêchant de s'assurer l'initiative. Pour Roig, qui le regardait et le coachait depuis une dizaine d'années, les coups droits trop courts étaient le signe que Nadal forçait ce coup, trop tendu pour optimiser la chaîne cinétique.

« En termes de compétitivité, j'étais au niveau, a analysé Nadal. Mais je ne l'étais pas assez pour réussir à faire mal à mon adversaire avec ce coup droit. Je tapais des coups droits, mais il pouvait réussir des coups gagnants derrière. Ça ne peut pas arriver quand je frappe mon coup droit normalement. S'il veut réussir un coup gagnant, l'adversaire doit prendre beaucoup trop de risques. Mais à mon avis ce n'était pas le cas aujourd'hui. »

Verdasco a réussi quatre-vingt-dix coups gagnants et commis quatre-vingt-onze erreurs : des statistiques élevées, révélatrices de son agressivité constante et de la réalisation que surpasser Nadal en force était la bonne approche pour ses rivaux.

« Sincèrement, m'a dit Jim Courier, c'est une stratégie qui n'a pas été assez employée contre le "Big 4". La concurrence ne peut pas s'en sortir face à ces gars si elle les laisse jouer comme ils veulent. La disruption est la seule option pour renverser la table, dans la mesure où ils se battent rarement eux-mêmes à cause de fautes non provoquées. »

Söderling et Norman ont montré la voie contre Nadal, en insistant fortement sur le coup droit de l'Espagnol au lieu de diriger le flux du jeu vers son revers à deux mains. Puis Djokovic a vulgarisé la tactique. Wojtek Fibak, l'ancien n° 1 polonais roué qui avait entraîné et managé Ivan Lendl, a bien fait comprendre à Djokovic que c'était la bonne option quand il a fait partie de son encadrement technique lors de l'US Open 2013. Nadal a gagné ce match, mais ne dominerait plus jamais Djokovic sur un court en dur.

« Rafael a joué le meilleur match de sa vie, m'a confié Fibak dans un rire. Mais c'était la bonne stratégie, regardez les stats. Après ça, Djokovic l'a battu plein de fois sans perdre un set. Et tout le monde s'en est aperçu : oui, attaquez le coup droit de Nadal ! Lors des six mois suivants, cinq gars l'ont joué comme ça. Deux ans plus tard, ils étaient vingt à le jouer comme ça, puis *tous* l'ont joué comme ça. Avant, personne n'avait osé le faire. »

Pour un profane, cela paraissait contre-intuitif : comme se jeter dans la gueule du lion.

Fibak : « La bonne façon d'affronter un super coup droit est de jouer vers ce coup droit en y allant vraiment. Parce que les joueurs dotés de très gros coups droits tapent la plupart des coups gagnants depuis le côté revers quand ils tournent autour pour frapper le coup droit croisé ou décroisé. Agassi détestait quand il devait traverser le terrain pour aller jouer son coup droit. Pareil pour Nadal. Il adorait quand on lui jouait directement sur le revers parce que soit il ne le manquait pas, soit il décochait la plupart de ses coups droits gagnants depuis ce côté revers. »

Le tennis est un sport cyclique. Il arrive qu'une stratégie gagnante ne dure pas longtemps. Sur terre battue, Nadal a retrouvé un bon niveau de forme. Il s'est imposé à Monte-Carlo et Barcelone, égalant les quarante-neuf titres en simple de Guillermo Vilas sur cette surface. Il a cependant perdu en deux manches face à Murray en demi-finales à Madrid, le tournoi sur terre battue où les conditions étaient les plus défavorables pour son jeu. Nadal ne l'a pas dit publiquement mais les quelque six cent cinquante mètres d'altitude de Madrid n'étaient pas la seule cause de son échec. Lors de sa victoire en trois sets contre João Sousa en quarts de finale, il a ressenti une vive douleur au poignet gauche. Elle a continué de le gêner à Rome où il a joué sous anti-inflammatoires et a été vaincu par Djokovic en quarts de finale.

Trop habitué à la sensation de jouer avec la douleur, Nadal est arrivé à Paris avec l'espoir de réussir à gérer le problème.

Roland-Garros avait changé depuis sa dernière visite et présentait un nouveau visage, pour des raisons tragiques. En novembre 2015, une série d'attaques terroristes islamistes a emporté la vie de cent trente personnes, quatre-vingt-neuf d'entre elles au Bataclan, une salle de concert bien connue. Ces drames ont contraint tous les événements se déroulant à Paris à accroître leurs mesures de sécurité. Roland-Garros 2016 n'a pas fait exception. La mort dans l'âme, les organisateurs ont instauré une nouvelle zone tampon autour du stade. Le nombre de forces de police a été significativement renforcé.

Pendant des années, quand je couvrais le tournoi, je logeais dans notre appartement familial du seizième arrondissement. Je pouvais circuler à vélo, me déplacer directement jusqu'à l'entrée principale, montrer mon accréditation aux gardiens sans mettre pied à terre, pénétrer directement dans les allées, tourner à droite vers la zone de télévision et accrocher mon vélo à un arbre derrière le court n° 5 en entendant le son des balles contre les cordages.

Cette navigation de rêve n'était plus possible à cause de tous les nouveaux postes de contrôle et des barrières de sécurité. Pour la première fois depuis la Seconde Guerre mondiale, Roland-Garros avait l'allure d'une forteresse.

« Les Parisiens ont traversé beaucoup d'épreuves, m'a dit, cette année-là, la joueuse américaine Bethanie Mattek-Sands. Quand nous avons entendu parler de ces attaques, on a su que c'était l'un de ces moments dont on se souviendrait en se rappelant où l'on était quand on a appris la nouvelle. On y pense davantage parce que ça ne se passe pas dans un pays lointain, mais là où on revient tous les ans. L'idée que ça puisse recommencer est quelque chose qu'on a à l'esprit. C'est arrivé il n'y a pas si longtemps, donc on ne sait jamais. Même si on n'a pas envie de vivre avec la peur que ça pourrait encore survenir. J'espère que le "*French Open*", comme c'est le cas pour les Jeux olympiques et d'autres sports, permettra de rassembler tout le monde. »

Nadal a fait plus simple : « Ce qui est arrivé était une nouvelle terrible, mais c'est le passé. Je fais confiance aux personnes qui organisent le tournoi. Elles ont tout fait pour rendre cet événement sûr. Pour les joueurs et pour tous. »

La fin d'une période d'insouciance, jamais revenue depuis.

Nadal a de toute façon dû écourter son séjour, en dépit d'un début de tournoi tonitruant. Au premier tour, il a anéanti le gros serveur australien Sam Groth, qui n'a grappillé que trois jeux, puis a pris la mesure de Bagnis, six jeux au compteur. À chaque fois, il a eu recours à des injections d'antidouleurs dans son poignet gauche. Le médecin Angel Ruiz-Cotorro, qui l'a aidé à surmonter une litanie de blessures à travers les années, a alors scruté les résultats de ses radios les plus récentes, et lui a conseillé de ne pas continuer. Il n'y a pas eu de match de troisième tour contre son compatriote Marcel Granollers.

« Il est évident que si ça n'avait pas été Roland-Garros, je n'aurais probablement pas pris le risque de jouer les premiers jours. Mais c'est le tournoi le plus important de l'année pour moi et j'ai essayé de mon mieux. C'est pourquoi j'ai joué avec une injection d'anesthésiant sans rien ressentir dans le poignet. Vous savez que lorsque je viens à Roland-Garros, c'est en pensant remporter le tournoi. Pour gagner le tournoi, j'avais besoin de cinq matches de plus et le médecin m'a affirmé que c'était 100 % impossible. »

Une inflammation de la gaine du tendon, tel était le diagnostic. Ruiz-Cotorro a précisé qu'il y avait un risque de déchirure s'il continuait de jouer, soit une potentielle mise à l'écart du circuit pour plusieurs mois.

« J'ai réalisé tous les examens nécessaires et je fais entièrement confiance à Angel. Il m'a toujours aidé à pouvoir jouer jusqu'à la limite. Cette fois, il dit que je ne peux pas jouer. »

Le premier et dernier forfait de Nadal en plein Roland-Garros, privé de l'Espagnol mais également de Federer. À trente-quatre ans, le Suisse devait gérer, lui aussi, ses problèmes physiques. En janvier, en Australie, il s'est déchiré un ménisque en glissant alors qu'il préparait le bain de ses jumelles. En février, il a été opéré au genou gauche – la première opération de sa carrière. Avec son enthousiasme caractéristique, il a renoué avec la compétition, mais trop tôt. Le genou a continué de grincer et, bien qu'il soit venu avec son équipe à Paris en ayant la ferme intention de jouer, après un entraînement sur le court n° 1, il a choisi de renoncer.

« C'est comme si mon genou portait un poids de cent kilos », a-t-il confié à Pierre Paganini, son préparateur physique.

Ce forfait a mis un terme à la série des soixante-cinq tournois du Grand Chelem consécutifs disputés par Federer. Une statistique remarquable. À titre de comparaison, Nadal n'a jamais joué plus de quatorze tournois majeurs d'affilée, à cause de ses blessures.

Federer a remporté son seul Roland-Garros une fois Nadal éliminé par Söderling en 2009. Désormais, c'était à Djokovic de capitaliser sur la rare absence de l'Espagnol.

Le Serbe y est parvenu. Il a perdu seulement deux sets en sept matches, dont un contre Andy Murray en finale. Nadal a gagné Roland-Garros dès sa première tentative, Djokovic à sa douzième visite. Il s'est montré patient et a été récompensé : un scénario récurrent pour lui. Ce succès de 2016 lui a offert le Grand Chelem, toute sa carrière prise en compte, mais a également fait de lui le premier champion à détenir simultanément les quatre trophées majeurs depuis Rod Laver en 1969.

Nadal l'avait empêché de réaliser cette passe de quatre lors de Roland-Garros 2012. Cette fois, il n'était pas en condition pour l'arrêter. Les blessures au poignet sont les plus sérieuses pour un joueur de tennis. Elles sont devenues de plus en plus fréquentes. Trop de chocs et de torsions, face à trop de puissance. Juan Martin Del Potro, l'Argentin au service et au coup droit foudroyants, a eu besoin de trois opérations au poignet pour sauver sa carrière.

Après le forfait de Nadal, j'ai échangé avec le chirurgien de Del Potro, le docteur Richard Berger de la Mayo Clinic, qui semblait optimiste à son sujet. Il a déclaré qu'en général, les joueurs pouvaient surmonter ce type de blessure dans un délai de quatre à six semaines.

Nadal en a pris presque dix, mais après avoir manqué Wimbledon il a pu mettre le cap sur Rio de Janeiro et les Jeux olympiques d'été 2016. Lors de la cérémonie d'ouverture, il a porté le drapeau espagnol au Maracanã, l'iconique stade de football où s'étaient jouées les finales des Coupes du monde 1950 et 2014. Fan passionné du ballon rond, qui aurait certainement pu être un professionnel lui-même, il était là où il voulait être après cette longue période de convalescence.

Les Jeux olympiques n'ont pas été une priorité pour toutes les superstars du tennis – voir Sampras –, mais ils ont toujours été importants à ses yeux. Nadal est attaché à son pays, à l'esprit d'équipe et au sport en général. Après avoir remporté l'or en simple à Pékin, il a dû faire l'impasse sur les Jeux de Londres 2012. Blessé, il a manqué la chance de porter le drapeau espagnol. Il était résolu à se rattraper à Rio et à jouer un rôle autre que cérémoniel.

J'étais également à Rio, couvrant ces Jeux avec une sorte d'appréhension en raison des inquiétudes largement médiatisées au sujet du virus Zika, du niveau de la criminalité, des eaux polluées de la touristique baie de Guanabara et du chaos ambiant. Quand Rio s'était vu attribuer ces Jeux en 2009, le Brésil était en plein boom. La Coupe du monde 2014 et les Jeux olympiques 2016 promettaient d'être deux moments décisifs dans la vie du pays. Espoir douché par une économie soudain vacillante. Les Jeux ont eu bien du mal à être livrés à temps. Ils ont beaucoup pesé sur les finances du pays, comme sur celles de Rio, en engendrant des dépenses pas toujours utiles. Heureusement, comme c'est souvent le cas aux JO, cet aspect négatif a été rapidement submergé par l'euphorie de pouvoir admirer les meilleurs athlètes de la planète – Usain Bolt, Simone Biles, Michael Phelps et Neymar – exerçant leurs talents à la poursuite de médailles.

Nadal a été au rendez-vous, se remettant à s'entraîner optimalement quelques jours seulement avant de quitter l'Espagne pour Rio. Il s'est installé dans le village olympique puis, le vendredi 5 août, il a revêtu un blazer bleu, un pantalon rouge et mis un chapeau de paille pour mener la délégation espagnole lors de la cérémonie d'ouverture. Je ne suis pas sûr de l'avoir jamais vu sourire autant aussi longtemps.

« Il y a vingt-cinq jours, j'étais à la maison et je ne pouvais pas m'entraîner, nous a-t-il dit plus tard. Je ne pouvais pas frapper mon coup droit. Je pouvais seulement taper un peu en revers. Je rêvais de pouvoir venir ici et de porter le drapeau pour mon pays. Pour moi, c'était une chose énorme. J'étais supposé le faire à Londres. Je ne voulais pas manquer ça une deuxième fois. Mais je ne voulais pas venir en n'ayant aucune chance de concourir. »

Il a d'abord projeté de disputer seulement le double. Quelques jours avant les Jeux, il a décidé qu'il était suffisamment rétabli pour tenter également sa chance en simple. C'était beaucoup exiger de son poignet qui a finalement tenu le choc, solidement enserré dans une bande protectrice. En jouant avec un enthousiasme évident sur les courts verts et bleus, il a atteint les demi-finales en simple et, de manière plus surprenante, la finale du double avec Marc López.

Nadal et López étaient amis depuis l'enfance, et López s'est offert un plaisir légèrement sadique en décrivant le premier set d'entraînement qu'ils avaient joué ensemble à Barcelone, quand Nadal avait douze ans. López, son aîné de quatre ans, l'avait gagné 6-0.

« Il raconte toujours la même histoire », a plaisanté Nadal en secouant la tête.

« Mais elle est vraie ! », a répliqué López.

Leurs routes professionnelles ont ensuite divergé. López est devenu l'un des meilleurs mondiaux en double quand Nadal s'est mis à accumuler les titres majeurs en simple. Ils ont rarement eu l'occasion de jouer ensemble, mais quand cela arrivait, ils rencontraient une certaine réussite. Ils se sont imposés lors du

Masters 1000 d'Indian Wells en 2010 et 2012. Originellement, López devait faire équipe à Rio avec son partenaire régulier, Feliciano López. En juin, les deux hommes venaient de s'imposer côte à côte à Roland-Garros, leur premier et seul titre du Grand Chelem. Quand Feliciano a décidé de faire l'impasse sur les Jeux olympiques pour donner la priorité à sa carrière sur le circuit ATP, l'autre López a sauté sur l'opportunité de faire équipe avec Nadal.

Au Brésil, ils n'ont pas joué le double de façon très orthodoxe. Ils ont rarement fait service-volée, préférant frapper de grands coups depuis la ligne de fond de court, et ont prolongé les échanges au prix d'actions de défense prodigieuses et fulgurantes. Cela quand ils ne les concluaient pas grâce à des passing-shots gagnants ou d'imprévisibles ruses de braconnier au filet, souvent signées Rafael Nadal. Rapide et explosif, il était devenu l'un des volleyeurs les plus efficaces du circuit en dépit de ses prises de raquette guère optimales.

Ils ont eu besoin de trois sets pour se débarrasser des Argentins Del Potro et Máximo Gonzalez au deuxième tour et de deux jeux décisifs, en demi-finales, pour vaincre la redoutable paire canadienne Daniel Nestor-Vasek Pospisil.

En finale, Nadal et López ont affronté une autre paire de spécialistes : les Roumains Florin Mergea et Horia Tecău, têtes de série n° 5. Le match était serré, très serré, et les Roumains se sont retrouvés en position idéale quand ils ont pris, blanc, le service de López pour se détacher 4-3 au dernier set. Les Espagnols ont immédiatement réagi pour subtiliser le service de Mergea puis, pleins gaz, assurer leur victoire 6-2, 3-6, 6-4.

Nadal a lâché sa raquette, est tombé sur ses genoux et s'est projeté vers l'avant face contre terre, tout près des anneaux peints. López s'est allongé sur le dos en se couvrant le visage avec ses deux mains. Lorsqu'ils se sont relevés, ils ont célébré ensemble leur médaille d'or avant de verser quelques larmes sur le podium. C'était, et c'est resté, le titre en double le plus significatif de la carrière de Nadal. Ce succès a approfondi son lien avec López. Mais il s'agissait aussi d'une exceptionnelle et retentissante victoire après quasiment deux années de frustration et d'anxiété. Une forme sensible de soulagement s'exprimait dans la joie de Nadal.

« Une expérience incroyable. Spécialement de réussir ça avec l'un de mes meilleurs amis, Marc, c'est quelque chose d'inoubliable pour moi. Gagner une médaille d'or aujourd'hui après deux mois et demi sans entraînement, sans préparation du tout, juste du travail dans la salle de gym, ce n'était pas facile à faire. »

Remporter une autre médaille en simple a été au-dessus de ses possibilités du moment. Mais Nadal s'en est sacrément approché en revenant sur le court, le lendemain de l'or olympique, pour affronter Del Potro en demi-finales. Au long de sa carrière, l'Argentin a compté les semaines, bien au-delà de dix, à cause de ses poignets blessés. Mais à Rio, « DelPo » était dans une forme éblouissante. Au premier tour, il a sorti la tête de série n° 1, Djokovic 7-6(4), 7-6(2). Mais sa rencontre contre Nadal a été le moment le plus fort : un sensationnel duel en trois manches de plus de trois heures qui a vu Del Potro surmonter un handicap d'un set, un exploit contre Nadal, même en 2016.

Del Potro a fait le break à 4-4 au troisième pour servir pour le match. Il a perdu, blanc, sa mise en jeu, en encaissant un superbe passing-shot de coup droit joué dans la course par Nadal. Son service et ses coups bim-bam-boum lui ont néanmoins permis de franchir la ligne d'arrivée en vainqueur. Sur la deuxième balle de match de l'Argentin, dans le jeu décisif du dernier set, Nadal a manqué son coup signature, un coup droit décroisé. Del Potro a célébré ce succès en s'agenouillant près du mot « Rio » peint sur le court. Il a embrassé le point du *i*.

Il était difficile de ne pas être heureux pour lui en cet instant victorieux. Son infortune était presque devenue une règle. Mais comme Nadal, il avait encore une rencontre à disputer. En finale, il a été battu en quatre sets accrochés par Murray qui, au milieu de la meilleure saison de sa carrière, a remporté sa deuxième médaille d'or olympique en simple. Du jamais vu, même pour un champion du « Big 3 ».

Dans la rencontre pour la médaille de bronze, Nadal a affronté le joueur japonais star Kei Nishikori, qu'il a dominé neuf fois sur dix dans sa carrière, sa seule défaite étant survenue en 2015 sur un court en dur au Canada. Nishikori était un frappeur exceptionnel au timing remarquable. Il était doté d'un revers à deux mains particulièrement élégant. Il était aussi rapide sur le court une fois la balle en jeu qu'il était lent en marchant entre les points, et était également réputé pour sa ténacité. Il avait l'un des meilleurs ratios de victoires dans les sets décisifs sur le circuit. Il a fait ses classes sur les courts en dur de l'académie d'IMG à Bradenton, en Floride, et est devenu le Japonais le mieux classé de l'histoire, 4e mondial.

Dans une autre ère, il aurait pu gagner un titre majeur ou deux, mais il a été accablé par encore plus de blessures que Nadal. En ce moite après-midi à Rio, il a réussi à mettre l'Espagnol dans une rage folle. Jamais je ne l'avais vu aussi fâché sur un court de tennis.

Nadal avait été usé par une semaine émaillée de luttes au couteau. Nishikori s'est retrouvé au bord de la victoire à 6-2, 5-2 avec deux breaks d'avance. Jouant pour un roi et un pays, Nadal a sauvé une balle de match. Il est revenu au score pour forcer un jeu décisif qu'il a facilement remporté. « Je me suis crispé », a reconnu Nishikori. Le Japonais a quitté le court pour s'accorder une pause toilettes. Après cinq minutes, Nadal s'est levé de sa chaise et s'est mis à sautiller puis à taper des coups dans le vide. Aucun signe de Nishikori. Nadal a commencé à s'agacer. Il s'est plaint auprès de Carlos Bernardes, le juge de chaise brésilien, au sujet de ce retard qu'il interprétait visiblement comme une manœuvre pour tenter de briser son élan.

Ce n'était pas la première fois que Nadal et Bernardes s'accrochaient sur le court. La situation ne manquait d'ailleurs pas de sel. En février 2015, Bernardes lui avait infligé un avertissement pour avoir pris trop de temps lors d'une demi-finale perdue contre Fabio Fognini au tournoi ATP de Rio. Bernardes lui avait également signifié qu'il le pénaliserait s'il quittait le court pour régler un problème de short qu'il avait mis à l'envers par erreur. Nadal avait fini par se changer sous sa serviette lors d'un changement de côté. À la fin de ce match, il avait eu le sentiment de ne pas avoir été respecté.

« Je vais demander que vous ne m'arbitriez plus jamais, avait-il même lâché durant cette rencontre. Je n'ai aucun problème avec vous, mais j'en ai assez. Vous mettez plus de pression que quiconque sur le circuit, aucun doute là-dessus. »

Nadal a obtenu que Bernardes n'arbitre plus ses matches pendant une longue période en 2015 : « Une mise en retrait », selon les officiels du circuit. Jusqu'à leurs retrouvailles aux Jeux olympiques. Bernardes a tenté de le calmer. Il lui a rappelé que les toilettes se trouvaient à bonne distance du court. Mais le simple fait de voir Bernardes sur la chaise suffisait à le mettre de mauvais poil.

« Ne me raconte pas de salade ! », a-t-il aboyé en espagnol alors que Nishikori était toujours invisible.

Moment paradoxal. Au long des années, Nadal a souvent fait patienter ses adversaires, obligés d'attendre la fin de ses routines d'avant-match ou d'avant-service. En 2013, l'ATP Tour s'était attaqué au problème du jeu lent, notamment à cause de Nadal. Consigne avait été passée aux arbitres de strictement appliquer la règle des vingt-cinq secondes entre deux points. L'ATP avait ensuite clarifié ses intentions en instaurant un système de chronométrage pour décompter les secondes.

Nadal, centré sur les enjeux du match, n'a pas réussi à prendre suffisamment de recul. Après onze minutes, Nishikori a réémergé sous les sifflets et les huées du stade. Toujours en pétard, le Majorquin a perdu quatre des cinq jeux suivants, et appelé le superviseur sur le court pour d'autres discussions à propos de la pause prolongée du Japonais.

« Vous pensez que c'est juste ?, s'est-il emporté en gesticulant. Je suis revenu de 6-2, 5-2. L'adversaire part aux toilettes pendant onze minutes et rien ne se passe. Peu importe que les toilettes soient loin. Quelqu'un doit être là pour contrôler le temps. »

Nishikori s'est assuré la victoire et le bronze 6-2, 6-7(1), 6-3. J'ai rarement vu Nadal offrir une poignée de main aussi fraîche à un adversaire. Le Japonais ne l'a plus jamais battu.

C'était la conclusion glaciale d'un tournoi qui a réchauffé son cœur. Cette médaille d'or olympique en double a été le fait saillant de son année 2016, mais elle a fini par lui coûter cher. À nouveau en difficulté, il a été contraint de mettre un terme à sa saison, début octobre, après une défaite contre Viktor Troicki à Shanghai. Son poignet le gênait encore. Nadal a vite attribué la réminiscence de cette douleur à son forcing olympique.

Il était temps de prendre à nouveau du recul. Dans le même temps, Federer observait la plus longue absence de sa carrière : une parenthèse de six mois pour laisser son genou guérir complètement de son opération après ses problèmes sur terre battue et une chute contre Raonic sur le gazon de Wimbledon.

« Peut-être que j'aurais dû prendre plus de temps après l'Open d'Australie, une fois passée l'opération, m'a-t-il dit. Je crois juste que le genou et le corps avaient besoin d'un break. Maintenant, si ça ne va pas mieux, je sais que j'aurais fait tout ce que je pouvais. Pas de regrets. J'en aurais eu si j'étais revenu trop tôt. J'ai maintenant confiance. C'est l'essentiel quand vous êtes un athlète. Vous devez avoir confiance en votre corps, en vos capacités. La seule chose qui me manque désormais, ce sont des matches. »

Federer et Nadal étaient toujours en contact et en bons termes. L'Espagnol venait de faire une grande faveur à son rival-ami. D'emblée, il avait soutenu le projet de la Laver Cup, le nouveau tournoi annuel par équipes que Federer et Tony Godsick, son agent, ont mis en place avec des investisseurs majeurs dans l'optique de la saison 2017. En août 2016, à New York, Nadal était aux côtés de Federer pour le lancement officiel de la compétition au St. Regis Hotel.

Deux mois plus tard, Federer lui a retourné la politesse en prenant la direction de Majorque pour l'ouverture de son académie à Manacor, le 19 octobre. Leur rivalité était en pause – c'était la première saison depuis 2003 où ils ne s'étaient pas affrontés sur le circuit – et ils semblaient de plus en plus à l'aise ensemble, de plus en plus sur la même longueur d'onde Au début des années 2010, ils avaient eu des désaccords. Ils s'étaient opposés au sujet de problèmes de gouvernance de l'ATP. Nadal avait démissionné du conseil des joueurs après avoir essayé d'instaurer un système de classement étalé sur deux ans et échoué à installer Richard Krajicek à la tête du circuit. Lui qui attache beaucoup d'importance à la loyauté a apprécié que Federer fasse l'effort de voyager vers Majorque. Mais en 2017 leurs routes se croiseraient plus souvent entre les lignes des courts. À Manacor, Nadal s'est montré très clair : l'ouverture de son académie n'était pas l'amorce d'une fin de carrière ou d'une envie de passer plus de temps à la maison.

« Je suis persuadé qu'il me reste encore de nombreuses années sur le circuit. »

Il avait raison. Et peu importe ce que les uns ou les autres ont pu prédire au cours de ses plus jeunes années – y compris Nadal lui-même qui, une fois, a dit à Roig qu'il s'attendait à avoir fini sa carrière d'ici ses vingt-sept ans.

Il était désormais dans sa trentaine et, plus qu'aucun autre, prêt à bouleverser ses habitudes pour repartir au front.

Chapitre 16

LA DÉCIMA

Le changement a commencé en décembre 2016 quand, juste avant de renouer avec le circuit, Nadal a annoncé qu'il intégrait Carlos Moyà dans son équipe technique.

N'importe quelle annonce d'évolution au sein de l'équipe de Nadal était un événement. Dans un sport où les meilleurs joueurs changent de personnel comme de chemise (parfois pour réaliser des économies), Nadal a toujours adopté une approche radicalement différente. Son fil d'Ariane a été la continuité, qu'il s'agisse de son oncle Toni ou du noyau dur de son organisation avec son agent, Carlos Costa, son physio, Rafael Maymo, son coach-assistant, Francisco Roig, et son attaché de presse, Benito Perez-Barbadillo.

« Je n'ai jamais viré personne », m'a-t-il fièrement lancé au milieu de sa carrière.

Le recrutement de Moyà a eu de grandes répercussions, mais il était tout sauf quelqu'un venu de l'extérieur. Il avait longtemps été le mentor de Nadal, un guide bénévole et désintéressé qui lui avait montré le chemin vers les sommets. Moyà, avec l'accent sur le *a*, était de Palma, la capitale de Majorque. Il a parfois disputé des tournois dans le modeste Club Tenis Manacor où Nadal a appris à jouer avec son oncle.

Dans sa jeunesse, Nadal n'avait pas vraiment d'idoles venues de l'univers du tennis. Ses héros – affichés sur les posters de sa chambre – étaient les stars du Real Madrid comme Zinédine Zidane, Raúl Gonzalez et Luís Figo. Plus tard, il est devenu un grand fan et ami du golfeur n° 1 mondial, Tiger Woods. Moyà, qui avait dix ans de plus que lui, restait néanmoins une référence. La preuve, de chair et de coup droit, que les joueurs de tennis majorquins pouvaient accomplir de grands exploits. Il a gagné Roland-Garros en 1998 puis est devenu n° 1 mondial l'année suivante.

Avant lui, le seul joueur originaire de l'île ayant trouvé sa place sur le circuit professionnel était Alberto Tous, qui a atteint les demi-finales en double lors de Roland-Garros 1987, année où il a obtenu ses meilleurs classements en simple (52ᵉ) et en double (39ᵉ). Tous a été un pionnier du tennis à Majorque, mais à cause du manque de concurrence et de partenaires d'entraînement, il a dû mettre le cap sur Barcelone dès ses quatorze ans pour pouvoir progresser. Au relativement jeune âge de vingt-sept ans, il a pris sa retraite, bouleversé par la mort de son frère et soucieux de soutenir ses parents. Tous a décidé d'ouvrir une académie de tennis à Majorque qui rayonnerait sur tout l'archipel des Baléares. Il a commencé avec un groupe de dix-huit joueurs. Âgé de treize ans, Moyà faisait partie de cette première couvée.

L'un des membres de l'équipe technique était Joan Forcades, un prof de gym issu de l'école publique, devenu plus tard le préparateur physique de Moyà et, plus discrètement, celui de Nadal.

« Joan ne connaissait rien au tennis, ce qui ne l'a pas empêché de nous rejoindre avec ses idées et son regard neufs, explique Tous. Il avait beaucoup de curiosité et bossait super bien. »

Jeune entraîneur venu de Barcelone, Jofre Porta a été un autre pilier de cette structure. En club, il a commencé à travailler avec Moyà quand il avait cinq ans : « Le père de Carlos est venu me voir pour me dire qu'il avait un fils qui n'arrêtait pas de taper la balle contre le mur. Je n'avais aucun élève aussi jeune. Je lui ai proposé de le faire venir. Il jouait très bien. Pas comme Rafa, mais très bien. La vérité est que Carlos et moi avons appris ensemble parce que j'étais également très jeune quand il a commencé avec moi. Pour lui, j'étais plus un grand frère qu'une figure paternelle. »

Moyà a vite progressé, mais il était réservé. « Il ne parlait pas beaucoup et se la jouait tranquille, se souvient Tous en riant. Je donnais aux élèves des exercices à faire à la maison. Le lendemain, je leur demandais s'ils les avaient réalisés. Lui répondait que non. Il voulait juste me casser les couilles. Il était évident qu'il les avait faits. »

Joueurs occasionnels, les parents de Moyà n'avaient pas prévu que leur fils devienne un joueur de tennis professionnel, voyageant de tournoi en tournoi, mais ils se sont montrés compréhensifs et l'ont encouragé.

Moyà : « Mes parents ont un peu flippé. C'était un peu "Mon fils veut devenir astronaute". Dans les années 1980, vouloir faire un tel métier n'avait pas de sens à Majorque. Au début, ils pensaient que c'était fou ou quelque chose comme ça, mais ça ne fait que prouver que si vous avez un rêve, rien ne peut vous arrêter. Au moins vous pouvez essayer. Mes parents m'ont dit de rêver. Ils n'ont mis aucune limite à mon imagination. »

Quand il a eu dix-sept ans, Tous a pensé que Moyà devait suivre son exemple : partir pour Barcelone, l'épicentre du tennis espagnol, afin d'affûter son jeu au centre national d'entraînement.

« Ici, explique-t-il, il n'y avait pas de gars au niveau de Carlos. J'ai parlé à la fédération espagnole, mais ils ne voulaient pas de lui à ce moment-là. Un type, un directeur, m'a dit : "Personne de Majorque ! Ce sont des paresseux." Vous pouvez le croire ? Finalement, Juan Avendaño, le directeur technique de la fédération espagnole, m'a fait confiance : "Je ne connais pas ton jeune, mais si tu me dis qu'il est bon, je te crois." »

Moins de trois ans plus tard, Moyà a atteint la finale de l'Open d'Australie. Au premier tour, il a surpris Boris Becker en cinq sets. En demi-finales, il a balayé Michael Chang, tête de série n° 2. Cela avant de s'incliner face à Pete Sampras lors d'une finale à sens unique. Avec sa longue chevelure de jais et sa beauté presque sauvage, Moyà semblait être une star avant même de le devenir. Bien avant Nadal, il portait des chemises Nike sans manches sur les plus grands courts. Il a également ouvert une autre voie à son futur jeune protégé, étant un adepte précoce de la raquette Babolat.

Entreprise familiale française fondée à Lyon en 1875, Babolat s'est fait un nom comme fabricant de cordages de raquettes de tennis, dont le premier matériau a été le boyau de mouton. La marque a équipé les quatre Mousquetaires et Suzanne Lenglen, avant d'inventer le premier cordage synthétique en 1955. Voulant se diversifier, l'entreprise a commencé à produire des raquettes en 1994. Si les stars établies rechignent souvent à changer leur outil de travail, Moyà, jeune joueur émergent, a fait le pari de donner sa chance à la version originale de la Pure Drive, la Soft Drive.

Cette raquette était plus lourde en tête et le cadre était très profilé. Elle était inhabituellement puissante.

Moyà a joué avec pour la première fois en compétition au tournoi de Bercy, à l'automne 1996.

L'essai a été fructueux. Non-tête de série, il y a battu le Britannique Tim Henman au premier tour, puis Becker au deuxième.

« C'était une très grosse surprise pour moi. Je me suis dit : "Peut-être que c'est la raquette !" »

Trois mois plus tard, il a encore dépassé ses propres espérances en atteignant la finale de l'Open d'Australie. Il avait vingt ans.

« J'ai quitté l'Espagne autour de Noël sans que personne ne sache qui j'étais. Quand je suis revenu, mon monde avait changé. C'était comme dans un de ces films où vous allez vous coucher, vous vous réveillez et tout est différent. »

Gérer l'attention médiatique dont il faisait l'objet fut compliqué. Néanmoins, il a poursuivi sa progression fulgurante en s'imposant à Monte-Carlo et Roland-Garros en 1998, puis en accédant à la première place mondiale en mars 1999. Toni et Rafael ont suivi de près les succès de Moyà. Le jeune joueur a commencé à utiliser la Soft Drive dans sa préadolescence.

Nadal : « Je n'ai pas tous les détails en tête parce que j'étais gamin. Mais je me souviens de Carlos jouant avec une Babolat. Il a déclenché un grand boom à Majorque. »

Directeur marketing international de Babolat, Luca Appino m'a précisé que Nadal a signé son premier contrat dès l'âge de douze ans, en novembre 1998. Il est ensuite passé à la Pure Drive, puis à l'Aero Pro Drive. Adoptée par le gros serveur Andy Roddick et par Kim Clijsters, la Pure Drive est devenue la raquette la plus vendue au monde.

Moyà n'a pas longtemps dominé le tennis mondial. Son règne en tant que n° 1 a duré deux semaines, une de plus que celui, encore plus éphémère, de l'Australien Patrick Rafter, la même année.

Porta : « Carlos est devenu n° 1, mais il ne m'en voudra pas si je dis ça, il a eu beaucoup de chance. S'il était né dix ans plus tard, on n'aurait jamais entendu parler de n° 1. Son grand mérite a été d'avoir été top 10 pendant de nombreuses années. C'est beaucoup plus révélateur. »

Entre 1997 et 2004, Moyà a fini l'année dans le top 10 mondial à cinq reprises. Je l'ai interviewé plusieurs fois. Il n'élève jamais la voix, a une vision lucide de lui-même. Il sait qu'il n'avait pas le même feu intérieur que Nadal, et n'en fait pas un drame.

« Ne plus évoluer sur des grands courts me manque, mais rien de ce qu'il m'a fallu pour en arriver là, m'a-t-il confié dix ans après avoir pris sa retraite. C'est une vie difficile, très difficile. Je vois Rafa et tout ce qu'il fait tous les jours. Il faut avoir un tel engagement. Ce n'est pas évident. Mon but était de gagner un majeur et d'être n° 1. Mon rêve n'était pas de gagner de nombreux Grands Chelems pendant de nombreuses années. »

Tirait-il satisfaction d'avoir été le premier Espagnol n° 1 mondial et un pionnier à Majorque ayant placé la barre très haut pour Nadal ?

« Je ne pense pas vraiment à ce que j'ai réalisé. Je ne me pose pas la question de savoir si je suis fier de moi, ou si mon entourage en tire une gloire quelconque. Je vis dans le moment présent. Évidemment que j'ai aimé ma vie et ma carrière. Je ne changerais rien si c'était à refaire. »

Vraiment ?

« Ce que vous êtes aujourd'hui est la somme de vos erreurs d'hier, a-t-il ajouté sans hésitation. Je peux dire que si j'avais à nouveau vingt ans, je ferais ci ou ça. Mais si j'avais à nouveau vingt ans, je ferais probablement les mêmes erreurs qu'à l'époque. Bien sûr que j'aurais aimé gagner davantage et blablabla, mais on ne peut pas revenir en arrière. »

Selon moi, Moyà était un joueur avec beaucoup de qualités – son coup droit et ses qualités physiques étaient de premier ordre – mais à l'ego sous-dimensionné.

« L'un de ses autres coaches m'a confié que s'il avait été aussi bon que Carlos, aussi mignon que Carlos, et avait eu une aussi belle voiture que Carlos, il serait devenu tellement arrogant que plus personne ne l'aurait supporté », rapporte Porta en riant.

Moyà ne pensait pas que le monde tournait autour de lui. Il a gaiement pris Nadal sous son aile et a vite compris que le plus jeune volerait à de plus hautes altitudes que lui. Ils ont échangé des balles pour la première fois quand Nadal avait douze ans et Moyà vingt-deux. Deux ans plus tard, ils ont commencé à s'entraîner régulièrement ensemble. C'est l'une des raisons pour lesquelles Nadal n'a pas emprunté les voies suivies par Tous et Moyà. Il est resté à Majorque au lieu d'aller à Barcelone. Il a pu rester à la maison, bénéficier du soutien de sa famille et de ses amis, tout en progressant avec l'un des meilleurs joueurs du monde.

Les Nadal ont toujours éprouvé de la gratitude envers Moyà, et c'est encore le cas.

« Il a toujours tendu la main à ce garçon qui commençait à se faire un nom sur la même île, écrit Toni Nadal dans son livre *Todo se puede entrenar* ("Tout peut être enseigné"). La première fois que nous nous sommes entraînés avec Carlos, mon neveu pouvait à peine le regarder dans les yeux. Il était toujours prêt à nous donner des conseils et à s'entraîner avec nous, alors que Rafa n'avait pas encore développé une force physique équivalente à la sienne. »

Quand Nadal est passé des tournois juniors aux satellites puis au grand circuit, Moyà était présent pour l'aider à amortir les chocs. Il l'a intégré à la communauté des joueurs espagnols, lui a indiqué quels pouvaient être les pièges. Moyà pressentait ce qui allait arriver. En mai 2003, il a affronté Nadal, alors âgé de seize ans, au deuxième tour du vénérable Open de Hambourg sur terre battue.

Nadal est entré le premier sur le court. De manière involontaire, il s'est assis sur la chaise assignée à la tête de série n° 2, dont le nom était pourtant inscrit sur le dossier. Moyà lui a discrètement demandé d'aller à sa place.

Nadal s'est imposé 7-5, 6-4, s'excusant au filet lors de la poignée de main. Il avait déjà appris à affronter des proches. Chez les jeunes, il s'était souvent entraîné avec son copain de Majorque, Tomeu Salvá, autre élève de Toni Nadal, qu'il avait régulièrement affronté en tournoi. Mais ce match contre Moyà était symbolique pour lui et même si l'aîné a gagné deux de leurs trois rencontres suivantes, le plus jeune a gardé la main dans leur tête-à-tête final, 6-2. Ils ont fait équipe, jouant le double aux Jeux d'Athènes 2004 avant de faire cause commune en Coupe Davis, remportée par les Espagnols à l'occasion des grands débuts de Nadal dans la compétition. En demi-finales, sur la terre battue d'Alicante, face aux Français, Nadal, dix-sept ans, a remporté le double et le simple décisif. En finale, contre les Américains, à Séville, Moyà a gagné le simple décisif contre Roddick, déjà battu par Nadal le premier jour.

Nadal aidait aussi Moyà à réaliser certains de ses rêves, mais il prenait son essor à vive allure. En 2005, au Miami Open, il s'est retrouvé en position de pouvoir dépasser son aîné au classement mondial s'il gagnait son prochain match.

Porta : « Juan Bosch, qui entraînait Carlos à cette époque, a dit : "C'est mieux si Rafa perd aujourd'hui." Et Carlos lui a répondu : "S'il ne me dépasse pas aujourd'hui, il me dépassera demain ou un autre jour. Je ne souhaite jamais la défaite de Rafa." »

Une dizaine d'années plus tard, il était logique, et même émouvant, de voir Nadal faire appel à Moyà pour l'aider à sortir du marasme de son milieu de carrière.

Moyà a pris discrètement sa retraite en 2010. Ses dernières saisons ont été une litanie de blessures et de résultats sans relief. Il est ensuite devenu capitaine de Coupe Davis. En 2016, il a rejoint l'équipe de Milos Raonic, le gros serveur canadien, l'aidant à atteindre la finale de Wimbledon lors de ce qui est resté sa meilleure saison.

Cette année-là, je l'ai interviewé à Roland-Garros pour commenter la décision de Raonic d'ajouter John McEnroe à son équipe, déjà conséquente, en tant que consultant. J'ai saisi l'opportunité de le sonder au sujet de Nadal et de la blessure au poignet qui venait de l'obliger à se retirer du tournoi.

Moyà était bien plus enthousiaste en parlant de Nadal que de Raonic.

« Il est capable de revenir fort, et je suis sûr qu'il le fera. On parle beaucoup de ses blessures, mais au cours des dix dernières années, il n'a jamais été en dehors du top 5 en fin de saison. Il est donc revenu toujours plus fort. Je sais qu'il a trente ans. Ce n'est pas la même chose que d'en avoir vingt. Mais ce serait une erreur de le passer par pertes et profits. Il reviendra se battre pour les trophées du Grand Chelem. »

En décembre, Moyà est devenu une partie de la solution. Fatigué des complexités de Raonic, il a quitté le Canadien sitôt la saison terminée. Il a très vite reçu un appel de Toni Nadal, qui lui a fait une double proposition : devenir entraîneur assistant de Rafael et coach à l'académie nouvellement ouverte de Manacor. Après avoir échangé avec Rafa lui-même, Moyà n'a pas hésité. Rapidement, il s'est retrouvé au cœur de la préparation hivernale du champion, puis catapulté de l'autre côté du monde, en Australie, pour l'un des tournois du Grand Chelem les plus mémorables de l'histoire.

Nadal a entamé la saison 2017 par une exhibition à Abu Dhabi. Il a ensuite changé ses habitudes. Pour la première fois, il a pris la direction de Brisbane afin d'y disputer un tournoi ATP avant l'Open d'Australie. Il y a retrouvé Moyà. Coïncidence ou karma, il a affronté Raonic au troisième tour. En dépit des fiches détaillées de Moyà, le Canadien s'est imposé en trois sets.

Mais Nadal est apparu affûté à Brisbane. On lui a demandé de partager ses objectifs à l'aube de cette nouvelle saison. Il a répondu qu'il voulait essayer de gagner chaque match, de rester en bonne santé, pour changer, et de respecter un programme complet de tournois afin de maintenir un rythme régulier de travail.

« Si je peux faire ça, je pense que j'ai une chance d'être compétitif et d'obtenir de beaux résultats cette année. »

Il n'a pas attendu longtemps.

Arrivé à Melbourne pour l'Open d'Australie, il s'est installé dans son repaire habituel des Crown Towers, un hôtel cinq étoiles très fréquenté situé sur la rive sud du fleuve Yarra. Il était tête de série n° 9, son rang le plus bas depuis sa première visite à Melbourne, en 2005, alors en tant que non-tête de série. Federer était également dans une situation nouvelle : tête de série n° 17, sa position la moins favorable depuis que les tournois du Grand Chelem étaient passés de seize à trente-deux têtes de série en 2001.

Comme souvent, Nadal et Federer suivaient des voies parallèles. Quand j'ai interviewé ce dernier durant ses six mois loin du circuit, il était d'humeur joyeuse et se référait à l'Espagnol comme d'une inspiration.

« Le truc est que Rafa a toujours été incroyable lors de ses retours. Il est l'un de ceux qui les négocient le mieux, si ce n'est le plus souvent. À chaque fois qu'il est revenu, il s'est débrouillé pour être à nouveau en position de gagner de grands tournois ; redevenir très, très difficile à battre et finalement être l'un des favoris, même sur ses surfaces les moins favorables. J'espère qu'il va me montrer le chemin, me montrer comment on fait. »

Avant le tournoi, on a demandé à Nadal s'il ressentait encore quelques douleurs.

« Je ne suis pas blessé, non. Mais une vie sans aucune douleur, c'était il y a bien longtemps. »

Des rires ont fusé dans la salle remplie de nombreux journalistes d'âge mûr qui pouvaient s'identifier à lui, au moins pour ça.

Il a également été interrogé sur Moyà.

« Avant tout, Carlos est un ami. Je parle avec lui souvent. Et peu importe s'il est dans mon équipe ou pas, non ? J'ai une super relation avec lui. Je le connais très bien. Je sais qu'il veut le meilleur pour moi. Il connaît ma personnalité. Il connaît aussi mon jeu. »

Pourquoi faire appel à Moyà maintenant ? Pourquoi ne pas l'avoir sollicité plus tôt ?

« Je ne suis pas une personne qui prend des décisions comme ça, a-t-il répliqué en claquant ses doigts. Mon oncle est mon entraîneur. Il est la personne décisive dans ma carrière. J'ai donc besoin de parler avec lui avant de prendre toute décision. Je ne prendrais jamais une décision semblable si Toni n'était pas en accord avec celle-ci. »

À trente-cinq ans, Federer, vainqueur de dix-sept titres, était toujours le champion le plus prolifique des tournois du Grand Chelem. Toutefois, il n'avait plus gagné à ce niveau depuis près de cinq ans. Presque trois ans pour Nadal. Des statistiques de mauvais augure pour des superstars vieillissantes. Paul Annacone, l'un des analystes les plus éclairés, m'a rappelé que les joueurs exceptionnels ne doivent jamais être sous-estimés. Il était le coach de Federer lors de son dernier succès majeur à Wimbledon en 2012. Il était également celui de Sampras lors de son tout dernier titre à l'US Open 2002 où, comme Federer à Melbourne, le champion californien était tête de série n° 17.

« Il y a plus de dix ans, Pete a prouvé que les grands joueurs à la fin de leur carrière peuvent encore jouer remarquablement. C'est juste plus dur pour eux de jouer très bien sur l'ensemble d'une saison. Roger peut gagner un Grand Chelem jusqu'au moment où il décidera d'arrêter. Pareil pour Rafa. Ils peuvent disputer sept matches en quatorze jours, ce n'est pas le problème. Pour eux, c'est seulement plus difficile de répéter ce type d'efforts sur une période de dix mois. Gagner encore un gros tournoi, bien sûr que c'est possible. Il n'y a pas de raison. »

Il y avait deux bonnes raisons : Murray et Djokovic, têtes de série n° 1 et n° 2. Mais Nadal et Federer n'ont finalement pas eu à s'en soucier. Décompressant après ses prodigieux efforts de 2016, Murray a été éliminé par Mischa Zverev en huitièmes de finale. Djokovic, lui-même dans une spirale négative, a été surpris au deuxième tour par Denis Istomin, *wild card*, 117e mondial. C'était l'échec le plus prématuré du Serbe en Grand Chelem en près de neuf années.

Au troisième tour, Nadal a eu besoin de cinq sets pour se débarrasser d'Alexander Zverev, le jeune frère de Mischa. Toujours en cinq manches, il s'est ensuite défait de Grigor Dimitrov lors d'une passionnante demi-finale qui a duré près de cinq heures et s'est terminée, comme trop de grands matches à Melbourne, bien après minuit.

Federer a également livré deux batailles en cinq sets, d'abord pour prendre la mesure du Japonais Kei Nishikori en huitièmes de finale, ensuite pour venir à bout de son compatriote Stan Wawrinka en demi-finales.

La promesse d'une finale de rêve que peu imaginaient deux semaines plus tôt.

« Pour moi, un tournoi réussi serait un quart de finale », avait déclaré Federer comme s'il le pensait vraiment.

Nadal n'oubliait pas ses heures difficiles : « J'ai toujours eu la confiance de penser que si je suis capable de gagner certains matches, alors tout peut arriver. L'année passée a été dure. Je jouais très bien et j'ai quitté Roland-Garros sans pouvoir aller sur le court. Je me rappelle avoir pleuré dans la voiture me ramenant à l'hôtel. C'était un moment très difficile. »

Ce week-end paroxystique de l'Open d'Australie donnait le sentiment d'un retour en grâce. Dans la finale féminine, Serena Williams, trente-cinq ans, a battu sa sœur Venus, trente-six ans, alors qu'elle était enceinte de deux mois. Une information restée secrète à l'époque sauf pour Venus et quelques rares informés.

La rivalité entre Nadal et Federer était l'un des faits les plus marquants du sport dans les années 2000. Beaucoup de choses avaient changé pour eux depuis, surtout pour Federer. Avec Mirka, son épouse, ils étaient devenus les parents de deux nouveaux enfants, deux jumeaux après leurs deux jumelles. Il avait un nouveau coach, Ivan Ljubičić et était passé à un modèle de raquette au tamis plus large : quatre-vingt-dix-sept pouces au lieu de quatre-vingt-dix, soit un gain en matière de tolérance. Sampras, modèle et ami de Federer, n'a jamais opéré cette transition. Il l'a regretté ensuite, particulièrement pour les matches sur terre battue.

Federer a retenu la leçon.

Lui et Nadal n'avaient plus été opposés en finale d'un Grand Chelem depuis Roland-Garros 2011, mais ils tireraient le meilleur de cette désormais trop rare occasion. Comme d'habitude, Federer s'est montré enclin à attaquer et aller de l'avant, venant quatre fois plus au filet que Nadal. Le Suisse était aussi constamment agressif depuis sa ligne de fond de court, bondissant littéralement sur la balle, souvent juste après le rebond, plutôt que de la caresser avec sa légendaire subtilité. Son revers possédait un nouveau mordant, particulièrement en revers croisé, qui a souvent surpris Nadal.

Le match, comme tout bon classique du Grand Chelem masculin, a atteint le cinquième set. Nadal s'est retrouvé en pole position, en menant 3-1. Mais ce n'était pas tout à fait le Nadal *vintage*. Lors d'un sixième jeu tendu, il a manqué trois coups droits qu'il aurait sans aucun doute réussis en d'autres temps, et perdu son avantage.

Lors des premières saisons de Nadal, il était très dur d'anticiper la suite des événements en observant son langage corporel. Il était désormais devenu plus lisible. Après avoir perdu son service, il a grimacé et secoué la tête en revenant vers sa ligne de fond de court.

Federer faisait des merveilles en revers, délivrait des services très slicés sur le corps et décochait des coups gagnants dans une aisance pleine d'élasticité. Il n'a pas lâché un jeu de plus, reprenant le service de Nadal dans le huitième jeu. Tâche qu'il s'est considérablement facilitée en remportant un point extraordinaire de vingt-six coups de raquette terminé par un fulgurant coup droit, appuis ouverts, le long de la ligne en réplique à un coup de pétard de Nadal en revers. Tapez *« 26-stroke rallye »* sur Internet et voyez ce qui surgit encore en haut de la page.

Federer a été mené 15-40 sur son service, puis a écarté le danger pour triompher 6-4, 3-6, 6-1, 3-6, 6-3.

Le Suisse a joué avec une audace et un brio fantastiques. Il a libéré ses coups comme jamais et a rarement fait usage de ces revers slicés qui, pendant des années, l'avaient rendu vulnérable face à Nadal.

Federer a classé cette victoire dans son top 3 personnel avec sa première victoire à Wimbledon, en 2003, et son seul titre à Roland-Garros, en 2009. Un classement qui se justifie très bien. Défait, Nadal pouvait garder la tête haute. Il semblait abattu, mais loin d'être dévasté. Il avait fait des progrès indiscutables, même s'il n'avait pas eu son finish d'antan.

« Pour être honnête, dans le passé, j'ai souvent gagné ce genre de matches contre lui », a-t-il souligné en se souvenant de la finale de Wimbledon 2008 et de celle de l'Open d'Australie 2009, dans cette même Rod Laver Arena. Lors de la remise des prix, Federer avait éclaté en sanglots, bientôt consolé par l'Espagnol venu poser son bras sur ses épaules.

« Aujourd'hui, il m'a battu et je le félicite. »

Tous les deux avaient disputé des demi-finales épuisantes en cinq sets. Federer a joué la sienne le jeudi, soit un jour de repos supplémentaire qui a peut-être constitué un avantage. Il était également tentant d'imaginer que leur relation, de plus en plus proche, pouvait avoir joué un rôle ; que le soutien de Federer à l'académie de Nadal, comme d'autres projets communs, avaient eu pour conséquence d'émousser, même imperceptiblement, l'agressivité du Majorquin.

Mais c'était bien le même guerrier qui avait battu Moyà lors de leur première rencontre officielle, alors qu'il lui devait tant. Le même guerrier qui avait gagné dix-huit fois sur dix-huit contre son ami Richard Gasquet sur le circuit principal. Chez Nadal, la compétition a toujours pris le dessus sur les sentiments. Mais je me posais tout de même la question, tandis que l'un et l'autre quittaient l'aéroport de Melbourne pour poursuivre leur double renaissance.

Federer a mis le cap sur les Alpes suisses. Un jour de randonnée en montagne avec sa famille et ses amis, il a emporté sa réplique de la Norman Brookes Challenge Cup, le trophée du simple messieurs de l'Open d'Australie.

« Je l'appelle Norman, m'a-t-il dit. J'ai dîné avec Norman, passé beaucoup de temps avec Norman. Je sais que c'est juste une réplique, mais ça me va. »

Alors que Federer faisait des galipettes dans la neige et prolongeait son bonheur, Nadal devait gérer une crise inattendue. Son oncle Toni venait d'annoncer qu'à partir de la fin 2017, il ne serait plus son entraîneur. L'implication récente et résolue de Moyà donnait du sens à cette décision. Et Toni avait cinquante-sept ans et trois enfants, en plus d'une académie, grande et coûteuse, à faire tourner à Manacor. Mais le moment choisi pour cette annonce publique laissait à désirer. Début février, il a fait état de son projet de quitter son poste d'entraîneur au cours d'un entretien, en marge d'une conférence sur le coaching à Budapest. En fin de journée, les questions venues de la salle ont fusé. On lui a demandé qui prenait les décisions au sein de l'équipe.

« Jusqu'à ce que Rafael ait dix-sept ans, je prenais toutes les décisions. Puis sont arrivés l'agent, Carlos Costa, et le père de Rafael, qui s'est davantage impliqué, chacun ayant ses opinions. La vérité est que plus les années passent, moins je décide. Nous sommes arrivés à un point où je ne décide plus rien. »

Gros titres et articles ont suivi. En résumé : l'oncle Toni, mécontent, démissionnait à cause de son influence déclinante. Léger problème : Rafael, la personne la plus impactée par cette décision, n'était pas au courant des plans de son formateur. Sachant que Toni l'entraînait depuis vingt-sept ans, c'était un oubli fâcheux.

Il y avait urgence à tenter de limiter la casse. Au moment où la nouvelle a commencé à faire tache d'huile, Toni Nadal, de retour à Manacor, a donné quelques interviews pour tenter de clarifier la situation. Je lui ai parlé au téléphone pendant une demi-heure. Il était inhabituellement doucereux, sa voix rauque était éteinte.

« Si j'avais arrêté avec Rafa du jour au lendemain, ça aurait été une information. Mais je ne pouvais pas imaginer qu'annoncer me concentrer sur l'académie à partir de l'année prochaine ferait la une des journaux. Au temps pour moi. Si j'avais pensé que c'était une information, je ne l'aurais pas annoncé à Budapest dans ces circonstances. »

Il a ajouté qu'il avait parlé à Moyà de ses plans en Australie, qu'il avait informé Sebastián Nadal après leur retour en Espagne et qu'il avait cru, à tort, son neveu au courant. Il s'est excusé de ne pas avoir communiqué directement avec Rafael qui, a-t-il convenu, a été surpris. Quand ils en ont finalement parlé, le joueur a fait part de son étonnement, d'autant plus grand qu'après ces années difficiles de 2015 et 2016, ils venaient collectivement d'effectuer un début d'année très encourageant en Australie.

« Il pensait au court terme et le court terme semblait prometteur. Mais ce n'était pas comme si j'arrêtais tout de suite. »

Toni a ajouté qu'il était fatigué de voyager et désireux de se consacrer davantage à sa famille et à l'académie. Même s'il avait moins d'influence au sein de l'équipe, il a soutenu que ce n'était pas la raison pour laquelle il s'en allait.

« Il est normal que les décisions soient partagées et que Rafael, à son âge, prennent les grandes décisions. »

Sous les mots se dissimulait un fond d'amertume. Toni a entièrement bâti le jeu de son neveu depuis les courts en terre battue de Manacor. Il n'a sans doute pas été facile de constater l'érosion de son influence. L'arrivée de Moyà lui a donné l'occasion de s'en aller avec le sentiment du devoir accompli.

« Avec quelqu'un comme Carlos, un ancien n° 1 mondial, nous ne savions pas s'il serait vraiment impliqué dans le travail ou s'il aurait d'autres priorités. Lors de ces deux mois, j'ai vraiment vu son engagement, son désir de travailler et son professionnalisme. C'est là que j'ai pensé : “OK, voilà un gars qui fait le boulot à la perfection. Je peux me consacrer à d'autres choses." Si Carlos n'avait pas été sur la bonne longueur d'onde, j'aurais continué. »

Lorsque Rafael a enfin commenté la nouvelle, il semblait philosophe, pas dépité.

« Il est d'abord mon oncle, puis mon coach seulement en deuxième. J'ai toujours voulu le meilleur pour lui et je suis sûr qu'il voulait le meilleur pour moi. Nous avons toujours eu une super bonne relation. Ça ne va pas changer. Je suis heureux s'il est heureux comme ça. C'est la chose la plus importante pour moi, la même pour le reste des gens de ma famille que j'aime, non ? Je veux le meilleur pour eux. Si Toni prend cette décision maintenant, c'est parce qu'il pense que c'est mieux pour lui à ce moment-là. Peut-être que c'est mieux pour moi. Je ne sais pas. »

Ce partenariat, l'un des plus riche de l'histoire du sport, s'est très bien terminé. Toni est resté au sein de l'équipe le reste de la saison, où Rafael a renoué avec un niveau de forme devenu rare pour lui. Cela même si Federer, dans une forme plus rare encore, est redevenu l'os sur lequel il se cassait les dents. À Indian Wells, le Suisse, étincelant, l'a éliminé 6-2, 6-3 en huitièmes de finale. À Miami, cette fois en finale, il s'est montré tout aussi dominant : 6-3, 6-4.

Federer a pris la décision de faire l'impasse sur la saison de terre battue afin de préserver son genou et se concentrer sur celle du gazon et Wimbledon. Il s'y imposera pour la première fois depuis 2012.

C'était une bonne décision au regard du niveau de jeu de Nadal sur terre battue. Débarrassé de toute blessure et de toute anxiété, ce dernier s'est transformé en rouleau compresseur à Monte-Carlo. Il n'a perdu que dix-huit jeux lors des quatre derniers matches. Son dixième titre en Principauté – « *La Décima* », comme les Espagnols l'ont appelé, reprenant le qualificatif employé pour la dixième victoire du Real Madrid en Ligue des champions, en 2014.

Une signature particulièrement appropriée pour Nadal, aficionado du Real Madrid qui devenait le premier joueur de l'histoire de l'ère Open à gagner dix fois un même tournoi en simple. Mais cette fidélité à son club de cœur a presque fini par gâcher la fête. Après sa victoire monégasque, Nadal et son équipe ont été invités à dîner au Cap-d'Ail, dans la maison, pratiquement un palais, de Giuseppe et Emmanuela Lavazza, les célèbres torréfacteurs italiens. Le classico Real Madrid-FC Barcelone s'est invité au menu de la soirée : « Madrid a perdu à la dernière minute, Rafa était dévasté, m'a raconté Benito Perez-Barbadillo. Le dîner avait été fantastique, mais il ne s'en remettait pas. La mère du Giuseppe, décédée depuis, a lancé à Rafa : "Tu ne devrais pas regarder du football avec tes ennemis." Parce qu'il regardait avec Toni et Maymo, des fans du Barça. Et moi, je lui disais : "Hé mec, tu viens de gagner à Monte-Carlo pour la dixième fois et tu fais la tête à cause d'un match de foot ?" Le lendemain matin, en disant au revoir à tout le monde à l'hôtel, il était encore sous le coup de la déception. »

Ce succès à Monte-Carlo lui a permis de décrocher son cinquantième titre sur terre battue, soit un de plus que Guillermo Vilas qui codétenait le record avec lui du plus grand nombre de trophées sur cette surface en simple. Et il n'était pas question pour lui d'en rester là.

Nadal s'est imposé à Barcelone la semaine suivante. Il a battu Dominic Thiem, joueur en pleine ascension, et s'est offert, là aussi, sa dixième victoire à Barcelone, sur le court central nouvellement renommé Pista Rafa

Nadal. Un hommage très à propos, qui reflétait à la fois cette série de succès et son attachement au Real Club Tenis de Barcelona, un très élégant club historique fondé en 1899, où il a joué enfant et pour lequel il a disputé, adolescent, des compétitions par équipes. Il était désormais un membre de ce club privé, et avait pris l'habitude de sauter dans la piscine avec tous les ramasseurs de balles à chacune de ses victoires.

Autant dire qu'ils se mouillaient souvent.

« Cet endroit respire le tennis, non ? Avoir mon nom sur le court central de Barcelone est quelque chose de très beau. »

Il a à nouveau battu Thiem en finale à Madrid, puis a perdu contre l'Autrichien en quarts de finale à Rome. Mais cette défaite n'a pas altéré sa bonne humeur. Nadal a débarqué à Paris en net favori pour viser *la Décima* à Roland-Garros.

Jadis, cette quête extraordinaire aurait suscité des poèmes épiques, mais considérant l'époque il faudra nous contenter d'un documentaire vidéo réalisé in vivo par la Fédération française de tennis. Des équipes de cameramen ont pris Nadal et Moyà en filature, depuis les courts d'entraînement jusqu'à leur suite d'hôtel, en passant par les chambres cryogéniques où le champion et son équipe, vêtus de pas grand-chose de plus qu'un masque blanc, bravaient des températures négatives lors de séances de récupération.

Il n'y avait pourtant pas grand-chose à récupérer. La seule chose qui manquait à ce Roland-Garros 2017 était le suspense. On aurait voulu que, pour être au diapason des enjeux de cette *Décima*, Nadal soit poussé dans ses retranchements, au bout d'un cinquième set, ou au moins légèrement menacé lors d'une rencontre. Mais il était au sommet de son art, comme assis dans un fauteuil au-dessus de l'opposition.

Au troisième tour, il a presque réussi le score parfait 6-0, 6-1, 6-0 face à Nikoloz Basilashvili, un Géorgien barbu.

Plus tôt dans la semaine, Gilles Simon s'était incliné face à ce dernier. « Je trouvais qu'il était fort, jouait bien, frappait très fort. Puis j'ai regardé son match contre Rafa et je me suis dit : "Bon Dieu, heureusement, que j'ai perdu contre lui". Il m'avait défoncé, en tapant coup gagnant après coup gagnant. Contre Rafa il donnait l'impression d'être un junior. C'est là qu'on prend la mesure du gouffre entre lui et les autres, simplement quand il est à son niveau moyen. Rafa est tellement concentré qu'il ne donne jamais un point. Quand vous affrontez Federer, il peut laisser quelques jeux en route, rater quelques points. Il est rare qu'il gagne 6-1, 6-1, 6-0. Face à Rafa, vous êtes pris à la gorge. »

Il a enchaîné : « Pourquoi gagne-t-il si souvent ? Parce que même dans son pire jour dans un match en cinq sets à Roland-Garros, le seul qui puisse le battre est Novak, et encore, sans certitude. »

C'est à noter : Djokovic n'a jamais dominé Nadal dans une rencontre en cinq manches à Roland-Garros. Et en 2017, le Serbe a tout simplement manqué son rendez-vous avec l'Espagnol. Il a perdu en quarts de finale face à Thiem, lequel a retrouvé Nadal lors d'une demi-finale intergénérationnelle extrêmement attendue. Nadal a survolé les débats 6-3, 6-4, 6-0, passant encore une vitesse après ses succès contre le même Thiem à Barcelone et Madrid.

De retour au vestiaire, il s'est mis à pédaler sur son vélo stationnaire de récupération, quand Toni et tout le clan sont arrivés suivis de l'équipe de tournage.

Toni : « Tu as très bien joué. C'était super. »

Rafa : « Il a vraiment manqué sa chance. »

Toni : « Le gamin jouait pour la première fois sur le court central. Tu crois qu'il va être énorme ? »

Rafa : « J'y ai pensé toute la nuit. Ça m'a réveillé ce matin à 6 heures. »

Toni : « Tu penses trop. »

Rafa : « Je devais lui mettre la pression dès le début du match. S'il avait pris confiance, ce serait devenu compliqué. »

C'était l'occasion d'un coup de projecteur sur la relation détendue entre Rafa et Toni, mais également sur l'inépuisable esprit de combativité du champion. La paranoïa paye.

L'heure du dernier défi de ce Roland-Garros 2017 était venue : la finale contre Stan Wawrinka. Je dois avouer que je pensais que ce serait une rencontre serrée, en me remémorant la somptueuse victoire du Suisse sur Djokovic lors de la finale 2015. Wawrinka pouvait générer beaucoup de puissance avec son revers à une main et s'avancer dans le court en négociant des balles bondissantes à hauteur d'épaule. Planait également le souvenir de son succès en finale de l'Open d'Australie 2014 face au même Espagnol, certes blessé.

Quelqu'un a demandé à Nadal s'il était l'heure de la revanche.

Il s'est énervé.

« "Revanche" ne fait pas partie de mon vocabulaire. Je ne pense pas que ce soit une bonne idée de voir ça comme une revanche. Dans mon esprit, chaque match est différent. Chaque match que je joue est important. Le meilleur joueur gagnera. »

Score final : 6-2, 6-3, 6-1 pour Nadal.

Ça m'apprendra, comme à d'autres.

Bravissimo *la Décima*. Nadal est devenu le premier joueur toutes ères confondues à gagner dix fois le simple d'un tournoi du Grand Chelem. Son stupéfiant ratio en finale de Roland-Garros : 10-0.

« En fait, le neuf est mon chiffre préféré. Mais ne vous méprenez pas. Ici, je préfère le dix au neuf, aucun doute là-dessus. »

Nadal avait encore marqué son territoire. Les Français ont honoré cette occasion spéciale en lui offrant une réplique, en taille réelle, de la Coupe des Mousquetaires, où les années de ses dix victoires sont gravées dans l'argent. Et c'est Toni qui fut choisi pour lui décerner ce trophée exceptionnel lors de la remise des prix. L'oncle eut également le privilège de tenir la coupe traditionnelle entre ses mains. Les Nadal se sont retrouvés debout côte à côte sous le soleil parisien, leur argenterie dans les mains. Toni a versé quelques larmes. C'était le treizième et dernier Roland-Garros de leur duo, même s'ils ne formaient déjà plus un vrai tandem. Moyà et Roig entraînaient également Nadal. Mais ce n'était pas comme ça que tout avait commencé sur la terre battue sèche de Manacor. Toni avait permis l'éclosion d'un champion et façonné sa personnalité en comprenant progressivement que son neveu – celui avec lequel il avait vécu en famille, dans un même immeuble – avait le talent pour se forger un destin bien au-delà de son île maternelle.

« J'ai vécu des moments extraordinaires en voyageant à New York, en Australie, à Madrid et partout, a-t-il confié, des années plus tard, dans une interview à *Hola*. Mais les plus beaux ont été ceux quand mon neveu était tout petit, quand mon espoir était qu'il devienne un grand joueur. »

La décima

Imaginer un chemin peut être parfois plus gratifiant que d'arriver à destination. *La Décima* était un jour pour se souvenir avec reconnaissance et respect, un jour pour partager des histoires. Et par exemple cette anecdote de 2002, que Toni aime raconter, d'une visite avec Rafa, seize ans, chez Carlos Moyà, dans sa maison à Majorque.

Moyà a demandé à Toni s'il serait d'accord pour que Rafa ait une carrière comme celle d'Albert Costa qui venait de remporter Roland-Garros, son seul titre majeur.

Toni a répondu : « Non, non, non. Je ne signerais jamais pour ça. Je pense que mon neveu sera meilleur. »

« Et avoir une carrière comme celle de Carlos Moyà ? » a souri l'hôte, ancien n° 1 mondial, habitué du top 10 mondial et vainqueur en Grand Chelem. Toni a réfléchi. Il a répondu que oui, il signerait pour ça.

Les invités se sont dirigés vers la sortie. Peu de temps après leur départ, Toni s'est tourné vers Rafa : « Je ne signerais jamais pour ça. J'ai seulement dit oui parce qu'on était chez lui. »

Chapitre 17

LE ROYAUME

C'était un jour venteux de mai 2019, à Roland-Garros. Perchés en haut du court Philippe-Chatrier, Gilles Jourdan et moi discutions des avantages et des inconvénients du changement.

En dessous de nous, la continuité même : à l'entraînement, Nadal, casquette à l'envers sur la tête, transpirait et frappait des coups de fond de court dans un engagement total. Il a secoué la tête, l'air insatisfait de lui-même, au moment d'échanger avec son entraîneur, Carlos Moyà.

Le court Chatrier était devenu son second pied-à-terre. Mais le stade qui l'accueillait en ce printemps était presque entièrement neuf. En l'espace de quelques mois, l'enceinte a été démolie puis reconstruite, au long d'une véritable course contre la montre. Tout ce qui restait du court central original de 1928 dormait désormais dans les entrailles du stade, tout en dessous de la surface de jeu. « La terre des débuts est toujours là, m'a expliqué Jourdan. La sueur de Monsieur Lacoste y est encore enfouie. La position du court n'a pas changé. Le cœur du sujet loge à cet endroit. Nous l'avons conservé. »

Le court Chatrier avait désormais l'apparence d'un temple néoclassique du tennis, austère mais majestueux, plus Jacques-Louis David qu'Eugène Delacroix. Il dégageait une certaine froideur, presque intimidante, paraissait moins chaleureux, moins accueillant. La palette des couleurs n'était plus la même. Les sièges en plastique vert, si familiers, avaient été remplacés par d'autres modèles, pâles, haut de gamme, en châtaignier des Vosges. Les angles droits avaient cédé la place à des lignes courbes. Un toit rétractable était en préparation, et son installation prévue pour 2020. Sans nul doute était-ce une amélioration, mais également une évolution radicale. Un indiscutable adieu au statu quo. Homme d'habitudes, Nadal s'y est fait. Certes, le décor a changé, mais le plus rassurant pour lui était que les conditions de jeu ne paraissaient pas avoir été modifiées. Les dimensions généreuses de l'aire de jeu, si bien adaptées à l'amplitude de ses gestes et à ses remarquables qualités défensives, sont demeurées les mêmes. « Personnellement, j'ai eu la même sensation sur le court. Je ne vois pas de différence en termes d'expérience de jeu. Le vent souffle toujours dans la même direction. »

S'il pouvait souffler, un peu, dans le dos de la concurrence.

Roland-Garros approchait de la fin d'un long cycle de travaux. Sexagénaire aux cheveux argentés, Jourdan a beaucoup d'histoires à raconter, mais il est avant tout un expert en logistique. En tant que responsable du projet de modernisation du stade, il était au cœur de toute cette transformation. Dans sa jeunesse, il a été ramasseur de balles à Roland-Garros. À partir de 1977, il a commencé à travailler sur ce même site pour la Fédération française de tennis. Il avait un lien profond avec ce sport, mais encore plus avec le lieu. Il a reporté son départ à la retraite pour s'assurer que ces grands travaux soient menés à bien, et a connu personnellement Lacoste, Borotra et les autres Mousquetaires. Il était sentimental, mais avant tout pragmatique. Et il fallait bien l'être, car de l'ancien Roland-Garros rien de vraiment intact ne restait qui permettent de songer au passé avec nostalgie.

Les bâtiments originaux ont presque tous disparu, y compris le très chaleureux court n° 2, avec son design délicieusement bizarre et sa rampe d'accès d'où il était possible d'observer les matches comme en surplomb de l'action. Le bruit de l'autoroute voisine était moins plaisant, mais le court n° 2 – « le deux » pour les Français – permettait de voir des parties de tennis dans un cadre presque intime.

Le court n° 1 était encore debout, mais plus pour très longtemps. Il devait être détruit après cette édition dans le cadre du plan d'extension, n'étant plus indispensable en raison de la création du spectaculaire court des serres dans le jardin botanique voisin. Le court n° 1 était surnommé le *« bullring »* (l'arène) par les journalistes anglo-saxons du fait de de son dessin circulaire et de son ambiance souvent passionnée. Sa forme était unique au sein du rectiligne Roland-Garros.

« Je voulais apporter de la douceur et de la fluidité », m'a dit, une fois, l'ancien très bon joueur Jean Lovera, l'un de ses architectes. Les arènes de corrida ont été étrangères à son inspiration, et il insistait sur ce point.

L'acoustique de concert du court n° 1 accentuait le son émis par les cordes de la raquette. Des joueurs comme Jim Courier l'ont fait remarquer. Lovera s'en est réjoui. « Ça a décuplé les émotions et participé à faire monter l'ambiance. Je pense que les joueurs et les spectateurs y ont eu des réactions plus fortes qu'habituellement. »

Selon moi, le court n° 1 proposait également la meilleure tribune de presse des tournois du Grand Chelem : des sièges placés au bord du terrain, au niveau de la ligne de fond de court. Il fallait parfois se reculer pour éviter une raquette lorsqu'un joueur se déployait pour frapper un coup très latéral. On pouvait entendre les champions marmonner ou expirer à la frappe, les voir reprendre leur souffle après un échange éprouvant. Plus qu'ailleurs, c'est là que je suis arrivé à comprendre la physique du jeu moderne basé sur la puissance. Depuis ce point de vue privilégié, le tennis était un sport de contact.

Avec sa capacité d'à peine trois mille huit cents places, le court n° 1 a été longtemps le deuxième plus grand court de Roland-Garros. Il a été bâti en 1980 au terme d'une de ces longues batailles administratives devenues si habituelles pour le tournoi. Sa construction a nécessité la destruction de l'Institut Marey, un laboratoire de recherche scientifique fondé par le chercheur français Étienne-Jules Marey. Ses travaux novateurs dans le domaine du mouvement photographique ont joué un rôle dans le développement du cinéma moderne.

Situé à un jet de pierre, l'institut a été maintenu à sa place en 1928 quand le stade Roland-Garros a été érigé. Drôle de coexistence. L'institut était tellement proche que depuis son toit, des techniciens de laboratoire en blouse blanche pouvaient regarder les matches du court central. Valéry Giscard d'Estaing, le président français d'alors, a dû donner son approbation personnelle pour que l'institut soit relocalisé et le court n° 1 construit. Ce fut fait, à une condition : qu'une stèle à la mémoire de Marey, mort en 1904, soit installée dans le stade à perpétuité. Le monument, un bas-relief en marbre, abrite une partie de ses cendres. Au gré des changements du stade, la stèle a été déplacée à diverses reprises. Elle est désormais positionnée près de son emplacement originel. Les spectateurs passent devant par milliers sans savoir ce qu'elle fait là et ce qu'elle représente.

« Durant la construction, Monsieur Marey est resté deux ans avec moi dans mon bureau, avoue Jourdan avec un sourire malicieux. Je ne suis pas certain que la famille aurait approuvé, mais il est de retour là où il doit être. »

Le court n° 1 a été inauguré en 1980 lors d'un match de gala entre Jean Borotra, quatre-vingt-un ans, et Tarik Benhabiles, jeune espoir français de quinze ans, qui deviendra plus tard l'entraîneur d'Andy Roddick.

J'ai raté ce duel intergénérationnel, mais j'étais bien assis dans l'un des merveilleux sièges de presse en 1993 quand Mary Joe Fernández, menée 1-6, 1-5, a renversé Gabriela Sabatini en sauvant cinq balles de match. En 2004, j'étais encore là lorsque Marat Safin, le tempétueux mais bien sympathique Russe, a célébré spectaculairement une amortie gagnante absolument géniale : il a tiré sur son short, l'a baissé jusqu'aux cuisses puis s'est penché vers l'avant.

« Ce point méritait vraiment ça », a souri Safin.

En 1988, le *bullring* a été l'endroit où Chris Evert a disputé son tout dernier match à Roland-Garros, s'inclinant face à la prometteuse, et future gagnante du tournoi, Arantxa Sanchez. C'est enfin là que Nadal a effectué ses débuts en battant l'Allemand Lars Burgsmüller en 2005.

En raison de ses victoires et de son statut de vedette, Nadal n'a plus jamais rejoué sur le court n° 1. Le reste de ses cent quinze matches à Roland-Garros s'est réparti entre le court Chatrier (quinze mille deux cent vingt-cinq places) et le court Lenglen (dix mille soixante-huit). Le court n° 1 est toutefois devenu un lieu important à ses yeux. Chaque année, les noms des vainqueurs en simple y étaient gravés sur des plaques en béton placées dans sa partie supérieure. Le nom « R. Nadal » occupait de plus en plus d'espace. De nombreuses plaques, encore disponibles, ne seront jamais remplies, à cause de la démolition, mais Nadal a obtenu que l'une des onze à son nom puisse rejoindre le musée de son académie à Majorque.

Que peut-on refuser au roi de la terre battue ?

Plus que le changement, le plus important pour lui était que Roland-Garros reste à son emplacement historique. Inquiète des contraintes menaçant son plan d'extension, la FFT a sérieusement considéré installer le tournoi en banlieue. Elle en aurait tiré un autre avantage : devenir propriétaire de ses terrains au lieu de louer ceux de la porte d'Auteuil à la ville de Paris. Le stade a grandi régulièrement, souvent au prix de batailles judiciaires, et fini par occuper tout le terrain disponible dans un triangle situé entre le jardin botanique des serres, le boulevard d'Auteuil, qui borde la ville de Boulogne-Billancourt, et l'avenue de la porte d'Auteuil, en lisière du vaste bois de Boulogne.

Installés sur l'un des balcons du court Chatrier, Jourdan et moi avons pris un café en regardant en contrebas l'allée Suzanne-Lenglen, la voie pavée qui coupe en son milieu le nouveau Roland-Garros.

« Roland-Garros s'arrêtait là autrefois, a-t-il indiqué d'un geste de la main. C'était la rue Suzanne-Lenglen. Où des voitures roulaient ! »

J'ai entendu beaucoup d'autres histoires au sujet de Roland-Garros en écoutant mon nostalgique beau-père français. Il aimait disserter au sujet des années 1950, quand il pouvait vagabonder dans le stade sans être bousculé. Il sautait joyeusement d'un court à l'autre pour admirer Budge Patty, Tony Trabert et Nicola Pietrangeli. Ce n'était pas le Roland-Garros congestionné que j'ai connu, celui où les allées ressemblaient souvent à des quais de métro aux heures de pointe. Le stade bondé était la marque du succès. Mais les présidents de la FFT n'ont cessé de réclamer toujours plus de terrain, à cause de la surfréquentation, et le combat est devenu sans fin. Quand on leur accordait plus d'espace, ils en profitaient pour le remplir avec encore plus de détenteurs de billets. C'était la cohue institutionnalisée.

Les riverains étaient abreuvés de fausses promesses sur la fin de l'extension. La FFT ne s'est jamais arrêtée en chemin. Elle a réussi à s'approprier un terrain de rugby voisin, ainsi qu'une petite structure de courts publics, toujours dans le but de s'agrandir. Des quatre tournois du Grand Chelem, Roland-Garros était celui qui, de loin, avait la plus petite réserve foncière. Le stade était désormais encerclé.

Dans le cadre de la candidature de Paris aux Jeux olympiques de 2012, la FFT a même obtenu le droit de construire un nouveau stade dans le sacro-saint bois de Boulogne. La victoire de Londres a rendu cette implantation caduque. Un autre projet, franchement farfelu, consistait en une passerelle surélevée de plusieurs centaines de mètres reliant Roland-Garros à un nouveau court central, porte d'Auteuil. Il a été heureusement abandonné. Les trois solutions de repli, si Roland-Garros décidait de plier bagage, se situaient à Gonesse, au nord, à Versailles, à l'ouest, et à Marne-la-Vallée, à l'est. Marne-la-Vallée est le berceau de Disneyland Paris, mais en dépit des visites régulières de Nadal au parc à thèmes, notamment après ses premières victoires, l'Espagnol voulait que Roland-Garros demeure dans ses frontières historiques.

« Roland-Garros a une longue histoire, qui est ici, a-t-il dit en espagnol sur le chemin de sa victoire en 2010. Il faut rester parce qu'ici, nous pouvons respirer l'histoire du tennis entre ces murs. C'est très important car si nous déménageons, et même si le site est plus grand, nous perdrons une partie de notre âme. »

C'était un point de vue émouvant, presque un appel. Le tennis professionnel a souvent ignoré de tels raisonnements. L'Open d'Australie a abandonné les courts privés du Kooyong Lawn Tennis Club pour s'implanter plus largement près du centre de Melbourne en 1988. L'US Open a quitté un autre club privé, le West Side Tennis Club, à Forest Hills, pour Flushing Meadows et le nouveau National Tennis Center en 1978. Même Wimbledon, le bastion de la tradition, a laissé son passé derrière lui lorsque le All England Lawn Tennis and Croquet Club a renoncé à son site original de Worple Road en 1922, pour prendre racine à Church Road où il est demeuré dans sa splendeur constamment plus grande.

Les Championnats de France ont été itinérants avant de trouver leur place à Roland-Garros, mais le tournoi est installé là depuis plus de quatre-vingts ans. Il a couronné des champions, empilé des souvenirs comme on ajoute des couches de calcaire les unes par-dessus les autres, en les couvrant de terre rouge. C'est l'endroit où les Mousquetaires ont gagné des titres majeurs et cinq Coupes Davis, où les imbattables et impénétrables Borg et Evert ont régné, où Noah a déclenché une fête nationale avec sa seule victoire. Là où Ivan Lendl a remonté deux sets pour priver John McEnroe du titre, où Steffi Graf et Monica Seles ont disputé l'une des meilleures finales de l'histoire du simple dames, où Guga Kuerten a dessiné un cœur après avoir sauvé une balle de match et défait le qualifié américain Michael Russell ; où Federer le bien-aimé a finalement prouvé qu'il pouvait gagner gros à Paris. C'est là, enfin, que Nadal a poursuivi les plus grands rêves, en pantacourt, pour finir par surpasser ses glorieux aînés et redéfinir la notion de domination dans le tennis.

Comme Nadal l'a noté, c'était renoncer à un sacré héritage, juste pour mieux jouer des coudes.

« Les murs peuvent parler, a déclaré Noah. C'est important de garder les traditions même si on perd un peu d'argent. Qu'allons-nous faire, après tout, avec un peu plus d'argent ? »

Un avis iconoclaste dans le tennis et le sport moderne. S'installer dans un autre lieu signifiait aussi abandonner Paris et la vue de la tour Eiffel depuis le sommet du court central. Rappelons que le parrainage a été essentiel dans le succès du tournoi, or les sponsors appréciaient d'être à Paris pour la beauté du site mais aussi pour la proximité des bureaux d'affaires. « Être coincé deux heures, au mieux, dans les embouteillages, aurait constitué un vrai problème pour le business », relève Bernard Giudicelli, l'ancien président de la FFT.

Selon la vision de Giudicelli, le tournoi avait bien besoin de plus d'espace, mais pas de beaucoup plus en réalité. Dans l'hypothèse où le plan d'extension était adopté, Roland-Garros resterait le plus petit des Grands Chelems, d'assez loin. « Peu importe la dimension du stade, dès que vous atteignez le premier week-end du tournoi, la moitié des joueurs sont éliminés. »

Pour filer la métaphore, l'idée était de faire de Roland-Garros une sorte d'« hôtel boutique de luxe » en comparaison des tentaculaires « palaces » de tennis de Melbourne, Wimbledon et New York.

J'ai toujours considéré la menace de déménagement comme un moyen de pression, mais Giudicelli m'a assuré qu'elle était réelle.

« Si nous n'avions pas pu avoir ce que nous voulions, nous aurions dû partir. Mais c'était l'option nucléaire. »

Bluff ou pas, le tournoi, avec l'accord de la ville de Paris, a obtenu la permission de s'étendre dans le jardin botanique et de construire, selon moi, le court le plus original du circuit professionnel. Wimbledon aime s'étiqueter comme « le tennis dans un jardin anglais », mais les Français les ont surpassés en imaginant un court entouré de serres, dans les bien nommées serres d'Auteuil. Les riverains, parmi lesquels Ségolène Royal, alors puissante ministre de l'Écologie, et des militants engagés ont fait tout ce qu'ils pouvaient pour bloquer le projet.

Giudicelli : « L'histoire du stade Roland-Garros est un combat permanent contre les riverains. »

Lors d'un vote en février 2011, les responsables de FFT ont pris la décision de rester. Peut-être auraient-ils opté pour un autre projet s'ils avaient su combien le chemin serait long et semé d'embûches. Un nouveau bail de long terme, cinquante ans, a été signé avec la mairie de Paris.

Ce maintien du tournoi porte d'Auteuil était loin de faire l'unanimité. « Le tennis français choisit ses sites selon une vision élitiste et aristocratique, a jugé Jean-Pierre Blazy, le maire de Gonesse. C'est une occasion manquée pour ce sport et le Grand Paris du XXIe siècle. Ce n'est pas un choix d'avenir. »

Peut-être pas, mais Nadal a été soulagé et ravi. Et, même si ça avait moins d'importance, je l'ai été aussi.

Roland-Garros avait une valeur sentimentale pour moi. Le tournoi représentait tous les changements liés à ma vie personnelle. Je l'ai couvert pour la première fois en 1991. C'était huit jours après avoir déménagé des États-Unis vers la France et quelques semaines avant mon mariage avec Virginie, une Parisienne rencontrée à San Diego, où nous étions étudiants à l'université. Une série de hasards – un concours de circonstances, comme disent les Français – se sont conjugués pour nous unir.

Son anglais était limité. Mon français était lamentablement inexistant en dépit de quatre années passées à l'étudier au lycée. Nous nous sommes liés d'amitié et sommes restés en contact après son retour en France une fois bouclée son année universitaire. Quand j'ai terminé mon cursus, j'ai enseigné le tennis pendant un été à Long Island. J'ai ainsi économisé assez d'argent pour me payer un voyage à petit budget d'un an en Europe, au Moyen-Orient et en Asie avec Doug Robie, mon colocataire du Williams College.

Cela a été, et reste, l'une des meilleures décisions de ma vie. Près de quarante ans plus tard, je peux encore me rappeler des endroits et des visages avec une acuité qui me fait souvent défaut pour des événements plus récents. Notre voyage a été une chance de mettre immédiatement en pratique nos cours de sciences sociales et humaines, une opportunité à grande échelle d'expérimenter nombre de ces villes et de ces cultures étudiées seulement de loin. Tous ces cours d'histoire de l'art nous ont soudain sauté à la figure une fois à la Grande Galerie du Louvre ou cœur des temples de Bagan. Toutes ces heures d'histoire et de sciences politiques nous ont été précieuses pour notre compréhension lorsque nous écoutions les Palestiniens et les Israéliens à Haïfa, Jérusalem ou sur le plateau du Golan.

C'était une école de la route sur quatre continents, sans examens, sans dissertations. Mais nous avons appris à nous adapter et avons reçu quelques leçons d'humilité (nous en apprenions aussi un peu sur certains des travers américains). Je ne m'étais jamais senti aussi vivant et stimulé. Nous avons ri. Nous avons pleuré. Nous avons été d'accord. Nous nous sommes disputés. Nous sommes tombés malades, parfois très malades. Nous nous sommes remis. Nous avons approfondi notre relation et nous avons noué des contacts avec des étrangers. Nous avons marché et marché, mais également voyagé par tous les moyens de transport imaginables : train, avion, camion, canot à moteur, voilier, bateau de croisière, ferry, vélo, scooter, tuk-tuk, moto, pousse-pousse, cyclo-pousse, cheval, chameau, canoë et même un semi-remorque dont le chauffeur nous a pris en stop jusqu'à Kyoto alors que le coût élevé de la vie au Japon avait vidé nos poches.

C'était avant les mobiles et Internet ; une époque où l'on envoyait des cartes postales plutôt que des textos, où l'on laissait des messages pour d'autres voyageurs sur de vrais panneaux d'affichage. Le liquide et les chèques de voyage étaient la règle, et vous ne pouviez changer l'argent qu'à certains endroits bien déterminés (sauf si vous vous aventuriez sur le marché noir birman). On se référait alors aux guides touristiques, aux guides de conversation. On se fiait à notre seul jeu de jambes pour trouver un endroit où dormir en faisant le tour des auberges de jeunesse et des pensions. On comptait davantage sur le hasard, sur la négociation en face à face, sur la spontanéité. Nous étions aussi plus isolés, véritablement injoignables la plupart du temps. Cet éloignement nous permettait, peut-être, de nous concentrer plus attentivement sur ce que nous faisions et de mieux profiter de l'endroit où nous le faisions. Nous avons bien sûr connu quelques mésaventures : un sac volé dans un train français, une pleurésie au bord de la mer Rouge. Mais les moments de bonheur ont été plus nombreux, confirmant à chaque fois que nos semblables, et peu importe la barrière de la langue, pouvaient être chaleureux et accueillants.

Peut-être avons-nous eu de la chance. Les voyageurs internationaux étaient certainement plus rares dans les années 1980. Nous avons bénéficié de l'ouverture nouvelle de la Chine qui avait commencé à laisser entrer des routards. Je suis reconnaissant d'avoir eu cette chance. Ce voyage a changé ma vie. Mon univers personnel est devenu plus grand.

La famille de Virginie nous a généreusement accueillis à Paris. Nous avons ensuite voyagé ensemble à travers l'Italie, où notre relation a changé. Nous avons vécu à San Diego. Nous nous sommes fiancés. Six ans après nous être rencontrés par hasard, nous avons déménagé à Paris des projets plein la tête. Je voulais améliorer mon français, alors balbutiant. Virginie commencer une carrière sur sa propre voie.

J'ai quitté mon poste de journaliste sportif au *San Diego Union* pour devenir pigiste en Europe. Certains de mes mentors ont trouvé ce choix risqué. Ils avaient raison, mais Roland-Garros est devenu une sorte de port d'attache, un lien symbolique entre mon passé, plus stable, et mon avenir, plus incertain, qui m'a aussi permis de payer quelques-unes de mes premières factures en tant qu'expatrié. Le lieu m'est devenu d'autant plus familier que l'une des entrées du stade n'était qu'à quelques pâtés de maisons de notre minuscule studio à Boulogne.

Pendant au moins deux semaines par an, je pouvais aller au travail à pied. Mon quartier, tranquille, s'agitait soudain et devenait un sujet de conversation mondiale. Chaque année, les habitants de Wimbledon vivent aussi cette expérience unique. C'était nouveau pour moi. Comme je l'ai écrit dans l'*International Herald Tribune*, j'ai ressenti une certaine émotion en voyant cet environnement si familier revêtir, chaque année, ses nouveaux atours. Quand nous vivions à Séville, dans le sud de l'Espagne, j'éprouvais le même sentiment quand la rue étroite et pavée où nous faisions nos courses et achetions nos journaux devenait, l'espace d'une nuit andalouse pleine de lumières, un lieu de pèlerinage pendant les processions de la Semaine Sainte.

Roland-Garros était aussi une terre sacrée, mais seulement pour les fans de tennis. À l'année, c'était un centre d'entraînement pour le tennis français. Certains des meilleurs jeunes espoirs y ont vécu, notamment Yannick Noah, Guy Forget et Amélie Mauresmo. Beaucoup de joueurs professionnels français s'y entraînaient régulièrement tout en vivant à Boulogne. Je voyais Guillaume Raoux, Éric Winogradsky et Rodolphe Gilbert traverser notre quartier avec leur sac plein de raquettes accroché à l'épaule.

J'étais encore novice en tant que journaliste sur le circuit professionnel. Le premier tournoi majeur que j'ai couvert a été Wimbledon 1990, lorsque Martina Navrátilová a remporté son neuvième et dernier titre en simple au All England Club ; l'année où Stefan Edberg a fondu sur un Boris Becker trop plein d'assurance dans une inoubliable finale masculine débordante de ces séquences service-volée devenues ensuite si rares. Cet été-là, j'ai couvert également mon premier US Open. J'y ai vu un jeune Californien, encore adolescent,

Pete Sampras, remporter quasi nonchalamment son premier tournoi majeur grâce à son service irrésistible et à son coup droit frappé dans la course.

Avec Sampras, Andre Agassi, Jim Courier et Michael Chang, les Américains se sont mis à dominer le jeu. J'avais joué au tennis au lycée à San Diego. C'était quelques années seulement avant que Chang, l'un des futurs prodiges de ce sport, alors élève en quatrième, ne gagne justement le championnat des lycées de San Diego. Il avait battu Carl, son frère aîné. Trois ans plus tard, je l'ai vu, stupéfait, triompher à Roland-Garros à l'âge de dix-sept ans. Mené, il est revenu pour battre Edberg dans une finale en cinq manches. Quelques jours plus tôt, il avait surmonté un handicap de deux sets pour dominer Lendl, tête de série n° 1, en huitièmes de finale. Souffrant de crampes contre Lendl, Chang avait même réussi le premier (et dernier) service à la cuiller de sa carrière.

« S'ils jouent ce match vingt fois, Michael le gagne une fois », me glisse José Higueras, l'entraîneur, malin, du jeune prodige.

Chang, un mètre soixante-treize seulement, était rapide comme l'éclair grâce à des jambes robustes. Il n'était pas un inconnu. Cette année-là, il était tête de série n° 15. Il avait atteint les huitièmes de finale de l'US Open 1988. Sa victoire à Paris, qui a fait de lui le plus jeune vainqueur d'un titre du Grand Chelem en simple, est demeurée l'une des plus étonnantes de l'histoire du tennis. Ses parents étaient des immigrants taïwanais. Il a fait chavirer Roland-Garros au moment même où de jeunes manifestants chinois se retrouvaient traqués et massacrés par l'armée chinoise sur la place Tiananmen à Pékin. Chrétien pratiquant fervent, il a puisé sa force dans ces événements et tenté d'apporter une forme de réconfort au peuple chinois.

« Il y a eu des matches que je n'aurais tout simplement pas dû gagner, m'a-t-il confié lors du vingt-cinquième anniversaire de sa victoire. Il y a eu des balles qui auraient dû sortir, mais qui ne sont pas sorties. Il y a eu des pluies qui n'avaient aucune raison de tomber. Je veux dire, on ne peut pas comprendre comment ces choses sont arrivées. Il y avait comme une conjonction de hasards : ce "hasard" d'avoir dix-sept ans, ce "hasard" d'être d'origine chinoise, ce "hasard" des événements qui se déroulaient au même moment. Il y avait une raison pour que cela se passe ainsi. »

Ce parcours, phénoménal, a changé sa vie. Il a fait de lui une star mondiale, qui jouit toujours d'une grande popularité en Asie. Mais son exploit de 1989 n'a au bout du compte eu aucun impact sur l'amélioration de la liberté d'expression en Chine.

« On voudrait toujours que les choses puissent mieux se passer », a philosophé Chang.

Il ressent une satisfaction : celle que son arrivée au plus haut niveau ait contribué à inspirer une nouvelle génération de joueurs asiatiques, dont Kei Nishikori, longtemps le n° 1 japonais, qu'il a entraîné pendant de nombreuses années. Il a vu également émerger une nouvelle vague de compétiteurs chinois.

« Quand vous voyez quelqu'un qui vous ressemble y arriver, ça suffit parfois. »

Il n'a remporté qu'un seul tournoi majeur, mais s'il ne devait en gagner qu'un, ce Roland-Garros 1989 était bien celui-là. Il a laissé une trace indélébile. Comme la victoire de Yannick Noah en 1983.

Chang : « Je ne vais pas dire le contraire. »

Comment comprendre, alors, ce que signifie de remporter quatorze Roland-Garros ?

« Ça me dépasse, Chris ! », a-t-il éclaté de rire.

D'après lui, certaines qualités techniques peuvent être décuplées sur terre battue, à l'image du déplacement de Nadal.

« C'est un élément différentiel important, surtout contre des gars qui peuvent frapper d'excellents coups, mais qui ne se déplacent pas aussi bien. Prenez Boris Becker, par exemple. Il avait toutes les armes pour jouer magnifiquement sur n'importe quelle surface. Mais s'il était obligé de jouer des coups dans des courses latérales, il avait le tort de frapper avant de glisser. Il ne glissait pas avant de frapper. Le temps qu'il reprenne ses appuis sur une distance de deux-trois mètres, la balle était déjà frappée dans la direction opposée, si bien qu'il était toujours en retard. En revanche, un gars comme Rafa, qui a grandi sur terre battue et qui a cette fluidité naturelle, a déjà fini de glisser quand il frappe la balle. Il s'est déjà rétabli sur ses deux pieds avant même que la raquette de son adversaire ne touche la balle. Vous n'avez pas ce genre de problématique sur d'autres surfaces, pas même sur gazon. »

J'avais à peu près le même âge que Chang et toute la nouvelle vague de joueurs talentueux venus des États-Unis. Durant ces premières années à Paris, je pouvais donc comprendre ce qu'ils ressentaient en tant que jeunes Américains passant la majeure partie de leur temps à l'étranger, particulièrement en Europe. Courier par exemple avait une petite amie française et essayait d'apprendre la langue, autant dire que je trouvais matière à identification. En 1991, il a battu Agassi lors la première finale masculine entièrement américaine à Roland-Garros depuis celle de 1954 entre Tony Trabert et Art Larsen. Courier a ensuite conservé son titre en 1992 en battant le joueur tchèque Petr Korda en finale. Il a également remporté deux Open d'Italie sur terre battue. Même Sampras, bien plus dangereux sur surfaces rapides, est parvenu à s'imposer à Rome en 1994. Quant à Agassi, il a finalement gagné Roland-Garros en 1999 pour devenir le premier joueur à réaliser un « Grand Chelem doré », comptant à son palmarès les quatre tournois majeurs et la médaille d'or olympique en simple.

Mais pour le quart de siècle qui a suivi, le titre de Roland-Garros, et presque toutes les récompenses sur terre battue, ont été l'affaire de joueurs sud-américains et européens, surtout celle d'un certain Espagnol inlassablement concentré.

Lorsque Roland-Garros a été construit en 1928, le court principal s'appelait « court central ». C'était logique étant donné que Wimbledon, la référence pour tous les tournois de tennis, avait son Centre Court. Cependant, quand Nadal a visité Roland-Garros pour la première fois, en 2004, le court principal avait déjà été rebaptisé en l'honneur de Philippe Chatrier. Ce changement a été effectué en 2001, l'année qui a suivi son décès. Aujourd'hui, même les Français ont du mal à se rappeler qui était Chatrier, et peuvent à raison se demander pourquoi ce lieu iconique du tennis mondial ne porte pas le nom d'un joueur français superstar, comme Noah.

Chatrier a remporté le titre de champion de France junior en 1945. Sa meilleure place au classement français a été sixième. Il avait du mal à contrôler ses nerfs et son revers, aussi n'a-t-il jamais dépassé le troisième tour à Roland-Garros. Pourtant, il a joué un rôle presque aussi important dans l'histoire du tournoi que ses héros d'enfance, les Mousquetaires. Chatrier, qui avait un menton en galoche et portait des lunettes, a été l'homme le plus influent du tennis des années 1970 et 1980, déterminant dans le retour de ce sport aux Jeux olympiques et, surtout, dans la renaissance de Roland-Garros.

Il est né en 1928, la même année que le stade, qu'il a découvert en 1941, pendant l'occupation allemande à Paris, lorsqu'il s'est retrouvé sélectionné pour jouer un double lors d'une exhibition avec René Lacoste.

« Je suis tombé amoureux de l'endroit au premier regard », m'a-t-il dit.

Il y a joué souvent lors de ces années tourmentées, parcourant pour s'y rendre une vingtaine de kilomètres à vélo depuis la petite ville de Nogent-sur-Marne. Après la guerre, il a travaillé comme journaliste au quotidien *Paris Presse*, jusqu'à ce qu'en 1953, à l'âge de vingt-cinq ans, il emprunte l'équivalent de 50 000 euros pour fonder un magazine mensuel, *Tennis de France*, qui a connu le succès.

Chatrier a utilisé cette plateforme éditoriale pour critiquer les dirigeants de la Fédération française de tennis, accusés de manquer d'esprit d'initiative et d'avoir dilapidé l'héritage des Mousquetaires. Il a également plaidé pour le tennis Open, désireux de mettre fin à ce qu'il considérait comme une division artificielle du tennis et de permettre que les joueurs professionnels concourent contre les amateurs, dont certains étaient déjà payés sous la table. Chatrier s'est rapproché de Jack Kramer, le promoteur américain, qu'il appelait « mon meilleur ami étranger ». Kramer était devenu professionnel peu après avoir remporté Wimbledon et les Internationaux des États-Unis en 1947. Il organisait ses propres tournées itinérantes, notamment avec Pancho Gonzalez. Très écouté des joueurs, il fut lui aussi une figure clé dans le basculement vers le tennis Open, et Chatrier s'est employé à ouvrir cette voie avec lui. Dans les années 1960, il a fondé un vaste et luxueux club sportif privé à Chantilly, près de Paris. Il y a organisé son propre « tournoi open », où des pros comme Ken Rosewall étaient opposés à des amateurs.

« C'était interdit, mais c'était un défi lancé à la Fédération française, souligne Jean Couvercelle, fondateur de *Tennis Magazine*, l'un des experts de ce sport en France. Mais comme ça se passait dans un club privé et qu'il n'y avait pas de billets vendus, Philippe s'en est tiré sans dommages. En un sens, ça a été le premier tournoi open. »

La grande transition approchait, et quand Wimbledon et les Internationaux des États-Unis ont annoncé le projet de devenir open en 1968, le sort en était jeté. En mars 1968, à Paris, l'International Tennis Federation a voté, sous la contrainte, en faveur de l'existence d'un certain nombre de tournois open, y compris les quatre tournois majeurs. Roland-Garros, qui était le prochain tournoi majeur inscrit au calendrier, est devenu le premier Grand Chelem open. Ceux à la tête de la Fédération française étaient pourtant opposés à ce concept.

Le tournoi a failli être annulé en raison des mouvements sociaux qui ont secoué la France pendant le tumultueux printemps 1968. Des grèves et des manifestations étudiantes ont paralysé Paris.

« On ne pouvait plus décoller ou atterrir ; les téléphones n'avaient pas accès à l'étranger ; les ordures s'entassaient à des hauteurs vertigineuses ; l'essence était rationnée, m'a raconté la joueuse américaine Nancy Richey dans une interview pour le *New York Times*. Tout était pratiquement fermé. Le tournoi, qui disposait d'un service de voitures officielles, avait du mal à trouver de l'essence. Ils n'arrêtaient pas de demander aux joueurs de se rapprocher des courts. J'ai changé trois fois d'hôtel. »

Les joueurs ont parcouru de longues distances pour atteindre Paris. Certains chargeaient leurs voitures de jerricans de carburant, parce que les stations-service étaient fermées. D'autres ne sont jamais arrivés à destination : il y a eu plus de cinquante forfaits au premier tour des tournois masculin et féminin.

Exclu des tournois du Grand Chelem pendant douze ans, en tant que professionnel, Rosewall a remporté le titre masculin ; Richey, toujours dans les rangs amateurs, a gagné le titre féminin.

« Certains des meilleurs joueurs étaient absents, mais nous étions ravis d'être là et nous savions à quel point le moment était important », me confie Rosewall.

Pour Chatrier aussi, la période a été décisive. Son club de tennis de Chantilly n'a pas été une réussite financière. Il s'en est éloigné pour participer, avec succès, à une campagne menée pour prendre le contrôle de la FFT, fin 1968. Il en est devenu vice-président, et surtout l'éminence grise du président, Marcel Bernard, son ami, vainqueur de Roland-Garros 1946. Comme prévu, il a lui-même endossé la présidence de la FFT en 1973. Ce n'était pas un poste rémunéré – le magazine était toujours sa principale source de revenus (et de conflits d'intérêts) – mais il a assumé ce nouveau rôle avec passion.

« J'étais le seul journaliste français couvrant le tennis qui soutenait Chatrier, précise Couvercelle. Je pensais qu'il avait de très bonnes idées pour le développement du jeu, pour servir les valeurs de ce sport en respectant son histoire. Il avait une vraie vision. »

Les temps étaient encore difficiles. Roland-Garros avait un besoin urgent d'être rénové. En 1972, la FFT était tellement à court d'argent qu'elle a vendu les droits liés au nom du tournoi à Vanaos, une entreprise de cosmétiques du groupe L'Oréal. Pendant un an, le plus grand tournoi sur terre battue au monde s'est appelé le Vanaos Open. « Nous étions fauchés, nous n'avions vraiment pas le choix », a admis Chatrier.

La situation financière s'est lentement améliorée, mais Roland-Garros était encore un tournoi fragile. Chatrier a dû mener de longues batailles, dont celle contre les intervilles, appelés officiellement World Team Tennis (WTT). Cette compétition disposait de gros moyens financiers aux États-Unis. Son calendrier chevauchait celui du circuit européen traditionnel. Il a essayé de protéger Roland-Garros. Il y a interdit les joueurs ayant signé des contrats avec les intervilles, à commencer par Jimmy Connors, n° 1 mondial. Cette absence l'a privé de la chance de pouvoir boucler le Grand Chelem en 1974 (il a remporté les trois autres tournois majeurs cette année-là).

Il y avait aussi le World Championship Tennis (WCT), un circuit masculin rival financé par le magnat texan du pétrole Lamar Hunt, qui était aussi le principal fondateur de l'American Football League, le propriétaire de la franchise des Chiefs de Kansas City et l'homme derrière le Super Bowl.

Cofondé en 1967 par le formidable Hunt, le circuit WCT représentait une menace directe pour l'establishment du tennis, sur le fond et sur la forme. Il a vite enrôlé les *« Handsome Eight »* (« les huit beaux gosses »), qui incluaient de jeunes talents comme John Newcombe, Tony Roche et Cliff Drysdale. Plus tard, les vedettes Rod Laver, Ken Rosewall, Arthur Ashe et Roy Emerson les ont rejoints. Les joueurs sous contrat WCT ont été brièvement bannis des tournois majeurs en 1972. Un accord a été ensuite trouvé pour que le circuit WCT se déroule durant les cinq premiers mois de l'année. Il était suivi du circuit Grand Prix qui comprenait Roland-Garros et les autres tournois majeurs. Ce calendrier partagé a commencé en 1973. Les deux circuits ont finalement fusionné en 1978 mais les querelles internes ont continué, et le WCT a finalement disparu avant que le nouveau circuit ATP ne s'élance en 1990.

« C'était un rude combat contre les promoteurs, que Philippe a fini par gagner, juge Couvercelle. Il ne voulait pas que le tennis devienne, comme la boxe, un sport divisé, avec plusieurs entités couronnant des champions du monde différents. »

En 1977, Chatrier a continué d'étendre son influence en devenant président de l'International Tennis Federation. Il a utilisé cette position pour faire revenir le tennis aux Jeux olympiques après une absence de soixante ans : d'abord en tant que sport de démonstration en 1984, puis comme discipline à part entière en 1988.

Une autre de ses contributions les plus importantes a été de préserver l'identité collective des tournois du Grand Chelem, tout en renforçant leur solidarité. Les quatre tournois majeurs semblent incontournables aujourd'hui, quatre partenaires placés sur un pied d'égalité. Ce n'était pas du tout le cas dans les années 1970 et les choses auraient facilement pu prendre une tournure différente, avec l'émergence d'autres circuits et d'autres événements.

Couvercelle : « Je pense que Philippe est celui qui a sauvé le concept de Grand Chelem. Quand il a pris les rênes de l'ITF, il y avait deux événements intouchables, Wimbledon et l'US Open. Wimbledon pour son histoire. L'US Open pour sa puissance économique et le marché qu'il représentait. Mais il a réussi à développer Roland-Garros et a aidé l'Open d'Australie, dont il savait que la survie renforcerait également la place de Roland-Garros dans le jeu. »

Dans les années 1980, justement pour inciter les joueurs à se rendre en Australie, Chatrier a imaginé par l'intermédiaire de l'ITF une prime d'un million de dollars prévue pour tout joueur ou joueuse de simple qui remporterait les quatre tournois du Grand Chelem consécutivement. Ce qui donc n'était pas un Grand Chelem traditionnel, lequel exigeait que les quatre tournois soient remportés au cours de la même année civile. La promesse matérialisée, Martina Navrátilová a reçu ce joli chèque, en gagnant six tournois majeurs consécutifs entre 1983 et 1984. Cette générosité a vite cessé.

Le passage de l'Open d'Australie de décembre à janvier a certainement contribué à stabiliser le tennis sur ces quatre pieds. Lorsqu'il était le dernier tournoi majeur de l'année, il se déroulait tout près voire pendant les fêtes de Noël. Les meilleurs joueurs, qui n'étaient pas Australiens, le snobaient régulièrement. Borg n'y a joué qu'une seule fois, au tout début de sa carrière. L'Open d'Australie est devenu le premier tournoi majeur de la saison en 1987 puis a véritablement lancé sa renaissance l'année suivante, quittant Kooyong et passant du gazon au dur. Il a pris ses quartiers dans un nouveau centre ultramoderne, plus tard connu sous le nom de Melbourne Park, se dotant au passage d'un atout avec lequel aucun autre tournoi majeur ne pouvait encore rivaliser : un court central doté d'un toit rétractable.

Chatrier en finirait presque par envier ce toit : il a fallu plus de trente ans pour que Roland-Garros construise le sien. Malgré tout, l'extension et les améliorations entreprises sous sa direction sont indéniables. De 1972 à 1992, le nombre de joueurs licenciés en France a explosé, passant de deux cent vingt-cinq mille à un million trois cent mille ; le nombre de clubs, de deux à dix mille ; le nombre de courts, de six mille sept cents à trente-cinq mille. Même sans Chatrier, le tennis aurait sûrement connu un boom en France, comme il connaissait à la même période un boom aux États-Unis et ailleurs, mais son leadership perspicace l'a amplifié.

« Le tennis était autrefois un sport réservé à la classe supérieure, en France comme dans le monde entier, et cela a irrévocablement changé, a-t-il déclaré. J'en suis très fier. »

Dans la vie, Chatrier était un homme lunatique, plein de contradictions. Il se plaignait de l'argent qui, selon lui, détruisait l'âme du sport. Mais il l'a également distribué, approuvant la création de la Coupe du Grand Chelem et deux millions de dollars de prix, somme alors énorme, pour le vainqueur. Lancé en 1990, ce tournoi était réservé aux joueurs ayant obtenu les meilleurs résultats dans les quatre tournois majeurs durant la saison : une nouvelle tentative pour affirmer l'identité du Grand Chelem face à l'influence grandissante de l'ATP.

Sur le plan émotionnel, les moments les plus forts de sa longue carrière sont survenus en 1983, lorsque Noah a remporté Roland-Garros, et en 1991, quand la France, emmenée par le capitaine Noah, a gagné la Coupe Davis à Lyon face aux Américains Sampras et Agassi. C'était la première victoire tricolore depuis cinquante-neuf ans. Ce rêve d'enfance devenu réalité l'a fait pleurer.

Cependant, ceux qui le connaissaient bien ont vite pris conscience qu'il déclinait. Orateur talentueux, il s'est mis à avoir du mal à terminer ses discours, perdant le fil de ses pensées. Il a gardé secrète l'information qu'il souffrait des premiers stades de la maladie d'Alzheimer, mais ne s'est pas représenté à la présidence de l'ITF en 1991 ni à celle de la FFT en 1993.

J'ai eu l'occasion de l'interviewer en mai de cette année-là, passant une heure dans son bureau à Roland-Garros, qui était décoré de statuettes d'éléphants. Pour Chatrier, les éléphants symbolisaient les présidents de clubs français et les dirigeants des fédérations nationales : difficiles à rassembler, mais puissants une fois unis. À soixante-cinq ans, il semblait fatigué, éteint plutôt que vif, même s'il avait encore des opinions tranchées.

Je l'ai interrogé au sujet de Lamar Hunt : « Il n'était pas mon meilleur ami étranger. Et il n'a finalement pas réussi à changer le jeu, néanmoins il y avait un respect entre nous. »

John McEnroe ? : « Un grand joueur, mais insupportable. »

J'ai mentionné Borg, m'attendant à l'entendre ravi, mais il répondit : « Il a gagné six fois ici, mais pour vous dire la vérité, c'était toujours un peu ennuyeux. La finale entre lui et Vilas en 1978 était un remède contre l'insomnie. »

Selon lui, Lew Hoad était le « joueur le plus fort et le meilleur » qu'il ait vu. C'était, bien sûr, avant que quiconque ne découvre Nadal, Federer ou Djokovic.

« Lew avait tout. La puissance. La finesse. Tous les coups. À son meilleur niveau, je crois qu'il aurait pu battre n'importe qui dans l'histoire du jeu. »

Affronter Nadal à Roland-Garros aurait été, bien sûr, le défi ultime. J'aurais aimé entendre l'opinion de Chatrier sur le joueur Nadal et l'homme Nadal. On peut être au moins certain qu'il n'aurait pas aimé ses tenues sans manches. Chatrier s'habillait de façon classiquement bourgeoise. En 1990, il regardait avec dépit les shorts noirs délavés et les cuissards rose fluo d'Agassi. « Si les joueurs vont trop loin au niveau de leur tenue, alors il faudra faire quelque chose », avait-il averti, lançant même l'idée de généraliser le règlement de Wimbledon qui exigeait des tenues à dominantes de blanc.

Alors âgé de vingt ans, Agassi a réagi en traitant Chatrier de « clown » et en lui suggérant de sonder les fans de tennis. « Ça ne devrait pas être à des vieux types assis derrière leurs bureaux de dire comment les choses devraient être. Ils ont l'esprit trop étroit. »

Chatrier était justement assis derrière son bureau lors de notre interview. « Il m'a traité de clown, s'est-il exclamé en riant. Je ne lui en veux pas. Il vit simplement dans un autre monde, c'est tout. Je ne me sens plus capable de parler à quelqu'un comme lui. Je suis trop vieux. Quels sujets pourrions-nous avoir en commun ? »

Aujourd'hui, leurs échanges seraient certainement plus riches. Père de deux enfants, Agassi est profondément intéressé par l'évolution et le développement du jeu. Mais Chatrier n'est plus là.

Son nom demeure. Après sa mort en juin 2000, la FFT a rapidement décidé de nommer un court en son nom. À l'origine, cela ne devait pas être le court central. Christian Bîmes, le successeur de Chatrier, a d'abord proposé le court n° 1 lors d'une réunion des responsables de la fédération, lesquels s'apprêtaient à approuver ce choix par un vote.

Giudicelli : « Cela m'a heurté. Juste avant qu'il n'ouvre la bouche pour déclarer la motion approuvée, j'ai levé la main et dit : "Non, je suis pour une autre solution. Je ne peux pas comprendre, et donc accepter, que la personne à qui nous devons tant ait son nom sur le troisième plus grand court du stade. C'est le court central ou rien." »

Il y aurait eu un murmure dans la salle, puis d'autres auraient commencé à soutenir cette idée, finalement adoptée. Surgissent parfois encore des débats pour renommer le court central en l'honneur de Noah, ou même de Nadal, mais Noah n'a remporté qu'un seul Roland-Garros et Nadal, si emblématique soit-il, est et restera un Espagnol. « Le court des Mousquetaires » semble être la meilleure alternative. Leurs exploits sont à la racine de tout. Mais chacun des quatre a déjà une statue en bronze sur le site, et les quatre tribunes du court central portent leur nom.

« Mon premier sentiment est de préférer que ce soit un joueur, conclut Couvercelle, assis sur un banc dans l'ombre immense du court où avait lieu un match. Mais il est tout sauf injuste que Chatrier ait cet honneur. Il a tant fait pour cet endroit. »

Chapitre 18

L'AUTOMNE

La sueur dégoulinait du visage de l'Espagnol qui s'escrimait à la tâche, ses yeux concentrés sur la cible, ses bras usés par l'effort. Il avait passé tant d'années à tenter de maîtriser son art, à développer les dons et les routines qui lui ont appris à donner le meilleur de lui-même sous la pression.

Nous étions à l'automne 2019, et l'Espagnol à l'ouvrage n'était pas Nadal mais Jordi Díez Fernández, le sculpteur désigné pour réaliser la statue du champion à Roland-Garros.

En juin, Nadal avait remporté son douzième Roland-Garros, le troisième d'affilée depuis sa renaissance. Il avait écrasé Federer dans une demi-finale balayée par le vent, leur ultime match sur terre battue, puis dominé Dominic Thiem lors d'une finale en deux temps. Une vraie bataille l'espace de deux sets devenue démonstration pour le vainqueur 6-3, 5-7, 6-1, 6-1.

Quinquagénaire à la personnalité lumineuse, Díez, bouc poivre et sel, longue chevelure aux mèches argentées, a voyagé jusqu'à Roland-Garros lors du tournoi pour rencontrer Nadal et parapher son contrat avec la Fédération française de tennis. Il s'est ensuite rendu à Manacor pour approfondir son travail de recherche et passer plusieurs heures en compagnie du joueur, discutant et prenant ses mensurations, y compris celle de son biceps gauche en flexion.

Díez est retourné chez lui pour commencer à travailler dans son studio de Centelles, un pittoresque village catalan situé à une heure de voiture de Barcelone. Casque de soudeur sur la tête, sanglé dans un équipement de protection au cuir épais, il était désormais entré dans la phase la plus active de sa création.

La terre battue rouge était le moyen d'expression de Nadal. Pour Díez, c'était l'acier inoxydable, ce qui a rendu son travail extrêmement physique. Comme le joueur lors d'un long match, Díez pouvait perdre jusqu'à plusieurs litres d'eau lors d'une journée passée à sculpter.

L'artiste s'est nourri de ce point commun.

« Quand mon énergie commençait à faiblir, quand je perdais de ma force, j'ai pris l'habitude de regarder des vidéos de Rafa en train de jouer. Car l'un de ses principaux traits de caractère est qu'il ne baisse jamais les bras, ne baisse jamais sa garde. En fait, cet homme n'abandonne jamais. Vous avez la certitude que vous allez voir quelqu'un repousser ses limites. Naturellement, c'était une invitation à découvrir mes propres limites. »

Son travail est figuratif, pas abstrait. Mais il laisse des espaces et des vides entre ses pièces d'acier, allégeant la masse et créant une sensation de mouvement. On peut sentir l'air circuler, l'énergie qui émane des intervalles créés. Díez a décrit ses sculptures, souvent plus grandes que nature, comme épousant l'air.

C'était la première fois qu'il devait imaginer un monument dédié à une personnalité vivante. « Je n'ai jamais pu rencontrer mes modèles auparavant. »

Le fait de créer une sculpture représentant une figure contemporaine mondialement identifiable a privé Díez d'une partie de sa liberté artistique. Mais un lien plus direct s'est établi, qui s'est approfondi lorsqu'il a réalisé combien de points communs il partageait avec ce grand joueur ritualiste.

« Je sais que lorsque Rafa dispute un match, il entre, presque naturellement, dans une sorte de transe. Son corps, très bien entraîné, peut suivre les exigences de son esprit, très précises et très élevées. Ma conception de la sculpture est la même. Je travaille l'acier, mais j'ai travaillé la pierre et de nombreux matériaux. J'ai ressenti ce que c'est que d'entrer dans cette sorte de transe où la pierre semble devenir souple et facile à couper, où l'acier paraît flexible et aisé à plier, comme si on pouvait le faire et le défaire comme une cravate. C'est un moment exceptionnel dans ma vie de constater que mon sujet et moi avons une manière très parallèle de comprendre ce que nous faisons, qui est de nous investir au maximum. »

La statue de Nadal mesure trois mètres de haut, mais ses proportions sont fidèles. Elle fige un Nadal bondissant après le contact de la balle, sa bouche ouverte comme en plein rugissement alors qu'il enveloppe son corps dans le prolongement de son coup droit. Des câbles d'acier, attachés à une large plateforme rectangulaire, maintiennent la statue en l'air. L'attitude n'est pas la finition classique du *reverse forehand* de Nadal, la tête de raquette projetée nettement au-dessus de son épaule, la fameuse *sobaquera*. À la place, il s'agit du finish en coup droit qui, d'un point de vue biomécanique, a le plus de sens, même si la pose retenue à peu à voir avec la technique d'un coup de tennis. L'idée était d'éviter de répliquer le logo original de l'académie de Nadal.

Díez a proposé plusieurs options à la direction de Roland-Garros. L'une d'elles était Nadal tenant la Coupe des Mousquetaires en l'air, à deux mains, les pieds fermement ancrés dans le sol. Cette idée est apparue trop statique, trop après-coup. Díez avait envie de plus d'énergie et de spontanéité. Le coup droit enveloppant était le mouvement qu'il préférait.

« Je voulais que l'œuvre soit suspendue, flottant dans l'air. Je pourrais passer une heure ou deux à vous expliquer en détail pourquoi j'étais convaincu que c'était la bonne idée. L'essentiel est que, dans cette attitude, l'intelligence prévaut sur la force. Le processus de pensée est au-dessus. En dessous se loge toute la machinerie de combat, toute l'artillerie lourde qui génère la force et le rythme. Son langage corporel est direct, la finalité clairement à l'esprit. La raquette est déjà de l'autre côté de son corps, mais il a toujours le regard fixé sur la balle parce que la force continue d'avoir un impact. Il a aussi cette puissance dans sa ceinture abdominale, le *hara*, selon la conception orientale des arts martiaux. Son énergie se diffuse toujours dans la même direction. C'est pourquoi j'ai été attiré par cette pose. En sculpture, comme dans de nombreuses choses importantes de la vie, tout ne peut pas être expliqué. J'étais certain que c'était la bonne idée et je sais que quand Rafa l'a vue il a aussi dit que c'était le bon choix. »

À vrai dire, l'histoire est plus compliquée.

Une statue de Nadal à Roland-Garros n'était d'abord pas chose acquise, particulièrement à ce stade. Après tout, il était Espagnol, pas Français, et les statues sont traditionnellement réservées à ceux qui ont fini d'écrire l'histoire. Nadal était encore un joueur en activité. Mais à mesure que les titres s'empilaient, la perspective de lui présenter un énième trophée et un énième gros chèque commençait à paraître insuffisante.

Avant Roland-Garros, d'autres avaient innové sur le plan artistique : les organisateurs chinois de la Masters Cup à Shanghai en 2007 ont commandé des statues de guerriers en terre cuite ayant l'apparence de Nadal, Federer, Djokovic et des cinq autres qualifiés.

En 2014, après le neuvième titre de Nadal à Roland-Garros, Nike, son sponsor, a imaginé une statue de Nadal faite de terre battue rouge. Elle le représentait exultant à l'instant de la victoire, agenouillé dans la terre battue, assez dense pour construire un château de sable. Le concept était excellent. Le produit fini tient plus du projet d'art plastique que de l'œuvre en route pour le Louvre. Elle a fini dans le magasin Nike à Paris.

En mai 2017, Nadal était de retour, en forme après deux saisons difficiles. Bernard Giudicelli, le président fraîchement élu à la tête la FFT, est intervenu sur la chaîne Eurosport pendant Roland-Garros, en compagnie du consultant Jean-Paul Loth, l'une des figures historiques du tennis français. Loth s'est tourné vers Giudicelli et lui a lancé que ce serait extraordinaire si Nadal pouvait remporter un dixième titre à Roland-Garros.

« S'il y parvient, nous devrons lui faire une statue », a répondu Giudicelli.

C'était un commentaire spontané, rien de prémédité. Giudicelli m'a dit qu'il ne le regrettait pas, même s'il s'est retrouvé coincé. Roland-Garros avait déjà une tradition en la matière, avec les statues des quatre Mousquetaires et de Suzanne Lenglen réalisées par le sculpteur italien Vito Tongiani.

Giudicelli éprouvait aussi un sentiment d'urgence.

« J'avais peur parce que nous savions que Rafa avait eu beaucoup de blessures dans les années avant 2017, donc le risque qu'il ne joue plus était énorme. J'ai pensé que si Rafa gagnait le dixième, il serait le roi de la terre battue et le roi du stade, il était donc important que nous l'honorions. »

Avec ou sans un titre de plus, Nadal était déjà le roi de la terre battue, mais peu importe. Giudicelli, un homme enveloppé et chauve débordant d'énergie et d'ambition, voulait marquer l'occasion.

Giudicelli a consulté le comité exécutif de la fédération et tenté de calmer les inquiétudes concernant le coût potentiel puis a enrôlé Jean Lovera, l'ancien joueur français devenu architecte, concepteur du court n° 1. Lovera intervenait déjà au sujet de l'extension et de la modernisation en cours de Roland-Garros. « Il a une grande connaissance du stade, constate Giudicelli, et c'est un artiste, ce que je ne suis pas. Un mois plus tard, Lovera est venu me voir et m'a dit que la statue était une belle idée. Mais selon lui, nous ne pouvions pas nous contenter d'un modèle-réplique des statues de Tongiani car ces statues appartiennent au passé. Nous avions besoin de quelque chose de vraiment moderne. »

Díez a eu vent du projet en lisant un journal en Espagne : « Pour moi, c'était évident. Je voulais créer cette statue. »

Il n'avait aucun contact à la FFT. Il a donc dessiné quelques croquis et les a envoyés dans une grande enveloppe adressée à Giudicelli à Roland-Garros. Qui a aimé ce qu'il a vu. Lovera aussi, mais aucune décision finale n'a été prise sur-le-champ. Il y avait d'autres obstacles à franchir. La fédération était prête à payer un artiste pour la statue, pas à payer Nadal. Elle exigeait aussi que l'Espagnol renonce à tous ses droits à l'image.

Giudicelli en a discuté avec son agent, Carlos Costa, et est parvenu à un accord, puis il a rencontré le champion lors du tournoi de Bercy 2017 afin de lui proposer deux idées. « Nous pensions qu'il était important de lui donner le choix, de ne pas le mettre devant un fait accompli. »

Une photo montrait Nadal tenant le trophée, l'autre, que Giudicelli et Lovera préféraient, le coup droit enveloppant.

« Comme Bercy est un tournoi où Rafa n'a jamais brillé, je n'ai pas voulu le déranger pendant la compétition. J'ai préféré le rencontrer avant. Le premier ou le deuxième jour de ses entraînements, je suis allé le voir au restaurant des joueurs. Rafa mangeait du saumon avec des frites, ça m'a surpris. J'ai mis les deux photos devant lui. Il m'a regardé et a dit : "Je veux celle-ci !" »

Il désignait la photo où il soulevait le trophée.

Le président de la FFT a tout de suite pensé : « Oh non ! »

« Je lui ai dit : "Rafa, on a un problème." Il a arrêté de manger ses frites et m'a regardé : "Quel est le problème, Bernard ?" Je lui ai répondu : "Rafa, cette photo du trophée, c'est toi, mais au regard de l'histoire, de l'héritage, ce n'est pas toi. Parce que les fans t'aiment quand tu joues. Ils veulent te voir en action." »

Costa et Benito Perez-Barbadillo se tenaient derrière Nadal, qui ne les voyait pas, encourageant Giudicelli.

Puis Rafa a dit : « D'accord, Bernard, c'est à toi de voir. J'accepte. »

Deux autres sculpteurs ont candidaté. En 2019, le choix s'est porté sur le projet de Díez, pour la somme de 150 000 euros. Cela n'a pas été sans débats. « Si vous nous proposez une idée à nous, les Français, nous sommes

50 % pour et 50 % contre, juge Giudicelli. Les critiques étaient : “Oh ! C’est cher, et pourquoi ne pas attendre qu’il prenne sa retraite ?” Mais je redoutais toujours une blessure et je ne voulais pas inaugurer la statue avec Rafa retraité. »

Il y avait beaucoup d’opposants, à l’intérieur comme à l’extérieur de la fédération, et personnellement, j’étais de leur côté. « Je n’étais pas favorable au moment choisi, concède également Guy Forget, alors directeur du tournoi. Avoir une statue quand vous êtes encore un vainqueur potentiel, c’est bizarre, ou du moins cela me semblait bizarre. Notre président de l’époque voulait le faire pendant son mandat. Parfois, la politique s’en mêle. »

Je ne crois pas qu’attendre la retraite de Nadal aurait altéré l’impact de la statue, et cela aurait semblé moins irrespectueux envers ses adversaires que d’ériger un monument à celui qu’ils essayaient encore de battre. Patienter aurait également donné au tournoi une chance d’offrir un moment d’adieu à Nadal, un beau cadeau de départ à la retraite. Giudicelli voyait les choses différemment. « Je ne suis pas d’accord avec ceux qui, au nom d’une tradition historique, pensent que les gens devraient être récompensés quand ils ne sont plus là. Je préfère l’honorer au sommet de sa gloire. Personne unique, décision unique. »

Plus important pour Giudicelli, c’était aussi la volonté de Nadal. Il a de nouveau rencontré l’Espagnol lors du tournoi de Bercy à l’automne 2019 pour discuter du moment où la statue pourrait être dévoilée. « J’ai demandé à Rafa comment il voyait les choses. Il a répondu “Immédiatement”. J’étais surpris : “Nous devons attendre Roland-Garros.” Il a dit : “D’accord, mais le prochain Roland-Garros, pas plus tard.” Je ne lui ai pas demandé pourquoi, je suppose qu'il n'était pas si sûr de son avenir. »

Giudicelli était également catégorique sur le fait que la nationalité de Nadal ne devait pas le disqualifier pour un tel honneur. Roland-Garros était le tournoi sur terre battue le plus important de la planète. Un joueur du monde, au-delà de la France, l'a dominé au-delà de toute raison. Il méritait quelque chose d'extraordinaire en retour. Aussi simple que ça, enfin, pas pour tout le monde.

« Si Zidane avait battu le record du nombre de buts avec le Real Madrid, a défendu Forget, je ne suis pas sûr qu'ils auraient installé la statue d'un Français au Santiago Bernabéu. Mais ce n'est pas parce que les Espagnols ne le feraient pas que nous ne devrions pas le faire. Rafa a été un si grand ambassadeur pour notre sport, une icône de Roland-Garros. Honnêtement, je pense qu'il le mérite, aussi pour la personne qu'il est. Certains de ces anciens champions que vous et moi avons rencontrés avaient un très mauvais caractère et n'auraient probablement pas mérité une statue, même s'ils avaient gagné quatorze fois. Selon moi, les qualités humaines de Rafa ont la même valeur que son record. »

À Centelles, Díez s'est mis à souder, l'échéance de 2020 en ligne de mire. Lui n'était pas un joueur de tennis, mais ce n'était plus qu'une question de tennis.

« La grande majorité des gens qui suivent Rafa en Espagne et ailleurs ne jouent pas au tennis. D'où la question : pourquoi Rafa est-il aussi suivi, pourquoi génère-t-il autant d'émotions chez tant de personnes qui ne pratiquent pas son sport ? Ma conclusion est que Rafa incarne l'excellence. Quand quelqu'un excelle, peu importe le domaine, les barrières entre les différentes disciplines et la perception du grand public tombent.

D'autres peuvent trouver un moyen de traduire ce que fait Rafa dans leur propre vie. »

Tout transfert a ses limites, bien sûr. Mais le point de vue de Díez, façonné nuit et jour dans l'acier, avait une certaine pertinence. On pouvait s'identifier à Nadal, même si douze titres à Roland-Garros le rendaient intouchable. Et ce commentaire m'avait fait penser à ce que Francisco Roig m'a dit un jour : « Rafa est quelqu'un de très simple avec de très fortes valeurs humaines bien ancrées, mais en compétition, il devient surhumain. »

Tomeu Salva, le partenaire d'entraînement d'enfance de Nadal à Manacor, a fait une observation similaire à TVE : « Quand il était jeune, c'était un enfant qui faisait ce que font les enfants, mais quand il allait sur le court, il semblait beaucoup plus mature. Il paraissait avoir déjà de nombreuses années derrière lui. »

En septembre 2019, ces qualités exceptionnelles ont encore été mises à contribution quand Nadal, trente-trois ans, a dû faire face au retour plein de rage de Daniil Medvedev, vingt-trois ans, lors d'une finale de l'US Open éblouissante et épuisante, et pas seulement pour les joueurs.

Ce match a peut-être été en partie oublié, parce que ce n'était pas un duel du « Big 3 », et que leurs retrouvailles lors de l'Open d'Australie 2022 ont eu plus de poids historique.

Pourtant, la finale de l'US Open 2019 mérite une place de choix dans nos souvenirs. Une finale pleine de retournements de situation et depuis toutes les positions. Je l'ai vue assis au deuxième rang d'une section de sièges réservés à la presse, placés juste derrière la chaise d'arbitre. Je savais que j'avais beaucoup de chance et j'ai savouré mon plaisir pendant les quatre heures cinquante-cinq de la rencontre. Cette vue à bout portant m'a permis d'apprécier combien ces deux joueurs aux styles si différents ont été poussés jusqu'à la limite de leurs possibilités, leurs visages et leurs bras éprouvés par tous les efforts consentis pour « rester en vie ». À la fin, Nadal paraissait clairement exténué, face à cet adversaire peu orthodoxe et de dix ans son cadet.

Nadal s'est détaché deux sets à rien mais n'a pas réussi à tenir cet avantage face à ce Russe d'un mètre quatre-vingt-dix-huit, bien plus rapide qu'il en a l'air et surnommé, à juste titre, « la pieuvre ». Le tennis défensif de Medvedev n'est pas toujours très beau – tout en bras et en jambes, en improvisation de grands gestes – mais il peut être aussi efficace que celui de Nadal. Parfois même l'Espagnol n'en croyait pas ses yeux, quand ses coups d'habitude gagnants se révélaient insuffisants face aux télescopiques répliques adverses.

C'était une opposition de styles : le lift lourd de Nadal face aux contre-attaques à plat de Medvedev. La taille du Russe, sa technique et ses sensationnels coups de fond de court lui ont permis de négocier le lift des coups de Nadal avec une relative facilité. Tout au long de cette soirée de fin d'été, les deux sont restés placés loin de leur ligne de fond de court pour relancer, forcés de sortir de leur zone de confort pour tenter de déstabiliser l'autre, de venir plus souvent au filet qu'à l'accoutumée, fréquemment en faisant service-volée. Nadal est monté soixante-six fois au filet, Medvedev soixante-quatorze fois. Ce changement tactique du Russe et ce nouvel état d'esprit offensif lui ont permis de s'adjuger les troisième et quatrième sets.

Lors du premier jeu du cinquième, Nadal a dû affronter trois balles de break.

Il a sauvé la première d'une merveilleuse demi-volée de revers amortie ; la deuxième au prix d'une défense acharnée, parachevée par un revers croisé dans l'angle qui a contraint Medvedev à la faute. Sur la troisième, un avertissement pour temps dépassé a privé Nadal de son premier service – un problème récurrent pour lui lors de cette finale – mais il a tout de même écarté la menace, grâce à un coup droit très engagé.

Il s'est détaché 5-2, service à suivre. Medvedev a recommencé à égrener les points et les jeux en débreakant une fois, sauvant deux balles de match grâce à un stupéfiant revers le long de la ligne et une puissante deuxième balle pleine de culot sur le coup droit de Nadal.

Au troisième tour, lors de sa victoire sur Feliciano López, Medvedev s'était mis à dos le public new-yorkais en prenant brusquement une serviette des mains d'un ramasseur de balles, avant de jeter sa raquette et faire un discret doigt d'honneur à l'arbitre, au changement de côté. Il avait accueilli les sifflets et endossé le rôle du vilain en applaudissant le public, pour le remercier du surcroît d'énergie et d'inspiration qu'il tirait des huées. Et voici que tout à coup, lors de sa toute première finale du Grand Chelem, il enfilait la cape du superhéros, grâce à ce sauvetage génial face à Nadal. Les quelque vingt-deux mille personnes hurlant dans le stade Arthur-Ashe n'en revenaient pas, les yeux écarquillés et la main sur le front.

À 5-4, Nadal a servi une deuxième fois pour le titre. Il a dû sauver une nouvelle balle de débreak à 5-4, 30-40. Medvedev a encaissé, secoué la tête et claqué ses lèvres, témoignages de sa frustration autant que de sa volonté, toujours évidente.

Nadal était à deux points de la victoire et semblait ne plus avoir beaucoup d'énergie disponible. Sa fiancée,

Maria Francisca Perelló, était au bord des larmes. Mais il a trouvé ce dont il avait besoin : une amortie de coup droit courageuse jouée en flexion puis une première balle salvatrice sur le T, qui a entraîné un retour trop long de Medvedev.

Désormais quatre fois vainqueur de l'US Open, Nadal s'est allongé sur le dos, les bras et les jambes écartés, la raquette à côté de son pied gauche. Il est resté ainsi un certain temps, à contempler le ciel, et sans doute serait resté plus longtemps encore s'il n'avait pas dû se lever pour serrer la main de Medvedev. L'expérience et les *cojones* ont fait la différence, de justesse. Le ratio victoires-défaites de Nadal lors de matches en cinq sets était désormais de 22-12, contre 0-5 pour Medvedev.

Nadal : « J'ai trente-trois ans, plus vingt-trois ans. Ce n'est pas un avantage, mais parfois, mentalement, si. Parce que même si vous êtes dans une spirale négative, vous savez d'expérience – et vous y croyez vraiment – que vous pouvez avoir votre chance au cinquième set. »

Comme je l'ai écrit dans le *New York Times*, c'était une belle empoignade et un point final approprié à cette somptueuse décennie du tennis masculin dans les tournois majeurs. La durée, les larmes, les embrassades, tout y était, manière de rendre justice à toutes les finales extraordinaires des dix années venant de s'écouler.

Nadal, encore : « J'ai eu beaucoup de problèmes physiques dans ma carrière. Chaque victoire pouvait être la dernière. Mes chances s'amenuisent logiquement. Peut-être que mes blessures m'ont fait davantage apprécier chaque moment. »

Cette victoire a également entériné la domination sans commune mesure du « Big 3 ». À la fin de la saison

2009, les trois joueurs les mieux classés étaient Federer, Nadal et Djokovic. Dix ans plus tard, les mêmes étaient au sommet, Djokovic n° 1 devant Nadal, tout proche, et Federer, n° 3 plus décroché.

« C'est une chose d'avoir cette longévité, juge Feliciano López, qui a joué sur le circuit jusqu'à l'âge de quarante et un ans, loin des palmarès du "Big 3". C'est possible d'y parvenir en prenant soin de votre corps et en évitant les blessures. Mais ces trois-là ont eu cette longévité et des succès phénoménaux en dépit de la pression à laquelle ils étaient soumis au quotidien. C'est ce qui m'impressionne. Chaque match qu'ils jouaient, ils étaient censés le gagner. Et ils avaient l'obligation de faire face aux sollicitations des médias, des sponsors, de tout le reste. Tout le monde veut un bout de votre vie. Vous devez vous confronter à des choses que d'autres n'ont pas à subir. Il n'y a aucun répit. C'est pour ça que c'est vraiment impressionnant d'avoir supporté ça pendant vingt ans de suite. Regardez John McEnroe, ou Björn Borg, qui s'est arrêté à vingt-cinq ans. Ces trois gars – Rafa, Roger et Novak – ont des superpouvoirs. »

Ils ont généré, c'est vrai, bien des classiques entre eux. Mais cette finale exceptionnelle était également l'œuvre de la nouvelle génération.

Selon moi, elle constitue l'une des performances les plus impressionnantes de la carrière de Nadal. Elle a démontré ses ressources et son endurance sur dur, même privé de l'avantage significatif que lui offre la terre battue. Cette magnifique finale a été gagnée sur la meilleure surface de Medvedev, pas sur celle de Nadal.

J'ai rencontré Carlos Moyà dans les entrailles du stade Arthur-Ashe après le match. « Après toutes ces années, Rafa joue comme s'il n'avait plus un sou, lui ai-je glissé. Comme si sa vie en dépendait. »

« Oui, c'est dingue de voir comment il a continué de se battre quand la situation était si défavorable au début du cinquième set. Il puise de l'énergie dans des réserves insoupçonnées. Quand vous pensez qu'il va perdre sans pouvoir déceler la moindre brèche face à l'autre gars, il arrive justement à trouver quelque chose, le début d'une ouverture, pour renverser la vapeur. »

Nadal semblait complètement lessivé lorsqu'il s'est assis sur sa chaise avant la remise des prix. Les organisateurs de l'US Open ont projeté une vidéo dans le stade, où défilaient les images de ses dix-neuf titres dans le Grand Chelem. Dès le huitième, Nadal était en larmes. À la fin, il a fermé les yeux, s'est penché vers l'avant et s'est mis à sangloter, ses épaules se soulevant et ses doigts bandés posés sur l'arête de son nez.

C'était pur, poignant. Je n'avais jamais vu Nadal aussi chaviré (je n'étais pas dans le vestiaire de Wimbledon quand il a perdu la finale 2007). Quelques mois plus tard, je l'ai interrogé à ce propos quand je l'ai interviewé à Melbourne, lors de l'Open d'Australie, à son hôtel des Crown Towers.

« J'étais complètement épuisé, totalement cuit. J'avais une grosse chute d'adrénaline, après une finale qui avait été émotionnellement très compliquée et très exigeante, et c'est là qu'ils diffusent cette vidéo, qui rappelle tous ces grands moments de ma carrière. C'est normal d'être aussi ému une fois que tombent l'adrénaline et vos défenses. Je suis une personne sensible. Exprimer mes émotions n'est pas difficile pour moi. »

D'autres choses l'étaient. Il se tenait désormais à une victoire du record de Federer et ses vingt titres du Grand Chelem. Djokovic, alors à seize, avait fait état de son envie de s'approprier seul ce record. Nadal était désormais en pole position, tout près d'y parvenir, même s'il restait profondément et obstinément résistant à l'idée d'être enfermé dans cette bataille de chiffres.

« J'étais très content avec seize, très content avec dix-sept, très content avec dix-huit, très content avec dix-neuf et si j'arrive à vingt, je serai très content aussi. Mon niveau de bonheur ne va pas changer à cause de ça. Est-ce que je me fais bien comprendre, Chris ? »

Je lui ai demandé pourquoi le sujet semblait le gêner.

« Cela ne me dérange pas de parler de ce nombre vingt, mais je ne vois pas ce vingt comme le sommet d'une montagne. Arriver à vingt ne me rend pas incroyable. Et si je parviens ensuite à vingt-deux, je ne suis pas plus incroyable. Je considère ma vie comme quelque chose de plus normal. Quand je regarde les records de Tiger Woods ou d'autres athlètes comme LeBron James ou Messi ou Cristiano [Ronaldo], je trouve ça phénoménal, et je suis fan. Mais celui-ci a trait à ma vie et je ne le vois pas de la même façon. Je le vois comme quelque chose de naturel. J'ai tellement de choses positives dans mon existence, tellement de raisons d'être heureux et content de ce que j'ai. Je n'ai pas besoin de me créer un besoin ou une obsession pour tenter d'obtenir quelque chose de plus. »

Ce que sa réaction rendait clair est qu'il ne voulait pas que d'autres définissent la réussite à sa place. Il était profondément attaché à sa propre définition. Mais je lui ai tout de même fait remarquer que Tiger Woods avait fait des dix-huit victoires majeures de Jack Nicklaus un objectif dès son plus jeune âge, et s'en était servi comme d'un carburant.

« Les journalistes peuvent toujours revenir là-dessus, je ne vais pas changer ma façon de regarder le sport.

Je ne peux pas juger toute ma carrière sur quatre tournois par an, ceux du Grand Chelem. Le tennis est plus que cela. J'essaie de tout valoriser. Si je vais à Acapulco, je suis ravi de jouer à Acapulco, et si je gagne là-bas, je suis incroyablement heureux. À Barcelone, c'est pareil. »

C'était un point de vue sensé. Federer s'était aussi montré réticent face à la vision « tout Grand Chelem » de certains. Nadal avait gagné soixante-dix titres en dehors des majeurs. Mais l'attention démesurée portée au décompte des Grands Chelems pouvait réduire ces soixante-dix victoires à une note de bas de page.

C'était une interview dense, l'une des meilleures et des plus riches que j'ai faites avec lui. Deux semaines plus tard, nous nous sommes encore retrouvés sur un continent différent. Federer et lui avaient fait le voyage jusqu'au Cap, en Afrique du Sud, pour une rencontre d'exhibition caritative qui a rassemblé la plus grande foule jamais réunie pour un match de tennis : cinquante et un mille neuf cent cinquante-quatre personnes précisément, au Cape Town Stadium.

Nous ne le savions pas alors, mais c'était la dernière fois qu'ils s'affronteraient avant la retraite de Federer. Le match était une véritable fête, la première occasion pour Federer, citoyen suisso-sud-africain, de jouer dans le pays d'origine de Lynette, sa mère. Son organisation avait nécessité trois ans de préparation, ne serait-ce que pour aligner les agendas de chacun. Sebastián Nadal a également effectué le voyage, partageant ce moment avec les parents de Federer.

Les deux champions avaient apaisé leurs tensions et cohabitaient désormais en totale harmonie. Après leurs désaccords de 2011 et 2012, ils étaient de retour ensemble au Conseil des joueurs de l'ATP. Ils avaient préféré unir leurs forces à l'intérieur du système plutôt que de tenter de le faire exploser depuis l'extérieur. Je ne me souvenais pas les avoir jamais vus en aussi bons termes.

« "Amitié" est un mot fort, m'a confié Nadal. Mais je pense que ma relation avec Roger est très bonne. Elle est faite de beaucoup de respect. On se confie l'un à l'autre, et le plus important est que nous nous faisons confiance. Je ne peux comparer Federer à aucun de mes amis de Majorque, que j'ai connus toute ma vie. Mais je pense que nous apprécions toutes les choses que nous avons vécues ensemble et que nous pouvons encore vivre ensemble. »

« Il y a quelque chose d'un peu *old school* en chacun de vous deux », ai-je tenté.

« Je pense, oui. Nous avons souvent discuté et je pense que nous avons pas mal d'opinions communes. »

J'ai senti que ce n'était pas le moment d'évoquer le système de classement sur deux ans, ou la tentative avortée de Richard Krajicek pour devenir le patron de l'ATP Tour, que Nadal avait soutenu contre Federer, en vain.

« Nous comprenons le sport et la vie d'une façon semblable. Comme moi, Roger n'est pas un grand fan de statistiques ou d'analyses. Il aime l'histoire du sport et respecte les histoires de champions. Nous avons beaucoup en commun, et je crois que nous nous comprenons de mieux en mieux au fil des années. »

Au Cap, Nadal a d'abord fait équipe avec Trevor Noah, le comédien sud-africain, lors d'un match de double contre Federer et le milliardaire américain Bill Gates, le créateur de Microsoft devenu philanthrope. Comme Federer, Noah était le fils d'un père suisse allemand et d'une mère sud-africaine. Un improbable quatuor. Ce ne fut pas vraiment un spectacle, même si

Noah s'est remarquablement bien débrouillé pour quelqu'un qui n'avait commencé à apprendre le tennis que deux mois plus tôt.

Ensuite est arrivé le plat principal : Nadal et Federer en simple, peut-être pour la dernière fois. Lorsque tout s'est terminé, ils ont dansé sur le terrain avec d'autres artistes et membres de l'organisation, puis ont répondu, toujours à l'intérieur du stade, aux questions d'une salle de conférence de presse bondée. J'étais assis au milieu de la foule, prenant des notes. À la fin, Nadal m'a aperçu et s'est glissé dans la rangée encombrée de reporters pour me serrer la main.

Je ne partage pas cette anecdote pour me donner de l'importance mais pour souligner l'approche qu'a Nadal des relations humaines. Nous avions récemment passé deux heures ensemble à Melbourne. Ne pas me saluer, même dans un endroit surpeuplé, lui aurait semblé incongru et impoli.

Il a toujours été un cas à part parmi les superstars du sport que j'ai côtoyées.

Ce moment et ce match de février 2020 ont été rendus plus particuliers encore par ce qui a suivi. Lors de ma correspondance à Dubaï, de nombreux voyageurs à l'aéroport portaient des masques chirurgicaux, inquiets au sujet d'un nouveau et mortel virus en train de se propager.

À la toute fin février, Nadal s'est imposé à Acapulco sans perdre un set. Il a pris la direction d'Indian Wells, dans le désert de Californie, pour le BNP Paribas Open, séjournant comme d'habitude dans la propriété de Larry Ellison, le magnat de la tech propriétaire du tournoi. Mais au bout du compte, la visite n'a rien eu d'habituel. L'épreuve est devenue le premier événement sportif international d'importance à être annulé à cause de la pandémie. Nadal et son équipe sont rentrés à Majorque et le 15 mars, un confinement national a été décrété en Espagne.

Le lendemain, Bernard Giudicelli et la direction de Roland-Garros ont annoncé de manière unilatérale qu'au regard du confinement général en France ils reportaient leur tournoi de fin mai-début juin à fin septembre-début octobre.

C'était tout bonnement une spoliation de dates – d'autres tournois du circuit étaient prévus ces semaines-là. La manœuvre a pris toute la communauté du tennis par surprise. Nombre d'officiels et de joueurs étaient furieux.

« Ce sont des temps vraiment rudes, sans précédent, et leur décision va complètement à l'encontre de l'idée d'un circuit qui travaille de concert, a commenté Vasek Pospisil, un joueur canadien membre du Conseil des joueurs ATP. Nous avons un calendrier. Nous avons des discussions et des négociations entre l'ATP et les Grands Chelems. Nous essayons toujours de faire que ça marche pour tout le monde. Et ils n'ont juste pas informé l'ATP, les joueurs ou d'autres tournois. C'est une décision très égoïste. En gros, ils tentent un coup de force. C'est tellement arrogant. »

Mais les Français étaient dans une position délicate. Contrairement aux organisateurs de Wimbledon, qui ont fini par annuler leur édition 2020, la FFT n'avait pas d'assurance en cas d'annulation de Roland-Garros. Ils étaient au milieu de rénovations importantes du stade, facturées plusieurs centaines de millions d'euros : un projet essentiellement financé par les revenus de Roland-Garros, qui représentent 80 % des rentrées de la FFT. Pour Giudicelli, il était vital de conserver le tournoi sous une forme ou sous une autre en 2020.

Tous les joueurs n'étaient pas sortis de la boucle. Dix minutes avant le communiqué officiel, Guy Forget a eu la courtoisie d'appeler Nadal. Membre du Conseil des joueurs ATP, il a eu une réaction mitigée. Dans une saison de tennis comme aucune autre, il était bon de pouvoir préserver un tournoi du Grand Chelem comme Roland-Garros, source de revenus non négligeable pour les joueurs. Mais pas au détriment d'autres tournois.

« J'ai essayé de leur parler, de les encourager à dialoguer avec l'ATP, avec les joueurs, à travailler ensemble », a-t-il dit au sujet des organisateurs de Roland-Garros quand quelques-uns d'entre nous ont échangé avec lui, via Zoom, en juin 2020.

Les Français ont maintenu ce plan tourné vers leur seul intérêt, quoique Giudicelli ait indiqué que la FFT pourrait abonder un fonds à destination des circuits masculin et féminin, une forme de compensation. Avec les restrictions sanitaires en place, Roland-Garros a d'ailleurs été forcé de repousser aussi l'inauguration de la statue de Nadal en 2021.

Le coronavirus n'était évidemment pas le bienvenu, mais en vérité les travaux de Roland-Garros n'auraient probablement pas pu être terminés aux dates normales du tournoi en mai. Même septembre était une gageure au regard des retards de construction.

« Je peux l'avouer maintenant, même sans covid je ne suis pas sûr que nous serions arrivés au bout », m'a confié Gilles Jourdan, en charge du projet de rénovation du stade.

Une fois commencé le confinement espagnol, Nadal n'a pas tapé une seule balle pendant deux mois et demi. Il a dû attendre trois mois et demi supplémentaires avant de pouvoir disputer un tournoi, et a choisi de ne pas défendre son titre à l'US Open qui avait lieu sans spectateurs. Les joueurs étaient isolés dans une bulle sanitaire. Dominic Thiem y a gagné son premier (et unique) titre du Grand Chelem, dominant Alexander Zverev lors d'une finale en cinq sets éprouvante pour les nerfs et dans un stade Arthur-Ashe quasiment vide.

C'était un moment étrange, plein de tensions. Les deux jeunes joueurs étaient parfaitement conscients de l'occasion unique qui leur était offerte en l'absence du « Big 3 ». Nadal a regardé de loin en s'entraînant dans son académie avec Moyà et Roig, se réservant pour la saison, hors saison, sur terre battue.

Il a renoué avec la compétition mi-septembre, à l'Open d'Italie, débarquant sur le court avec un masque jaune fluo. Comme les autres joueurs, il séjournait dans un hôtel placé en quarantaine. Il a écrasé Pablo Carreño Busta et Dusan Lajovic avant de s'incliner pour la première fois face à l'Argentin Diego Schwartzman en quarts de finale. En dépit de sa petite taille, Schwartzman a toujours bien négocié le coup droit bondissant de Nadal en sachant prendre la balle extrêmement tôt. Ce qui est plus facile à écrire qu'à faire.

Et voici que Nadal arrivait à Paris, au milieu de la pandémie, pour un Roland-Garros automnal et à l'ambiance nettement refroidie, à tous les points de vue. L'humeur en France était sombre, on y débattait même encore de la tenue du tournoi. Une recrudescence des cas de covid avait contraint à de nouvelles restrictions dans nombre de régions du pays. Le plan initial consistait à accueillir vingt mille spectateurs chaque jour. Le gouvernement a ramené ce nombre à un millier seulement.

Une sacrée chute de fréquentation au regard des cinq cent vingt mille spectateurs de l'édition 2019, avec un impact lourd sur les finances. Heureusement, les droits de télévision, autour de quatre-vingts millions d'euros, et certains contrats de parrainage n'étaient pas touchés.

Ce n'était pas la première fois que Roland-Garros accueillait une compétition de tennis d'envergure au cours de l'automne. La France y avait organisé des rencontres de Coupe Davis et de Billie Jean King Cup. À cette période, les journalistes français avaient également l'habitude d'y jouer leur championnat national annuel.

Aucun de ces événements n'avait débordé jusqu'en octobre, une époque où les courts en terre battue commencent généralement à être mis hors service. Ce fut un Roland-Garros comme aucun autre, où des feuilles mortes tombaient sur les courts. L'absence de spectateurs avait libéré beaucoup d'espace, mais pour les pires raisons, dans les allées généralement bondées.

Nadal a gagné des tournois sur terre battue par tous les temps. Mais le consensus était que les conditions automnales, plus fraîches, avec une terre plus lourde, conviendraient moins à son style de jeu et à son lift.

« Tellement, tellement froid », s'est-il exclamé après s'être entraîné par une température de 10 degrés à la veille du tournoi.

Le court Chatrier avait un nouveau toit et un nouveau système d'éclairage. Compte tenu des couchers de soleil désormais précoces, nombre de matches étaient certains de se dérouler de nuit, pas vraiment la meilleure case horaire pour Nadal sur terre battue. Pour couronner le tout, le tournoi était passé des balles Babolat aux balles Wilson, avec lesquelles Nadal s'était déjà entraîné à Majorque et qu'il a trouvées si lourdes qu'il les a comparées à des pierres.

« Les conditions ici sont probablement les plus difficiles que j'aie jamais rencontrées à Roland-Garros. »

Il risquait également d'être rouillé. Ses principaux adversaires – Djokovic et Thiem – ont repris la compétition avant lui. Cela ne s'est pas bien passé pour Djokovic. Dans son huitième de finale à l'US Open, il a frappé une balle, de frustration, après avoir perdu son service. Laquelle a touché une juge de ligne au niveau de la gorge. Il s'est aussitôt excusé, mais logiquement a été disqualifié. Ce n'était pas de chance. Ce mauvais geste n'était pas né d'une colère ou d'une intention maligne, et le tribut à payer était lourd après les efforts consentis pour venir à New York dans ce contexte pandémique. Le Serbe a accusé le choc pendant quelques jours. La semaine après l'US Open, il s'est retrouvé de l'autre côté de l'Atlantique et a rebondi sur une nouvelle surface en gagnant à Rome face à Schwartzman en finale.

Djokovic a laissé percevoir qu'il voyait une ouverture à Roland-Garros face à Nadal.

« Je pense encore qu'il est le favori n° 1. Vu l'historique qui est le sien ici, il n'y a aucune raison de placer quelqu'un d'autre devant lui, mais Diego a montré qu'il est quand même battable sur terre. Sans compter les conditions de match que nous allons avoir ici à Paris : une terre évidemment lourde, humide, moins de rebonds, des sessions de nuit… »

Pour une fois, le pessimisme de Nadal semblait se fonder sur la raison plutôt qu'une habitude. Une illusion.

Frais et impitoyable, il a déroulé jusqu'en finale sans perdre un set. Tout juste bousculé par le prometteur joueur italien Jannik Sinner, lors d'un quart de finale terminé tard le soir, avant de se débarrasser de Schwartzman lors de leurs retrouvailles en demi-finales.

Même en octobre, la finale de Roland-Garros opposerait Nadal à Djokovic.

Nadal n'avait jamais perdu une finale à Roland-Garros, y compris les deux qu'il a disputées contre Djokovic en 2012 et 2014. Mais le Serbe était le seul joueur encore en activité à l'avoir vaincu sur la terre battue parisienne. Et en 2020, il comptait trente-sept victoires pour une défaite, celle liée à sa disqualification à l'US Open.

Pour cause de pluie le nouveau toit a été fermé le dimanche après-midi, soit la première finale *indoor* des quatre-vingt-douze années de Roland-Garros. C'est davantage une canopée qu'un toit. La couverture du court est assurée, mais sans fermeture complète. Des ouvertures sur les côtés permettent à l'air de pénétrer. S'il fait 5 degrés à l'extérieur, il fait 5 degrés dedans.

Cette finale s'est jouée par une température d'une petite quinzaine de degrés, et quelle que soit la météo, il était plus que probable qu'elle se transforme en un rugueux combat en cinq sets. Mais le millier de spectateurs présents a vite déchanté question suspense.

Djokovic avait été étincelant pour étriller Nadal en finale de l'Open d'Australie 2019. Cette fois, c'était au tour de Nadal. Il a manqué un coup droit lors du premier point. Ensuite, il n'a plus commis qu'une erreur pendant tout le set initial. Il a breaké Djokovic d'entrée et ne s'est plus arrêté en chemin.

Le Serbe n'était pas à son meilleur, mais tenait tout de même son rang. Il y a eu de longs échanges et des jeux serrés : le quatrième a duré dix minutes. Nadal a gardé son service. Il était si concentré, si rapide et inventif. C'était comme s'il devinait les intentions de Djokovic, anticipant ses amorties, changeant de direction au bon moment, sautant à bon escient pour réussir une volée haute superbement acrobatique en revers alors que le Serbe l'avait attiré vers le filet.

Nadal a gagné les deux premiers sets 6-0, 6-2.

« Le moment où vous vous sentez démuni face à Nadal, ce n'est pas quand vous jouez mal et que vous perdez nettement, a dit, une fois, Gilles Simon. Vous vous sentez démuni quand vous jouez bien et que vous perdez nettement. »

Djokovic s'est rebellé au troisième set. Il a breaké Nadal pour la première fois et égalisé à 3-3, au prix d'un rugissement, le regard exorbité, pour tenter d'inverser le cours des choses. Nadal ne s'est pas laissé intimider. À 5-5, 30-40, Djokovic a servi une deuxième balle slicée près de la ligne. Elle a d'abord été jugée bonne, mais Nadal a arrêté le jeu et s'est dirigé vers la marque. Damien Dumusois, l'arbitre de chaise, est descendu de son perchoir pour inspection. Il a validé une double faute.

Conscient de ce que cela signifiait, Djokovic a regardé longuement la trace depuis sa partie de terrain, puis s'est dirigé gravement vers sa chaise. Nadal a servi pour le match. Il a conclu d'un jeu blanc sur un ace slicé extérieur avant de tomber à genoux sur la terre battue. Il reposait sur ses hanches et souriait en direction de son équipe, masquée, où figurait Maria Francisca Perelló, désormais son épouse.

La finale n'a pas duré trois heures – un sprint au regard du standard des Nadal-Djokovic. La victoire de l'Espagnol 6-0, 6-2, 7-5 lui a garanti un treizième Roland-Garros et un record, à égalité, de vingt titres du Grand Chelem.

Federer n'était plus seul.

« Bien sûr que ça me touche, a avoué Nadal malgré toute sa réticence à l'idée de s'en soucier. Je suis un grand fan de l'histoire du sport en général. Cela signifie beaucoup pour moi de partager ce total avec Roger. »

C'était un vrai tour de force, l'un des meilleurs gros matches que Nadal a joués. Il en était désormais à cent victoires pour deux défaites à Roland-Garros, et un ratio de 125-2 pour les rencontres au meilleur des cinq sets sur terre battue.

« Je pensais que j'étais en excellente forme, a dit Djokovic. J'aurais certainement pu mieux jouer, surtout lors des deux premiers sets. Mais son niveau de jeu m'a surpris, un niveau phénoménal. Il a joué un match parfait, particulièrement lors des deux premières manches. »

Même la pandémie ne pouvait pas desserrer l'emprise de Nadal sur Roland-Garros. Il avait été forcé de changer d'hôtel, de balles et de saison mais, pour la quatrième fois après 2008, 2010 et 2017, il gagnait le tournoi sans perdre un set.

« Comme vous savez, je ne suis pas un grand fan du mot "revanche". J'accepte les choses comme elles viennent même si elles ne me sont pas favorables. En Australie, il a joué de façon incroyable. Pour moi, il était difficile de bien jouer parce qu'il jouait trop bien, juste trop bien. Aujourd'hui était un peu l'opposé. »

Djokovic peut être un personnage clivant mais, comme si souvent, il a été affable dans la défaite.

« Aujourd'hui, tu as montré pourquoi tu étais le roi de la terre battue, lui a-t-il dit lors de la remise des prix. Je viens de payer pour le voir. »

En cette tumultueuse et désespérément tragique année 2020, la victoire de Nadal à Roland-Garros a rappelé que tout ne pouvait pas être bouleversé.

Et le 6 novembre, moins d'un mois après ce tout dernier triomphe sur terre battue, un gros camion a déchargé sa cargaison dans un entrepôt du nord de Paris, au terme d'un long trajet depuis l'Espagne. À l'intérieur, une grande caisse rectangulaire, emballée dans du plastique sombre pour dissimuler son contenu.

C'était la statue de Nadal, entreposée près de l'aéroport Charles-de-Gaulle jusqu'à Roland-Garros 2021, organisé seulement huit mois après l'édition 2020.

La France sortait de son troisième confinement. Les couvre-feux et les restrictions liés aux rassemblements publics étaient toujours d'actualité. Les masques étaient encore de rigueur. Quand le tournoi 2021 a commencé, les visiteurs étrangers étaient toujours interdits en France, vaccinés ou non. Pouvoir entrer dans le pays pour couvrir Roland-Garros requérait une permission spéciale, une paperasse considérable et des tests covid répétés.

Je suis quand même venu, arrivant à temps pour assister avec un groupe d'officiels et de journalistes, le jeudi 27 mai, sur les marches de la nouvelle entrée du stade, au dévoilement du monument Nadal. Giudicelli, la personne motrice derrière ce projet, n'était pas présent dans l'assistance. Battu par l'ancien joueur Gilles Moretton lors de l'élection fédérale en début d'année, il n'était plus le président de la FFT.

Jordi Díez Fernández et sa création étaient enfin sur zone. Quelques ramasseurs de balles de Roland-Garros ont tiré sur la protection enveloppante, pour faire apparaître la statue. Nadal, avec son masque « Rafa », a applaudi de loin.

« C'est plutôt spectaculaire quand vous la voyez de près. Très bien faite. Élégante et moderne. Je suis ravi. Cela a beaucoup de signification pour moi, après toutes ces années, d'avoir ma statue dans cet endroit si important pour le tennis et pour moi personnellement. C'est unique et, en plus, je ne suis pas Français. »

Il a ensuite remercié le sculpteur et touché la structure en acier comme pour vérifier qu'elle était, comme son inspirateur, bâtie pour durer.

Chapitre 19

LA ÚLTIMA

Rafael Nadal ressentait une douleur familière. Tard dans la nuit romaine, en ce printemps 2022, on aurait dit qu'il avait atteint un point de non-retour.

En près de vingt ans passés à couvrir sa carrière, je ne l'avais jamais vu si abattu, lui qui pourtant n'avait jamais manqué de coups durs.

Depuis ses débuts professionnels, Nadal a loupé quinze tournois du Grand Chelem à cause d'une blessure. À titre de comparaison, Federer en a raté six et Djokovic un seul, jusqu'à 2024 inclus. Compte tenu de ces trous dans son CV, il est encore plus remarquable de le retrouver si haut placé dans le bilan comptable du Grand Chelem.

Rester en bonne santé, ou au minimum suffisamment en bonne santé pour jouer, est une des données de l'équation qui détermine la grandeur sportive. La prévention plutôt que la rééducation. Les Nadal ont certainement commis des erreurs d'appréciation au cours de sa jeunesse : volume et intensité de travail ; fréquents changements de surfaces. La vérité est qu'il a bataillé avec son corps autant qu'avec l'opposition, et ce depuis qu'il a rejoint le circuit. À dix-sept ans, lors de ses débuts en Coupe Davis contre les Tchèques en février 2004, il portait déjà un bandage noir pour soulager une tendinite rotulienne.

Le mal à Rome trouvait sa source dans ces premières années. Il était lié au syndrome de Müller-Weiss, la maladie, rare et chronique, de son pied gauche. Ce problème a menacé sa carrière sitôt qu'elle a débuté, et trop souvent par la suite l'a mise en péril.

Pourtant, Nadal s'est montré irrésistible à l'entame de son délicat huitième de finale de l'Open d'Italie contre Denis Shapovalov, en remportant le premier set 6-1. Mais la fin de la rencontre a été franchement difficile à regarder. Il boitait bas. Il souffrait entre les points. À 2-2 au troisième set, il a marché vers le bord du court, s'est appuyé contre un porte-serviette et a grimacé, misérable. Lors du changement de côté suivant, il a respiré profondément, de façon inhabituelle. Il a semblé se forcer à continuer. Il a essayé de sprinter sur le court, en mode Nadal, mais a fini par claudiquer.

Les supporters canadiens, qui étaient là pour encourager Shapovalov, ont commencé à soutenir l'Espagnol, dans les cordes. En vain. Vainqueur de l'Open d'Italie à dix reprises, il s'est trouvé loin de le gagner une nouvelle fois.

« Demain, je me lèverai et j'aurai très mal, c'est la réalité, a-t-il grimacé en nous rejoignant lors de la conférence de presse. Je vis avec une tonne d'anti-inflammatoires tous les jours pour me donner une chance de m'entraîner. C'est la réalité. Il y a eu tellement de jours comme aujourd'hui. Vient le moment où je n'en peux plus. »

Il n'était pas le premier champion vieillissant à s'automédicamenter. Pete Sampras, si longtemps n° 1 mondial, a bien regretté d'avoir avalé les comprimés d'ibuprofène comme des bonbons. Il a fait un ulcère. Gilles Simon, trente-sept ans, proche de l'âge de Nadal, a avoué avoir besoin de « trois anti-inflammatoires et six cachets de paracétamol » avant un match. « La seule chose qu'il me reste à essayer, c'est la morphine », a ironisé le vétéran français.

Mais Nadal connaît la nature de son mal depuis ses années adolescentes. Le syndrome de Müller-Weiss est une maladie dégénérative caractérisée par une ostéonécrose au niveau de l'os naviculaire, au sommet du pied. Il existe des solutions chirurgicales. Fusionner l'os aurait permis de résoudre son problème, mais une telle opération risquait de mettre un terme à sa carrière. Il ne serait pas certain de récupérer la flexibilité nécessaire aux déplacements d'un joueur de haut niveau.

Le syndrome a généré une inflammation en 2021. La douleur a ruiné sa saison. Et notamment son magnifique duel contre Djokovic en demi-finales de Roland-Garros. Une défaite 3-6, 6-3, 7-6(4), 6-2 marquée par un somptueux troisième set marathon.

« À un moment donné, le niveau de jeu était incroyable, se rappelle Guy Forget, l'ancien directeur de Roland-Garros. Nous savions qu'il avait un petit problème avec son pied et qu'il suivait un traitement spécial. Mais il ne montrait à personne qu'il était en difficulté. Après le match, j'étais dans le restaurant des joueurs et je l'ai constaté par moi-même. Il portait un plateau avec des pâtes et boitait comme un estropié. Une heure avant, sur le court, le niveau était si élevé que jamais je n'aurais pu imaginer qu'il était à ce point blessé. Une fois que c'était fini, il pouvait à peine marcher. Il y avait quelque chose de cruel dans cette scène, parce que nous savions ce qui allait suivre. »

Nadal a continué de traîner la jambe pendant près de trois semaines. Il n'a pu jouer qu'un seul tournoi – à Washington – le reste de la saison.

En septembre, à Barcelone, il a subi une intervention au pied, sans livrer plus de précisions. Il a quitté la clinique sur des béquilles. La guérison a été plus longue que ce qu'il avait anticipé. Huit mois plus tard, il souffrait encore le martyre à Rome. Avec Roland-Garros programmé une dizaine de jours plus tard, il menait une course contre la montre pour tenter d'être prêt. Il était usé par ce combat. En Italie, il semblait KO, comme un boxeur ayant encaissé trop de coups.

« J'imagine qu'il y aura un moment où ma tête dira "Assez", a-t-il confié en espagnol, secouant sa tête et grimaçant. La douleur vous enlève toute joie, pas seulement au tennis, mais aussi dans la vie. Mon problème est que je vis en permanence avec trop de douleurs. »

Je me suis souvenu de ma conversation avec lui aux Crown Towers, à Melbourne, à propos des dangers de la course obsessive aux records. *Ne touchez pas au bonheur de Nadal*, ai-je pensé. Et pourtant, comme beaucoup de ceux couvrant le tennis professionnel, j'étais conditionné par l'idée de ne *jamais* l'imaginer en dehors du coup. Une fois de plus, nous avions eu la confirmation de cette évidence lors du premier Grand Chelem de la saison : l'Open d'Australie, en janvier 2022.

Un tournoi extravagant, sens dessus dessous avant même qu'il ne commence. Non vacciné contre le coronavirus, Djokovic s'est retrouvé plongé au cœur d'une affaire au retentissement international.

À ce stade, les étrangers non vaccinés n'étaient pas admis sur le sol australien. Malgré tout, Djokovic a voyagé vers Melbourne pour défendre son titre. Sous le prétexte d'avoir contracté le virus en décembre, il a bénéficié d'une exemption médicale. L'autorisation lui a été accordée par un panel médical indépendant qui a statué à la demande de Tennis Australia et du gouvernement local de Victoria.

Mais après un examen approfondi de son dossier, les services officiels de l'immigration en Australie ont émis un avis différent : ils ont annulé son visa dans les heures suivant son atterrissage le 5 janvier. Djokovic a été détenu à l'aéroport, longuement interrogé puis placé en rétention administrative à Melbourne, au Park Hotel, reconfiguré en centre de détention pour demandeurs d'asile et réfugiés en attente d'une clarification de leur statut.

Certains d'entre eux attendaient depuis des années. Djokovic était libre de repartir s'il était prêt à quitter le pays et manquer l'Open d'Australie. Il a préféré engager une procédure judiciaire pour essayer de rester.

Dûment vacciné, Nadal avait également contracté le covid fin décembre, infecté lors d'une exhibition à Abu Dhabi, sa première sortie tennis depuis près de cinq mois.

Comme Carlos Moyà, il a été contrôlé positif à son retour à Majorque. Le long voyage vers l'Australie est devenu incertain.

« Honnêtement, nous avons failli ne pas venir », m'a dit Moyà à Melbourne.

Une fois sur place, Nadal a gagné un tournoi ATP 250 à Melbourne Park sans perdre un set ni affronter un joueur du top 60. Il est presque passé inaperçu, surtout parce que l'affaire de Djokovic occupait tout le champ médiatique.

L'Australie a adopté l'une des politiques de santé les plus restrictives au monde durant la pandémie. Et Melbourne, agglomération de cinq millions d'habitants, a été la ville la plus confinée lors de la crise du covid – 262 jours au total. Le tout dernier confinement a seulement été levé en octobre 2021, trois mois avant l'Open d'Australie.

L'expérience a été traumatisante. Les habitants de Melbourne, dont le taux de double vaccination était de plus de 70 %, avaient envie de reprendre un semblant de vie normale. Après toutes leurs privations, ils n'étaient pas d'humeur à se montrer indulgents envers le non-vacciné Djokovic.

C'était aussi une année d'élection en Australie. L'affaire est vite devenue politique.

Son visa a été brièvement rétabli grâce à un acte de procédure. Il a pu quitter le Park Hotel, et fut même en mesure de s'entraîner à Melbourne Park. Mais il n'a pas pu disputer l'Open d'Australie 2022.

Alex Hawke, le ministre australien de l'Immigration, a fait usage de son pouvoir discrétionnaire. Il a annulé son visa pour la deuxième fois. D'après lui, la présence du joueur dans le pays pouvait encourager le mouvement antivaccin et représenter une menace de santé publique. Le dernier appel de Djokovic a été examiné le dimanche, à la veille du début du tournoi. Les trois juges de la cour fédérale ont confirmé la décision de Hawke.

Dans la soirée de ce 16 janvier, Djokovic et Goran Ivanišević, son coach, ont été escortés par les officiers de la sécurité australienne jusqu'à leur porte d'embarquement à l'aéroport de Melbourne. Ce départ a créé un vide et une opportunité dans le tableau masculin.

Djokovic était, sans conteste, le meilleur joueur du monde sur dur. Il restait sur trois succès consécutifs à l'Open d'Australie, soit neuf titres au total, statistique qui aurait eu plus encore de lustre si Nadal n'avait pas alors gagné treize Roland-Garros. Autorisé à revenir à Melbourne, le Serbe gagnerait un dixième Open d'Australie l'année suivante, mais en 2022, une fois parti, il n'était plus un sujet de préoccupation pour ses rivaux.

Alors que l'épilogue de son affaire restait à écrire, Nadal a été prié de donner son opinion. D'autres joueurs ont abordé la question comme si elle était radioactive. Nadal, qui avait suivi la saga Djokovic de très près avec son équipe, y a répondu avec une certaine audace.

« Je vous dis une chose. Djokovic est l'un des meilleurs joueurs de l'histoire, pas de doute là-dessus. Mais il n'y a aucun joueur qui soit plus important que le tournoi, non ? Les champions vont et viennent, d'autres arrivent. C'est valable pour Roger, Novak et moi-même. Après Borg, qui a tant compté, le tennis a continué. L'Open d'Australie est plus important que n'importe quel joueur. S'il joue finalement, OK. S'il ne joue pas, l'Open d'Australie sera un grand Open d'Australie. »

Djokovic a sûrement enregistré ce propos. Ses fans avec certitude. Mais Nadal, malgré son anglais aventureux, a vu juste.

Ce fut un grand Open d'Australie.

La n° 1 mondiale Ashleigh Barty, authentique Aussie parmi les Aussies, est devenue la première joueuse australienne depuis quarante-quatre ans à gagner le simple dames. La fin d'une longue attente qu'elle a fait correspondre avec le dernier tournoi de sa carrière. Deux mois plus tard, elle a pris sa retraite, à l'âge de vingt-cinq ans, usée par les voyages, la pression, et désireuse de fonder une famille.

Djokovic était sur le chemin du retour vers l'Europe, Roger Federer et Stan Wawrinka, blessés et forfaits.

Nadal était le seul ancien vainqueur de l'Open d'Australie présent dans le tableau d'un tournoi qu'il n'a remporté qu'une seule fois, son plus faible total parmi les quatre majeurs.

À trente-cinq ans, il incarnait désormais l'ancienne génération qui tentait de contenir la nouvelle. En quarts de finale, il a eu beaucoup de mal à se défaire, en cinq sets, de Shapovalov, un Canadien de vingt-deux ans, gaucher incisif doté d'un revers à une main, monté jusqu'à la 10e place mondiale.

Au cours d'un après-midi torride à Melbourne, Nadal a perdu plus de quatre kilos et un avantage de deux sets. Shapovalov avait une stratégie bien définie : obliger l'Espagnol à jouer à un rythme plus rapide. Il est allé jusqu'à accuser Carlos Bernardes, le juge de chaise, de favoritisme, ce qui ne manquait pas de sel pour qui se rappelait qu'un Nadal furieux avait exigé, dans le passé, que Bernardes n'arbitre plus un seul de ses matches. Le Canadien estimait que Bernardes laissait Nadal prendre trop de temps pour récupérer entre les points, malgré la présence du chronomètre égrenant les vingt-cinq secondes. Et quand il servait, il jugeait que son adversaire n'enchaînait pas selon son tempo. Il a également trouvé que Nadal mettait trop de temps à reprendre le jeu à la fin du premier set.

« Les mecs, vous êtes tous corrompus ! », a-t-il lancé à Bernardes, commentaire qu'il retirera a posteriori.

Après son égalisation à deux manches partout, Shapovalov a remis le couvert. Nadal parti au vestiaire, il a questionné l'arbitre sur la durée de cette pause.

« Je respecte tout ce que Nadal a accompli et je pense qu'il est un joueur incroyable, nous a-t-il déclaré plus tard. Mais il y a des limites, des règles. C'est tellement frustrant en tant que joueur. Vous avez l'impression que vous ne jouez pas seulement contre un joueur ; vous jouez contre les arbitres, vous jouez contre tellement de choses. C'est difficile. Il y a eu ce très long temps mort. À cause de ça, votre élan se casse. Ce sont des légendes du jeu, mais quand vous mettez les pieds sur le court, tout devrait être pareil pour tout le monde. »

Nadal a balayé ses récriminations. À raison, il a insisté sur le récent renforcement des règles, qui décourageait toute idée de favoritisme vis-à-vis d'un joueur : l'introduction de l'arbitrage électronique au niveau des lignes, le chronométrage au service et de nouvelles limitations concernant les pauses en dehors du court. Le « *shot clock* » aurait d'ailleurs aussi bien pu s'appeler le « *Nadal clock* », considérant que sa pesante lenteur de jeu a été l'un des facteurs de son adoption.

« Personne n'a le droit à un traitement de faveur, a répliqué l'Espagnol. Je n'en veux vraiment pas et je ne pense pas en bénéficier. »

Shapovalov s'est surtout compliqué la tâche lors d'un mauvais jeu de service au début du cinquième set, qui a permis à Nadal de reprendre le dessus. Quand le duel de quatre heures et huit minutes s'est conclu sur une dernière volée manquée, le jeune joueur a fracassé sa raquette sur la surface bleue : sacré contraste avec son rival du jour, qui n'a jamais jeté ou détruit une raquette en près de trente années passées sur les courts.

Certains des meilleurs joueurs de la nouvelle vague, comme Shapovalov, Nick Kyrgios et Daniil Medvedev, se sont révélés bien plus éruptifs et bruyants sous la pression que Nadal. En demi-finales, quand Medvedev a affronté Stéfanos Tsitsipás, il s'en est pris à l'arbitre, Jaume Campistol, sous le prétexte que le Grec recevait des conseils, en dehors des règles, de son père, Apostolos, depuis les tribunes :

« Vous êtes stupide ou quoi ? Son père peut dicter chaque point ? », s'est emporté Medvedev avant d'aboyer un « Regardez-moi ! » à Campistol.

Le Russe n'avait pas tout à fait tort, sachant que le père de Tsitsipás était connu pour ses infractions en matière de coaching. Mais ses interventions du jour n'ont eu aucune incidence. Medvedev a gagné en quatre sets, tout comme Nadal, vainqueur de Matteo Berrettini dans la première demi-finale en ayant exploité la faiblesse en revers du grand serveur italien.

Après leur finale extraordinaire de l'US Open 2019, il était l'heure des retrouvailles entre Nadal et Medvedev.

Ce dernier détenait désormais un titre majeur, depuis qu'il avait stoppé Djokovic dans sa course au Grand Chelem lors de la finale de l'US Open 2021.

Medvedev est un personnage cosmopolite et complexe. À l'adolescence, il a quitté Moscou pour s'entraîner sur la Côte d'Azur. Il parle un excellent français, langue dont il a fait bon usage auprès de Gilles Cervara, son entraîneur.

« De manière délibérée, Gilles utilise parfois des mots que je ne connais pas, que je devrais connaître mais qui sont peu fréquents. C'est pareil au tennis quand vous cherchez à faire des choses qui sortent de l'ordinaire. Vous devez quitter votre zone de confort afin de vous améliorer. »

Lorsque le Russe ne pousse pas un coup de gueule contre un arbitre ou ne nargue pas le public, il est l'une des personnalités les plus passionnantes à interviewer. Il est vif d'esprit et déborde de points de vue originaux. Façonné sur mesure et tout en souplesse, son jeu n'est pas basé sur la régularité, mais il est terriblement difficile à contrecarrer et magnifiquement adapté aux rebonds sans surprise des courts en dur, qui lui assurent de bons appuis. Sa taille, un mètre quatre-vingt-dix-huit, lui offre de l'amplitude, un bel effet de levier, ainsi qu'une grosse première balle.

Malgré tout, il pouvait s'estimer chanceux d'être en finale. En quarts de finale, il a sauvé une balle de match après avoir remonté un handicap de deux sets contre un autre jeune Canadien prometteur, Félix Auger-Aliassime.

Interrogé sur le court pour savoir comment il avait réussi à s'en sortir, Medvedev a répondu : « Je ne sais pas si les gens vont aimer, mais je me suis dit : "Que ferait Novak ?" »

Le public n'a effectivement pas apprécié. Les spectateurs australiens ont hué en entendant le nom du Serbe. Ordinairement imperméable à toute pression extérieure, Medvedev a vite mentionné « Roger » et « Rafa » comme d'autres inspirations.

Des cris de joie ont retenti. Il y en a eu bien plus encore le dimanche soir quand Nadal et Medvedev se sont empoignés en fond de court lors de leur deuxième rendez-vous majeur.

Une victoire offrirait à l'Espagnol un vingt-et-unième titre du Grand Chelem, soit un de plus que ses corecordmen Federer et Djokovic. Une perspective presque secondaire à ses yeux comme à ceux de son équipe, lorsque nous l'avons écouté dans la caverneuse salle de conférence de l'Open d'Australie. Il semblait simplement heureux de se trouver dans cette situation après bien des incertitudes.

« Pendant longtemps, je n'ai pu rien faire. Parfois, je pouvais m'entraîner seulement vingt minutes, parfois quarante-cinq, parfois zéro, parfois deux heures. Ça a été très, très difficile de m'imaginer jouant au meilleur des cinq sets. »

Nadal n'a pas tardé à relativiser ses problèmes face à l'actualité du moment.

« Je n'ai aucune raison de me plaindre, surtout en ces temps terribles que nous affrontons où des gens meurent partout autour du monde, non ? Évidemment les mois que j'ai traversés ne sont pas difficiles en comparaison de toutes ces familles qui ont perdu certains de leurs proches. »

Selon lui, son parcours jusqu'en finale a été un *« semi milagro »*, un demi-miracle.

« Ça ne m'enlève pas mon envie de faire le dernier effort. »

L'effort a été colossal même si, à un moment donné, la soirée a semblé tourner court.

Medvedev a poussé Nadal aux avantages lors de ses deux premiers jeux de service. Il l'a ensuite breaké, blanc, à deux reprises, pour s'emparer du premier set. La deuxième manche est vite devenue plus compliquée – et plus spectaculaire – au gré de leurs somptueuses attaques, courses et actions défensives. Nadal a gagné un échange de quarante coups, le plus long de la rencontre : il a conclu sur un rare revers slicé gagnant qui a atterri sur la ligne de couloir. Premier break pour l'Espagnol, accueilli par une *standing ovation* de la Rod Laver Arena pleine comme un œuf.

Son avantage de 4-1 n'a pas été vraiment décisif. Medvedev a relevé le gant, montrant plus de régularité lors des échanges prolongés et gagnant plus de points rapidement grâce à son service plus incisif. Le Russe reprenait le dessus dans le duel opposant leurs deux meilleurs coups : le coup droit lasso de l'un face à la gifle de l'autre avec son revers à deux mains. Nadal a néanmoins servi pour le set à 5-3 lors d'un jeu mouvementé : lors du premier point, il a manqué un smash facile, puis un manifestant a sauté sur le court, d'assez haut, avant d'être rapidement expulsé par les équipes de sécurité. Nadal ne s'est pas laissé déconcentrer : il a empoché le point suivant puis sauvé une balle de débreak grâce à une amortie gagnante en coup droit. Hélas pour lui, il n'est pas parvenu à convertir sa seule balle de set, manquant de peu un ace sur sa première balle. Il a ensuite perdu sa mise en jeu après quatre égalités.

En dépit du soutien du public, Nadal a aussi échoué à conserver son avance de 5-3 au jeu décisif. Il a perdu les quatre points suivants. Il prenait de gros risques, en faisant à l'occasion service-volée, comme à New York en 2019. Cette fois, nuance de taille, c'était Medvedev qui menait deux sets à rien.

L'issue semblait proche. À 2-3 au troisième set, Nadal s'est retrouvé à 0-40 sur son engagement après une défense prodigieuse de Medvedev parachevée par un bondissant revers gagnant le long de la ligne.

« C'est sûrement le point décisif, le moment déterminant pour Daniil », s'est exclamé Mark Petchey qui commentait la finale en Australie.

La plupart d'entre nous, peut-être même tous, étaient d'accord. Mais Nadal a sauvé la première balle de break d'une amortie gagnante en coup droit. Il a écarté la deuxième en répliquant à deux coups très profonds du Russe qui, fait inhabituel, a ensuite commis une erreur en revers. Nadal a effacé la troisième en allant chercher une amortie : il a croisé la balle slicée et bénéficié d'une autre erreur de Medvedev qui s'est avancé et a manqué une volée basse en coup droit malgré l'ouverture.

La Rod Laver Arena est devenue bruyante, très bruyante. C'était alors dur à deviner, mais la finale, commencée depuis deux heures et quarante-sept minutes, en était à peine à sa moitié.

Nadal a égalisé à 3-3. Il a ensuite breaké Medvedev à 4-4 après une tentative d'amortie avortée, sanctionnée par un passing-shot de revers.

Il a bouclé le troisième set, puis il a fait le break au quatrième, au moment où Medvedev commençait à se plaindre, à juste titre, de spectateurs criant lors de son mouvement de service. « Réagis, mec, a-t-il lancé à l'arbitre australien John Blom. C'est une finale du Grand Chelem. "*Please*", c'est pas assez ! »

Nadal est resté dans sa bulle et a enlevé le quatrième set.

Au début de la cinquième manche, Blom a tenté d'employer un nouveau ton et fait la morale au public agité, tel un maître d'école face à une classe indisciplinée : « Je croyais qu'on avait dit que c'était fini. Si vous intervenez entre le premier et le deuxième service, je ferai appel à la sécurité pour vous faire expulser. » Certains spectateurs continuaient de gêner Medvedev au service.

Nadal a fait le break au cinquième jeu. Il a ensuite bataillé lors d'un jeu de près de quatorze minutes pour sauver son engagement avant d'enfin s'offrir la chance de servir pour le titre à 5-4. Il s'est alors détaché 30-0, avant de perdre les quatre points suivants.

Il était 1 heure du matin : 5-5 au cinquième set. Un autre jeu décisif semblait inévitable, mais ce match surprenant s'est montré égal à lui-même.

Après deux égalités, Nadal a breaké une nouvelle fois. Medvedev a envoyé un gros service sur le T, mais un retour flottant et slicé l'a poussé à la faute en coup droit par excès de précipitation.

6-5 Nadal, servant *encore* pour le n° 21. Au changement de côté, il a avalé ses deux tubes de gel énergétique exactement comme s'il était arrivé dans une oasis après un long périple à dos de chameau. Puis il s'en est remis à ses rituels : bouteilles d'eau, serviette glacée, cheveux replacés derrière ses deux oreilles. L'habituel petit train-train, celui qui vous évite de précipiter vos pensées.

« *Time!* », a lancé Blom. Il était effectivement l'heure pour Nadal de quitter sa chaise et de laisser tous ses accessoires derrière lui. Il s'en est allé à petites foulées vers sa ligne. Après tout ce suspense, il a réussi à faire simple : 15-0, 30-0, 40-0 grâce à un ace, le troisième seulement pour lui. Long regard vers son camp, l'air aussi proche de l'agonie que de l'explosion de joie. Au terme de cette finale qui a tout eu du calvaire pour lui, il a conclu à sa première balle de match. Après avoir frappé un coup droit, il s'est avancé vers le filet pour claquer une sèche volée de revers que Medvedev, en glissant, a pu atteindre, mais sans pouvoir redresser la balle.

Nadal a laissé tomber sa raquette, mis ses deux mains sur son visage et a commencé à rire, secouant la tête face à ce moment irréel.

Lorsqu'il est arrivé en conférence de presse, à 2 h 40 du matin, on lui a demandé si c'était son plus grand exploit.

« Le plus inattendu sans aucun doute. Et le plus surprenant, je crois, pour tout le monde. Pour vous les gars aussi, je suppose. Personnellement, pour moi, surtout en sachant comment je suis arrivé ici. »

Cette réponse sonnait juste. Battre Federer à son sommet sur gazon en 2008 pour gagner Wimbledon pour la première fois ou dominer Djokovic à son zénith sur dur pour enlever l'US Open en 2010 et 2013 étaient forcément de plus grands tours de force, en raison des champions et des rivalités concernés. Medvedev était en pleine ascension, c'est vrai, mais il n'était pas un adversaire du même métal. Et ce n'était, après tout, qu'un tournoi. Selon moi, le plus grand chef-d'œuvre de Nadal restait sa domination à Roland-Garros.

D'autant qu'il a certainement bénéficié de l'expulsion de Djokovic, compte tenu de la forme du Serbe et de son incapacité à le battre sur dur (ou gazon) après 2013.

Mais cet ahurissant parcours australien était tout de même un sacré joyau, poli durant cinq heures vingt-quatre de jeu pour vaincre Medvedev 2-6, 6-7(5), 6-4, 6-4, 7-5. C'était son deuxième Open d'Australie après quatre défaites consécutives lors du dernier match. Deux contre Djokovic : en 2012, la plus longue finale de l'histoire du Grand Chelem, et en 2019, l'une des finales les plus à sens unique. Une autre contre Stan Wawrinka en 2014, le dos en compote. Une, enfin, contre un Federer ressuscité en 2017 après avoir eu un break d'avance au cinquième set.

Cette victoire survenait treize ans après la première à Melbourne et dix-sept ans – un record – après son premier sacre en Grand Chelem à Roland-Garros. Par-dessus tout, si nous faisions les comptes, Nadal avait plus de titres majeurs en simple que n'importe qui.

Que signifiait ce n° 21 à ses yeux ? Il était 3 heures du matin, une heure tardive même pour un Espagnol. Il a répondu pensivement.

« C'est du sport. C'est une compétition et je suis un compétiteur. Donc, bien sûr, mon but est de finir avec le plus de victoires possibles. Mais cela n'a jamais été mon obsession. Je ne me suis jamais préoccupé de savoir si quelqu'un avait plus que moi, si sa maison était plus grande que la mienne ou si son téléphone était plus sophistiqué que le mien. Chacun doit suivre son propre chemin. J'essaie de donner mon maximum. Si quelqu'un a plus de titres du Grand Chelem que moi ou est meilleur que moi, je ne vais pas me mettre à le jalouser. Peu importe ce qui arrive ensuite. Roger, Novak et moi avons tous réalisé nos rêves. Nous avons excédé les attentes que nous pouvions avoir quand nous étions jeunes. »

Nadal était épuisé (et il n'était pas le seul, avec le lever du soleil qui approchait et tous les papiers qui restaient à écrire), mais il a pris le temps de serrer la main de quelques-uns d'entre nous en se dirigeant hors de la salle d'interview et vers la suite de sa saison.

Il s'est imposé à Acapulco en février, puis a complété sa série de vingt matches gagnés en atteignant la finale à Indian Wells. Non sans payer le prix fort. En demi-finales, il a éliminé, en trois sets, le prodige Carlos Alcaraz, dix-huit ans, au milieu des vents violents du désert. Cet effort a entraîné une fracture de fatigue à une côte.

Le docteur Angel Ruiz-Cotorro, son médecin personnel, a plus tard expliqué que ce genre de blessure était typiquement due à une surcharge : les rafales de vent l'ont obligé à frapper beaucoup de coups à pleine puissance, depuis des positions inconfortables et avec des ajustements de dernière seconde. D'où la surcharge.

Malgré tout, Nadal a disputé la finale contre le jeune Californien Taylor Fritz, qui rencontrait ses propres problèmes, s'étant tordu la cheville. En raison de sa grande proximité avec Larry Ellison et de son goût pour le tournoi, Nadal n'a sans doute pas voulu déclarer forfait, lui qui avait déjà jeté l'éponge avant sa demi-finale contre Federer en 2019.

Fritz a eu le dernier mot 6-3, 7-6(5), la plus grande victoire de sa carrière. Deux jours plus tard, Nadal a annoncé qu'il se mettait en pause pour une durée de quatre à six semaines. Il a manqué le début de la saison sur terre battue puis est revenu à Madrid au mois de mai, où il a perdu en trois sets face à Alcaraz, en quarts de finale. Leur ultime duel, mais pas leur dernier match *ensemble*.

Puis est arrivée la rechute romaine.

À l'exception de la saison 2020, abrégée en raison de la pandémie, Nadal n'a jamais abordé Roland-Garros sans un titre gagné en amont sur terre battue. En 2022, son total de match sur la surface était de cinq.

Il n'en reste pas moins que son début d'année avait été remarquable. Il avait même semblé très affûté à l'Open d'Italie, avant le deuxième set du match contre Shapovalov. Les fondations d'un possible succès à Paris étaient posées, s'il était en mesure de négocier la douleur.

Refaites entrer le docteur Ruiz-Cotorro.

Lorsque Nadal a évoqué ses options à Rome, le seul moment où il a paru moins abattu a été l'annonce de la présence de Ruiz-Cotorro à ses côtés pendant Roland-Garros. Le médecin a prévu de le suivre au jour le jour, et son rôle ne s'arrêtait pas là, comme le champion l'a révélé plus tard. Il consistait surtout à lui administrer une injection d'antidouleurs dans le pied gauche avant chacun de ses matches. Cette approche était dangereuse. Il se forçait à jouer sans sensations, ou très peu, au niveau du pied, et courait le risque de se retourner la cheville, ou pire. Mais ce n'était pas la première fois qu'il en passait par cette extrémité.

On peut débattre du caractère éthique de cette pratique, et certains cyclistes français, comme Thibaut Pinot et Guillaume Martin, ne s'en sont pas privés. De telles injections anesthésiantes sont interdites dans la plupart des cas au sein du cyclisme professionnel.

Pour Martin, des athlètes comme Nadal sont parfois célébrés à tort pour leur tolérance à la douleur. Comme il l'a dit à *L'Équipe* : « Ils passent pour des héros parce qu'ils sont capables de repousser la douleur, mais en vérité, ils utilisent des substances pour pouvoir repousser cette douleur. Ça me semble très limite. »

Ces injections d'antidouleurs sont parfaitement légales dans le tennis professionnel et dans beaucoup d'autres sports. Dans une interview après Roland-Garros, Olivier Niggli, le président de l'Agence mondiale antidopage, a défendu le droit de Nadal à y avoir recours.

Elles faisaient visiblement de l'effet. Six jours après sa défaite à Rome, Nadal a remarché sans boiter sur le court Philippe-Chatrier, lors d'une séance d'entraînement avec Jaume Munar, son compatriote majorquin, désormais le troisième joueur le plus capé de l'île après Nadal et Moyà.

C'était le jeudi avant le tournoi. Il y avait déjà des milliers de spectateurs dans le stade. Roland-Garros autorisait désormais le public à assister aux entraînements des stars sur les principaux courts en plus du tournoi des qualifications organisé au même moment. C'était une excellente initiative pour les fans. C'était aussi une décision de business. Dans leur volonté toujours grandissante de maximiser leurs profits, les tournois du Grand Chelem ont commercialement valorisé cette troisième semaine.

Nadal était classé 5e mondial, son numéro de tête de série, position qui pouvait le rendre vulnérable lors du tirage au sort. Il a été placé dans le quart de tableau de Djokovic, n° 1. Le Serbe avait été absent à Indian Wells et à Miami à cause de l'interdiction faite à tout étranger non vacciné de pénétrer sur le territoire américain. Grâce au relâchement des mesures sanitaires en Europe, il a pu reprendre le collier lors de la saison sur terre battue et remporter l'Open d'Italie avec éclat pour devenir, à trente-quatre ans, le vainqueur le plus âgé de l'ère Open à Rome.

« J'essaie toujours d'utiliser ce genre de situations et cette adversité en ma faveur pour me nourrir avant le défi suivant, a-t-il expliqué au sujet de son expulsion d'Australie. Même si j'ai déjà ressenti pas mal de pression dans ma vie et dans ma carrière, là, c'était vraiment le niveau au-dessus. Mais je pense que c'est déjà derrière moi. Je me sens super sur le court. Mentalement également. Je suis frais. Je suis affûté. »

C'était de mauvais augure pour Nadal qui, à ce stade, était loin de pouvoir employer les mêmes adjectifs.

Pourtant, à Roland-Garros, il est sorti des starting-blocks au coup de pistolet. Malgré son pied gauche engourdi par les tranquillisants, il a balayé Jordan Thompson, Corentin Moutet et Botic van de Zandschulp. En huitièmes de finale l'attendait Félix Auger-Aliassime, membre de la nouvelle vague multiculturelle du tennis canadien incluant Shapovalov et Bianca Andreescu, la gagnante de l'US Open 2019.

Marie Auger, la mère d'Auger-Aliassime, était une Canadienne francophone ; Sam, son père, était un entraîneur de tennis originaire du Togo, en Afrique de l'Ouest. Auger-Aliassime était surnommé FAA, pour des raisons évidentes à l'ère des hashtags et des phrases segmentées. Il a grandi avec Shapovalov comme rival, mais leur palette était différente. Lui était droitier, pas gaucher, avait un très gros service et un revers à deux mains. Il n'était pas aussi fulgurant et impétueux que son compatriote, et dégageait une grande sérénité. À l'époque, même à ce stade précoce de sa carrière, il était déjà un joueur dangereux sur toutes les surfaces.

Le plus intrigant dans ce huitième de finale était qu'Auger-Aliassime travaillait avec Toni Nadal depuis 2021, année où il l'avait incorporé dans son équipe. Frédéric Fontang, l'ancien joueur français, était toujours son coach de référence, et Toni un consultant à temps partiel, mais le Canadien était le premier rival potentiel de Nadal véritablement entraîné par son oncle depuis que ce dernier avait arrêté de le suivre à la trace en 2017.

« J'ai zéro problème avec ça, a commenté Rafa. Je connais nos sentiments l'un pour l'autre. Je sais qu'il veut le meilleur pour moi. »

C'était une reviviscence des tout premiers jours, quand Toni entraînait Rafael et Tomeu Salva, son grand copain et rival chez les jeunes à Majorque. Cette fois, les enjeux étaient plus importants. Toni a fait savoir qu'il ne prodiguerait aucun conseil tactique à Félix avant la rencontre.

« Ce ne serait pas éthique ; je travaille pour Rafa à l'académie, a-t-il déclaré. Mais par-dessus tout, c'est parce qu'il est mon neveu. Si j'ai le choix, je veux que mon neveu gagne le tournoi. Sinon, évidemment, je veux que Félix gagne. »

Le jeune Canadien a accepté les termes du « contrat ». Toni avait partagé avec lui beaucoup d'informations sur le jeu du Majorquin durant l'année écoulée, alors qu'il cherchait à progresser sur terre battue et sur les autres surfaces, mais Félix a expliqué qu'il l'avait clairement averti qu'il se récuserait le jour où il affronterait Rafael.

« De toute façon, s'il y avait un secret pour battre Rafa, il n'aurait pas gagné treize fois ici », a conclu le Québécois, à la recherche de solutions, comme tout le monde.

Depuis le début du tournoi, Toni avait regardé les matches des deux joueurs depuis leurs places allouées. Cette fois, il a opté pour la neutralité en s'asseyant dans la tribune présidentielle à côté de Gilles Moretton, le président de la FFT.

Il y est resté pendant quatre sets avant de s'en aller au moment où les deux joueurs se sont retrouvés à deux manches partout. La première balle d'Auger-Aliassime, son coup droit, sa présence physique causaient toutes sortes de problèmes à Nadal. Le Canadien est ainsi devenu membre d'un club exclusif.

Il était seulement le troisième joueur à pousser le maître des lieux aux cinq sets à Roland-Garros après John Isner au premier tour en 2011 et Djokovic lors de leur demi-finale classique de 2013.

Nadal a gagné ces deux duels. Il n'a pas tardé à remporter le troisième. Il a breaké Auger-Aliassime au huitième jeu puis a conclu en faisant service-volée et en gagnant le dernier d'une longue série d'échanges, riches en dérapages et envolées, pour triompher 3-6, 6-3, 6-2, 3-6, 6-3.

Bandana retiré, le voilà déjà se projetant vers son quart de finale face à Djokovic. Un match nocturne, dans cette nouvelle ère du tournoi. Seize ans plus tôt, leur rivalité avait commencé sous le soleil d'un quart de finale de Roland-Garros. Elle pourrait désormais s'achever au même stade, sous les projecteurs.

« Nous devons nous préparer au fait que c'est peut-être leur dernier duel en Grand Chelem », m'a glissé Mats Wilander, l'ancien n° 1 mondial.

Nadal, qui d'habitude aime rester dans le moment présent, semblait lui-même inhabituellement nostalgique.

« Honnêtement, chaque match que je joue ici, je me demande si ce ne sera pas le dernier. Je suis passé par des moments difficiles avec mon pied et je ne sais pas à quoi va ressembler le futur de ma carrière. C'est pourquoi j'essaie d'apprécier et de me battre autant que possible pour continuer à vivre mon rêve. »

Djokovic et Nadal avaient, il est vrai, souvent assuré le spectacle dans le passé. C'était leur cinquante-neuvième affrontement, le dixième à Roland-Garros : deux records dans le tennis masculin.

Sans succès, Nadal a fait campagne pour que cette rencontre soit disputée l'après-midi, parce qu'il n'appréciait pas les conditions de jeu plus lourdes du soir.

« Beaucoup de gens pensent à tort que des conditions lentes sont meilleures pour les spécialistes de la terre battue. Mais c'est plutôt le contraire. Des conditions plus lentes et des balles plus lourdes favorisent celui qui tape plus à plat et plus directement. »

L'opinion contraire était de penser que des conditions plus lourdes lui donnaient un avantage contre Djokovic sur terre battue. Après tout, Nadal avait produit l'une de ses meilleures performances lors de la finale de l'automne 2020, par une température frisquette malgré la canopée fermée.

Gilles Simon : « C'est une énorme erreur de croire que des conditions ensoleillées et rapides favorisent Nadal, parce que ses coups sont plus bondissants. Pas du tout. Quand c'est chaud et rapide, vous pouvez arriver à frapper des coups gagnants contre lui. Tout le monde dit : "C'est plus lent, donc c'est mieux pour Novak." Mais non. Quand c'est plus lourd, le plus puissant l'emporte et Rafa est, de loin, le plus puissant. Il a détruit Novak quand c'était lourd lors du covid. La balle bondissante de Nadal sur le revers n'a jamais dérangé Novak. Le problème de Novak quand il joue Nadal est qu'il ne peut pas terminer le point. Quand c'est lourd, ça ne devient que plus compliqué. »

Simon, l'un des tacticiens les plus fins du circuit, n'avait pas tort. Cet éreintant quart de finale de quatre heures douze, disputé un mardi soir et par une fraîche température, a validé sa théorie.

Nadal a commencé et a fini fort ce match dont la longueur des échanges a été souvent bien supérieure à cinq coups de raquette. Il a réussi cinquante-sept coups gagnants pour quarante-trois fautes. Mieux que Djokovic, il a su trouver des parades quand sa première balle ne passait pas. Néanmoins, le Serbe n'a pas été loin de forcer un cinquième set. Dans la quatrième manche, il a obtenu deux balles de set à 5-3 sur son service, en vain. Nadal a saisi l'occasion en débreakant et en concluant au jeu décisif.

« À un ou deux coups près, j'aurais pu être au cinquième set, et là, ça aurait été très ouvert, a réagi Djokovic. Mais une fois encore, il a montré pourquoi il est un grand champion, en restant très fort mentalement et en terminant comme il l'a fait. »

Le public a poussé en faveur de Nadal. C'était maintenant la règle à Roland-Garros, après ces premières années marquées par une forme d'opposition à sa domination.

« Je pense qu'ils savent probablement que je ne reviendrai pas beaucoup », a jugé le vainqueur.

La raison était évidemment plus profonde. L'extraordinaire engagement point après point, saison après saison de Nadal avait fini par susciter le respect et le soutien même des spectateurs français. Une fois encore, le champion se retrouvait en position de force, débarrassé de Djokovic et sans aucun autre ancien vainqueur du Grand Chelem encore en lice.

Le n° 14 semblait proche, mais il ne se serait peut-être pas concrétisé si Alexander Zverev ne s'était pas retrouvé au sol, hurlant à la fin du deuxième set de leur demi-finale. Nadal a gagné, au jeu décisif, la première manche – d'une durée de quatre-vingt-onze minutes – en transpirant à grosses gouttes, lors d'une journée humide et suffocante sous la canopée fermée. Les échanges prolongés, durs, ont été la règle. Hélas, alors qu'ils étaient tout près d'un nouveau tie-break et que le jeune Allemand jouait sans doute le tennis le plus convaincant de son existence, à la fin du douzième jeu, Zverev s'est retourné la cheville droite en voulant frapper un coup droit difficile. Il s'est écroulé, se tordant de douleur.

Il a quitté le court Chatrier en larmes et en chaise roulante. Quelques minutes plus tard, il est revenu, appuyé sur des béquilles, suivi de Nadal marchant la mine sombre, pour informer l'arbitre qu'il abandonnait.

« Naturellement, être encore en finale de Roland-Garros est un rêve, a déclaré Nadal lors de son interview devant le public. Mais je n'avais aucune envie que ça se termine ainsi. Avant de revenir sur le court, je me suis retrouvé dans la petite salle avec Sascha. C'était très dur de le voir pleurer. Je lui souhaite le meilleur à lui et à son équipe. »

Zverev a été opéré et manquerait sept mois de compétition. Nadal a fait ce qu'il sait faire de mieux : gagner Roland-Garros.

Son adversaire en finale était un nouveau venu : Casper Ruud, vingt-trois ans, un ancien visiteur régulier de la Rafa Nadal Academy. Premier Norvégien à atteindre la finale d'un tournoi du Grand Chelem en simple, il a été profondément inspiré par le style, la manière de jouer et le niveau de concentration élevé du Majorquin. Son coup droit générait même plus de rotations par minute que celui de Nadal à ce stade. Ruud avait son modèle personnel à la maison : son père et entraîneur, Christian Ruud, un ancien joueur du top 40 mondial. Mais Nadal était l'idole de Casper, celui qu'il avait regardé à la télé ou depuis les tribunes, le voyant gagner Roland-Garros chaque année ou presque.

Cette fois, Ruud l'a vu gagner de l'autre côté du filet. Score final : 6-3, 6-3, 6-0 pour Nadal.

L'Espagnol avait réservé le suspense pour le début du tournoi. Son ratio victoires-défaites était désormais de 14-0 en finale de Roland-Garros. Selon moi, la statistique la plus renversante de sa carrière. Le testament sans ratures d'un champion bâti non seulement pour durer, mais pour exiger le meilleur de lui-même quand survient le moment de vérité. C'était aussi la démonstration étourdissante de sa domination sur terre battue. Dans les autres finales du Grand Chelem, les deux plateaux de la balance étaient en équilibre : 8-8.

Depuis sa première victoire à Paris en 2005, son crâne s'était dégarni. Sa manière de jouer n'était plus tout à fait la même. Il avait un jeu de fond de court plus proportionné. Il utilisait beaucoup plus son revers afin de soulager son corps de trente-six ans. Il ne parcourait plus autant de terrain pour asséner des coups droits. Il avait appris à raccourcir les échanges : davantage de coups gagnants, plus de montées efficaces au filet. Il relançait de beaucoup plus loin derrière sa ligne. Ses volées avaient progressé, comme son petit jeu, près du filet, là où le toucher et l'adresse font la différence.

À dix-neuf ans, il s'était imposé en tant que prodige. À trente-six ans, le voilà le vainqueur le plus âgé de

Roland-Garros. Compte tenu de ses allusions à la retraite et du lourd tribut payé à la douleur, le moment semblait idéal pour s'éloigner, en boitant à peine, dans un somptueux crépuscule majorquin.

Au cas où, j'avais déjà préparé un article sur la fin de sa carrière, prêt à être publié par le *New York Times*. Certains de mes collègues avaient sans doute pris la même précaution, et, quand Nadal a saisi le micro après avoir écrasé Ruud, nous et les quinze mille spectateurs du court Chatrier retenions notre souffle.

« Je ne sais pas ce qui peut arriver dans le futur. Mais je vais persister à me battre pour essayer de continuer. »

La clameur approbative du public s'est alors fait entendre.

Chapitre 20

LES ANNEAUX

Bandana en place, Rafael Nadal est arrivé au sommet des escaliers, un sac sur chaque épaule. Il les a laissé tomber au sol et a ajusté ses chaussettes, d'abord la gauche, ensuite la droite. Il a attrapé une raquette avec sa main droite, en un éclair l'a fait passer dans sa main gauche, puis a sauté trois fois, haussant les genoux dans une succession rapide.

Il était prêt, même si la photo de Novak Djokovic tenant la Coupe des Mousquetaires sur un mur tout proche pouvait apparaître comme un mauvais présage.

Pour la première fois depuis deux ans, et sans doute pour la toute dernière fois, Nadal jouait le tournoi de Roland-Garros. En ce 27 mai 2024, tandis qu'il franchissait la porte menant au court Philippe-Chatrier pour aborder son difficile match du premier tour face à Alexander Zverev, il est passé devant un Français grisonnant, bien charpenté, cintré dans un impeccable costume et qui venait d'annoncer son arrivée : « Rafael Nadaaaaal ».

C'était Marc Maury, un ancien décathlète devenu le maître de cérémonie de Roland-Garros.

Tellement de choses avaient changé depuis la première visite de Nadal vingt ans plus tôt : nouveaux courts, nouveaux règlements, nouveaux rivaux – mais Maury était là depuis ses débuts. Ils se sont rencontrés à Monte-Carlo en 2003. Le Majorquin, âgé de seize ans, venait d'éliminer Albert Costa, le tenant du titre de Roland-Garros.

Maury réalisait les interviews sur le court. Avec son micro, il s'était avancé vers Nadal qui l'avait regardé, paniqué, et lui avait lancé : « *No hablo inglés!* » Maury l'avait rassuré. Il traduirait ses réponses depuis l'espagnol.

Tout s'était bien passé, en dépit des inquiétudes du joueur. Maury l'avait ensuite retrouvé dans le vestiaire pour le remercier. Il lui avait glissé : « Je crois qu'on va faire ça souvent. »

« J'ai senti que ce gamin allait être là pendant un bout de temps », sourit-il. Il a eu raison.

Ce Monsieur Loyal du tennis a commencé à travailler à Roland-Garros en 2004, juste avant les débuts triomphants de Nadal.

Avant lui, les annonces sur le court étaient faites par l'arbitre de chaise. Il a imprimé sa marque d'homme de spectacle en les rendant plus vivantes. L'une de ses fonctions est de présenter les joueurs au public, lors de l'échauffement, en résumant leurs faits d'armes. Au fil des années, il a enrichi, ligne à ligne, la biographie de Nadal, passé du statut de champion à celui de champion en série, de prodige à celui de très grand. Quand l'Espagnol s'est imposé pour la dixième fois à Monte-Carlo et à Roland-Garros en 2017, il a estimé qu'une formulation plus originale était de mise.

Dans l'ordre chronologique, il s'est mis à déclamer les années de toutes ses victoires successives : « 2005, 2006, 2007... »

« Je pensais qu'il fallait quelque chose de spécial pour ce champion. J'ai commencé ça à Monte-Carlo puis, ensuite, à Roland-Garros. »

Ce petit changement a eu un gros impact. Pour beaucoup, en France et bien au-delà, sa longue et théâtrale énumération des victoires de Nadal est devenue le meilleur témoignage de l'absurdité de ses exploits.

Citer quatorze titres exige du souffle et du temps, peu importe la langue. Et en ce lundi après-midi pluvieux, sous le toit translucide de la canopée, Maury a donné, pour la première et dernière fois en compétition, la liste complète – finale – tandis que Nadal s'échauffait avec Zverev : 2005, 2006, 2007, 2008, 2010, 2011, 2012, 2013, 2014, 2017, 2018, 2019, 2020 et 2022.

Cette présentation n'a pas été seulement entendue dans le stade, où le public a commencé à gronder de plaisir au début du décompte, mais aussi dans un monde plus virtuel.

« Ma fille, Maïa, qui faisait ses études à Dallas, m'a appelé : "Tu as fait soixante mille vues en un jour sur TikTok", raconte Maury. Je lui ai répondu : "Non, non, je ne suis pas sur TikTok." Des gamins avaient copié ma présentation et fait une vidéo où on les voyait attendre devant une porte avec une raquette. Ils écoutaient la présentation. Une fois au n° 14, ils jetaient leurs raquettes et partaient en courant. »

Il a également reçu le coup de fil d'un ami, qui lui a dit d'écouter quelque chose.

« C'était un DJ en Espagne qui avait mixé mon intro de Nadal avec des basses. Des gens criaient les années, tous réunis autour d'une piscine. Je me suis dit que si ça continuait, j'allais peut-être devoir solliciter un avocat pour les droits d'auteur. »

Nadal ne lui a jamais dit directement, mais il a également aimé sa présentation.

Maury : « Pour moi, le mec n'a pas changé depuis 2003. Il a toujours été très gentil, très poli, toujours un peu timide aussi, c'est sûr. Il a toujours été respectueux. Il m'a même serré dans ses bras après certaines de ses victoires à Roland-Garros. Je ne m'attendais pas à ça. »

C'est le genre d'histoire qu'un certain nombre de personnes travaillant pour le tournoi pourraient partager. Dans la coulisse, le personnel a apprécié les petites marques d'attention du champion. Quand il venait au bureau du service des joueurs pour demander quelques tickets pour sa famille, il y mettait toujours les formes, sans jamais se montrer impatient. La plupart des joueurs vedettes auraient considéré ces billets comme un dû.

« Quelques-uns ne disent même pas bonjour quand ils arrivent au stade, souligne Guy Forget, l'ancien directeur du tournoi. Certaines joueuses débarquent comme si elles étaient un genre de déesse ou de reine. D'autres se comportent comme s'ils étaient chez eux. Rafa entre toujours en contact avec les gens, du gars qui prépare le court aux arbitres, peu importe qui il croise. Je pense que c'est l'une des raisons pour lesquelles les gens l'aiment tellement. Parce qu'il n'a pas changé pendant toutes ces années malgré la gloire et les succès. Il est toujours resté très humble, très ouvert. Ça vient sans doute de son éducation. »

Selon Perez-Barbadillo, cette attitude pleine d'humilité est aussi reliée à Miguel Ángel Nadal. Ce n'est peut-être pas une coïncidence : l'oncle et le neveu ont tous les deux pris leur retraite à trente-huit ans.

« Rafa vient d'une famille qui avait déjà connu le succès dans le sport. Ils avaient traversé les hauts et les bas d'une longue carrière, de l'aube jusqu'au crépuscule. Ils savaient qu'on est toujours tributaire de ses actions passées. »

En 2009, après sa cruelle première défaite à Roland-Garros et avant de quitter le stade, il a pris le temps de remercier personnellement les équipes du service des joueurs. Idem en 2016, dans le sillage de l'annonce de son forfait en raison d'une blessure au poignet.

« Il a dit au revoir à tout le monde, au guichet du transport, au bureau d'accueil, et il y avait des jeunes femmes qui pleuraient », se souvient Forget.

Aurélien Pajot, chauffeur de Nadal entre 2008 et 2014, a raconté à *L'Équipe* qu'ils avaient noué un lien sincère. « Parfois, on s'envoie des textos pour se souhaiter la bonne année ou prendre des nouvelles de la famille. Ce qui m'a fait la plus forte impression au cours de cette dizaine d'année a été sa gentillesse. Plusieurs fois, au moment de se dire au revoir après l'avoir conduit à l'aéroport, il m'a offert un cadeau : son sac, une paire de chaussures autographiées, et ça sans jamais lui avoir rien demandé. »

Pourtant, une lassitude Nadal s'est fait ressentir.

« C'est vrai qu'après tant de titres, on s'est dit : "Ce serait bien s'il en laissait un de temps en temps", parce que ça commençait à devenir *too much*, avoue Gilles Jourdan, l'un des cadres historiques de Roland-Garros. Mais nous lui sommes reconnaissants pour ce qu'il a apporté au tournoi. Il a rehaussé son prestige. Donc, même si on se disait "Encore lui ?!", on n'avait évidemment rien contre parce qu'il s'est montré toujours agréable, très bien élevé. Il respectait tout le monde et était très respecté en retour. Il a toujours été plaisant avec les équipes, peu importe le niveau de responsabilité de chacun, disant constamment merci. Il pouvait être exigeant, mais il ne dépassait jamais les bornes au sujet de la programmation ou d'autre chose. »

Étonnamment, Jourdan affirme que Federer n'était pas tenu en aussi bonne estime par la direction de Roland-Garros

« Nadal était plus sympathique que Federer. Notre sentiment était que Federer était seulement préoccupé par lui-même. Il ne donnait rien. Il ne donnait pas de son temps. Il était poli, mais rien de plus. Il pensait beaucoup à l'argent, beaucoup. Il n'y avait pas d'interaction. Il n'était pas méchant ou grossier. Mais nous avions l'habitude de dire qu'il n'était finalement pas le gendre idéal. Nadal était authentique. »

C'est seulement une opinion. Le public français et d'autres partout dans le monde ont complètement adopté Federer et son jeu élégant. Ma propre expérience de reporter, qui l'a interviewé de nombreuses fois pendant une vingtaine d'années, m'a conduit à conclure qu'il était sincère et empathique. Il a également levé des millions pour sa fondation. Mais le point de vue de Jourdan, spontané et venu de la coulisse, était assurément intrigant.

Il ne faut pas non plus oublier que Federer a gagné Roland-Garros une seule fois. Pour lui, le tournoi était émaillé de souvenirs doux-amers, de défaites frustrantes et même humiliantes. En dépit de ses échecs en finale contre Nadal en 2008 et Djokovic en 2019, Wimbledon a constitué son fief incontesté, son point d'ancrage le plus profond.

Tout comme Roland-Garros a été le royaume de Nadal, bien que chaque année l'Espagnol se soit employé à remettre l'ouvrage sur le métier. À ses yeux, la conquête du titre était plus importante que le simple fait de le défendre. L'une des clés de ses succès sans précédent. Et l'édition 2024, elle aussi, a été vraiment sans comparaison.

Pour la première fois, il n'était pas tête de série, conséquence de ce qu'il n'avait disputé qu'un seul tournoi en quinze mois entre janvier 2023 et avril 2024.

Après avoir gagné Roland-Garros 2022 et fait le choix de ne plus recourir à des injections anesthésiantes, Nadal a opté pour une procédure inhabituelle, rarement utilisée au niveau du pied : une ablation par radiofréquence, une technique qui calme les nerfs en déployant des ondes radio. L'opération l'a énormément soulagé, et lui a permis de disputer Wimbledon. Il y a atteint les demi-finales, mais n'a pas pu poursuivre le tournoi à cause d'une nouvelle blessure : une déchirure abdominale survenue lors de sa victoire sur l'Américain Taylor Fritz en quarts de finale.

Son corps craquait de partout. Contre Fritz, il était visiblement en grande souffrance. Sebastián, son père, et d'autres membres de son entourage lui ont crié d'abandonner en faisant de grands gestes. Têtu, Nadal a continué et gagné. Sa volonté de combattre avait encore dépassé la nécessité de se préserver, mais il a eu très mal le lendemain et a dû déclarer forfait contre Nick Kyrgios en demi-finales.

Cette blessure a compromis la seconde moitié de cette remarquable saison 2022, mais des sentiments beaucoup plus positifs ont toutefois pris le dessus. Maria Francisca attendait leur premier enfant. La grossesse s'est avérée compliquée. En septembre, avec l'accord de son épouse, Nadal a tout de même fait un détour par Londres et la Laver Cup pour participer à un double aux côtés de Federer, à l'occasion des adieux du champion suisse.

Ils avaient déjà joué côte à côte sous les couleurs de Team Europe lors de la première édition à Prague en 2017. Cinq ans plus tard, Federer, qui venait d'être éliminé en huitièmes de finale de l'US Open par Frances Tiafoe, a contacté Nadal pour lui faire part de sa décision de prendre sa retraite, une information qui n'avait pas encore été rendue publique.

« Si Rafa n'avait pas été en mesure de jouer, j'aurais pu faire équipe avec Murray ou quelqu'un d'autre, m'a dit Federer. Rafa m'a affirmé clairement au téléphone : "Je ferai tout ce que je peux pour être avec toi." C'était évidemment incroyable pour moi. C'était encore la preuve de ce que nous représentons l'un pour l'autre et de notre respect mutuel. J'ai simplement pensé que ce serait une histoire magnifique, incroyable, pour nous, pour le sport, pour le tennis, et peut-être même au-delà, que nous puissions coexister au cœur d'une rivalité acharnée et en sortir par le haut, en montrant que, au bout du compte, ce n'est que du tennis. Oui, c'est dur, parfois brutal, mais toujours loyal. On peut passer par-dessus et préserver cette belle et amicale rivalité. Je trouve juste que ça s'est terminé encore mieux que je n'aurais osé l'imaginer. Encore un effort incroyable de Rafa. Je n'oublierai jamais, bien sûr, ce qu'il a fait pour moi à Londres. »

Ce double s'est conclu par une défaite contre Tiafoe et Jack Sock. Mais le souvenir qui restera, ce sont les larmes des deux champions lors d'un moment partagé sur le banc de l'équipe pendant la fête d'après-match.

« Quand Roger quitte le circuit, c'est une partie importante de ma vie qui s'en va aussi », a expliqué Nadal.

Federer, quarante et un ans, semblait soulagé d'être le premier grand joueur de cet âge d'or à prendre sa retraite. Il était de loin le plus âgé. C'était dans l'ordre naturel des choses.

« À mes yeux, c'était important que ça se passe ainsi, a-t-il déclaré. J'ai eu une belle frayeur avec Murray. Avec Rafa aussi, je ne savais jamais ce qui allait lui arriver. Ça n'a pas été facile pour lui, tous les hauts, les bas. Je suis content d'être parti le premier, car je suis censé partir en premier. J'espère qu'ils pourront jouer aussi longtemps que possible et profiter de chaque moment au maximum. »

Nadal a vite rejoint Maria Francisca à Majorque. En octobre, elle a donné naissance à leur fils, Rafael. À trente-six ans, Nadal menait désormais une double carrière de père de famille et joueur pro. Dans ce registre, il commençait bien plus tard que Federer, Murray et Djokovic.

À l'image de Federer et de Mirka, son épouse, qui ont voyagé sur le circuit avec leurs jumelles peu après leur naissance en 2009, Nadal et Mery ont vite repris la route, dès janvier 2023, avec leur fils Rafael Junior, âgé de trois mois. Direction l'Australie.

Ce serait un voyage plus court et plus amer qu'imaginé.

Nadal s'est sérieusement blessé à la hanche lors de sa défaite au deuxième tour de l'Open d'Australie contre l'Américain Mackenzie McDonald. Il n'a plus rejoué le reste de l'année. En mai, il a confirmé qu'il manquerait Roland-Garros pour la première fois depuis ses débuts en 2005. Il a indiqué qu'il voulait revenir en 2024 pour ce qui serait « probablement » sa dernière saison.

Cette annonce a été faite à la Rafa Tennis Academy à Manacor, peu avant qu'il subisse une arthroscopie de la hanche.

« Je pense que je ne mérite pas de terminer ainsi, par une conférence de presse. Je veux une fin différente et je vais tout faire pour y arriver. Je ne sais pas si je peux être compétitif pour gagner un Grand Chelem. Je ne suis pas quelqu'un d'irrationnel. Je suis conscient de la difficulté de la situation. Mais je ne suis pas non plus quelqu'un de négatif. Je veux me donner la chance de revenir et de jouer. »

Nadal a pu terminer sa carrière sur un court. La fin a été simplement plus rationnelle que ce que lui-même et ses fans avaient sans doute espéré, habitués à ses retours tonitruants et à sa capacité à réaliser l'impossible en peu de temps. Avant de prendre toute décision définitive, il était compréhensible qu'il veuille vérifier par lui-même. Une vingtaine d'années plus tôt, Andre Agassi, l'un des sages de son époque, avait fait ce commentaire après avoir examiné son jeu sans répit : « Nadal tire des chèques en blanc sur sa santé. »

Nadal avait depuis encaissé bien des chèques. Son énergie positive et sa tendance à minimiser ses chances lui avaient souvent réussi, mais en 2024 il n'était plus le seul à se montrer peu optimiste, et pour de bonnes raisons. À Barcelone, où il a annoncé sa décision de jouer à la dernière minute, il a semblé plus lent, plus vulnérable face aux amorties adverses et aux attaques, qui l'obligeaient à se déplacer très latéralement. Son service n'avait plus la percussion de ses grandes heures. Ce n'était pas une surprise : il n'avait pas pu beaucoup servir à l'entraînement, en raison de ses blessures. Il s'est incliné face à Alex de Minaur à Barcelone, contre Jiří Lehećka à Madrid, et contre Hubert Hurkacz à Rome, lequel s'est imposé sur le score guère rassurant de 6-1, 6-3.

Il ne voulait aucune cérémonie d'adieu, en tout cas pas cette année. Mais les spectateurs italiens ont voulu marquer le coup à leur façon. Plus de dix mille d'entre eux se sont retrouvés sous la passerelle suspendue par laquelle circulent les joueurs, criant et chantant tandis qu'il quittait le court central, pour ce qui s'avèrerait être sa dernière fois en tant que compétiteur au Foro Italico. Ce témoignage d'affection spontané des tifosi était certainement plus émouvant que toute cérémonie planifiée.

Nadal a déclaré qu'il n'était pas certain de jouer Roland-Garros, mais qu'il y croyait. Après s'être entraîné à Majorque, il a finalement pris la décision de tenter sa chance.

Il est arrivé très tôt à Paris, près d'une semaine avant le tournoi, pour s'entraîner avec son habituelle ferveur. Il ne savait pas encore s'il allait pouvoir jouer, mais il était certain d'une chose : il devait élever son niveau. Le mardi, après s'être entraîné sur le court Chatrier devant un public très nombreux, il a ajouté une deuxième session de travail à son programme, cette fois sur le court n° 16, dans une partie plus reculée du stade à laquelle les spectateurs n'avaient pas accès. Il bruinait, une pluie plus importante menaçait, mais il avait besoin de temps de jeu en présence de ses trois entraîneurs.

Fin 2022, Francisco Roig avait quitté l'équipe après dix-huit ans de collaboration. « Une décision très difficile, m'a-t-il dit. J'ai mis du temps à faire ce choix, mais j'ai senti qu'il me fallait un nouveau challenge dans ma vie. »

Pour la partie technique, Moyà avait été rejoint par Marc López, ami proche et partenaire de double de Nadal aux Jeux de Rio, et Gustavo Marcaccio, un Argentin, ancien entraîneur de Svetlana Kuznetsova, l'ex-n° 2 mondiale russe, et de Juan Mónaco, autre proche du Majorquin.

Tous étaient présents sur le court n° 16, en plus de Rafael Maymo, le physio, et de Perez-Barbadillo qui, selon *L'Équipe*, s'est demandé à voix haute s'il était raisonnable de s'entraîner dans des conditions de jeu aussi humides.

« Aucun répit pour qui poursuit la gloire », a répondu López.

Ils ont continué. Nadal cavalait, pendant que López l'alimentait en balles, les unes après les autres. Pour lui, c'était surtout une course contre la montre.

Le fait de ne pas être tête de série l'exposait à une mauvaise surprise lors du tirage au sort. Le gros des joueurs a été placé dans le tableau avant les têtes de série. Le nom de Nadal est apparu tout en haut du deuxième quart. Il n'y avait que deux possibilités pour lui. Aucune n'était rassurante. Soit Carlos Alcaraz, n° 3, soit Alexander Zverev, n° 4, qui venait juste de gagner l'Open d'Italie pour la deuxième fois.

Résultat, Zverev, le longiligne Allemand au service monumental et à l'excellent revers à deux mains. Celui-là même qui, deux ans plus tôt, en demi-finales, lui avait causé tant de soucis avant de se blesser brutalement à la cheville droite.

Nadal a été informé de l'identité de son adversaire au cours d'une partie de *parchís*, son jeu de société préféré. Jeu où, comme au tennis, la chance a sa part.

« L'un des tableaux les plus durs, c'est ce qui arrive quand vous n'êtes pas tête de série, a-t-il commenté. Mais à la fin des fins, c'est Roland-Garros. C'est le court que j'aime. Je me sens mieux physiquement. Mentalement, c'est OK. Je vais pouvoir vérifier si je peux tenir la distance au plus haut niveau, contre un super joueur. C'est quelque chose qui ne m'est pas arrivé depuis longtemps. »

Plusieurs fois, de façon insistante, il lui a été demandé de clarifier s'il s'agissait vraiment de son dernier Roland-Garros. Il n'a pas été définitif, mais a admis qu'il y avait une « grande, grande chance » que ce soit le cas.

Il a ajouté qu'il s'était senti mieux ces dernières semaines, qu'il voulait voir quel niveau il pouvait retrouver en étant en bonne santé et qu'il appréciait d'avoir repris la route avec son épouse et son fils.

« Donnez-moi du temps. Peut-être que dans un mois et demi, je dirai : "OK, ça suffit." »

À l'évidence, il était tiraillé, envoyait des signaux contradictoires. Homme de défis, il voulait rester un candidat aux titres. Il refusait de devenir un compétiteur comme un autre ou de reproduire la fin de carrière d'Andy Murray : diminué après une opération à la hanche, l'ancien n° 1 mondial britannique n'avait jamais retrouvé son lustre d'antan. La saison d'adieu de Nadal ne s'est pas déroulée comme prévu. Il avait espéré rejouer une dernière fois certains de ses tournois favoris comme l'Open d'Australie, le BNP Paribas Open à Indian Wells et l'Open de Monte-Carlo, mais les a manqués. Une frustration pas seulement pour lui mais également pour ses fans, qui ont souvent effectué de longs voyages pour espérer le voir une dernière fois en compétition. Au cours de la saison, j'ai rencontré de nombreux nadalophiles dans ce cas. Leur déception était palpable.

À Madrid, tournoi sur terre battue qu'il n'a jamais vraiment affectionné, du fait des conditions particulières liées à l'altitude de la ville, il a confirmé qu'il s'agissait de sa dernière participation. Il s'était pourtant abstenu de faire ce genre de déclarations définitives ailleurs. Les organisateurs de Roland-Garros – notamment Amélie Mauresmo, la directrice du tournoi – étaient dans un flou complet.

Les journalistes aussi. La carrière et les résultats astronomiques de Nadal sur la terre battue de Roland-Garros méritaient d'être relatés dans les grandes largeurs, mais il aurait été irrespectueux, et même peut-être hors sujet, de considérer qu'il était déjà l'heure de retracer son histoire. La vraie nostalgie serait pour plus tard : contre Zverev, il a joué un match de bon niveau, en ligne directe avec ses standards habituels.

Nadal a commencé doucement, en perdant son premier jeu de service en trois minutes, mais il a retrouvé une certaine contenance et s'est véritablement engagé dans la bagarre, en se montrant particulièrement inspiré au filet. Mais au fil des minutes, son manque de régularité, et même de patience, était de plus en plus visible. Il n'a pas concrétisé certaines balles de break à cause de fautes et il s'invectivait en poussant des cris, quand il ne les adressait pas au toit. L'époque où il était impossible de lire dans le marc de Nadal était révolue.

Souvent défensif dans le passé quand il était soumis à de fortes pressions, Zverev s'est montré, cette fois, résolu à prendre des risques sur les points importants. Peut-être même était-ce la faute de Nadal. Avant le match décisif de la Laver Cup 2019, l'Espagnol et Federer s'étaient adressés à Zverev en des termes directs et crus, pour qu'il pratique son *carpe diem*.

« Nous ne voulons pas un visage négatif ! », avait insisté Nadal.

Cinq ans plus tard, l'Allemand a visiblement bien retenu la leçon. Il a conclu le premier set en le breakant dans un jeu à quatre égalités. Le Majorquin a quitté le court et, à son retour, Damien Dumusois, l'arbitre français, lui a gentiment demandé de se dépêcher.

Nadal a fait mieux que résister. À 5-4, il a servi pour le gain du deuxième set. Il a été breaké, blanc, après deux coups tonitruants de son adversaire le long de la ligne, en coup droit et en revers. Zverev avait encore beaucoup à faire – s'employant à écarter deux nouvelles balles de break au jeu suivant – mais il a gardé la main. Mené 4-5 au jeu décisif, Nadal a alors tenté un coup qu'il n'aurait pas osé au temps de sa splendeur : une amortie prématurée et mal sentie qui a rebondi haut, du pain béni pour Zverev.

Ses victoires à Roland-Garros ne se sont pas souvent construites sur des détails. Il avait une telle marge. Cette défaite contre Zverev s'est justement jouée, elle, sur de petites choses : une mauvaise décision ici, une erreur là, un manque d'à-propos et de certitude absolue lors des points qui comptaient le plus. Jusqu'au bout, il s'est battu comme un damné, mais Nadal n'est pas parvenu à gagner un seul set dans ce qui serait finalement son dernier match au tournoi de Roland-Garros.

Zverev s'est imposé 6-3, 7-6(4), 6-3 et a poursuivi sa route jusqu'en finale, où il a été vaincu par Alcaraz, l'autre jeune joueur que Nadal aurait pu affronter au premier tour.

Au regard du résultat final du tournoi et du niveau de Nadal, je suis convaincu qu'il aurait pu aller raisonnablement loin dans la compétition s'il avait eu un meilleur tableau. Au lieu de quoi il a fait un semi-discours d'adieu au public de Roland-Garros, Maury s'étant prudemment approché de lui avec un micro après sa défaite.

« Bonjour à tous, a-t-il dit en français, avant de passer à l'anglais. Je ne sais pas si c'est la dernière fois que je me retrouve ici devant vous. Sincèrement, je ne suis pas 100 % sûr, mais si c'est la dernière fois, alors, je l'ai appréciée. Le public a été génial durant la semaine de préparation et aujourd'hui. Les sentiments que j'éprouve sont difficiles à décrire avec des mots. Le plus spécial pour moi est de ressentir l'amour des gens dans l'endroit que j'aime le plus. »

J'étais tout en haut dans la tribune de presse. J'ai regardé autour de moi les spectateurs dans les sièges voisins. Certains étaient en larmes.

Nadal a félicité Zverev. Et si prendre à nouveau part à Roland-Garros était chose plus qu'incertaine pour lui, il a bien confirmé que sa participation à l'épreuve de tennis olympique, dans ce même stade de Roland-Garros, ne faisait, elle, aucun doute.

« Ça me motive, a-t-il dit. C'est une nouvelle occasion, et j'espère y être bien préparé. »

Pour se donner les meilleures chances, il a fait une croix sur la saison sur gazon et l'opportunité de jouer un dernier Wimbledon, afin d'éviter tout risque de blessure, conséquence du changement de surface. Tandis qu'Alcaraz était à Londres pour se préparer à jouer (et gagner) la finale contre Djokovic, Nadal se trouvait dans la petite station balnéaire suédoise de Båstad.

Il s'entraînait, souvent sous le crachin, pour être prêt au seuil de ce relativement modeste tournoi ATP 250. En 2005, à dix-neuf ans, il y avait enlevé le titre. Près de vingt ans plus tard, il était de retour à Båstad et atteignait la finale, en gagnant quatre matches, dont un contre Leo Borg, le fils de Björn, âgé de vingt et un ans. Un rappel du temps qui file et que Nadal a passé au sommet. Face au Portugais Nuno Borges, il est apparu sans force et sans rythme lors d'une finale nettement perdue.

Une bonne semaine, quoique pas entièrement rassurante. Arrivé à Paris et à Roland-Garros pour ses derniers Jeux olympiques, il a subi une alerte à la cuisse droite en s'entraînant et a dû observer une journée de repos. Ce genre de problème n'était plus désormais l'exception, mais bien la règle. Au moins n'avait-il pas à se familiariser avec le stade et les courts.

C'était sa terre natale de champion. Il a décidé de jouer en simple mais aussi en double, aux côtés de l'électrique Alcaraz, vingt et un ans, qui venait de réussir, comme lui, le doublé Roland-Garros-Wimbledon.

En dépit de leurs dix-sept années d'écart, ils ont noué une solide relation. Ils ont, il est vrai, beaucoup de points communs, étant tous les deux issus de familles multigénérationnelles très unies et de petites localités pétries de valeurs traditionnelles : dans le cas d'Alcaraz, El Palmar, dans la région de Murcie.

Les deux familles avaient aussi de fortes affinités avec le tennis. Nadal a pu compter sur son oncle Toni. Le grand-père paternel d'Alcaraz a transformé un club de chasse en club de tennis, à El Palmar justement, et comme Toni, le père d'Alcaraz, Carlos Senior, a été un joueur de niveau national. Il a rêvé de se lancer sur le circuit professionnel. Sur cette voie, il s'est avancé plus loin que Toni, mais faute d'argent a dû y renoncer à l'âge de vingt ans. Il est finalement devenu entraîneur et responsable du Real Sociedad Club de Campo Murcia, où il a supervisé la formation totalement aboutie de son fils.

Comme Nadal, Alcaraz a tapé ses premières balles à trois ans. Comme lui, il est devenu un prodige, très tôt repéré comme un talent prometteur et enrôlé par l'agence internationale IMG dès le début de son adolescence. Nadal a été sans doute une référence et un modèle pour lui, mais c'est un autre ancien n° 1 mondial espagnol, Juan Carlos Ferrero, qui l'a le plus influencé. En 2018, il a rejoint son académie de Villena, près de Murcie.

Alcaraz est à la fois un joueur de tennis et un gymnaste : extraordinairement élastique et acrobatique. Il maîtrise tous les coups du répertoire et les récite sur le court. Il sait aussi bien prendre le chemin du filet que distiller des amorties en finesse ou frapper de puissants coups droits loin derrière sa ligne de fond de court.

Autrement dit, il a tout pour lui. Je n'oublierai jamais la tête de Nadal à Indian Wells, en mars 2022, seul debout devant un écran de télévision après une conférence de presse, regardant le match d'Alcaraz contre Cameron Norrie. Il était à la fois captivé et fasciné.

Les grands savent reconnaître les grands.

J'ai rendu visite à Alcaraz dans l'académie de Villena en décembre 2021. À cette époque, il avait encore une photo de Federer, pas de Nadal, dans sa chambre à El Palmar. Un cliché pris avec le champion après un entraînement commun à Wimbledon. Le jeu fulgurant d'Alcaraz, son bagage technique très dense, ses instincts naturels le rapprochaient plutôt, en effet, de la star suisse que de l'espagnole. Mais, quoique prématurées, Alcaraz savait que les comparaisons avec Nadal étaient inévitables.

« Je ne veux pas que les gens me voient comme un mini-Nadal ou un second Nadal. Je veux juste être Carlos Alcaraz. »

Près de trois ans plus tard, il s'était fait un nom. À vingt et un ans, il prenait de l'avance sur le « Big 3 », avec à son actif déjà quatre titres majeurs et une place de n° 1 mondial décrochée dès la fin de la saison 2022, après son succès à l'US Open. Lui et Nadal s'étaient rapprochés, disputant notamment en mars 2024 une lucrative exhibition d'un soir à Las Vegas. Désormais, ils partageaient des entraînements à Roland-Garros et des repas à la cafétéria du village olympique.

Ils étaient l'objet de beaucoup d'attention de la part des autres athlètes. Yorick De Groot, un joueur hollandais de beach-volley, a préféré ne pas solliciter Nadal.

« Je me suis dit, OK, c'est donc ça le revers de la médaille d'être aussi populaire. Même aux Jeux olympiques, où chaque sportif dans sa catégorie jouit d'une petite notoriété, il ne peut pas prendre un repas tranquille. Je n'ai pas pris de photo avec lui parce que tout le monde en prenait. »

Je n'ai senti aucun agacement chez Nadal qui savait à quoi s'attendre en faisant le choix de dormir au village olympique. Comme je n'ai perçu aucune jalousie ni aucun ressentiment concernant l'ascension rapide d'Alcaraz. Il semblait heureux, nullement remis en question, et peut-être même un peu soulagé, parce qu'il savait son temps compté et que, contre toute attente, il avait désormais un digne successeur. Moyà avait généreusement mentoré Nadal, et Nadal paraissait content de renvoyer l'ascenseur à son tour.

Il s'agissait des premiers JO d'Alcaraz, les quatrièmes de Nadal qui aurait pu en être à six s'il n'avait pas manqué, sur blessure, ceux de Londres et de Tokyo. Il avait gagné deux médailles d'or, une en simple, une en double, succès qui ont eu pour lui le même retentissement émotionnel que ses titres du Grand Chelem. Mais porter le drapeau espagnol à Rio en 2016 a peut-être été le moment olympique que Nadal a le plus savouré, et il s'apprêtait à vivre un moment plus fort encore à la veille de son premier match à Paris.

Lors de la vibrante et avant-gardiste cérémonie d'ouverture des Jeux de Paris, hélas organisée sous une pluie battante le vendredi 26 juillet, il a eu le privilège d'être l'un des derniers porteurs de flamme. Au Trocadéro, il a reçu la torche olympique des mains de Zinédine Zidane, l'un des athlètes les plus emblématiques du sport français, mais surtout l'une de ses idoles du Real Madrid, à la fois comme joueur et comme entraîneur.

Nadal, qui a célébré ses toutes premières victoires à Roland-Garros au Café de l'Homme, situé tout à côté, avec sa vue imprenable sur la tour Eiffel, était aux anges. Il s'est ensuite dirigé vers la Seine en boitillant imperceptiblement. Il y a retrouvé Serena Williams, Nadia Comaneci et Carl Lewis pour une promenade sur le fleuve particulièrement arrosée, qui a plus tenu de la traversée d'un chalutier en mer du Nord que de la promenade en bateau-mouche. Malgré tout, la flamme est restée allumée, les occupants n'ont pas chaviré et Nadal a pu transmettre la torche à Amélie Mauresmo, déjà trempée, qui, contrairement aux autres légendes présentes, était de nationalité française.

Nadal, l'Espagnol avec une statue à Roland-Garros, s'était fait à l'idée que les Français le considéraient désormais comme l'un des « leurs ». Sous le déluge, il rayonnait. Il était loin le jour où certains spectateurs avaient souhaité sa défaite contre Robin Söderling. C'était aussi un sacré moment pour le tennis, au vu des rôles de premier plan joués par Nadal, Williams et Mauresmo en cette soirée d'ouverture.

Le tennis faisait partie du programme olympique quand les Jeux se sont déroulés à Paris en 1924. Le sport avait ensuite été absent des JO jusqu'en 1988, année de sa réintégration officielle, récompense des efforts de Philippe Chatrier.

Chatrier n'a pas vécu assez longtemps pour voir le court portant son nom accueillir des matches du tournoi olympique. Mais Nadal et Alcaraz s'y sont retrouvés programmés dès le samedi pour disputer leur premier tour en tant qu'équipe. « Nadalcaraz », le surnom du tandem, ne sonnait pas mal.

En retour de service, Nadal s'est positionné à droite, comme à Rio. Alcaraz était à gauche. Et leur coup droit au milieu. Au changement de côté, le plus jeune, en harmonie avec son aîné, alignait lui aussi ses bouteilles d'eau.

Ils l'ont emporté, en s'encourageant l'un l'autre, face aux Argentins Máximo González et Andrés Molteni. Le jour suivant, Nadal est revenu sur le court Chatrier pour s'imposer lors de son premier match en simple : une rude bagarre en trois sets, de près de trois heures d'efforts, face au Hongrois Márton Fucsovics.

Le défi suivant était d'une tout autre dimension : Djokovic, un homme en mission.

Le Serbe avait mis la main sur tout ce qu'il est possible de s'offrir dans le tennis à l'exception du Grand Chelem calendaire, qu'il aura manqué de peu, et de la médaille d'or olympique, ce qui à trente-sept ans paraissait sacrément ambitieux. Pourtant, lui qui n'avait pas gagné le moindre titre en 2024 visait, visualisait même, un succès aux Jeux olympiques. Il était ainsi le favori logique de cette rencontre en dépit du lieu et de la surface, le royaume de Nadal.

« On va faire des étincelles sur le court, comme au bon vieux temps », a souri Djokovic, qui a ajouté qu'il s'agissait « probablement du dernier tour de piste pour [eux] deux ».

La réponse de Nadal : « Qui a dit "dernier tour de piste" ? »

Il avait clairement l'intention de faire ce que bon lui semblait et d'arrêter, s'il devait s'arrêter, comme il l'entendait. Personne ne devait décider du baisser de rideau à sa place. Après tout, il était celui qui, entre les points, utilisait les vingt-cinq secondes jusqu'au dernier dixième.

C'était leur soixantième duel officiel, le plus précoce dans un tournoi à élimination directe. En cette année 2024, le tirage au sort n'a décidément pas été tendre avec Nadal à Roland-Garros.

« Ils sont l'incarnation du dicton qui veut que le fer aiguise le fer, a résumé Coco Gauff, la jeune championne américaine. Ça craint qu'ils doivent s'affronter si tôt. On aurait tous aimé qu'il y ait une médaille en jeu. »

En 2008, cela avait presque été le cas à Pékin : Nadal était sorti vainqueur d'une demi-finale serrée en trois sets. Djokovic avait manqué un smash tout près du filet sur la balle de match. Il avait quitté le court en écrasant quelques larmes.

Cette fois, Djokovic était en bien meilleure position. Il était n° 2 mondial et venait d'atteindre la finale de Wimbledon après une opération mineure au genou – le 5 juin. Il s'était blessé à Roland-Garros et avait dû déclarer forfait avant son quart de finale.

Nadal était 161e mondial et privé de la moindre victoire en tournoi depuis Roland-Garros 2022.

« Il sort d'une finale du Grand Chelem. Je suis là, sans avoir été vraiment compétitif ces trois dernières années. On verra. Le match a lieu dans un endroit spécial. »

C'était indéniable : quatorze titres de Roland-Garros et un avantage de 8-2 dans ses confrontations avec Djokovic sur la terre battue parisienne. Ils se sont défiés à Roland-Garros plus que dans aucun autre endroit. Mais, et il était facile de l'oublier dans ce décor familier, ce n'était pas le même tournoi. Les matches n'étaient pas au meilleur des cinq sets, mais des trois. Le public était plus bruyant et moins capricieux. La nourriture, même à Paris, était moins bonne. Aucune médaille d'or ou étoile Michelin ne serait décernée à un cuisinier olympique (j'apportais tous les jours mon propre jambon-beurre).

Comme d'habitude, en revanche, pour un Nadal-Djokovic, le court Chatrier était plein et la tribune de presse prise d'assaut, si bien que beaucoup de reporters ont dû rebrousser chemin. Cette rivalité transcendait le tennis.

« Il a été le plus grand rival que j'aie jamais eu, a dit Djokovic. Les matches contre lui sur terre battue m'ont tellement frustré dans ma carrière, mais ils ont aussi fait de moi un meilleur joueur. J'ai compris ce qui était vraiment nécessaire pour essayer de le surpasser. »

Il a été le seul joueur à battre Nadal deux fois aux Internationaux de France, et bientôt trois à Roland-Garros.

La victoire 6-1, 6-4 de Djokovic a été nette. La rencontre aurait même pu tourner à la correction. Il s'est détaché 6-1, 4-0, dictant le jeu et prenant Nadal à la gorge. Avec une froide maîtrise en ce chaud après-midi de juillet, il l'a surpassé en vitesse, en précision et dans la profondeur de jeu.

« Je suis honoré d'avoir pris part à cette rencontre, a déclaré le Serbe. Je voulais simplement exécuter le plan de jeu parfaitement pour ne pas lui laisser de temps, car il peut être dangereux si vous lui en donnez. Nous savons ça. »

À 0-4 dans le deuxième set, Nadal a mené 30-15 sur son service. Il a ensuite tenté une nouvelle amortie, hésitante et mal touchée. Djokovic est arrivé sur la balle et l'a remise en jeu, presque un acte de charité, alors qu'il aurait pu frapper un coup gagnant. L'Espagnol a remporté le point et le jeu, avant d'en inscrire trois de plus pour revenir à 4-4 devant un stade en délire.

« Presque un match parfait jusqu'à 6-1, 4-0, et là les choses se sont compliquées, a analysé le vainqueur. J'ai commencé à devenir plus fébrile et le public s'en est mêlé. À 4-4, ça pouvait basculer des deux côtés. »

Nadal n'a pas transformé l'essai. Il a bataillé, mais a perdu son service au jeu suivant. Lorsque Djokovic a servi pour le match à 30A, l'Espagnol a manqué un retour de revers sur une deuxième balle. Ce n'était plus notre Nadal *vintage*, mais on n'était pas loin du Djokovic *vintage*. Le Serbe a servi un ace pour conclure.

Sur ce terrain de terre battue, Nadal a relevé bien des défis. Pas celui-là.

« C'est simple, un joueur était bien meilleur que l'autre, a-t-il résumé. Pendant une heure, j'ai eu du mal à digérer ce qui était en train d'arriver. Je n'étais pas capable d'atteindre le niveau nécessaire pour lui créer des problèmes. Je n'avais pas une qualité de coups suffisante, et je n'ai plus les jambes que j'avais il y a quinze ans. »

Un constat plein de lucidité, même s'il était dur de l'entendre l'exprimer de la sorte. Après tout, Djokovic n'avait qu'un an de moins. Maintenant, ce dernier menait, pour toujours, 31-29 dans leur tête-à-tête.

Ils ont disputé le premier match de leur rivalité à Roland-Garros, et leur tout dernier match officiel s'est déroulé sur le même court. Les Jeux olympiques de Nadal n'étaient toutefois pas terminés.

« Nadalcaraz » était encore en course. Le lendemain, ils ont éliminé une solide équipe, les Hollandais Tallon Griekspoor et Wesley Koolhof, pour atteindre les quarts de finale face à la paire de vétérans américains Austin Krajicek et Rajeev Ram.

Contrairement à Nadal, Alcaraz était toujours en lice en simple. Ce match a suscité une belle attente. Krajicek, trente-quatre ans, et Ram, quarante ans, étaient de véritables spécialistes du double. Ils jouaient sur le circuit avec d'autres partenaires, mais avaient la science technique et tactique de la discipline que Nadal et Alcaraz cherchaient encore à apprivoiser, durant ce premier tournoi ensemble.

« Nous ne sommes pas habitués à jouer en double, donc la seule façon de bien fonctionner est de jouer avec de la joie, de l'énergie, avec beaucoup d'énergie », a déclaré Nadal.

Cela avait marché à Rio, mais son partenaire était alors Marc López, un spécialiste du double, très expérimenté. Malgré son talent, sa rapidité et son envie de bien faire, Alcaraz était encore dans une phase d'apprentissage. Les Américains l'ont ciblé avec leurs retours dès le premier jeu de service de Nadal et ont rapidement fait le break.

Dans ce quart de finale, la qualité et la régularité des volées ont souvent fait la différence, et bien qu'Alcaraz et Nadal aient disputé beaucoup plus de matches dans ce genre de stades bondés et cacophoniques que Krajicek et Ram, les Américains ont su garder leur calme.

Le premier set leur a rapidement souri : 6-2. Le deuxième a été plus serré. À 3-3, Alcaraz s'est retrouvé mené 0-40 sur son service. Ram a lâché un retour puissant que le récent vainqueur de Wimbledon a laissé passer. La balle, tombée tout près de la ligne, a été jugée bonne. Alcaraz et Nadal ont passé près d'une minute à examiner la marque avec l'arbitre de chaise, mais elle est restée bonne.

Bientôt, Krajicek a servi pour le match à 5-4, devant un public peu désireux de le voir concrétiser. Il a commencé, hésitant, par une double faute, a reçu un rapide encouragement de Ram, puis s'est retrouvé mené 15-40. La paire espagnole n'a concrétisé aucune de ses deux premières balles de débreak. Krajicek a expédié un premier service sur le coup droit de Nadal, qui avait assez de temps pour réagir et toute la volonté d'y parvenir, mais son retour croisé était à côté. Il s'est accroupi, incrédule.

À l'image de toute son année. Et ça a continué, Alcaraz envoyant peu après un puissant retour de coup droit dans le filet.

Krajicek a sauvé une troisième balle de break, grâce à un autre premier service non retourné par Alcaraz. Ni lui ni Nadal n'auraient plus ensuite l'occasion de retoucher la balle : un dernier service slicé de Krajicek a mordu la ligne extérieure pour se transformer en ace.

La carrière olympique de Nadal s'est terminée sans troisième médaille, et son extraordinaire chevauchée à Roland-Garros venait également de prendre fin, même s'il n'était pas vraiment prêt à évoquer sa retraite en ce mercredi soir.

« C'était un honneur de t'affronter sur ce court », lui a dit Ram lors de la poignée de main.

Nadal ne rejouerait plus un seul match officiel ici. Il a fait ses adieux trois mois et demi plus tard, après la défaite surprise de l'Espagne face aux Pays-Bas en quarts de finale de la Coupe Davis à Málaga, en Espagne.

Nadal a essuyé quelques larmes en entendant l'hymne espagnol avant cette rencontre. Puis il s'est incliné 6-

4, 6-4 face à Botic van de Zandschulp dans ce qui a été l'ultime match de sa carrière. Le public, largement espagnol, dont certains spectateurs auraient payé jusqu'à 17 000 euros pour obtenir un billet sur le marché noir, était à juste titre partant pour faire la fête, chantant son nom et déployant des écharpes et des bannières « *Gracias Rafa* ».

L'objet de son affection et de sa nostalgie n'est pas parvenu à délivrer la performance qu'il espérait. Depuis début 2023, il avait joué le maigre total de vingt-deux matches, et plus la moindre rencontre officielle depuis les JO de Paris. Il avait tout juste pris part aux Six Kings Slam, une exhibition à la dotation presque indécente, en Arabie saoudite, pays devenu son nouvel employeur controversé à travers un accord avec la Royal Saudi Tennis Federation.

Une décision surprenante – Sebastián, son père, très impliqué dans les négociations, a beaucoup poussé en ce sens –, qui faisait un peu tache dans le tableau. Cette méga pige de luxe ne semblait pas nécessaire, au regard de son image publique immaculée et de la fortune qu'il avait déjà amassée, de quoi assurer l'avenir de plusieurs générations de Nadal. Devenir ambassadeur des Saoudiens n'était plus, il est vrai, chose nouvelle dans le sport, depuis que les stars du Real Madrid Cristiano Ronaldo et Karim Benzema avaient rejoint la Saudi Pro League. Le golfeur espagnol Jon Rahm, alors tenant du titre du Masters, s'était également tourné vers le LIV Golf, un circuit saoudien qui a dynamité le golf mondial en attirant vers lui des champions comme Phil Mickelson, Dustin Johnson, Brooks Koepka, Bryson DeChambeau et Henrik Stenson.

Accusés à juste titre d'utiliser le sport comme un moyen de détourner l'attention internationale de la politique du pays en matière de droits humains, les Saoudiens n'avaient pas encore créé leur propre circuit de tennis. Néanmoins, ils accueillaient des événements importants, par exemple les WTA Tour Finals. Organisé à Riyad en octobre, le Six Kings Slam n'avait aucune valeur sportive, mais il était difficile de l'ignorer, du fait de ses participants – notamment Jannik Sinner, le n° 1 mondial, Alcaraz, Djokovic et Nadal – et des six millions de dollars alloués au vainqueur, en l'occurrence Sinner.

Jamais le tennis n'avait proposé un tel chèque. Battu par Alcaraz et Djokovic lors de ses deux seuls matches, Nadal est reparti avec la bagatelle d'1,5 million de dollars et une raquette en or, offerte en guise de cadeau de départ à la retraite. Des gains qu'il a encore multipliés en s'engageant à faire la promotion de l'Arabie saoudite et développer une annexe de son académie de tennis à Riyad.

Nadal, qui avait déjà ouvert une franchise de son académie au Koweït, a dit à Nacho Albarrán, du quotidien sportif espagnol *As*, qu'il comprenait les critiques liées à sa décision de se lier aux Saoudiens. Il s'est défendu en indiquant que cela participait de l'effort d'ouverture du pays, traditionnellement conservateur, à de nouvelles influences.

« Ne nous racontons pas d'histoires, les gens parlent de blanchiment par le sport et il y a sans doute un peu de vrai, a-t-il expliqué. Cela dit, des personnes qui vivaient enfermées dans ce pays, sans possibilité de s'ouvrir, peuvent maintenant le faire, grâce aux touristes qui désormais viennent et aux nombreux événements culturels organisés tout au long de l'année. Ils peuvent être au contact d'autres cultures et se donner la chance de faire réellement un pas en avant. Je n'ai pas le moindre doute que les personnes qui viennent ici pour organiser des événements, dans n'importe quel domaine, font du bien au pays. »

Nadal aurait évidemment pu choisir de nombreux autres pays en quête d'événements sportifs de haut niveau ou d'expertise tennistique, mais ceux-là ne l'auraient jamais payé des sommes à huit chiffres (ou plus) pour s'y associer. Il semblait sincèrement surpris par la tempête médiatique déclenchée en Espagne, et au-delà, en raison de ce contrat saoudien. Il n'aurait pas dû l'être.

« Si dans dix ans, les choses continuent d'être mauvaises ou si le pays est toujours fermé sur lui-même, alors oui évidemment, je pourrai dire qu'ils m'ont dit des choses qui n'étaient pas vraies », a-t-il ajouté au sujet des Saoudiens.

En tant que retraité, il n'aura plus à se soucier du regard porté sur lui de manière presque quotidienne. À Málaga, il était clair qu'il était temps de passer à autre chose. Cette saison des adieux n'avait que trop duré. Il avait espéré et rêvé à mieux. Gagner la Coupe Davis semblait être la façon la plus accessible de joliment boucler la boucle, dans une compétition qui lui a toujours tenu à cœur. Vingt ans plus tôt, il l'avait remportée pour la première fois à Séville.

Il avait perdu son tout premier simple de Coupe Davis contre le Tchèque Jiří Novak au tour initial de l'édition 2004. Deux jours plus tard, il avait rassuré Pedro Hernandez, le chef de presse de l'équipe espagnole, en lui assurant qu'il n'allait pas perdre contre Radek Štěpánek. Il a tenu promesse et gagné vingt-neuf simples consécutifs en Coupe Davis avant Málaga.

Les courts couverts, particulièrement ceux en dur, n'ont jamais été son terrain de chasse favori. Contre van de Zandschulp, 80e mondial, il s'est précipité et a souvent raté sa cible.

À la fois capitaine espagnol de Coupe Davis et ami de Nadal, David Ferrer a été placé dans une situation délicate. Avec l'ancien n° 1 mondial dans son équipe, prêt à prendre sa retraite, il était en quelque sorte obligé de le choisir, en simple ou en double. Il a opté pour le simple et, ce faisant, obéré les chances de son équipe d'aller plus loin. Après l'échec de Nadal, Alcaraz a gagné son simple mais a perdu son double décisif avec Marcel Granollers contre van de Zandschulp et Wesley Koolhof qui, quoique plus discrètement, effectuait lui aussi ses adieux à la compétition.

La carrière de Nadal s'est arrêtée depuis le bord du court où il regardait le double. Techniquement, elle a pris fin deux minutes après minuit, le mercredi 20 novembre 2024, avec l'élimination de l'Espagne. S'en est suivie une cérémonie d'adieu très tardive, plus improvisée que réellement magnifique.

« Ce n'était pas le scénario que nous voulions, a admis Ferrer. Nous étions favoris, mais nous ne l'avons pas montré. Et la cérémonie pour quelqu'un d'aussi important que Rafa semblait décaféinée. »

Ses rivaux historiques, Federer et Djokovic, de même que Pau Gasol, l'ancienne star NBA, l'un de ses proches, n'étaient pas là. Au niveau symbolique, il manquait surtout Toni Nadal, qui avait des engagements d'affaires mais avait prévu de venir à Málaga, plus tard dans la semaine, si l'équipe espagnole répondait aux attentes placées en elle.

Mais Moyà était présent, avec Roig, les parents de Rafael, sa sœur, son épouse et son jeune fils. En espagnol, Nadal a fait un long et touchant discours, plein de gratitude, dans lequel il a même remercié les médias.

« La vérité est que je n'ai jamais voulu que ce moment arrive. Je ne suis pas fatigué de jouer au tennis, mais mon corps ne veut simplement plus. Il faut accepter la situation. Je me sens super privilégié d'avoir fait de l'une de mes passions un métier, une carrière qui a duré bien plus longtemps que je n'aurais pu l'imaginer. »

Une cérémonie plus élaborée, illuminée de feux d'artifice, aurait été dans l'ordre des choses, mais il y avait au fond beaucoup de puissance dans l'approche simple, épurée, de Nadal. Simplement l'homme et son micro, pendant onze minutes, sans notes, s'adressant directement au public avec des paroles mesurées et sincères.

Il n'avait pas pu le faire après son dernier match au stade Roland-Garros. Le protocole olympique ne permet pas les discours ou les interviews sur les lieux de compétition. À ce moment-là, certes, Nadal n'était pas complètement certain de prendre sa retraite, mais la scène avait tout de même un goût d'inachevé quand il a quitté le court – *son* court – en saluant, le pouce levé, juste après sa défaite en double face aux Américains, disparaissant par cette porte familière, la main droite d'Alcaraz posée sur son épaule gauche[1].

Nadal a tout donné à Roland-Garros. Il en a été récompensé, avec un record de cent douze victoires pour quatre défaites lors du tournoi, soit un pourcentage de victoires de 97 %. Sur terre battue, il a remporté

1. Le 25 mai 2025, Rafael Nadal est revenu sur le court central de Roland-Garros lors d'une émouvante cérémonie d'adieu, en présence, sur la terre battue, de ses trois principaux rivaux : Novak Djokovic, Roger Federer et Andy Murray. À cette occasion, une plaque « Rafa Nadal » a été dévoilée et scellée tout près d'un des deux poteaux du filet. On peut y voir, sous la Coupe des Mousquetaires, l'empreinte de son pied et le chiffre 14.

le total historique de soixante-trois tournois, soit 90 % de victoires (quatre cent quatre-vingt-quatre matches gagnés, cinquante et une défaites), score bien supérieur à ses 79 % sur gazon et ses 77 % sur les courts en dur.

Évidemment, il était plus qu'un *terrien*. Il a enlevé huit titres du Grand Chelem en dehors de la terre battue, total qui égale à lui seul le nombre de titres majeurs de Jimmy Connors, Ivan Lendl et Andre Agassi sur l'ensemble de leur carrière et le place devant John McEnroe, Mats Wilander, Boris Becker, Stefan Edberg et les Mousquetaires Lacoste et Cochet.

Nadal est le seul à avoir été classé n° 1 mondial lors de trois décennies, le seul à avoir passé près de dix-huit années consécutives dans le top 10. Lorsque la poussière rouge du temps retombera, ses quatorze victoires à Roland-Garros resteront l'exploit qui le définira auprès de ceux qui, comme moi, l'ont suivi depuis ses débuts avec un sentiment grandissant d'émerveillement, aussi bien qu'auprès de ceux, plus éloignés du circuit, qui ne l'ont jamais vu, en personne, frapper une balle ou lancer un *vamos*.

Mais jamais Nadal ne se définira ni n'émettra un jugement sur lui-même à partir de ce nombre quatorze.

« La seule chose qui compte pour moi, c'est que je ne veux pas, je ne *peux* pas quitter le circuit sans avoir la certitude d'avoir donné mon maximum, de m'être vraiment poussé à tenter d'atteindre mes objectifs, m'a-t-il dit. Le contraire serait pour moi une frustration future. Mais à partir du moment où j'ai produit cet énorme effort, et si je ne suis pas capable de faire mieux, alors je peux vivre avec ça. J'aurai la satisfaction personnelle d'avoir eu une bonne attitude, du respect pour le sport, du respect pour mes rivaux. D'avoir eu de bonnes relations avec tous ceux qui travaillent dans ce monde du tennis, d'avoir été un combattant qui a lutté pour surmonter les blessures et les moments difficiles. J'aurai la satisfaction de m'être bien comporté sur et en dehors du court. Tout en me comportant correctement, j'ai donné tout ce que j'avais pour atteindre mes objectifs. Si je n'ai pas réussi, c'est parce que mes rivaux ont été capables de faire mieux que moi et que je n'étais pas assez bon. La seule chose qui me donne une satisfaction personnelle et une grande joie, c'est de savoir que je me suis poussé à essayer de donner le meilleur de *moi-même.* »

C'était un propos passionné, un bon résumé du code. Je l'ai laissé un moment en suspens. Puis j'ai regardé Nadal à nouveau :

« Pensez-vous y être parvenu ? »

Nadal a pris un instant pour réfléchir, mais pas plus de temps qu'il ne lui en faut pour décider entre un coup droit croisé ou le long de la ligne.

« Oui, a-t-il répondu dans un petit rire. Je pense, oui. »

Les titres du Grand Chelem de Nadal

2005 : Roland-Garros. Bat Mariano Puerta (ARG).
6-7(6), 6-3, 6-1, 7-5
2006 : Roland-Garros. Bat Roger Federer (SUI).
1-6, 6-1, 6-4, 7-6(4)
2007 : Roland-Garros. Bat Federer.
6-3, 4-6, 6-3, 6-4
2008 : Roland-Garros. Bat Federer.
6-1, 6-3, 6-0
2008 : Wimbledon. Bat Federer.
6-4, 6-4, 6-7(5), 6-7(8), 9-7
2009 : Open d'Australie. Bat Federer.
7-5, 3-6, 7-6(3), 3-6, 6-2
2010 : Roland-Garros. Bat Robin Söderling (SWE).
6-4, 6-2, 6-4
2010 : Wimbledon. Bat Tomáš Berdych (CZE).
6-3, 7-5, 6-4
2010 : U.S. Open. Bat Novak Djokovic (SRB).
6-4, 5-7, 6-4, 6-2
2011 : Roland-Garros. Bat Federer.
7-5, 7-6(3), 5-7, 6-1
2012 : Roland-Garros. Bat Djokovic.
6-4, 6-3, 2-6, 7-5

2013 : Roland-Garros. Bat David Ferrer (ESP).
6-3, 6-2, 6-3
2013 : U.S. Open. Bat Djokovic.
6-2, 3-6, 6-4, 6-1
2014 : Roland-Garros. Bat Djokovic.
3-6, 7-5, 6-2, 6-4
2017 : Roland-Garros. Bat Stan Wawrinka (SUI).
6-2, 6-3, 6-1
2017 U.S. Open. Bat Kevin Anderson (RSA).
6– 3, 6– 3, 6– 4
2018 : Roland-Garros. Bat Dominic Thiem (AUT).
6-4, 6-3, 6-2
2019 : Roland-Garros. Bat Thiem.
6-3, 5-7, 6-1, 6-1
2019 : U.S. Open. Bat Daniil Medvedev (RUS).
7-5, 6-3, 5-7, 4-6, 6-4
2020 : Roland-Garros. Bat Djokovic.
6-0, 6-2, 7-5
2022 : Open d'Australie. Bat Medvedev.
2-6, 6-7(5), 6-4, 6-4, 7-5
2022 : Roland-Garros. Bat Casper Ruud (NOR).
6-3, 6-3, 6-0

Remerciements

Lorsque j'ai commencé à travailler sur le projet de ce livre, en 2022, Rafael Nadal était encore un joueur en activité. De mon côté, j'étais toujours journaliste à plein temps pour le *New York Times*, alors dans ma trentième année de couverture du tennis et de nombreux autres sports au niveau international.

Beaucoup de choses ont changé sur le chemin menant à cette publication. J'ai fait le choix, difficile, de quitter l'entreprise où j'ai passé la majeure partie de ma carrière. J'ai décidé de devenir un auteur indépendant, afin de consacrer mon énergie à cet ouvrage. Alors que le livre était en fin d'écriture, le champion espagnol a pris à son tour une décision déchirante pour lui : celle de tourner la page du tennis professionnel, à l'âge de trente-huit ans.

J'ai eu la chance de suivre sa carrière professionnelle pratiquement depuis ses débuts. Il a toujours été un champion à part. Son talent m'a sauté aux yeux lorsque j'ai assisté à ses premiers pas, déterminés, dans le Grand Chelem à Wimbledon en 2003. Puis je l'ai vu s'élever à la hauteur d'un événement très important à l'occasion de sa première finale de Coupe Davis en 2004. Même à cette époque, dans ses plus jeunes années, il ne prenait jamais un point à la légère. Il restait concentré sur le défi à relever. Pour lui, pas question de sourire ou de plaisanter. Il était comme en mission : passionné par l'idée de gagner le point suivant. Il incarnait un nouveau genre de fauve du tennis, implacable, presque menaçant, mais débordant d'énergie positive. Il était impossible de détacher son regard de lui.

Merci à mes rédacteurs en chef Neil Amdur et Tom Jolly au *New York Times* et Peter Berlin à l'*International Herald Tribune* pour leur confiance et leur soutien durant les premières années de couverture de Nadal, ainsi qu'à leurs successeurs qui ont continué de valoriser mon travail sur le circuit professionnel de tennis.

Le journalisme papier et les médias traditionnels ont souvent été bousculés depuis le début du XXIe siècle. Je suis reconnaissant d'avoir pu travailler au service d'une entreprise qui n'a jamais transigé dans son exigence de qualité. Les projets ambitieux ont toujours été les bienvenus et encouragés. La volonté de donner des moyens au reportage afin de publier des articles riches en informations était réelle. Raison pour laquelle j'ai été attristé d'apprendre, peu après mon départ, la dissolution, soudaine et brutale, du service des sports du *New York Times*. Des journalistes talentueux ont dû être réaffectés dans d'autres services ou ailleurs. Mes collègues investis dans leur tâche, fidèles à l'histoire de cette rubrique sportive, méritaient mieux. Tout comme le *Herald Tribune*, une publication internationale unique dont les racines étaient à Paris et dont le personnel, venu des quatre coins du monde, a été en grande partie sacrifié alors que le *New York Times* entendait consolider sa marque au niveau international.

Le monde du travail a ses revers, mais sur le terrain, non loin de la terre battue, la passion s'est toujours fait ressentir. J'ai partagé de nombreux moments chaleureux avec Tom Tebbutt, mon ami canadien et voisin de pupitre à Roland-Garros, qui a si bien couvert le tennis pendant si longtemps pour *The Globe and Mail*. Il était à la fois un excellent compagnon de route et un guide bilingue sans égal à Roland-Garros. Il a eu la gentillesse de relire et de m'aider à améliorer le manuscrit de *Rafael Nadal* dans les délais serrés que je lui imposais.

Merci également à Philippe Bouin, journaliste de tennis français, qui, au fil des ans, a été une amicale source d'inspiration, comme à ses émérites collègues de *L'Équipe* et à ceux issus d'autres publications françaises pour leur couverture exhaustive de Roland-Garros chaque printemps. En tant que lecteur, je suis toujours intéressé par le travail de journalistes experts comme Romain Lefebvre, Julien Reboullet, Franck Ramella, David Loriot, Vincent Cognet, Quentin Moynet, Lucile Alard, Jean-Julien Ezvan et Rémi Bourrières qui, pour *Rafael Nadal*, a généreusement partagé avec moi certaines de ses recherches au sujet de l'origine des courts en terre battue. *Gracias* aussi aux collègues espagnols Jaume Pujol-Galceran, Juan José Mateo, Angel Rigueira, Neus Yerro, Alejandro Ciriza, Nacho Albarrán et Javier Martínez, toujours agréables à côtoyer, inspirants et indulgents vis-à-vis de mon espagnol pendant toutes ces années.

Je n'oublie pas non plus le regretté Gilles Delamarre, un remarquable journaliste français qui m'a aidé à trouver mon chemin lors de mon premier Roland-Garros et dont le très documenté livre sur le centenaire du tournoi, en 1991, a été une immense source d'information.

Un salut amical à Chantal Delaby, Sylvie de Ligt, Dorothée Leconte et Nicolas Beaudelin, de la Fédération française de tennis, qui, pendant toutes ces années, m'ont facilité l'existence dans la salle de presse de Roland-Garros. Myrtille Rambion, Lisa Pearron et la si résiliente Emmanuelle Leonetti ont également permis au projet de ce livre d'aboutir.

Gratitude envers le courageux Matt Van Tuinen à Indian Wells ; à Eloise Tyson et Sarah Hames au All England Club ; à Chris Widmaier, Brendan McIntyre et Jeanmarie Daly à l'United States Tennis Association ; à Barbara Travers, Nick Imison et Heather Bowler de l'International Tennis Federation pour leur aide au long cours notamment dans le cadre de la couverture du tennis aux Jeux olympiques. Sur le circuit masculin, Greg Sharko a toujours été là, volontaire tout au long de ma carrière pour fournir des statistiques en tous genres. Pendant vingt-cinq ans, Nicola Arzani de l'ATP et Benito Perez-Barbadillo, l'attaché de presse de Nadal, ont rendu possibles de nombreuses interviews au cœur de ce livre.

Un grand merci à l'altruiste Jaime Morocco pour avoir retrouvé certaines des interviews manquantes de Nadal, à Ed McGrogan pour avoir remis la main sur des articles perdus de *Tennis Magazine*, à Heath Woodlief pour avoir documenté la conquête de *« La Décima »*, à l'historien Richard Hillway pour avoir comblé certaines de mes lacunes, au professeur de tennis de Coronado, Joel Myers, pour avoir décortiqué le coup droit de Nadal, à Cathy Morton pour tout son travail d'édition, à Nick Zaccardi pour la profondeur de ses perspectives, à Jonas Eriksson pour son expertise en matière de raquettes, à Jim Fawcette pour sa connaissance du lift, à la merveilleuse Christine Renier pour le *bed and breakfast* de Londres, à mes beaux-frères et belle-sœur toujours en soutien, à Ingrid et Sheldon

Bruha pour le superbe logement de Manhattan et à ma chère amie Dana Robie.

Ma formidable agente, Susan Canavan de Waxman Literary Agency, a rendu possible le basculement de ma carrière en me fournissant tous les outils et les moyens pour réussir ce grand saut. J'ai eu la chance de travailler avec des éditeurs talentueux et bienveillants tout au long de ma vie professionnelle. Remerciements particuliers à Sean Desmond et Joe Zigmond, qui ont cru en *Rafael Nadal*, tout comme ils avaient cru en *Roger Federer*. Karyn Marcus a intelligemment repris le projet pour Grand Central Publishing avant de passer le flambeau à Amar Deol qui a veillé sur le manuscrit avec acuité et patience. Une autre salve d'applaudissements pour l'*extraordinaria communicante* Estefania Acquaviva, Niyati Patel, Maya Lewis, Rodrigo Corral, le créateur de la couverture américaine, et Mark Steven Long, le correcteur.

Rafael Nadal n'aurait pas été possible sans les témoignages de plus d'une centaine de joueurs, entraîneurs, agents, psychologues, historiens, etc. : au premier rang desquels Feliciano López, Francisco Roig, Gilles Simon, Jim Courier, Marián Vajda, Magnus Norman, Iga Świątek et Guy Forget. Je suis également redevable aux nombreux joueurs, dont Roger Federer, Novak Djokovic, Carlos Moyà et David Ferrer, qui m'ont souvent parlé de Nadal et de Roland-Garros durant ma longue période de couverture du tennis pour le *New York Times*.

Rafael Nadal est un projet indépendant. Il n'a pas été écrit avec l'assentiment du champion. Il n'a pas eu droit de regard sur son contenu. Mais il n'aurait pas pu être écrit sans les heures et les réflexions qu'il a partagées avec moi lors de nos nombreuses rencontres et interviews. Nous avons échangé à travers cinq continents et sur une période de près de vingt ans, preuve de sa fidélité et de la dimension mondiale du tennis professionnel. Je ne suis pas certain qu'un livre comme *Roger Federer* ou *Rafael Nadal* sera possible à l'avenir, les grands athlètes et leurs conseillers étant de plus en plus désireux de se protéger et de contrôler leur propre récit.

Muchísimas gracias à Nadal pour les souvenirs comme à ma famille bien-aimée qui a des liens si profonds avec l'Espagne et la France, au cœur de nos vies pendant de nombreuses années, deux pays forces motrices de ce livre.

À propos de l'auteur

Pendant trente ans, Christopher Clarey a été un journaliste multirécompensé du service des sports du *New York Times* et de l'*International Herald Tribune.* Il a successivement été basé en France, en Espagne et aux États-Unis. Désormais auteur à temps complet, il est l'une des plumes faisant mondialement autorité sur le circuit professionnel de tennis. Depuis Wimbledon 1990, il a couvert plus de cent tournois du Grand Chelem. Son livre *Roger Federer* (Flammarion, 2022) est un best-seller international : traduit dans vingt et une langues, il a figuré dans le classement des meilleures ventes du *New York Times.* Clarey est également le créateur du site Internet Tennis & Beyond, hébergé par la plateforme en ligne Substack.

En 2018, il a reçu l'Eugene L. Scott Award, récompense remise par l'International Tennis Hall of Fame, pour « le regard honnête et critique de ses reportages » et « leur impact significatif au sein de l'univers du tennis ». Avant lui, Arthur Ashe, Billie Jean King, Chris Evert et Martina Navrátilová ont été d'autres récipiendaires de ce prix. En 2024, l'Intercollegiate Tennis Association a salué Clarey, ancien diplômé du Williams College, en lui décernant le David A. Benjamin

Achievement Award, attribué à un joueur de l'équipe universitaire de tennis qui a atteint « l'excellence dans la profession de son choix » et a apporté une contribution importante à la société.

Ancien lauréat du prix de l'Associated Press Sports Editors dans la catégorie « actualités », il a réalisé des reportages depuis plus de soixante-dix pays sur six continents. Il a couvert la grande majorité des rendez-vous majeurs du sport mondial dont quinze Jeux olympiques, six Coupes du monde de football, cinq America's Cups, neuf Championnats du monde d'athlétisme, dix Ryder Cups, la finale NBA et le Super Bowl.

Christopher et Virginie, son épouse, parents de trois grands enfants, vivent sur la côte au nord de Boston. Ils ont également un pied-à-terre à Paris. Il joue régulièrement au tennis et au padel.

NORD COMPO
multimédia

Composition et mise en pages
Nord Compo à Villeneuve-d'Ascq

*Les Éditions Flammarion sont investies dans une démarche active pour l'empreinte environnementale de leurs parutions.
Ainsi, le livre que vous tenez entre vos mains a été imprimé en France sur des papiers issus de forêts gérées durablement, par un imprimeur engagé dans la protection de l'environnement.*

CET OUVRAGE
A ÉTÉ ACHEVÉ D'IMPRIMER
PAR L'IMPRIMERIE NORMANDIE ROTO IMPRESSION S.A.S.
À LONRAI EN AOÛT 2025

N° d'édition : 616094-0. N° d'impression : 2503678
Dépôt légal : octobre 2025
Imprimé en France